혼돈의 지역사회

식민·분단·전쟁기 전남 지역의 사회사

【상】

THE CHANGE OF LOCAL COMMUNITIES IN MODERN JEONNAM PROVINCE

혼돈의 지역사회

식민·분단·전쟁기 전남 지역의 사회사

【상】

박찬승 지음

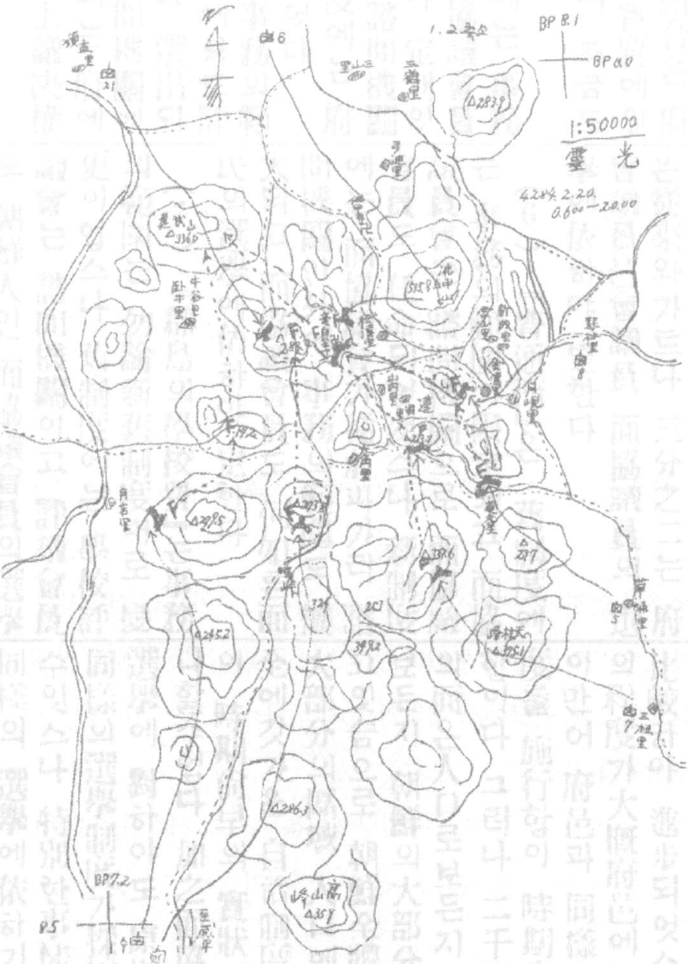

한양대학교 출판부

서문

이 책은 식민·해방·분단·전쟁기 전남의 목포·나주·영광·강진·능주의 지역사회 변동을 다룬 것이다. 이 시기는 한국인들이 식민지화, 해방, 남북분단, 그리고 남북 간의 전쟁을 겪어야만 했던 시기로, 지역사회에서는 혼란이 거듭되던 시기였다. 그래서 필자는 이 책의 제목을 '혼돈의 지역사회'라고 붙였다.

1910년 한국이 일본에 의해 강제 병합된 이후, 전남의 지역사회에도 일본인들이 물밀듯 들어왔다. 특히 개항장이었던 목포와, 영산강으로 목포와 연결되는 나주 영산포는 사실상 일본인들의 '식민기지'가 되었다. 일본인들은 쌀과 면화 무역으로 목포와 영산포에서 상권을 장악하였으며, 인근에서 대량의 토지를 사들이거나 고리대를 이용하여 빼앗아 지주계급이 되었다.

1910년 조선총독부는 조선의 지방제도를 손보기 시작하여 면(面)을 공식적인 행정기구로 만들고, 면장과 면서기를 임명하였다. 이때

면장은 판임관대우를 받게 되어 그 지위와 권한이 크게 높아졌다. 1913년에는 군과 면의 통폐합을 단행하여 지방의 지배질서를 크게 흔들어 놓았고, 1914년에는 '부제(府制)'를 실시하여 일본인들이 많이 살던 목포와 같은 곳을 식민지배의 거점으로 만들었다. 부에는 모두 일본인 부윤을 두고, 일본인이 다수 의원이 되는 부협의회를 설치했다.

또 1917년에는 '면제(面制)'를 실시하여 면은 비록 법인은 아니었지만, 자체 재산을 소유하고 각종 부과금과 부역, 현품을 거둘 수 있는 행정기관이 되었다. 조선에서는 오랜 세월 동안 군(郡)이 지방행정의 중심기관이었지만, 이제는 면(面)이 그 자리를 대신하게 되었다.

3·1운동 이후 사이토 총독은 '문화정치'를 표방하였고, 그 일환으로 1920년에 제1차 지방제도 개정을 단행했다. 이에 따라 자문기관으로서 도평의회, 면협의회가 설치되었고, 도평의회와 부협의회에는 선거제도가 도입되었다. 사이토 총독은 1930년에는 제2차 지방제도 개정을 단행하여, 자문기관이었던 도평의회와 부협의회를 도회와 부회로 이름을 고치고 의결기관으로 만들었다. 그리고 도회, 부회, 면협의회에 모두 선거제도를 도입하였다.

이와 같이 지역사회에 식민지 지배질서가 도입되는 가운데, 조선인들 가운데에는 시세에 편승하여 대지주계급이나 상공업자로 성장하거나, 각종 자문기관이나 의결기관에 의원으로 참여하는 이들이 나타났다. 이들은 '실력양성'이나 '지역정치, 생활정치에의 참여'라는 명분을 내세우기도 했다.

그러나 지역사회에는 이와 같은 시세편승세력이나 체제협력세력만 있는 것은 아니었다. 일제의 지배에 여전히 적극적, 혹은 소극적으로 저항하는 이들이 상당수 남아 있었다. 3·1운동을 주도하여 옥고를 치른 이들도 있었고, 1920년대 '문화정치'의 공간을 이용하여 청년운동, 노동·농민운동, 신간회운동 등에 참여하여 저항운동을 계속하는 이들도 있었다. 이러한 저항운동은 1930년대까지 이어졌다.

나주·영광·강진·능주의 경우에는 기존의 향리가의 자제들이 1920년대 저항세력의 주류를 이루었다. 그것은 그들이 군 지역 내에서 가장 먼저 신교육을 받은 이들이었던 것과 관련이 있다. 물론 향리가의 자제들 가운데에는 시세에 편승하여 토지를 대규모로 집적하고, 면장·면협의원·도평의원 등으로 체제에 협력하는 이들도 있었다. 1930년대에는 저항운동의 조직이 군 소재지가 아닌 외곽의 면 지역에까지 확산되었다. 이에는 신교육을 받은 기존의 양반가의 자제들이나 평민가의 자제들이 참여하였다. 1930년대 적색 농민조합이나 노동조합운동, 야학운동은 사회주의 운동의 민중적 기반을 상당히 넓혀놓았다. 1920·30년대 저항세력 가운데에는 사회주의자들이 많았다. 그러나 그들은 혁명 이후의 러시아의 현실에 대해서는 자세히 알 수가 없었다.

1945년 해방의 날이 왔다. 지역사회에서는 저항세력들이 중심이 되어 건준, 그리고 인민위원회를 조직하였다. 그러나 해방의 날은 너무 짧았다. 남과 북에는 미군과 소련군이 진주하였고, 통일된 정부 수립은 시간이 갈수록 어렵게 되어 갔다. 해방은 바로 남북분단으로 이어졌다. 남쪽의 미군은 진주 이후 얼마 되지 않아 인민위원회를 강제로 해산시켰다. 그러나 비록 인민위원회가 강제 해산당했지만, 목포·나주·영광에서는 1946년 가을까지는 좌익이 강세를 보였다. 다만 강진은 본래 기독교세력이 강하여 좌익세력이 약했다.

1946년 가을, 전남지역에서도 이른바 '11월 봉기'가 있었다. 이후 좌익세력은 큰 타격을 입었다. 미군정은 우익세력을 본격적으로 육성하기 시작했다. 1947년 여름 분단정부 수립이 거의 확정적으로 되어 가는 가운데, 경찰과 우익세력은 좌익세력의 척결에 나섰고, 좌익세력은 지하로 잠적하였다. 1948년 대한민국 정부가 수립된 직후, 여수에서 14연대가 봉기하여 이른바 '여순사건'이 일어났다. 이후 대부분의 전남지역은 그 여파에 휩쓸렸고, 영광 불갑산에는 14연대 군인 수십 명이 파견되어 빨치산으로 활동하였다. 이로 인해 영광지역에서는 빨치산 토벌과 좌익세력 탄압이 강력히 진행되었다. 또 국가보안법이 제정되고, 보도연맹이 조직되어 지역사회에서 좌익세력에 대한 색출과 감시는 더욱 심해졌다.

그와 같은 상황에서 1950년 6월 북한의 남침에 의해 전쟁이 시작되었다. 전쟁은 또 다른 엄청난 '혼돈의 시대'를 몰고 왔다. 우선 군경은 폭동의 가능성이 있다는 이유로 보도연맹원들을 상당수 처형했다. 목포·나주·영광·강진에서도 각각 수백 명의 보도연맹원들이 처형된 것으로 보인다. 인민군은 파죽지세로 밀고 내려와 전남은 전쟁 발발 한 달 만에 인민군의 수중에 거의 들어가고 말았다. 우익세력은 대부분 도피하였지만, 미처 피하지 못한 이들은 인민군과 좌익세력들에 의해 체포되었다. 인민군과 좌익세력은 인민재판을 통해 일부 관리들과 우익 인사들을 처형했다. 보도연맹 사건에 대한 보복도 진행되었다. 하지만 인민군의 점령기간은 두 달 정도밖에 되지 않았다. 9·28 서울 수복과 함께 인민군들은 철수하였고, 이에 협조했던 좌익세력들은 인근의 산간지역으로 입산하였다. 전남 서남부 지역에 해당하는 목포·나주·무안·함평 지역의 약 3천 명에 가까운 사람들이 불갑산 지역으로 입산하였다. 이 지역에 대한 군경의 수복작전은 예상 외로 늦어졌다. 이에 영광지역에서는 좌익세력이 영광 서부지역을 해방구처럼 만들고, 이 지역에서 우익세력과 그들의 가족에 대한 수많은 학살을 저질렀다. 약 2만 명 정도로 추산되는 이들이 1950년 10월부터 이듬해 초까지 희생된 것으로 파악된다. 또 군경이 들어온 이후에는 우익측의 좌익측에 대한 보복이 시작되었다. 그야말로 '혼돈의 시대'의 연속이었다.

이상에서 본 것처럼 식민·분단·전쟁으로 이어진 시기는 '혼돈의 시대'였다. 특히 해방 이후 한국전쟁기까지가 그러했다. 지역사회에서 이 시대를 살아간 이들은 어느 쪽이 옳은지, 어느 쪽을 선택해야 할 것인지 곤혹스러울 때가 많았다. 수시로 세상이 뒤집어지는 것을 보면서 상황이 앞으로 어떻게 바뀔지 판단하기란 매우 어려웠다.

이 책의 주제는 이와 같은 '혼돈의 시대'인 식민·분단·전쟁기 전남의 나주, 목포, 영광, 강진, 능주의 지역사회가 어떠한 변동을 보였는가, 특히 지역유력자 내지는 지도자는 어떻게 바뀌어 갔는가 하는 것이다. 필자는 이 문제를 일제하의 저항세력과 협력세력 간의 경쟁, 그리고 이에 대한 외세의 개입과 간섭에 초점을 맞추어 보려고 했고, 이를 정리한 것이 이 책의 맨 앞에 실린 '도론(導論)'이다. 물론 이 책은 지역유력자 내지 지도자들에 대해서만 관심을 갖고 쓴 것은 아니다. 식민지기의 이중도시, 일본인들의 지역사회 침투와 장악, 해방 직후 미군정의 지역사회 재편정책, 한국전쟁기 벌어진 학살사건들(특히 영광의 대학살), 전쟁 이후 지역사회의 재편 등에 대해서도 관심을 갖고 나름대로 정리를 하고자 했다.

필자가 이 문제에 대해 관심을 갖기 시작한 것은 1990년대 목포대 사학과에 근무하면서부터였다. 당시에는 주로 일제하 나주, 능주, 목포, 영광 등지의 민족운동과 사회운동에 대해 관심을 갖고 신문 자료 등을 정리하고, 현지 조사를 거쳐 논문을 썼다. 2001년 이후 충남대 국사학과와 한양대 사학과에 근무하면서부터는 이들 지역사회에서 해방 이후와 한국전쟁기에 어떤 일들이 일어났는가에 대해 관심을 가졌다. 그래서 주로 강진과 영광을 중심으로 이에 대해 조사하고 글을 썼다. 그러나 한국전쟁기의 나주, 능주, 목포에 대해서는 깊이 있는 조사를 하지 못했다. 문헌자료가 크게 부족했고, 증언자를 구하기도 어려웠다.

이 책에 실린 글들을 쓰는 과정에서 수많은 분들의 도움을 받았다. 식민지기, 해방 직후, 그리고 전쟁기에 관해서는 구체적인 기록들이 별로 남아 있지 않았기 때문에 구술 증언이 절대적으로 필요했고, 때문에 수많은 이들로부터 구술을 채록했다. 또 많은 분들로부터 귀중한 문헌자료를 얻었다. 나주의 역사와 관련해서는 박경중 당시 문화원장(박준삼의 손자), 최남구 선생(신간회 참여), 김용운 선생(나주군청 근무), 임윤택 선생, 고판봉 선생(해방 직후 청년운동 참여), 사호리 신조 선생(佐堀伸三, 영산포회 회장, 오사카 거주), 김종순 선생(나주시청) 등으로부터 큰 도움을 받았다. 특히 1930년 영산포에서 태어난 사호리 선생은 영산포에 살던 일본인들에 대해 자세히 설명해주셨다. 목포와 관련해서는 향토사가 김정섭 선생, 목포대 고석규·최성환 교수, 서울대 김방한 교수(극작가 김우진의 아들) 등으로부터 큰 도움을 받았다. 영광과 관련해서는 향토사가 이기태 선생, 군사편찬연구소의 박동찬 박사, 목포대 나선하 대학원생, 서단 선생, 정종 선생, 한현선 선생(영광문화원)이 도움을 주셨고, 전남대 최정기 교수팀과 진실화해위원회의 조사보고서로부터 큰 도움을 받았다. 강진과 관련해서는 향토사가 양광식 선생, 병영의 김정권 선생, 박상규 선생(3.1운동 유공자 박영옥의 조카), 강진일보 주희춘 기자의 글의 도움이 컸다. 능주에서는 노인정에서 만난 분들이 큰 도움을 주셨다. 그밖에도 여기에 일일이 다 성함을 쓰지 못한 수많은 분들이 계신다. 그분들을 포함하여 모든 분들께 감사의 말씀을 드린다. 그러나 안타깝게도 이미 고인이 되신 분들이 많다. 그분들의 명복을 빈다.

이 책을 쓰는 데 가장 큰 도움이 된 자료는 일제하와 해방 직후의 신문기사들이었다. 관련 신문기사를 찾아서 일일이 타이핑하여 이들 기사를 분석하는 과정을 거쳤는데, 타이핑하는 과정에서 학생들의 도움이 컸다. 약간의 수고비를 받고 이 일을 해준 송태갑, 유영삼, 박이준 등 당시 목포대 사학과 대학원생과 학부생들에게 정말 고맙게 생각한다. 또 현지 조사에 함께 참여해준 목포대 대학원생들, 한양대 대학원생들에게도 감사의 말을 전하고 싶다.

이 책의 원고는 30년이 넘는 세월 동안 쓰인 것이다. 그 과정에서 목포대 사학과, 충남대 국사학과, 한양대 사학과 동료 교수님들의 격려와 지원은 큰 힘이 되었다. 특히 목포대에 있을 때 지방사에 처음으로 관심을 갖게 해주시고 향토사가들을 직접 소개해주신 이해준 교수님의 도움은 이 책을 쓰는 기초가 되었다. 깊은 감사의 말씀을 드린다. 아울러 필자의 학문적 여정에서 항상 큰 힘이 되어준 한국역사연구회, 한국사연구회, 한국사회사학회, 한국구술사학회, 역사문화학회의 선후배, 동료 여러분들께도 감사의 말씀을 드리고자 한다. 그리고 책 출판 전에 원고를 읽고 검토를 해준 정병준 교수와 김민석, 최은진, 정종원 박사에게도 감사의 말을 전한다.

목포대에서 시작한 32년의 교수 생활은 지난해 2022년 2월 한양대에서의 정년퇴임으로 마무리되었다. 원래 이 책은 퇴임에 맞춰 내려던 것이었지만, 원고 정리가 미진하여 이제야 내게 되었다. 30여 년에 걸친 학문의 여정에서 필자에게 가장 큰 힘을 되어준 사람들은 물론 가족이다. 아내와 딸, 그리고 어머니와 동생, 누나는 나의 긴 학문의 여정에서 가장 큰 힘이 되어준 사람들이다. 그들에게 무한한 사랑과 감사의 말을 전한다. 그리고 오랫동안 원고를 기다려 주시고, 또 책을 만드느라 수고를 아끼지 않으신 한양대 출판부 관계자들께도 감사의 말씀을 드린다.

이 책에는 지역유력자, 지역사회의 리더십, 이중도시, 저항세력과 협력세력, 민족운동과 사회운동, 좌우대립, 빨치산, 대학살 등 수많은 개념과 쟁점이 등장한다. 이에 대해 나름대로 충분히 설명하고 논리를 세우고자 하였으나, 역부족을 느낀 부분도 많았다. 근현대 지역사 연구에 이 책이 조금이나마 기여할 수 있다면 다행이라고 생각한다. 동학 여러분의 많은 질정을 바란다.

2023년 6월

박찬승 씀

차례 [상권]

2부 식민·해방·분단과 나주 지역사회

차례 [하권]

4부 식민·해방·분단·전쟁과 강진·능주 지역사회

도론(導論)

식민지 시기~해방 직후 지역사회 리더십의 형성

– 전남 지역을 중심으로 –

1. 머리말

한국근현대사의 기점을 개항이 있었던 1876년으로 잡는다면 한국근현대사는 이미 150년 가까운 역사를 갖는다. 격동의 한국근현대사 속에서 지역사회 또한 커다란 변화를 겪었다. 조선시대의 전통적인 지역사회가 오늘날의 지역사회 모습으로 바뀌기까지는 세 차례의 격변기가 있었다. 첫째는 갑오개혁~식민지시대 신분제가 무너지고 지방행정 제도가 크게 바뀌는 등 지역사회의 근대적, 식민지적 재편과정의 시기였고, 둘째는 해방-분단-전쟁으로 이어지는 지역사회의 냉전적 재편과정의 시기였으며, 셋째는 농지개혁-산업

* 이 글 「도론」은 이 책의 서론과 결론을 합한 성격의 글로서, 아래 글을 대폭 수정한 것임. 「植民地期~解放直後 地域社会リーダーシップの形成 - 全南地域を中心に-」, 『朝鮮史研究會論文集』 50집, 2012.

화-이농으로 이어지는 지역사회의 자본주의적 재편과정의 시기였다. 이 글의 주제는 이 가운데 첫 번째 시기의 후반부와 두 번째 시기의 초기에 해당하는 식민지~해방직후의 시기에 지역사회의 리더십이 어떻게 형성되어 왔는가에 관한 것이다.

그동안 한국과 일본의 한국사학계에서는 이 시기의 지역사회에 관한 연구가 비교적 활발하게 진행되어 학자들 사이에 뜨거운 논쟁이 진행되어 왔다. 논쟁의 주제는 주로 당시 지역사회에서 새로이 등장한 '지배층'이 누구인가 하는 문제였다. 먼저 홍성찬은 전남 곡성 지역의 사례 연구를 통해 19세기 말 이미 대지주로 성장한 읍내의 향리 가문 출신들이 20세기 초 문명개화사상을 적극적으로 수용하여 일제시기 부와 학식을 바탕으로 지역 행정기구에 참여하여 명실상부한 새로운 지배층으로 등장하였다고 보았다. 반면에 양반층은 정치경제적으로는 몰락하였지만, 도덕적으로 일정한 권위를 유지할 수 있었다고 보았다.[1] 한편 김익한은 농촌사회의 '유력자층'을 '지역명망가층(구래의 양반지주 출신)'과 '신흥유력자층(향리출신의 신흥 유력자)'로 나누고, 양자가 지방정치에서 서로 다른 역할을 수행했다고 보았다. 즉 대체로 전자는 '전통적 지역자치'와 '저항'의 주역으로 역할을 했고, 후자는 '일제의 행정지배'(군과 면)의 협력자 혹은 저항세력으로서 역할을 했다고 본 것이다.[2] 마쓰모토 다케노리(松本武

1 홍성찬, 「한말·일제하의 사회변동과 향리층-전남 곡성의 사례를 중심으로」『한국 근대이행기 中人 연구』, 신서원, 1999.

2 金翼漢, 「植民地朝鮮における地方支配體制の構築過程と農村社會變動」, 東京大學 博士論文, 1996; 김익한, 「일제하 한국 농촌사회운동과 지역 명망가」『한국문화』17, 1996.

祝)는 식민지시기의 '지방유지'는 19세기 요호층(부농, 서민지주)을 잇는 재촌 중소지주층에 해당한다고 보았다.[3] 지수걸은 식민지시기 지역사회 지배구조인 '관료 – 유지지배체제'의 한 축인 유지는 토지재산, 사회활동, 당국의 신용 등을 기반으로 성립한 사회적 지위집단이라고 설명하였다. 지수걸은 유지집단의 성격과 관련하여 그들이 식민지시기 지방, 특히 군 단위에서 각종 공직을 맡으면서 당국과 일정한 관련을 맺고 있었다는 점을 강조하였다. 지수걸은 또 지역사회에는 유지집단 외에도 '혁신청년집단'이 있었으며, 이들은 1920년대 중반 이후 청년회 혁신운동, 신간회 해소투쟁 등을 경과하면서 유지집단과는 구별되는 지방정치의 새로운 주체로 성장하게 된다고 보았다.[4] 한편 박찬승은 충남 내포지역의 사례 연구를 통하여 양반층은 정태적 지주(靜態的 地主)로서 정체하거나 몰락해갔으며, 반면에 평민 출신의 지주나 자산가층이 새롭게 '지역엘리트(local elite)'로 등장하였다고 보았다. 또 이 시기 신교육을 받고 민족운동이나 사회운동에 뛰어든 혁신청년들도 역시 새로운 지역엘리트로서 등장하고 있었다고 보았다.[5] 이타가키 류타(板垣龍太)도 경북 상주지역 사례 연구에서 '지역엘리트'라는 개념을 사용하여 지역사회의 동향을 분석하였다. 그에 의하면 근세의 지역엘리트층인 전통적인 사족(士族)과 이족(吏族)은 나름의 네트워크를 여전히 유지하고 있었으며 이들을 '구 엘리

3 松本武祝, 『植民地權力と朝鮮農民』, 社會評論社, 1998.

4 지수걸, 「일제시기 충남 부여·논산군의 유지집단과 혁신청년집단」 『한국문화』36, 서울대 한국문화연구소, 2005.

5 박찬승, 「내포지역의 근대화과정과 지역엘리트의 재편」 『근대이행기 지역엘리트 연구 – 충남 내포지역의 사례』, 경인문화사, 2006.

트'로 볼 수 있다고 한다. 반면에 1919년 3·1운동 이후 등장하여 민족운동이나 사회운동을 주도한 '청년'층은 '신 엘리트'로 볼 수 있다는 것이다. 그리고 이러한 신구 엘리트 간의 대립은 지역사회 내에서 '유림 대 청년'의 대립으로 나타났다고 한다.[6] 한편 이용기는 전남 장흥지역 사례 연구를 통해 면 단위의 유력자층은 전통적 권위를 기반으로 영향력을 행사하는 '전통적 유력자'와, 면 행정체계를 매개로 영향력을 행사한 '관변적 유력자', 그리고 식민지권력에 대항하면서 지역사회에서 발언권을 가져나간 '저항적 유력자'의 세 범주가 있었다고 보았다. 그리고 그 가운데 '관변적 유력자층'은 전통적 권위질서에서 보면 반주변부(半周邊部)에 위치하던 인물들이었으며, 그들은 전통적 권위와 질서를 부정하기보다는 이에 의지하거나 이를 이용하려는 경향을 보였다고 분석했다.[7]

한편 최근에는 이른바 '공직자층', 즉 1920·30년대 지방제도의 개정으로 설치되어 '지역 유지'들이 다수 참여한 면협의회, 부협의회(부회), 도평의회(도회)에 주목한 연구들이 많이 나왔다. 김동명은 부회와 도평의회 등에 주목하고 이들 지방'자치'단체의 성격과 이에 참여한 이들에 대해 살폈다.[8] 홍순권은 부산부협의회와 이를 둘러싼 지방정치 문제를 다루었다.[9] 김윤정은 1930년대 함흥부회와 전주부

6 板垣龍太, 『朝鮮近代の歷史民俗誌』, 明石書店, 2008.

7 이용기, 「일제시기 면 단위 유력자의 구성과 지역정치 - 全南 長興 蓉山面 사례를 중심으로 -」 『대동문화연구』 67집, 2009.

8 김동명, 「일본제국주의와 조선인의 지방정치 참여: 부(협의)회, 도(평의)회의 선거결과를 중심으로」 『한일관계사연구』 50집, 2015 등.

9 홍순권, 「1910~1920년대 '부산부협의회'의 구성과 지방정치 - 협의원의 임명과 선거실태 분석을 중심으로 -」 『역사와 경계』 60집, 2006 등.

회에 대한 연구를 통해 두 지역의 조선인 유지층과 부회의 관계에 대해 살폈다.[10] 동선희는 전국적으로 1,400명에 가까운 도평의원과 도회의원들을 '지역유력자층'이라고 지칭하고, 이들의 사회적 배경, 관직경력, 사회활동 등을 조사했다. 그는 이들이 참여한 민족·사회운동이나 도평의회·도회와 같은 협력활동을 들여다볼 때, 저항과 협력은 복합적이고 중층적이었다고 평가했다.[11] 허영란은 부·면협의회에 대해 이들 협의회가 지역정치의 공간으로서, '지역엘리트'의 입장에서는 어느 정도 권력을 경험하고, 지역대표성을 사고하며, 자신의 위상을 재확인하는 장소가 되었다는 점에서는 의미를 부여했다. 그러나 면협의회의 권한에는 분명히 여러 한계가 있었으며, 특히 전시체제가 본격화되는 1930년대 말이 되면 제한된 공공성조차 무시해도 좋을 만큼 식민지배 시스템의 일부가 되어버렸다고 보았다.[12]

이처럼 논쟁은 ① 전통적인 양반지배층은 지역사회 지배층으로 어느 정도 영향력을 유지하고 있었는지, ②새로이 등장한 지배층은 과연 향리층 혹은 평민층 중심이었는지, ③이들 지역사회 지배층의 명칭으로 제기된 '유지' '유력자' '엘리트' 가운데 어느 쪽이 더 적절한지, ④지역사회에서 민족운동이나 사회운동에 참여한 이들도 유력자나 엘리트 등으로 불러도 좋은지, ⑤1920·30년대의 자문기관이나 의결기관에 참여한 유지 혹은 지역유력자라 불리는 이들을 어떻게 평가할 것인지 등의 쟁점들을 중심으로 전개되고 있다.

10 김윤정, 「1930년대 함흥부회와 전주부회의 구성과 활동」 『사림』 60집, 2017.

11 동선희, 『식민권력과 조선인유력자』, 선인, 2011.

12 허영란, 「일제시기 읍·면협의회와 지역정치」 『역사문제연구』 31집, 2014.

이 글은 이러한 쟁점들을 염두에 두면서 식민지시기~해방 직후 전남지역에서의 리더십의 형성 문제를 생각해보려는 것이다. 그동안 학계에서는 지역사회의 지배층, 유지, 유력자, 엘리트 등의 용어를 사용해왔다. 그러면서 이에 혁신청년, 청년, 저항적 유력자 등을 포함시키기도 했다. 그러나 '유지'나 '유력자'라는 개념 안에 '혁신청년'을 포함시키는 것은 아무래도 어색해 보인다. 당시에도 '혁신청년'을 '유지'나 '유력자'로 표현한 경우는 없었다. 또 전근대에서 근대로의 이행과정에서의 지역사회 연구에서 '지배층'의 변동 문제에만 관심을 집중하는 것도 문제가 있어 보인다. 전근대 사회에서는 지배층과 지도층이 사실상 일치하였다고 말할 수 있지만, 근대 사회에서는 지배층과 지도층이 꼭 일치한다고는 말할 수 없다. 그것은 지배층은 아니지만 여론의 지지를 받는 사회지도층이 있을 수 있기 때문이다. 특히 식민지 지배를 받고 있는 사회에서는 더욱 그럴 수 있다. 왜냐하면 식민지배 당국과 협력할 수밖에 없었던 지배층은 정치적으로 정통성을 가질 수 없었고, 반면에 민족운동이나 사회운동에 뛰어들어 지배당국에 저항한 이들은 정치적 정통성이라는 자산을 가질 수 있었기 때문이다. 따라서 식민지배당국에 저항한 이들이 오히려 리더십(지도력 혹은 지도세력) 형성에서 유리한 고지에 설 수도 있었다. 하지만 한 사회의 리더십이란 정치적 정통성만으로 만들어지는 것은 아니다. 역사적인 배경, 사회경제적인 기반, 그리고 인맥과 조직 등도 역시 리더십 형성에 필요한 자산이었다. 결국 협력세력과 저항세력은 이러한 리더십 형성을 둘러싸고 서로 경쟁관계에 있었다고 볼 수 있다. 이 글에서는 이러한 점을 고려하면서, 필자가 그동안 연구해온 전남지역의 5개 군, 즉 나주·영광·강진·화순 능주·완도를 중심으로 지역사회의 리더십의 형성 문제를 살펴보려고 한다. 이 가운데 나주, 화순은 전남의 중부, 영광은 서부, 강진은 남부의 농촌지역이며, 완도는 남부의 도서(島嶼)지역이다.[13]

2. 리더십 형성의 지역적 배경

역사적 배경—행정구역 개편을 중심으로—

조선시대의 지방통치는 기본적으로 군현제(郡縣制)에 바탕을 두고 이루어졌다. 각 군과 현은 중앙정부에서 파견된 수령(군수·현령·현감)에 의해 통치되었다. 각 군과 현의 실무는 그 지역 출신의 이서(향리)들과 향임(양반계층으로서 향청의 임원을 맡은 자)들이 맡아서 행하였다. 수령은 조세징수권, 경찰권, 재판권 등 모든 부문의 권력을 갖고 있었다. 하지만 1894년 갑오개혁 이후 재판권은 군수의 권한으로부터 분리되어 재판소로 이관되었고, 각 군에는 순검을 두어 중앙의 경무청의 지휘 감독을 받도록 하였다. 그리고 1906년에는 조세징수권도 세무서로 이관되었다. 이와 같은 변화는 근대적인 지방제도로의 변화 과정에서 당연한 것이었다. 각 군의 향리제도에도 변화가 있어 갑오개혁기에는 이서의 수를 정하고 보수지급규정도 새로이 마련했다. 그리고 대한제국기에는 이방(吏房)과 리(吏)의 명칭도 수서기(首書

13 광주나 목포와 같은 도시는 농촌지역의 군과는 성격이 크게 다르기 때문에 이 글에서의 분석에서는 제외했다.

記), 서기(書記) 등으로 바꾸었으며, 향임의 우두머리인 좌수를 향장(鄕長)으로 임명하도록 했다.[14]

조선후기 지방행정구역은 8도 아래 5부, 5대도호부, 20목, 75도호부, 77군, 148현으로 구성되어 있었다. 갑오개혁기인 1895년 5월 당시 내무대신 박영효는 8도제를 폐지하고 대신 23부를 설정하는 한편, 부·목·군·현을 모두 군으로 통일하여 337개 군을 만들어 23부 아래에 두도록 했다. 그러나 아관파천 이후인 1896년 8월 박정양 정부는 23부제를 폐지하고 13도제를 만들었다. 또 한성 등 주요 지역에 부를 두고 제주에 목을 두어 8부 1목 332개 군이 되었다. 그리고 이는 1910년 직전에는 11부 317군으로 되었다.[15]

이와 같은 지방행정 구역은 일본의 식민지통치가 시작된 1910년대에 들어 다시 크게 바뀌게 된다. 조선총독부는 1914년 각 군의 대대적인 통합을 실시하여 12부 220군으로 만들었다. 아울러 군 산하의 면도 통폐합을 실시하여 4,336개 면을 2,522개 면으로 만들었다.[16] 또 1910년에는 면장을 판임관으로 대우하고 면서기를 둠으로써 그동안 단지 행정구역에 지나지 않던 면을 보다 확실한 지방행정기구로 만들고자 했다. 조선후기나 대한제국기에도 각 군현의 아래에 면·리가 있었지만, 이는 군(현)의 행정을 보조하는 역할을 하고 있었을 뿐이었다. 조선총독부는 면·리 가운데 특히 면에 주목하여 면을 실질적인 행정기구로 만들고자 한 것이다. 그리하여 총독부는

14 윤정애, 「한말 지방제도 개혁의 연구」 『역사학보』105집, 1985.

15 위와 같음.

16 홍순권, 「일제시기의 지방통치와 조선인 관리에 관한 일고찰」 『국사관논총』64집, 1995.

1917년에는 '면제'를 반포하여 면에 모든 면 관계 사무를 귀속시키고, 면장의 권한을 대폭 강화했다.[17] 하지만 면장은 여전히 관리가 아닌 준관리로 되어 있었고, 면장의 사무 집행에 소요되는 비용은 총독부가 아닌 면이 부담하도록 되어 있는 등 한계가 있었다.[18]

이와 같은 지방제도의 개편과 관련하여 학계에서는 식민지시기 지역사회 연구의 주요 단위를 어떻게 설정할 것인가, 즉 군 단위의 정치가 중요한가, 아니면 면 단위의 정치가 중요한가 하는 문제를 둘러싸고 논쟁이 있었다.[19] 필자가 보기에는 정치적으로는 여전히 군이 중요했고, 행정적으로는 면이 중요하게 된 것이 아닌가 여겨진다. 1920년대 청년단체, 노농단체, 신간회 지회 등 각종 사회운동 단체가 군 단위를 중심으로 세워진 것은 조선인들에게는 여전히 군이 중요했음을 의미한다. 그러나 행성과 관련한 민원 때문에 일어난 각종

17 홍순권, 「일제초기의 면 운영과 '조선면제'의 성립」 『역사와 현실』23, 1997.

18 윤해동, 「일제시기 면제 실시와 근대적 관료·행정제도의 도입」 『한국사학보』24호, 2006.

19 지수걸은 군 단위가 가장 중요한 지역정치의 중심 단위였다고 보고, 당시 군을 중심으로 '관료-유지지배체제'가 성립되었다고 본다. 반면, 尹海東은 1917년 面制의 시행 이후, 지방통치 시스템이 道-面의 2계층으로 정착되었다고 보고, 郡의 기능은 점차 약화되어 갔다고 보았다. 당시 郡은 道나 府, 面과는 달리 법인격이 아니고, 조례제정권, 지방세 징수권 및 기채권을 갖고 있지 않기 때문에, 지방통치는 面을 중심으로 이루어지고 있었다는 것이다. 때문에 그는 郡보다는 面과 村落의 '지배와 자치'에 대해 더 주목하였다. 이에 대해 지수걸은 郡은 면 및 기타 공공단체의 감독 권한을 갖고 있었기 때문에 실질적으로는 郡을 통해 지방통치가 이루어졌다고 반론을 폈다.
지수걸, 「구한말·일제초기 유지집단의 형성과 향리-충남공주지역의 사례를 중심으로」 『한국근대이행기 중인연구』, 신서원, 1999; 「일제하 충남 서산군의 '관료-유지지배체제'」 『역사문제연구』3호, 역사문제연구소, 1998; 「일제하의 지방통치 시스템과 군 단위 '관료-유지지배체제'」 『역사와현실』63호, 한국역사연구회, 2007; 「지방유지의 '식민지적' 삶」 『역사비평』90호, 2010.
윤해동, 『지배와 자치-일제시기 촌락의 삼국면구조』, 역사비평사, 2006

주민대회가 군보다는 읍, 면을 중심으로 한 읍민대회, 면민대회 형태로 더 많이 일어난 것은 행정에서는 면이 중요했음을 의미한다.[20]

그런데 필자는 이와 같은 논쟁에 앞서 당시 군과 면의 실정에 대해 살펴볼 필요가 있다고 본다. 즉 1914년 군의 통합과정은 이전의 군 숫자를 3분의 2로 줄인 것이었다. 따라서 많은 군들이 기존의 2개 심지어는 3개 군이 합쳐진 것들이었다. 여기서 살피고자 하는 전남 5개 군의 경우도 이에 해당되는 경우가 많았다. 나주군은 기존의 나주군과 남평군이 합쳐진 것이었는데, 나주는 본래 큰 고을인 목(牧)이었고 남평은 현이어서 남평현이 나주목에 병합된 것이라 볼 수 있다. 통합 이후 나주면은 나주군의 중심지 역할을 하는 데 큰 문제는 없었지만, 한때 나주쪽 청년들과 남평쪽 유림 사이에 갈등이 빚어지기도 했다(유림각사건).

한편 화순군은 능주군과 동복군이 합쳐진 것이었다. 그런데 화순군의 역사를 더 거슬러 올라가면 다소 복잡하다. 조선초기에는 화순현, 동복현, 능성현의 3개 현이 있었고, 능성현은 1632년에 능주목이 되었다. 1895년에는 모두 군으로 이름이 붙여졌고, 1908년 화순군이 폐지되어 능주군에 통합되었으며, 1913년 능주군과 동복군이 통합되었는데, 군의 이름을 화순군이라 붙였던 것이다. 따라서 화순군은 사실상 과거의 화순·능주·동복 3현이 합쳐진 것이라 할 수 있었다. 그리고 1913년 통합 이후에도 화순(화순면)은 중심지로서

20 한상구의 연구에 의하면, 1920, 30년대에 부민대회는 280여 건, 군민대회는 330여 건, 읍민대회는 650여 건, 면민대회는 1,150여 건이 일어났다고 한다. 한상구, 「일제시기 지역주민운동 연구 - 지역 주민대회를 중심으로 -」(서울대 국사학과 박사논문), 2013, 25쪽.

의 역할을 제대로 하지 못하여, 화순·능주·동복은 상당 기간 동안 각각의 생활권을 유지하고 있었다.[21]

강진군은 이전의 강진군에서 변화가 없었지만, 강진군 고군면에는 1895년까지 전라병영이 있었기 때문에 상황이 다소 복잡했다. 병영에는 병사를 비롯하여 장교들과 영리, 공장(工匠), 노비 등 수백 명이 소속되어 있었고, 병영으로 인해 상업활동도 활발하게 전개되었다. 따라서 1895년 비록 병영이 폐지되었지만, 병영 사람들은 고군면(1931년 이후 병영면으로 개칭)이 강진면보다 큰 곳이라고 생각하고 있었던 것이다. 이로 인해 강진군의 군청 소재지인 강진면이 강진군의 중심이 되는 데에는 상당한 시일이 필요했다.

완도군은 1896년 해남·강진·장흥에 소속된 여러 섬들을 통합하여 '군'으로 만든 것이었다. 따라서 비록 군청은 완도면에 설치되었지만, 다른 면들을 통합하는 구심적 역할을 하는 데에는 역시 시간이 필요했다. 특히 완도군의 각 면은 섬들로 이루어져 있어 상호 왕래가 쉽지 않았기 때문에 더욱 그러했다. 한편 영광군은 이전의 영광군이 그대로 이어진 것이기 때문에 특별한 문제가 없었다.

이상에서 살펴본 것처럼, 각 군은 통합 이후 곧 하나의 군이라는 의식을 갖게 된 것은 아니었다. 군의 중심이 하나인 경우와 여럿인 경우들이 있었고, 후자의 경우에는 군 전체의 리더십을 세우는 것이 결코 쉬운 일이 아니었다. 예를 들어 군의 중심이 하나였던 영광군과 나주군의 경우에는 군청 소재지 면이 군의 중심지로서 지도력을 갖

21 오늘날에도 각 군에는 1894년 이전의 향교가 그대로 남아 있다. 따라서 화순군에는 3개의 향교가 있다.

는 것이 비교적 쉬웠지만, 군의 중심이 여럿이었던 강진·화순의 경우에는 상황이 달랐던 것이다.

사회·경제·문화적 배경

이 시기 지역사회의 리더십 형성에는 이전 시기 신분제의 유산도 상당한 영향을 미쳤다. 먼저 5개 군에는 어떤 양반 성씨들이 있었는지 살펴보자. 이해준에 의하면, 18세기 후반 이래 양반가의 문중서원이나 사우(祠宇)가 다수 설립되는 경향을 보였다고 한다. 문중서원은 본관지(本貫地)나 아니면 양반 동족마을 인근에 설립되는 경우가 많았는데, 이해준에 의하면 흥선대원군에 의한 서원 훼철 이전에 전남에만 205개의 서원이 있었고, 그 상당수가 문중서원이나 사우였다고 한다.[22] 물론 이러한 문중서원·사우는 당시 향촌사회에서 유력 양반가가 주로 세운 것이었고, 따라서 당시의 유력 양반가를 파악하는 데 문중서원의 존재 여부는 상당한 도움을 준다. 이해준의 조사에 의거하여, 당시 5개 군에 존재하던 문중서원 및 사우를 세운 성씨들을 정리해보면 다음과 같다.

나주군: 나주 羅씨, 錦城 羅씨, 慶州 李씨, 나주 林씨, 하동 鄭씨, 나주 鄭씨, 南平 文씨, 利川 徐씨.

영광군: 靈光 金씨, 전주 李씨, 晉州 姜씨, 延安 金씨, 靈城 丁씨.

화순군: 昌寧 曺씨, 公州 李씨, 濟州 梁씨, 남평 文씨, 海州 崔씨.

22 이해준, 『조선후기 문중서원 연구』, 경인문화사, 2008.

강진군: 海南 尹씨, 原州 李씨, 光山 李씨.

완도군: 없음.

물론 위의 성씨들만을 양반가 성씨라고 할 수는 없을 것이다. 예를 들어, 나주에서는 통념상 나주 오, 제주 양, 나주 임, 반남 박, 문화 유, 나주 나, 금성 나, 풍산 홍, 나주 정씨를 8대(大) 대성(大姓)으로 여겼다.[23] 따라서 문중서원은 없었지만, 반남 박, 문화 유, 풍산 홍씨도 양반 가문에 추가해야 할 것이다.

한편 호남지역의 향리들은 전통적으로 상당한 세력을 가진 것으로 알려져 있다.[24] 그러면 5개 군의 유력 향리가는 어떤 성씨들이었을까. 조선후기 나주(羅州)의 향리가로는 밀양 손(密陽 孫), 나주 나(羅州 羅), 제주 양(濟州 梁), 해주 오(海州 吳), 나주 정(羅州 鄭), 창녕 조씨(昌寧 曺氏) 등이 있었다. 그런데 19세기 후반 이후에는 이들 성씨 외에도 경주 최씨(慶州 崔氏), 김해 김씨(金海 金氏), 밀양 박씨(密陽 朴氏) 등이 새로운 유력 향리가로 부상하고 있었다. 남평의 유력 향리가로는 나주 정(羅州 丁), 고부 은(古阜 殷), 능주 구씨(綾州 具氏) 등이 있었다.[25] 한편 영광의 향리들은 사계(射契) 또는 노계(老契)를 조직하였는데, 18세기 후반부터 19세기 초 이 계안(契案)에 오른 성씨들은 김해 김

23 정승모, 「서원·사우 및 향교 조직과 지역사회체계(하)」 『태동고전연구』5, 1989 ; 이해준, 「조선전기 나주지방의 토성기반과 그 성격」 『나주목의 재조명』, 1990 참조.

24 필자가 조사한 다른 지역인 충남의 향리는 전남의 향리에 비해 그 세력이 크게 미약했다.

25 羅善河, 「19세기 초 羅州 鄕吏層의 契 組織과 邑權의 동향」 『한국사연구』130호, 2006 ; 朴眞哲, 「한말 나주읍 향리사회의 지속성과 변화」 『한말 일제하 나주지역의 사회변동 연구』, 성균관대 대동문화연구원, 2008.

(金海 金), 함평 노(咸平 魯), 남평 문(南平 文), 김해 배(金海 裵), 이천 서(利川 徐), 제주 양(濟州 梁), 창녕 조씨(昌寧 曺氏) 등이었다. 그리고 19세기에 들어서면 진주 정씨(晉州 鄭氏), 한양 조씨(漢陽 趙氏), 문화 유씨(文化柳氏)가 새로이 입록되었다.[26] 18, 19세기 영광의 주요 향리 성씨는 이들 성씨였다고 보아 틀림없을 것이다. 화순군의 경우를 보면, 능주(綾州)는 능주 구씨(綾州 具氏), 신안 주씨(新安 朱氏), 창녕 조씨(昌寧 曺氏), 화순(和順)은 창녕 조씨(昌寧 曺氏), 동복(同福)은 동복 오씨(同福 吳氏) 등이 유력한 향리가였다.[27] 강진군의 경우를 보면, 김해 김씨(金海 金氏), 연안 차씨(延安 車氏) 등이 유력한 향리가였다.

한편 각 군에는 비록 양반이나 향리 가문은 아니었지만, 평민층으로서 동족마을을 이루고 사는 경우가 대단히 많았다. 그리고 양반층이 없었던 완도군의 경우에도 이러한 양상은 마찬가지였다. 완도면 정도리의 김해 김씨, 군외면 삼두리 밀양 박씨, 고금면 장룡리의 경주 정씨(慶州 鄭氏), 소안면 이월리의 김해 김씨 등은 50호 이상의 동족마을을 이루고 살고 있었으며, 이들은 각기 자신들의 면에서 상당한 세력을 갖고 있었다.[28]

26 羅善河, 「조선 중 · 후기 靈光 吏胥 집단의 契 운영과 그 의미」 『지방사와 지방문화』 6-1, 2003.

27 홍성찬, 『한국근대농촌사회의 변동과 지주층: 20세기 전반기 화순군 동복면 일대의 사례』, 지식산업사, 1992

28 조선총독부, 『朝鮮の姓』, 1934 참조.

〈표 1〉 5개 군의 주요 지주(1930년)

군별	주요 조선인 지주
나주	許永奎(318, 羅州面), 朴正業(207, 나주면), 朴奉一(127, 나주면), 鄭安民(95, 나주면), 河東秀(86, 영산면), 梁奇俠(86, 나주면), 梁然鎬(64, 나주면), 梁奇秤(54, 나주면), 金炳斗(50, 나주면)
영광	曺喜暻(221, 靈光面), 魯昌燮(149, 영광면), 金鍾候(136, 군남면), 鄭東明(124, 영광면), 曺士旭(77, 영광면), 金相運(60, 法聖面), 許珍卿(55, 영광면), 朴寅煥(55, 郡西면)
화순	吳子攝(264, 同福面), 吳秉南(128, 동복면), 權泰性(121, 綾州面), 奇俊燮(102, 春陽面), 吳亨南(83, 동복면), 吳完基(59, 外南面), 梁會絢(50, 綾州面)
강진	金忠植(845, 강진면), 朴鳳來(325, 鵲川面), 金奎洪(206, 鵲川面), 車東珍(85, 강진면), 金秉珍(78, 강진면), 金台炫(77, 兵營面), 鄭永夏(74, 鵲川面), 金容善(61, 兵營面), 劉貞烈(58, 강진면), 朴魯珍(58, 강진면), 鄭在振(50, 城田面), 尹燁(50정보 이상, 道岩面)
완도	

* 괄호안은 논(畓)의 소유규모(町步)와 居住面
* 자료 : 한국농촌경제연구원, 『농지개혁시 피분배지주 및 일제하 대지주명부』(1930년)

각 군의 리더십 형성에는 경제적 기반도 매우 중요했다. 〈표 1〉은 각 군에서 50정보 이상의 논을 소유한 주요 지주들을 정리한 것이다. 이들의 거주지를 보면, 주로 군청 소재지에 거주하고 있었던 것을 알 수 있다. 그리고 이들 가운데에는 향리가 출신인 이들이 많았다. 예를 들어, 나주의 박정업·정안민·김병두, 영광의 조희경·정동명·조사욱, 화순의 오자섭·오병남·오형남 부자와 양회현, 강진의 김충식·차동진·김병진 등이 그러하였다. 다른 이들 가운데 유력한 양반 가문 출신인 경우는 강진의 윤엽 정도밖에 없었다. 즉 5개 군의 대지주들은 대부분 향리가 아니면 평민 출신들이었던 것이다.

위의 조선인 지주 외에도 일본인 지주들이 다수 진출했는데, 평야지대인 나주군에 일본인 지주들이 가장 많았다. 나주에는 일본인촌이라 할 수 있는 영산포(榮山浦)가 있어서 일본인 지주와 상인들이 다수 거주하고 있었다.[29] 당시 이들 5개 군에 거주하고 있던 일본인은 얼마나 되었을까. 1930년의 자료에 의하면, 나주군 3,425명, 영광군 873명, 강진군 925명, 화순군 307명, 완도군 966명 등이었다.[30] 이들 일본인 가운데 가장 큰 비중을 차지한 것은 상인과 관리들이었으며, 상인들은 주로 군청소재지 면에 거주하면서 지역의 상권을 장악하고 있었다.

다음으로는 각 군의 문화적 측면, 특히 조선인 교육의 상황에 대해 살펴보자. 나주군의 경우, 1907년에 나주공립보통학교, 1911년에 남평공립보통학교가 세워졌으며, 1920년대에 들어와서 11개 면에, 1930년대에 나머지 6개 면에 보통학교가 세워졌다. 영광군의 경우에도, 1911년에 영광공립보통학교가 세워졌고, 1920년대에 6개 면에, 1930년대에 나머지 5개면에 보통학교가 세워졌다. 화순군의 경우, 1909년에 동복공립보통학교, 1911년에 능주공립보통학교, 1917년에 화순공립보통학교가 세워졌고, 1920년대에 8개 면에, 1930년대에 6개 면에 보통학교가 세워졌다. 강진군의 경우, 1911년에 강진공립보통학교, 1918년에 병영공립보통학교가 세워졌고, 1920년대에 7개면에 보통학교가 세워졌다. 완도군의 경우, 1911년에 완도공립보통학교, 1919년에 고금공립보통학교가 세워졌고, 1920년대에 4개 공립보통학교가 세워졌으며, 나머지 2개 면은 1930년대에 공립보통학교가 세워졌다.[31] 물론 공립보통학교 외

29 박찬승, 「일제하 식민기지 榮山浦의 日本人 商人과 地主」『항일민족운동과 나주』, 나주학생운동기념관, 2009.

30 染川覺太郎, 『全羅南道事情誌』, 全羅南道事情誌刊行委員會, 1930.

31 같은 책.

에도 한말 이래의 사립학교들이 있었다. 강진면에는 사립금릉학교가 1907년에 세워졌고, 영광면에서도 1908년에 광흥학교가 세워졌다. 완도군에서는 완도면에 사립육영학교가 1905년에 세워졌으며, 1920년대 이후에도 소안사립학교(1923년), 약산사립학교(고금면, 1923년), 교인학교(군외면), 금일사립학교(금일면), 금당경신학교(금일면), 신지사립학교(신지면), 도청사립학교(청산면)등이 세워졌다.[32] 사립학교 외에도 서당이 상당수 있었는데, 1930년경 나주에 180개, 영광에 66개, 화순에 63개, 강진에 45개가 있었다(완도는 불명).[33] 그 외에도 각종 야학, 강습소 등이 1920년대에 청년단체 등에 의해 다수 설립되었다. 하지만 가장 중요한 것은 정식학교인 보통학교의 설립이었는데, 군 단위에서 가장 먼저 설립된 곳은 역시 본래의 군 소재지들이었다. 나주의 경우 나주면과 남평면, 화순군의 동복면·능주면·화순면, 강진군의 강진면과 병영(고군면)에 보통학교가 먼저 설립되었다. 보통학교가 이처럼 군 소재지에 먼저 세워짐으로써 소재지 밖의 면에 거주하던 양반층의 자제들은 보통학교 교육을 그만큼 늦게 받을 수밖에 없었다. 즉 1910년대 보통학교에서 신교육을 받은 이들은 대부분 향리가의 자제들로 한정되었던 것이다. 양반층의 자제들은 1920년대에 들어서야 비로소 신교육을 받을 수 있게 되었고, 이는 향리가 자제들이 양반층의 자제들에 비해 일찍 개화하여 지역사회에서의 사회활동을 주도할 수 있는 기회를 얻을 수 있게 한 배경이 되었다. 특히 군청 소재지 면은 정치, 경제, 사회, 문화의 모든 면에서

32 같은 책, 978~979쪽 참조.

33 같은 책 참조.

중심지가 되어 가고 있었는데, 향리가의 자제들이 그러한 활동에서 주도권을 장악할 수 있는 여건이 만들어지고 있었던 것이다.

3. 5개 군의 협력세력·저항세력의 상호 경쟁

식민지배에 대한 협력세력의 형성

1910년 일본에 의한 한국 병합 이후, 지역사회에서도 일본의 식민통치에 협력하는 세력이 나타나기 시작했다. 각 군청 소재지를 중심으로 군청에 근무하는 이들이 있었고, 1910년대 면제의 실시 과정에서 면장, 면서기 등으로 근무하는 이들도 나타났다. 그리고 1920·30년대에는 면협의회가 만들어지면서 이에 참여하는 이들도 나타났다. 그러나 군청의 경우, 군수는 조선인으로 총독부로부터 임명되어 내려왔고, 서무주임과 재무주임은 일본인이 맡고 있었으며, 군속(郡屬)과 기수(技手)도 일본인과 조선인이 각각 반 정도씩 되었다. 따라서 그 지역 출신의 조선인이 참여할 수 있는 자리는 많지 않았다. 이에 그동안 군 행정을 맡아오던 향리층은 상당한 불만을 가질 수밖에 없었다. 지역의 행정에서 조선인이 참여할 수 있는 자리는 면장과 면서기였다. 1910년대에는 면장 자리는 별 인기가 없었지만, 1920년 이후에는 점차 면 수준의 유력자들이 이에 참여하기 시작했다. 총독부는 행정 실무 능력보다는 지역에서 신망이 있는 이들을 면장으로 포섭하기 위해 노력했고, 그것이 어느 정도 효과를 본 것이다. 하지만 유력 양반보다는 주로 향리가의 자제, 양반 동족마을의 방계(傍系) 인물, 그리고 평민층 동족마을 출신들이 면장을 맡는 경향이 나타났다. 그리고 1910년대 이후 보통학교 교육이 실시되면서 보통학교를 졸업한 이들이 면서기로 임용되었다.

면협의원도 대체로 면장과 비슷한 인물들이 맡았는데, 그 가운데에는 경제적으로 어느 정도 부를 쌓은 이들이 있었다. 예를 들어, 1927년 제한선거가 행해진 나주군의 지정면인 나주면의 경우에 면협의원은 12명이었고, 그 가운데 조선인은 7명이었는데, 이 가운데에는 나주금융조합장 김병두(金炳斗), 나주흥농(주) 이사 백남선(白南善) 등이 포함되어 있었다. 영광의 경우에도, 주조업과 인쇄업을 하던 정동윤(鄭東允), 뒤에 금광업을 하게 되는 허전(許銓)이 포함되어 있었다. 강진면의 경우에도 대지주 김충식(金忠植), 지주 유정렬(劉貞烈), 강진창고금융주식회사 대표 김정식(金正植) 등이 포함되어 있었다. 화순면의 경우에도 금융조합장 박봉식(朴奉植)이 포함되어 있다. 완도면의 경우에는 일본대학 전문부 정치과를 졸업한 김장렬(金長烈)이 포함되어 있었다. 그는 당시 신간회 지회에도 참여하여 임원을 맡고 있던 인물이었다.[34] 하지만 조선인 면협의원 가운데에는 특별한 사회활동 경력이 거의 없는 인물들이 더 많았다. 특히 지정면이 아닌 보통면의 경우에는 군수가 면협의원을 임명했는데, 대체로 동리 단위의 수준에서 유지라 칭할만한 인물들을 추천받아 임명했던 것으로 보인다. 1930년대 이후 면협의원은 모두 주민들이 직접 선거하는 방식으로 바뀌었지만, 일정액 이상의 세금을 내는 자만 유권자가 될

34 이상은 『全羅南道事情誌』에 실린 명단을 한국역사정보통합시스템 등에서 검색하여 정리한 것이다.

〈표 2〉 각 군별 조선인 도평의원과 도회의원

군별	1924년	1927년	1930년	1933년	1937년
나주군	金炳斗	林炳元	林炳元	丁基哲	丁基哲 崔榮哲
영광군	曺喜暻	曺喜暻	曺秉模	鄭東允	李 忍
화순군	吳亨南	吳憲昌	吳憲昌	吳憲昌	吳建基
강진군	金昇準	尹 燁		金安植	車鍾彩
완도군	黃懿周	黃權八	金商瑾	金容安	池洞來

자료 : 『동아일보』 『조선총독부관보』 등 참조.

수 있었다. 그 결과 유권자는 전체 주민의 10% 정도밖에 되지 않았다. 따라서 면협의원은 부분적으로는 면 주민의 대표성을 가졌지만, 면협의회가 갖는 식민지배에 대한 협력, 자문기관으로서 권한이 제한되어 있다는 한계를 갖고 있었다.[35]

도평의원(뒤의 도회의원)은 정원의 3분의 2의 후보자를 부·면협의원들이 간접선거를 통해 도지사에 추천하였고, 3분의 1은 도지사가 임명하였다. 따라서 그들의 대표성에는 한계가 뚜렷했고, 면협의원보다 식민지배에 대한 협력자라는 비판을 더 받지 않을 수 없었다. 〈표 2〉는 각 군의 도평의원과 도회의원을 정리한 것이다. 이들 가운데 나주의 김병두, 영광의 조희경(曺喜暻), 화순의 오형남(吳亨南)·오건기(吳建基), 강진의 윤엽(尹燁) 등은 상당한 규모의 지주들이었다. 또 나주의 김병두, 영광의 조희경·조병모(曺秉模)·정동윤, 화순의 오형남·오헌창(吳憲昌)·오건기, 강진의 김안식(金安植)·차종채(車鍾彩) 등

35 박찬승, 「일제하 지방자치제도의 실상」 『역사비평』 13, 1991.

이 모두 향리가 출신이었다. 양반가 출신으로 확인되는 인물은 나주의 임병원(林炳元), 강진의 윤엽 정도이다.

그밖에도 조선인들은 학교평의회, 수리조합, 군농회, 금융조합, 삼림조합, 어업조합, 축산조합, 번영회 등에 참여하기도 하였으며, 이들 각종 공직에 참여한 이들은 당시 '유지'라고 칭해졌다. 이들 가운데 가장 중요한 인물은 금융조합장이었다. 각 군별로 금융조합장을 소개하면 〈표 3〉과 같다.

〈표 3〉 각 군별 금융조합장

군별	금융조합장
나주군	羅州 : 金炳斗(1927–33) 榮山浦 : 河野喜三郎(1927–28), 盧載昇(1929–30), 山上友三郎(1931–34) 錦南 : 李圭逢(1927–30), 羅宗煥(1931–34) 南平 : 金昌容(1927–30), 韓百彦(1931–34) 潘南 : 羅敬泰(1927–34)
영광군	靈光 : 曺秉瑀(1927–32) 鄭泰熙(1933–34) 法聖 : 張佶弦(1927–28), 張德炫(1929–30), 張佶弦 (1931–34)
화순군	和順 : 朴奉植(1927–34), 同福 : 吳在迥(1927–34) 綾州 : 曺百淳(1927–30), 朱在奭(1931–34)
강진군	康津 : 李基柱(1927–32), 車鍾彩(1933–34) 兵營 : 明瑄煜(1927–28), 金容善(1929–34)
완도군	莞島 : 洪緖範(1927–28), 金台鉉(1929–34) 古今 : 朴魯釧(1927–34)

자료 : 『全羅南道事情誌』

이들 금융조합장 가운데 나주의 김병두, 영산포의 고노 기사부로(河野喜三郎), 영광의 정태희(鄭泰熙), 능주의 주재석(朱在奭, 朱燦馨의 아들), 강진의 김용선(金容善) 등은 모두 유력한 지주들이었다. 또 나주의 김병두, 영광의 조승우(曺乘瑀)와 정태희, 화순의 박봉식, 동복의 오재형(吳在逈), 능주의 조백순(曺百淳)과 주재석, 강진의 차종채 등은 모두 해당 지역의 향리가 출신이었다.

결국 식민지시기에 들어와 향리가 출신은 식민지배에 대한 협력을 통하여 약진하고 있었음을 알 수 있다. 반면에 양반가 출신은 극히 일부를 제외하고는 식민지배에 대해 적극적인 협력을 삼가고 있었음을 알 수 있다.

식민지배에 대한 저항세력의 형성[36]

각 군에서의 식민지 지배에 대한 저항은 3·1운동, 청년운동, 노동농민운동, 신간회운동 등을 통해 전개되었다. 하지만 전남지방에서는 한말 의병전쟁의 피해가 워낙 컸기 때문에 3·1운동기에 만세시위를 주도할 만한 세력이 거의 소진되어 다른 지역에 비해 상대적으로 약했다. 여기서 살펴보는 5개 군 가운데 나주군과 화순군의 경우에는 특히 미약하여 개인적인 시위가 전개되는 수준에 그쳤다. 영광과 강진의 경우에는 읍내 출신 청년, 즉 향리가의 청년들과 학생들이 주도하여 비교적 큰 시위가 벌어졌다. 특히 강진의 경우에는 향리가의 청년들이 기독교 신자로서 교회의 조직을 이용하여 시위를 준비하기도 하였다.

3·1운동 이후 전국적으로 청년운동의 붐이 일어나는 가운데 이

36 이 부분은 이 글(도론)의 말미에 있는 참고문헌 목록에 실린 필자의 논문들을 참조하여 서술했다. 따라서 일일이 각주를 달지 않는다.

들 5개 군에서도 청년회가 조직되었다. 청년회는 군청 소재지 면에서 먼저 조직되고, 다른 면에서도 이를 따라가는 경향을 보였다. 하지만 1920년대 초 조직된 청년회는 대체로 청장년의 유지들이 조직한 청년회로서 지덕체의 함양을 내걸고 강연회 등 계몽운동을 주로 전개하고자 하였다. 하지만 회장 등 청년회 임원들 가운데에는 공직자나 지주·자본가들이 많았으며, 이들은 청년회 운동에 그리 적극적이지 않았다. 따라서 청년회 활동은 정체상태를 보이는 가운데 일부에서는 이러한 청년회를 '어용청년회'라고 부르기도 했다.[37] 5개 군의 청년회도 마찬가지였다. 강진군의 경우, 강진청년회가 조직되었는데 회장은 대지주인 김충식이었으며, 3·1운동에도 간여한 바 있는 김안식이 이에 참여했지만 별로 열성을 보이지 않았다. 화순의 경우에도 화순청년회(회장 박현경(朴賢景))가 있었으나 유명무실하였다. 능주청년회는 조준기(曺俊基)의 지도하에 화순청년회보다는 활동이 활발했던 것으로 보인다. 완도에서도 완도청년회가 조직되었지만 별다른 활동이 없었다. 오히려 소안도 배달청년회(회장 金景天)의 활동이 더 활발하였다.

청년회 활동이 이와 같이 부진한 가운데 1923년 말부터 사회주의 사조가 지방의 청년들에게도 영향을 미치기 시작하여 각 군에 사상단체들이 만들어지기 시작하였다. 나주에서는 1925년 효종단이 만들어졌고. 화순 능주면에서는 1926년 능주프로동맹이 조직되었고, 완도에서는 1926년 살자회, 영광에서는 1927년 토우회가 조직되었다. 반면에 강진에서는 사상단체가 조직되지 않았다.

37 『조선일보』1925년 8월 25일 「會報 發行」. 이는 求禮青年會의 경우이다.

사상단체의 조직을 전후하여 이에 참여한 청년들을 중심으로 청년회 혁신운동이 일어났다. 나주에서는 1926년 박공근(朴恭根)·김형호(金亨浩) 등을 중심으로 청년회 혁신이 이루어져, 박준삼(朴準三)을 회장으로 추대하였다. 영광에서는 1925년 조용남(趙龍楠)·김형모(金衡模)·정동윤 등을 중심으로 혁신운동이 일어나 청년회 조직이 개편되었다. 화순에서는 능주에서 1924년 능주청년회를 해산하고 신흥청년회(뒤에 갑자청년회로 개칭)를 새로이 설립하였다. 하지만 이는 여전히 민족주의자들과 사회주의자들이 함께 한 청년회였다. 때문에 조경서(曺景敍)·조창수(曺昌洙) 등 사회주의청년들은 따로 능주무산청년당을 만들었다. 완도에서는 1925년 완도면에서 완도무산청년회가 만들어졌고, 소안도의 배달청년회도 사회주의 청년들에 의해 주도되기 시작했다. 강진에서는 강진면에서는 별다른 움직임이 없었고, 병영(고군면)쪽에서 1927년 11월 사회주의 성향의 신흥청년동맹 발기회가 있었지만, 조직에는 이르지 못한 것으로 보인다.

이와 같이 청년회의 혁신이 어느 정도 이루어진 뒤인 1927년에는 조선청년총동맹의 지시하에 각 군별로 청년동맹이 만들어지기 시작하였다. 나주청년동맹의 경우, 집행위원장으로 박준삼을 선출하였고 나주지부, 영산포지부, 그리고 남평 방면의 산포지부가 있었다. 박준삼은 당시 지주이면서도 비교적 진보적인 민족주의자였다. 영광청년동맹의 경우, 집행위원장에 조용남을 선출하였고, 영광면·법성면·불갑면·군남면·백수면·대마면·군서면 등에도 지부가 설립되었다. 조용남은 당시 조선공산당과 고려공산청년동맹의 영광군 책임자였다. 화순청년동맹의 경우, 주재학(朱在鶴)을 집행위원장으로 선출하고 화순면·능주면·청양면·외남면에 지부를 설치하였다. 주재학은 당시 조선공산당의 공산청년동맹원이었다. 강진청년동맹은 집행위원장으로 왕재일(王在一)을 선출하였으며, 강진면·고군면·도암면 등에 지부를 두었다. 왕재일은 구례의 양반가 출신으로 광주고보 재학중 학생비밀결사 성진회(醒進會)에 참여하였으며, 졸업 후 강진의 청년운동 활성화를 위해 고군면(병영)으로 온 인물이었다. 완도에서는 1924년에 이미 완도청년연합회를 조직한 바 있어, 1927년 이를 발전시켜 완도청년동맹을 조직한 것으로 보인다. 위원장으로는 신광희(申光熙)를 선출하였던 것으로 확인되는데, 경찰의 탄압으로 거의 활동을 하지 못한 것으로 보인다. 신광희는 소안도 출신으로 배달청년회사건으로 구속되어 2년 6개월 동안 옥고를 치렀다.

5개 군 가운데 청년운동은 나주의 나주면, 영광의 영광면, 화순의 능주면, 완도의 소안면 등이 가장 활발하였던 것으로 보인다. 또 각 군의 청년동맹 위원장 가운데 나주의 박준삼, 영광의 조용남, 화순의 주재학은 향리가 출신이었다. 노농운동 역시 청년층, 특히 사상단체를 만든 사회주의계열의 청년들이 중심이 되어 전개하였기 때문에 여기에서는 설명을 생략한다.

1927년에는 민족주의자와 사회주의자의 민족협동전선으로서 신간회 본부가 설립되고, 이어서 각 군에 지회가 설립되기 시작하였다. 나주군에서도 그해 9월 신간회 나주지회가 설립되었으며, 회장에 김병두, 부회장에 김창용(金昌容)이 선출되었다. 김병두는 앞서 본 것처럼 상당한 규모의 토지를 가진 지주층으로서 당시 나주금융조합장을 맡고 있었다. 김창용도 또한 남평금융조합장을 맡고 있는 인물이었다. 하지만 김병두는 곧 물러나고 김창용이 집행위원장을 맡았던 것으로 보인다. 그는 비교적 진보적인 민족주의 성향을 지닌 인물이었다. 나주지회는 1929년에는 집행위원장제를 채택하여 김창용을 위원장으로 추대하였다. 그러나 김창용이 남평 유림들과의 충돌로 빚어진 유림각사건으로 인하여 구속되고, 광주학생사건의 여파가 나주에도 밀려옴으로써 나주지회는 사실상 활동을 하지 못하게 된다. 강진의 경우에는 1927년 강진면 인사들을 중심으로 강진지회가 설립된 것으로 보인다. 하지만 병영쪽 인사들은 참여하지 못하여 1928년 병영쪽에서 독자적인 지회를 만들려 하다가 결국은 양측이 타협하여 통합된 지회를 1929년에야 출범시켰다. 지회장으로는 황희규(黃熺圭), 부회장에는 오기덕(吳基德)이 선출되었으며, 곧 집행위원장제로 개편하여 오기덕이 집행위원장을 맡았다. 오기덕은 강진의 천도교 간부였다. 영광에서는 1928년 1월 신간회 영광지회 준비위원회가 조직되었으나, 창립을 보지 못하였는데 아마도 준비위원회 핵심인물인 조용남이 조선공산당 사건과 관련되어 구속되었기 때문이 아닌가 여겨진다. 화순의 경우에는 1928년 능주에서 먼저 신간회 능주지회 설립대회 준비위원회를 구성하였으나 끝내 설립을 보지 못하였다. 아마도 화순과 능주 사이의 지회 설립을 둘러싼 주도권 문제, 그리고 화순면의 대표적 인물인 주재학이 그해 가을 조선공산당사건으로 구속된 것 등이 작용한 것으로 보인다. 완도에서는 1927년 9월 각 면의 민족주의계, 사회주의계열 인사들이 고루 참여한 가운데 완도지회가 설립되었으며, 회장에 임재갑(任在甲)이 선출되었다. 임재갑은 신지도에서 학술강습소를 개설하고 학생들을 가르치다가 구속되어 옥고를 치른 인물이었다. 그러나 완도지회는 그해 10월 소안도 배달청년회 사건으로 간사를 맡은 신준희(申晙熙)·김병규(金柄奎)·강사원(姜仕遠)·최형천(崔亨天) 등이 구속 기소됨으로써 사실상 활동이 마비되었다.

이처럼 신간회 지회 설립 과정을 보면, 당시 사회운동이 활성화되어 있고, 각 면 사이의 협조가 원만하던 나주, 강진, 완도 등지에서는 무난히 설립된 반면, 그렇지 않았던 영광과 화순에서는 끝내 설립을 보지 못하였음을 알 수 있다. 또 설립된 각 지회도 여러 사건으로 인하여 활동을 제대로 할 수 없었다. 신간회 지회는 저항세력이 지역사회에서 리더십을 만들어 나갈 수 있는 좋은 기회였지만, 영광과 화순의 경우 지역사회의 사정 상 이러한 기회를 만들지 못하였고, 지회가 설립된 나주·강진·완도 등지에서는 경찰의 방해로 인해 역시 그러한 기회를 살리지 못하였다.

1930년대 이후 저항세력, 특히 사회주의 운동가들은 노선을 전환하여 민족주의운동과의 협동전선보다는 혁명적 농민운동, 노동운동에 뛰어들게 된다. 특히 광주학생운동 시기 옥고를 치르거나 학교에서 퇴학을 당한 학생들은 자신의 고향으로 내려가 농민들을 조직하여 혁명적(적색) 농민조합을 결성하거나, 야학을 개설하여 농민들을 의식화하는 작업에 매진하게 된다. 이들의 운동은 대부분 경찰에 적발되어 많은 이들이 옥고를 치르기도 했지만, 사회주의운동은 이로써 농민들 사이에 폭넓은 조직기반을 갖출 수 있었다. 해방 이후 인민위원회나 좌익세력이 농민들 사이에 상당히 폭넓은 기반을 가질 수 있었던 것은 1930년대의 농민조합운동, 야학운동에 힘입은 바가 컸다고 할 수 있다.

해방 직후 지역자치체의 성립과 좌절

1945년 8월 15일 해방과 함께 전국 각지에서는 건국준비위원회 지부가 결성되었다. 전라남도에서도 8월 15일부터 며칠 사이에 대부분의 군에서 건국준비위원회가 만들어졌다.[38]

나주군에서는 건준 위원장에 김창용, 부위원장에 박준삼, 치안대장에 박공근(뒤에 朴炯培로 교체)이 추대되었다. 김창용은 신간회 나주지회장을 지낸 인물이었고, 박준삼과 박공근은 신간회 나주지회와 조선청년동맹 나주지회에서 주도적으로 활동하던 이들이었다. 건준 나주지부는 9월에 인민위원회로 개편되었는데, 인민위원장과 부위원장은 그대로 김창용과 박준삼이 맡았다. 나주군의 경우에는 이들의 리더십이 확고하여 별다른 변화가 없었으며, 각 면에서도 차례로 인민위원회가 결성되었다. 인민위원회는 군 행정을 접수하였는데, 10월 말에 진주한 미군정 부대(61중대)도 이를 인정하여 김창용은 해방 후 첫 군수가 되었으며, 박형배는 경찰서장이 되었다. 하지만 미군정과의 밀월 관계는 1946년 1월 들어 광주경찰의 이간 행위로 인하여 깨지게 된다. 미군정은 광주 경찰을 동원하여 나주경찰서와 군청을 습격하여, 김창용과 박형배 등 나주의 주요 인사들을 모두 체포해 광주로 끌고 갔다. 그리고 새로운 군수와 경찰서장을 외지인으로 임명하였다.

영광군에서는 건준 위원장에 조희충(曺喜忠), 부위원장에 조용남

38 이하 건준 및 인민위원회 명단에 대해서는 다음의 책을 참조. 안종철, 『광주·전남 지방 현대사연구-건준 및 인민위원회를 중심으로-』, 한울, 1991.

이 추대되고, 총무부장에 조운(趙雲), 조직부장에 정태송(鄭泰松), 문교부장에 이을호(李乙浩), 치안대장에 정진삼(鄭軫三) 등이 선임되었다. 조희충은 1928년 신간회 영광지회 설립준비위원회에서 사실상 준비위원장 역할을 한 인물이었다. 조용남도 신간회 지회 준비위원회에서 핵심적인 역할을 하였으며, 4차 조선공산당 사건으로 옥고를 치른 인물이었다. 조운, 이을호, 정진삼은 1934년 영광체육단 사건으로 옥고를 치른 인물들이다. 영광체육단사건이란 경찰이 체조 모임이었던 영광체육단을 민족운동 단체로 간주하여 영광의 민족·사회운동가 24명을 구속한 사건이다. 9월 들어 영광 건준도 인민위원회로 개편되었는데, 조용남이 광주로 활동 무대를 옮겼을 뿐 간부진에는 별다른 변화가 없었다. 영광인민위원회는 군청을 접수하지 않은 채, 금융조합 사무실을 위원회 사무실로 사용하면서 행정권을 행사했다고 한다. 영광은 10월 말 미군정 부대 제53중대 관할로 들어갔으며, 결국 인민위원회는 강제 해산을 당하고, 인민위에 참여한 사람들은 미군정의 탄압을 피해 대부분 영광을 떠나게 된다.

화순군에서는 건준 위원장에 김용규(金容圭)가 추대되었고, 총무 및 재정담당에 주재학, 선전 및 섭외담당에 조규선, 청년담당에 김현채, 문화담당에 조주순, 치안대장에 송화진, 식량담당에 박민기(朴珉基) 등이 선임되었다. 김용규는 1930년대말 화순금융조합장을 지낸 인물이었으며, 주재학은 화순청년동맹 집행위원장을 맡았으며, 조선공산당 사건으로 옥고를 치른 인물이었다. 조규선은 명치대학을 졸업하고 주조회사에 근무한 인물로서 주재학과 절친한 사이였다고 한다. 김현채는 일본대학을 졸업하고 은행에 근무한 적이 있는 인물이다. 박민기는 뒤에 독촉국민회에 들어가 활동했고, 무소속으로 제2대 국회의원이 된 인물이다. 이상에서 보면, 화순군의 건준 조직은 화순면 출신들 가운데 주재학과 가까운 인물들로 구성되었던 것으로 보인다. 화순 건준은 9월에 인민위원회로 개편되었는데, 이 때 박민기는 탈퇴하였으며, 주재학이 위원장을 맡았다고 한다. 한편 동복면과 능주면에서도 따로 인민위원회가 구성되었다. 동복면에서는 하달태(河達泰)를 중심으로 인민위가 구성되었는데, 그는 히로시마사범학교를 졸업하고 1933년부터 화순군 도곡면의 보통학교 훈도로 재직한 적이 있으며, 1944년에는 당시 면장 오건기의 발탁으로 부면장을 맡았다고 한다. 하달태는 인민위원장이 되어 대지주 오건기보다는 농민들의 입장을 대변했다고 한다. 능주면에서도 인민위원회가 구성된 것으로 보이나, 간부 명단은 확인하지 못했다. 화순도 나주와 마찬가지로 미군정부대 61중대 관할로 들어갔으며, 나주보다 훨씬 일찍 인민위원회가 해산된 것으로 보인다.

강진군에서도 건준이 조직되었는데, 위원장에는 김안식, 부위원장에는 차내진(車來珍)과 유재의(劉在義)가 추대되었다. 총무부장은 김상균(金相均), 재무부장은 이창교, 선전부장은 김윤식(金允植), 치안대장은 차부진(車富珍) 등이 맡았다. 김안식은 명치대학을 졸업했고, 3·1운동 준비에 참여했다가 잠시 옥고를 치렀고, 1923년 강진청년회에 참여한 일이 있으나 이후에는 민족운동이나 사회운동에 일체 간여하지 않았다. 그는 주로 정미업이나 양조업 등 사업을 하였으며, 1933년에는 도평의원이 되었다. 차내진은 기독교계 인물이며, 유재의는 일본대학을 중퇴하고 정미소를 경영한 5백석의 지주였다. 김윤식은 시인으로 유명한 김영랑으로, 김안식과 함께 3·1운동 준비에 참여했다가 2개월 옥고를 치른 적이 있었다. 강진 건준은 대체로 강진읍의 지주층과 자본가층으로 구성된 우파 성향의 건준이 되었으며, 군청도 접수하지 않고 기존의 군수가 여전히 행정을 담당하도록 하였으며, 인민위원회로 개편하지도 않았다. 광주의 전남인민위원회는 이에 불만을 품고, 9월 하순 광주화랑단 청년 백여 명을 강진에 보내 강제로 강진 건준을 해체하고 인민위원회를 조직할 것을 요구하였다. 결국 새로 인민위원회가 구성되었고, 위원장에는 차경모(車庚模)가 추대되었다. 차경모는 강진면에서 양조업을 하던 인물로서, 식민지시기 농회 서기, 면협의원, 읍회 의원을 지낸 경력이 있는 인물이었다. 그는 두 달 정도 인민위원회 위원장 역할을 하다 그만두었으며, 대동청년단에 참여했고 무소속으로 제헌의원에 당선되었다.[39] 당시 강진에서 가장 유력한 좌파 인물은 병영면의 윤주응(尹柱應)과 대구면의 윤가현(尹珂鉉)이었다. 윤주응은 주로 병영에서 전위동맹을 결성하고 활동한 것으로 보인다. 윤가현은 해방과 함께 청주예방구금소에서 풀려나온 후, 광주에서 조선공산당 전남도당 결성에 주도적인 역할을 하였고, 조직부장과 전남도당 위원장 등을 맡았다. 때문에 강진의 인민위원회는 무력하여 군 행정을 끝내 접수하지 못했으며, 12월 20일 미군정부대(45중대)가 새 군수를 임명하면서 유야무야되고 말았다.

완도군에서는 8월 21일 건준이 결성되었는데, 위원장에 김장열(金長烈), 부위원장에 박인선(朴仁善)을 추대하고, 경제부장에 김태섭(金兌燮), 총무부장에 문창주(文昌周), 노동부장에 강정주(姜程周) 등을

39 그는 1949년 국회프락치사건으로 구속되었으나, 老齡 등을 감안하여 불기소 처분되었다.

선임하였다. 김장렬은 완도면 출신으로 일본대학 전문부를 졸업하고 완도청년회, 동아일보 지국장, 완도중학원 간사, 신간회 완도지회 임원 등을 맡았으며, 1930년에는 완도면협의회원을 맡기도 했다. 그는 이후 무소속으로 제헌국회의원이 되었다.[40] 박인선도 완도면 출신으로 1924년에 도평의원을 역임한 이후, 학교평의원, 완도금융조합장 등을 맡았다. 김태섭은 군외면 출신으로 완도어업조합 감사를 맡은 적이 있었고, 문창주는 완도면 출신으로 식산계주사(殖産契主事)를 맡은 적이 있었다. 강정주는 완도어업조합장을 맡은 적이 있었다. 이처럼 완도 건준은 금융조합, 어업조합 관련자들이 주로 참여한 우파 조직이 되었다. 그러나 9월 3일 전남도민대회에 참여한 박인선 등은 장차 건준이 좌파 세력에 의해 주도될 것으로 보고, 완도 건준을 해체하기로 결정하였다. 이에 소안면 출신의 신광희는 1920년대 이후 완도군의 항일운동 관련자들을 중심으로 9월 22일 완도인민위원회를 결성했다. 위원장에는 나봉균(羅鳳均)이 추대되었고, 신광희·김향남(金向南)·정남국(鄭南局)·최형천·정문두(鄭文斗)·위경량(魏京良) 등이 참여했다. 나봉균은 완도면 출신으로 1920년대 동아일보 완도지국 기자로서 완도의 항일운동을 측면 지원한 인물이었다. 신광희는 소안도 출신으로 1927년 완도청년동맹 위원장을 맡았고, 배달청년회 사건으로 구속되어 옥고를 치른 바 있었다. 김향남은 청산도 출신으로 광주학생사건으로 1년간 옥고를 치른 인물이다. 정남국은 소안도 출신으로 일본에 건너가 재일본조선노동총동맹 집

40 그는 제헌국회에서 반민특위 재판관으로 활동하였으며, 한국전쟁 때 인민군에 의해 납북되었다.

행위원장을 맡기도 했으며, 서울파 조선공산당 사건으로 옥고를 치른 인물로서, 1950년 제2대 국회의원이 된다. 최형천도 소안도 출신으로 완도노농연합회 등 주로 노농운동에 종사하였고, 살자회 사건으로 옥고를 치른 인물이다. 정문두는 고금도 출신으로 1941년 호남ML후계사건으로 옥고를 치른 인물이다. 위경량은 소안도 출신으로 1927년 일본 오사카에 건너가 노동운동을 하였으며, 조선공산당 사건으로 구속되어 옥고를 치른 인물이다. 이처럼 완도 인민위원회에는 소안도 출신이 많았는데, 그것은 소안도의 항일운동이 그만큼 활발하였기 때문이다. 완도 인민위는 군청을 접수하여 행정권을 장악했고, 보안서는 치안을 장악했다. 하지만 12월 10일 미군정부대(45중대)에 의해 인민위원회의 기능은 사실상 정지되고 이에 참여한 인물들은 구속되거나 도피하는 처지가 되고 말았다.

인민위원회를 해체시킨 이후 미군정은 각 군에 우익세력을 육성하기 위해 노력하였다. 그 결과 독촉국민회, 대동청년단 등이 만들어졌다. 하지만, 좌익세력도 민주주의민족전선을 결성하여 이에 대항하였고, 적어도 1946년 11월 이른바 '10월 항쟁' 이전까지는 좌익이 우세한 양상을 보였다. '10월 항쟁' 이후 좌익세력은 점차 퇴조하고 우익세력이 강화되기 시작하였다. 군이나 면 단위에서 일본의 식민통치에 협력했던 관리들은 다시 군수나 면장으로 복귀했다. 그러나 일제의 침략전쟁기 공출이나 징용 등에 앞장서서 협력했던 면장·면서기나, 도평의원·도회의원 등으로 식민통치에 적극 협력한 인물들의 복귀는 쉽지 않았다. 그들은 정치적 측면에서 정당성을 상실하고 있었기 때문이다. 이 시기 지역사회에서 우익세력으로 새롭게 등장한 것은 미군정과 가까운 기독교세력, 적산불하를 통해 등장한 신흥자본가층, 경찰과 가까운 우익청년단, 이승만을 지지하는 독촉국민회, 지주층을 기반으로 한 한국민주당 등이었다. 그리고 그들 가운데에는 일제하 도평의원, 면협의원, 면장, 면직원 등을 했던 당사자들이나 그들의 후손들이 끼어 있었다. 이들 일부 협력세력은 이제 '우익'의 간판을 달고 부활하고 있었다.

4. 맺음말

이상 본론에서 살펴본 바와 같이 식민지시기 지역사회에서의 리더십의 형성은 결코 쉽지 않았다. 그 이유로서는 크게 세 가지 정도를 들 수 있다. 첫째, 1914년 행정구역 개편에 의해 몇 개의 군이 통합되어 새로운 군으로 만들어진 경우에는 상당 기간 동안 군민들이 하나의 군이라는 의식을 갖기 어려웠으며, 군청 소재지 면이 지도력을 갖기 어려웠다. 화순군의 경우, 1914년 화순·능주·동복이 통합된 군인데, 능주와 동복은 통합 이후에도 여전히 독자적인 생활권을 유지하고 있었다. 나주군도 나주와 남평이 통합된 곳이어서 일체성을 갖는 데에는 시간이 필요했다. 강진군의 경우에는 고군면(병영)의 주민들이 강진면과 경쟁의식을 갖고 있었기 때문에 강진면이 지도력을 갖기는 쉽지 않았다. 둘째, 식민지 지배당국이 인위적으로 육성한 협력세력은 대표성을 갖기 어려웠다. 지배당국은 도에 평의회(뒤에 도회), 면에 협의회를 두어 자문기관으로 활용하였고, 각종 공직을 만들어 유력자들을 공직자로 포섭하였다. 하지만, 면협의원은 소수의 부유층 유권자들에 의해 선출되었기 때문에 대표성에 한계가 있었고, 도평의원의 경우 부면협의원이 간접선거를 통해 뽑았기 때문에 더욱 그러했다. 그리고 그들은 식민지배에 대한 협력이라는 점에서 비판을 면치 못했다. 한편 조선인들에게 전통적으로 가장 의미가 있었던 군 단위에는 군협의회가 설치되지 않아, 군 단위에서 주민 대표가 선출되는 일은 원천적으로 봉쇄되었다. 셋째, 식민지지배에 저항하고자 한 이들은 청년운동, 노농운동, 신간회운동 등을 통해 자율적으로 세력 결집에 노력하였지만, 그들은 경찰의 탄압에 의해 제대로 활동을 할 수 없었고, 이로 인해 세력 확대와 리더십 형성에 어려움을 겪을 수밖에 없었다.

한편 식민지시기 식민지배에 대한 협력세력이든, 저항세력이든 이에 적극 참여한 이들 가운데에는 위의 5개 군의 경우를 보면 향리가 출신들이 많았다. 향리가의 자제들은 1910년대부터 일찍 신교육을 받을 수 있었고, 상당한 정도의 경제적 기반을 갖고 있었으며, 모든 사회활동의 중심지가 되어가고 있던 읍내에 거주하고 있었다는 유리한 점을 갖고 있었기 때문이다. 반면에 양반가와 평민가의 자제들은 1920년대 이후에야 신교육을 받을 기회를 가질 수 있었고, 읍 밖의 면에 거주하고 있었기 때문에 사회활동에 불편한 점이 많았다. 이들 가운데 일부는 타지로 유학하여 광주학생운동 등 학생운동에 참여한 뒤, 1930년대에 고향 마을에서 돌아와 적색농민조합운동이나 야학운동을 통해 농민들을 조직하고 의식화하는 작업을 진행했다. 이는 해방 이후 인민위원회나 좌익세력이 농민들 사이에서 폭넓은 기반을 갖게 하는 데 크게 기여했다.

1945년 8월 해방이 되자, 곧 군 단위의 건국준비위원회와 인민위원회가 차례로 구성되었다. 식민지시기에 비록 어려운 조건하에서도 꾸준히 성장해 온 저항세력의 리더십이 자율적인 지역자치체를 만들어 낸 것이다. 이 가운데 특히 건준에 참여한 이들 가운데에는 1920년대 신간회에 참여한 이들이 많았다. 그것은 건준이 좌우세력의 연합체라는 점에서 신간회와 성격이 비슷했기 때문이다(강진군과 완도군의 경우에는 우파세력이 중심이 되어 건준을 결성했으나 곧 해체되었다). 9월 들어 건준이 인민위원회로 개편되는 과정에서 좌우연합체로서의 성격은 탈색되고 좌파적 성격이 보다 강화되었고, 그 과정에서 우파 인물들이 떨어져 나갔다. 하지만 나주, 영광, 완도의 인민위원회는 여전히 좌파 민족주의의 성향을 지니고 있었다. 강진의 경우, 건준이 전라남도 인민위원회에 의해 강제로 인민위로 개편되었는데, 개편된 강진 인민위원회도 좌파적 색채는 미약했다. 건준과 인민위원회 지도부는 1920년대 지역사회에서 활동한 이들로 주로 구성되었는데, 이들은 좌파 민족주의의 성향을 강하게 갖고 있었다. 반면에 1930년대 적색농조 운동에 참여한 이들은 보다 강한 사회주의적 성향을 갖고 있었는데, 이들은 해방 이후 건준이나 인민위 활동보다 조선공산당이나 농민, 노동운동에 더 주력하고 있었다.

인민위원회는 군청을 접수하여 행정권을 장악하고 치안을 유지하기도 했다. 하지만 10월 말 전남지방에 진주한 미군은 12월부터 이듬해 2월에 걸쳐 인민위를 모두 강제 해산시키고 인민위 참여자들을 구속하는 등 탄압에 나섰다. 이에 인민위에 참여했던 이들은 타지로 도피해야만 하는 신세가 되었다. 이후 일제하 저항세력은 사실상 몰락의 길을 걸어가게 된다.

1946년 이후 미군정은 본격적으로 친미 우익 세력을 육성하기 시작했다. 새로이 형성된 친미 우익세력은 경찰, 우익청년, 지주, 자본가, 기독교세력 등이었다. 이들은 우익청년단, 독촉, 한민당 등에 결집하였다. 물론 이들의 지역적 기반은 아직은 취약하였다. 이는 1948년 제헌의원 선거에서 무소속 출마 당선자가 많았던 데에서도 알 수 있다.[41] 그러나 우익 안에 섞여 있던 일제하의 협력세력의 힘은 만만치 않았다. 영광에서는 일제하에 도평의원을 지낸 조희경의 손자 조영규가 한민당으로 출마하여 제헌의원이 되었다. 강진에서는 일제하에 면협의원과 읍회 의원을 지낸 차경모가 무소속으로 나와 역시 제헌의원에 당선되었다. 그리고 일제하에 군청이나 면사무소에서 근무했던 이들이 군수나 면장 등으로 되돌아왔다. 일제하의 협력세력은 이렇게 다시 부활할 수 있었다. 이후 한국전쟁을 거치면서 우익세력은 지역사회에 더욱 뿌리를 내렸고, 1950년대 지방자치제를 통해 그들은 지역사회의 '유지' 내지는 '세력가'로 자리잡게 된다.

식민지시기부터 해방 직후에 이르는 시기에 지역사회에서는 나름대로 새로운 리더십 형성을 위한 노력이 이루어지고 있었지만, 일본의 식민지배와 미국의 군정지배는 이를 억압하고 왜곡하였다. 식민과 분단이라는 굴곡진 역사의 과정에서 지역사회에서의 자율적인 리더십 형성은 제대로 이루어질 수 없었다.

41 나주의 李恒發, 완도의 金長烈 등이 그러하였다.

도론(導論) 참고문헌(필자의 관련 논문만 수록함)

「일제하 나주지역의 민족운동과 사회운동」『한국근현대지역운동사』2, 여강출판사, 1993.

「일제하 소안도의 항일민족운동」『도서문화』11, 목포대 도서문화연구소, 1993.

「일제하 조약도의 항일민족운동」『도서문화』 12, 목포대학교 도서문화연구소, 1994.12.

「일제하 고금도의 항일민족운동」『도서문화』 13, 목포대 도서문화연구소, 1995.12.

「일제하 능주지방의 민족운동과 사회운동」『능주지방의 역사와 문화』, 목포대학교 박물관, 1998.

「해방전후 羅州지방의 정치사회적 동향」『지방사와 지방문화』1, 역사문화학회, 1999.

「일제하 莞島(體島)의 항일민족운동」『지방사와 지방문화』4권 1호, 역사문화학회, 2001. 4.

「일제하 靈光지방의 민족운동과 사회운동」『한국민족운동사연구』제30집, 한국민족운동사학회, 2002.3.

「근현대 唐津지방의 정치사회적 동향과 지역엘리트」『지방사와 지방문화』 7권 2호, 2004.11.

「해방 이후 洪城지방의 정치사회적 동향과 지역엘리트」『東方學誌』130집, 2005.6.

「內浦지역의 근대화과정과 지역엘리트의 재편」『근대이행기 지역엘리트 연구 -忠南 內浦지역의 사례 』, 景仁文化社, 2006.

「일제하 식민기지 榮山浦의 日本人 商人과 地主」『항일민족운동과 나주』, 나주학생운동기념관, 2009.

「1920 · 30년대 康津의 민족운동과 사회운동」『지방사와 지방문화』 14권 1호, 2011.

1부

식민·해방·분단·전쟁과 목포 지역사회

제1장

식민지기 '이중도시' 목포의 일본인과 조선인

1. 서론

한반도 서남단에 자리를 잡은 목포는 1897년 개항 이전에는 한산한 어촌에 불과하였다. 하지만 개항 이래 무역항으로서 급속히 성장하였으며, 특히 식민지시기 목포는 호남지방의 쌀과 면화를 일본으로 실어가는 가장 중요한 항구도시가 되었다. 또 목포는 1910년대 이래 무역과 관련된 각종 공업의 발달로 호남 제일의 상공업 도시로 성장하였다. 그 결과 1930년대 중반 목포는 인구로는 전국 6대 도시에 들어갈 만큼 크게 성장하기도 하였다.

또 개항 이후 목포에 들어온 일본인들은 유달산 남쪽에 조계지를 건설하면서 각종 근대적인 시설들을 들여왔다. 1910년 이후에도 일본인들의 거주지는 동남쪽으로 확장되었고, 일본인들의 거주지는 목포의 중심 시가지가 되었다. 일본인촌의 도로는 반듯하게 구획되고 포장되었으며, 가로등도 설치되었다. 일본인촌에는 부청·경찰서·소방서·상업회의소 등 각종 공공기관, 조선은행·동척·금융조합 등 각종 금융기관의 지점, 학교와 병원, 대규모 공장시설, 각종 번화한 상가, 각종 공연장과 오락시설 등이 들어섰다. 목포의 일본인 거리는 그들이 가져온 '근대성'을 전시하는 곳과 같았다.

유달산 북쪽의 조선인촌에도 학교와 병원이 있었고, 교회와 청년회관이 있었으며, 극장이 들어섰다. '근대성'은 조선인촌도 피해가지 않았다. 하지만 조선인촌의 도로·주택·상하수도 등의 시설은 일본인촌과 비교할 때 크게 낙후된 모습을 띠고 있었으며, 이에 대한 조선인들의 불만은 대단히 컸다.[1]

목포라는 도시는 이처럼 '민족'을 기준으로 주거공간이 뚜렷이 구별되고, 도시기반 시설에서 커다란 차별을 보이는 이중도시(dual city)의 성격을 띠고 있었다. 이와 같은 이중도시는 제국주의자들이 식민지에 건설한 도시의 일반적인 모습이었는데,[2] 목포는 바로 그와 같은 이중도시의 전형을 보여주고 있었다. 이 책의 제1부 제1장은 일제하 목포에서 전개된 민족운동과 사회운동의 배경을 여러 측면에서 살펴보기 위한 것이다. 이 장에서는 주로 개항장 목포의 개항과 일본인의 이주, 일본인의 목포 경제 장악, 일본인의 부협의회와 부회 장악, 일본인 거주지인 남촌과 조선인 거주지인 북촌의 차별 등을 살펴봄

1 개항 이후 목포의 사회사와 문화사에 대해서는 아래의 책을 참조할 것. 고석규, 『근대도시 목포의 역사·공간·문화』, 서울대출판부, 2004.

2 영국과 프랑스가 식민지에 건설한 이중도시에 대해서는 김백영, 『지배와 공간-식민지도시 경성과 제국 일본』, 문학과지성사, 2009, 122~142쪽 참조. 일제하 경성의 이중도시적 성격에 대해서는 김영근, 『일제하 일상생활의 변화와 그 성격에 관한 연구 -경성의 도시공간을 중심으로-』, 연세대학교 사회학과 박사논문, 1999 참조.

으로써, 목포가 사실상 일본인들에 의해 지배되고 있던 도시였음을 밝혀보고자 한다.

2. 목포의 개항과 일본인의 이주

1897년 목포는 고종 황제의 칙령에 의해 개항되었다. 하지만 일본인들은 이미 1894년 청일전쟁 시기 조선정부에 목포의 개항을 강력히 요구하여 약속을 얻어냈었다. 대한제국 정부는 1897년 황제의 칙령으로 목포를 개항한다고 선언하였다. 이는 일본의 압력에서 벗어나기 위한 것이었을 뿐만 아니라, 대한제국의 재정난 타개를 위해서는 관세수입을 늘릴 필요가 있었기 때문이다.

일본인들은 왜 목포를 개항하라고 요구하였을까. 그것은 물론 목포의 지리적 위치가 지닌 장점에 있었다. 1930년에 나온 『전라남도사정지(全羅南道事情誌)』 '목포편'의 지리 부분은 목포의 지리적 조건에 대해 아래와 같이 서술하였다.

> 조선반도의 서남, 전라남도의 첨단 무안반도의 첨두(尖頭), 노령산맥의 최말단에서 조선 6대강의 하나인 영산강 하구에 위치한 하항(河港)이다. 앞으로는 1,800여의 섬, 소위 조선 다도해에 둘러싸여 있고, 북으로는 군산, 동으로는 여수의 중앙 첨각에 위치하고 있다. 외양(外洋)과 통하고 중국 상해, 청도를 끼고 있어 중국무역의 책원지 또는 국제항공로의 요지가 될 수 있는 곳이다. 남으로는 제주도를 사이에 두고 북구주(北九州)와 지척지간에 있다.

육지로는 배후에 폭 수십 리의 옥야(沃野)를 끼고 있으면서 2억 9백만 원(圓)의 물자를 삼키는 항구이다.[3]

목포항은 안으로 영산강과 나주평야 등 전남지역의 여러 평야로 이어져, 이들 평야에서 생산되는 쌀을 일본으로 실어 나를 수 있다는 장점 때문에 호남에서 첫 번째 개항장으로 선택되었다. 물론 그 밖에 일본 자본의 상품 시장으로서 조선의 서남부지역, 즉 전남지역을 개척하는 데에 목포항이 훌륭한 거점 역할을 할 수 있다는 점도 중요했다. 개항장으로 선정된 목포항은 개항 이후 그러한 역할을 충실히 해냈다.

개항 이전 목포는 80호 정도의 사람들이 살면서 농사를 짓고 있던 바닷가의 작은 마을에 불과하였다. 개항이 되면서 그들이 농사짓고 살던 바닷가의 농토는 모두 개항장으로 변하였다. 문자 그대로 상전벽해(桑田碧海)가 된 것이다. 그리고 대한제국은 이들 농토를 매립하여 구획정리한 뒤 일본인들에게 점유권을 나누어 주었다. 이제 일본인들은 유달산 남쪽 기슭과 과거 논이었던 지역, 그리고 바닷가 쪽으로 제방을 쌓아 새로 만든 땅으로 모여들기 시작하였다. 개항한 지 5년이 지난 1902년 목포에 거주하는 일본인은 이미 1천여 명에 달했다(뒤의 〈표 2〉 참조).

목포의 개항 이후 조선인들도 개항장에 몰려들기 시작했다. 선박에 짐을 싣고 내리는 일을 하기 위한 노동자들이 각지에서 몰려든 것이다. 조선인들은 바닷가 쪽이 아닌 반대편의 유달산 북쪽 산기슭

3 染川覺太郎,『全羅南道事情誌』, 全羅南道事情誌刊行會, 1930, 332쪽.

에 자리잡았다. 개항 이후 목포의 무역은 기하급수적으로 늘어갔다. 〈표 1〉은 개항 이후 목포의 무역 상황을 보여준다.

〈표 1〉 1897~1910년 목포항의 무역누년표(단위 : 圓)

연도	대외무역		
	出	入	計
1897년	7,256	7,351	14,607
1898년	246,001	142,882	388,893
1899년	412,805	241,184	653,989
1900년	575,826	315,825	891,651
1901년	732,548	257,521	990,069
1902년	731,868	212,141	944,009
1903년	1,030,542	312,586	1,343,128
1904년	664,747	201,422	866,169
1905년	480,089	320,060	800,149
1906년	425,881	413,582	839,463
1907년	1,311,333	668,299	1,979,632
1908년	860,732	659,102	1,519,834
1909년	1,203,186	724,440	1,927,626
1910년	1,334,625	963,877	2,298,502

출전 : 목포부청편, 『목포부사』, 목포부, 1930, 572~573쪽

〈표 1〉에 의하면, 목포항에서의 대외무역, 즉 수출과 수입은 1903년 급격히 증가하다가 1904년부터 1906년 사이 잠시 침체된 모습을 보이고 있다. 이는 러일전쟁의 여파 때문이었다. 그리고 1907년 급증하였던 무역은 1908년 침체했다가 1909년 다시 회복되는 모습

을 보이는데, 이는 1908년경 전남지방에 의병활동이 활발하게 전개되면서 목포항의 일본 상인들을 공격하겠다고 위협하였기 때문이다. 1909년 이른바 '남한대토벌작전'으로 의병활동이 다시 수그러들면서 목포항의 무역은 다시 활기를 되찾았다.

그런 가운데 목포에 들어오는 일본인도 크게 늘어나고 있었다. 아래 〈표 2〉는 개항 이후 1910년까지 목포에 들어와 거주하게 된 일본인의 호구이다. 표에서 보면, 역시 1901년 이후 급격히 증가추세를 보이다가 러일전쟁기인 1904년과, 호남 의병 고조기인 1908년에 증가추세가 주춤하였음을 알 수 있다. 그러나 더 중요한 사실은 1910년에 이미 목포의 일본인은 약 3,500명에 달했다는 사실이다. 물론 이는 조선인 숫자보다는 작은 것이었지만, 개항 이후 불과 13년 만에 3,500명의 일본인이 목포항에 들어온 것은 놀랄 만한 일이었다.

〈표 2〉 1897~1910년 목포의 일본인 호구수

연도	일본인 가구수	일본인 남자	일본인 여자	일본인 계	조선인
1897	45	164	42	206	2,600
1898	242	585	322	907	
1899	230	539	333	872	
1900	218	544	350	894	
1901	251	549	391	940	
1902	286	592	453	1,045	3,655
1903	332	782	635	1,417	
1904	329	792	650	1,442	

연도	일본인 가구수	일본인 남자	일본인 여자	일본인 계	조선인
1905	367	1,172	848	2,021	
1906	556	1,346	1,018	2,364	
1907	733	1,606	1,245	2,851	5,205
1908	764	1,567	1,296	2,863	
1909	838	1,681	1,416	3,097	
1910	871	1,897	1,597	3,494	

출전 : 목포지편찬회, 『木浦誌』, 목포, 1911(김정섭역본, 『목포지』, 향토문화사, 1991, 226쪽)

이와 같이 목포로 이주한 일본인들의 수가 급증한 이유는 목포항의 무역이 그만큼 급신장하고 있었기 때문이다. 〈표 3〉은 개항 이후 목포항의 무역 상황을 나타낸 것이다. 이 표에서 보면 목포항의 가장 큰 수이출품은 쌀이었으며, 1898~1909년 사이 연평균 증가율도 8.9%에 달했다. 그런데 연평균 증가율이 가장 높은 것은 면화로서 55.5%에 달했다. 목포 앞의 고하도에서 육지면 시험재배에 성공한 일본은 목포 인근에 면화시험재배장을 만들고, 면화 재배를 권장하면서 일본으로의 면화 수출을 본격화하였던 것이다. 1909년 이후에는 실면(實綿)만이 아니라 씨를 뺀 조면(繰綿) 수출도 급격히 증가하고 있음을 볼 수 있다.

〈표 3〉 1898~1909년 목포항의 주요 수이출품의 품목 구성비(연안무역, 대외무역 포함)(단위 : 圓)

품목	1898년	1901년	1905년	1909년	연평균 증가율
米(쌀)	330,329(70.3)	655,306(57.3)	856,457(57.3)	846,008(64.8)	8.9%
實綿(면화)	–	4,677(0.4)	61,022(4.1)	137,970(10.6)	55.5%
繰綿(씨뺀면화)	–	–	3,279(0.2)	131,609(10.1)	29.0%
海草	9,580(2.0)	15,974(1.5)	25,733(1.7)	36,199(2.8)	12.8%
정어리 찌꺼기	–	–	19,957(1.3)	32,759(2.5)	36.1%
牛皮(소가죽)	12,228(2.6)	58,287(5.5)	85,039(5.7)	52,522(4.0)	14.2%
大豆(콩)	6,575(1.4)	65,270(6.2)	81,317(5.4)	8,477(0.6)	2.3%
大麥(보리)	467(0.1)	2,565(0.2)	401(0.03)	5,282(0.4)	24.7%
五倍子(약재)	847(0.2)	1,029(0.1)	1,056(0.07)	120(0.01)	–0.17%
木綿(무명)	101,924(21.7)	205,281(19.5)	257,913(17.3)	29,055(2.2)	–0.11%
麻布(삼베)	7,796(1.7)	45,699(4.3)	101,618(6.8)	25,494(2.0)	11.4%
計	469,656(100)	1,054,088(100)	1,493,792(100)	1,305,495(100)	

비고 : 괄호안은 품목별 구성비
출전 : 배종무, 『목포개항사연구』, 느티나무, 1994, 80쪽

〈표 4〉 1924~1928년 목포항의 주요 수출품 수출액(단위 : 圓)

종별	1924년	1925년	1926년	1927년	1928년
쌀	9,888,039	11,295,790	17,832,398	15,459,976	14,895,183
콩	6,650	1,300	2,200	–	–
繰綿	8,308,750	7,420,842	3,636,977	3,870,746	4,924,063
소가죽	56,633	150,199	121,052	39,844	27,719
해삼	–	2,915	789	1,344	539
한천	–	73,890	7,960	1,000	9,300
鰻罐詰	–	63,054	43,186	27,519	32,496

종별	1924년	1925년	1926년	1927년	1928년
비료 – 쌀겨	6,517	2,580	3,634	–	785
비료 – 기타	562,790	655,181	387,004	392,245	275,604
海藻	234,544	605,964	391,767	152,797	411,128
棉子油	588,985	645,443	673,982	625,615	420,140
鮮魚	18,000	33,040	–	1,730	3,690
海笞	12,722	13,603	31,056	10,327	21,944
계	19,683,630	20,963,801	23,132,005	20,583,143	21,022,591

출전 : 『전라남도사정지』, 358쪽

1910년 이후의 무역은 어떠하였을까. 〈표 4〉에서 보는 바와 같이 1920년대 목포항의 중요 수출품 가운데 쌀과 면화는 수출액에서 단연 압도적인 비중을 차지하였다. 다음이 면실유, 해조, 비료, 소가죽 등이었다. 1924년 쌀과 면화가 전체 수출액 가운데 차지하는 비중은 각각 50.2%, 42.2%였고, 1928년에는 각각 70.9%, 23.4%였다. 쌀과 면화를 합하면, 1925년에는 92.4%, 1928년에는 94.3%에 달하였다. 따라서 목포항의 대외 수출품은 쌀과 면화가 거의 전부를 차지했다고 해도 과언이 아니다.

그러면 1910년 이후 목포항의 무역은 어떠한 추세를 보였을까. 〈표 5〉에 따르면, 1910년대와 1920년대에 목포항은 1910년대 초반을 제외하고는 언제나 수출초과 현상을 보였다. 수출은 1910년대 초반에 잠시 주춤하는 모습을 보이다가, 1913년경부터 다시 회복세로 돌아서서 1929년에는 1910년에 비해 무려 16배의 무역액을 기록하고 있다. 이 수치는 목포항의 대외무역이 이 시기 급신장한 것을 보여준다.

〈표 5〉 1910~1929년 목포항의 대외무역 추세

연도	수출	수입	계	연도	수출	수입	계
1910	1,334,625	963,877	2,298,502	1920	12,033,849	4,452,267	16,486,116
1911	1,151,958	1,460,390	2,612,348	1921	9,870,355	3,911,194	13,781,549
1912	1,075,131	2,138,143	3,213,274	1922	11,017,297	5,170,273	16,187,570
1913	1,953,578	2,812,532	4,766,110	1923	15,550,982	5,726,844	21,277,826
1914	2,429,012	1,877,850	4,306,862	1924	20,355,223	8,736,990	29,092,213
1915	2,967,853	1,558,234	4,526,087	1925	21,676,593	11,896,005	33,572,598
1916	3,093,035	1,808,264	4,901,299	1926	23,769,495	12,519,452	36,288,947
1917	5,495,150	2,244,086	7,739,236	1927	21,132,772	11,232,342	32,365,114
1918	7,144,489	3,217,279	10,361,768	1928	21,693,437	11,046,084	32,739,521
1919	16,447,295	4,756,254	21,203,549	1929	22,873,027	14,226,263	37,099,290

출전 : 『목포부사』, 573–574쪽

이와 같은 목포항의 무역 급신장은 목포 인구의 급증을 가져왔다. 아래 〈표 6〉은 1907년 이후 1930년까지의 목포 인구의 변화 추세이다. 일본인은 특히 1910년을 전후한 시기에 급증한 뒤, 1922년까지는 크게 늘지 않았다. 그러나 조선인은 1920년 전후 시기부터 계속 급증하였음을 알 수 있다. 그리하여 1917년에는 일본인과 조선인의 인구 비율이 1 대 1.3 정도였던 것이 1930년에는 1 대 3.2로, 1936년에는 1 대 5.7로 크게 바뀌었다. 즉 조선인의 인구가 일본인에 비해 훨씬 크게 늘어난 것이었다. 목포의 인구는 특히 1930년대 전반에 가파른 신장세를 보였다. 그리하여 마침내 1936년에는 인구 6만 명을 돌파하였으며, 이로써 목포는 전국 6위의 인구를 가진 도시가 되었다.[4] 이는 1932년 무안군 이로면 일부가 목포로 편입된 것 외에도 1930년대 전반 우가키 가즈시케(宇垣一成) 총독의 '남면북양(南綿北羊)' 정책에 힘입어 조면공장, 방직공장 등 공장이 크게 늘어난 것과도 관련이 있는 것으로 보인다. 이 시기 목포항의 수이출도 크게 늘어나 1936년의 수이출액은 3,173만 6,956원으로 1931년 1,545만 7,558원의 2배로 늘어났다.[5]

〈표 6〉 1907~1936년 목포의 인구 변화

연도	일본인	조선인	외국인	계
1907	2,851	5,205	83	8,139
1912	5,323	7,645	160	13,128
1917	5,543	7,127	101	12,771
1922	5,685	12,096	164	17,945
1926	7,280	19,993	248	27,521
1930	7,809	25,056	379	33,244
1936	8,885	50,859	261	60,005

출전 : 『조선총독부통계연보』 각 연도판

한편 1929년 당시 목포의 일본인과 조선인의 직업별 인구 분포는 〈표 7〉과 같다. 표에서 보듯이 일본인들이나 조선인들 가운데 가장 큰 비중을 차지한 것은 모두 상업 및 교통업에 종사하는 이들로 각각 58.1%, 42.9%였다. 그런데 일본인들의 직업 구성 가운데 공무 및

4 『동아일보』1935년 10월 29일, 「木浦府 人口 六萬一千名 前年보다 五千名 增加」

5 『조선총독부통계연보』, 1936년도판, 221쪽.

자유업이 20.2%를 차지하였던 반면, 조선인들의 직업 구성 가운데 공무 및 자유업은 6.4%밖에 되지 않았다. 또 조선인의 직업 가운데 기타 유업자(有業者)가 13.2%로 큰 비중을 차지한 반면, 일본인들 가운데 기타 유업자는 7.3%로 크게 적었다. 위의 직업 분류 가운데 공업과 교통업, 기타 유업자 가운데에는 노동자가 상당수 포함되어 있었을 것으로 보인다. 1930년 총독부의 국세조사에 의하면, 목포에는 조선인 노동자가 6,348명, 일본인 노동자가 1,742명이 있었던 것으로 파악되었다.[6] 이는 당시 전체 인구의 24.3%를 차지하는 것이었다. 또 조선인 인구의 25.3%, 일본인 인구의 22.3%를 각각 차지하는 것으로, 조선인과 일본인을 막론하고 노동자의 비중이 상당히 높음을 알 수 있다. 그러나 노동자의 절대 숫자는 조선인이 전체 노동자 8,090명의 78.5%를 차지할 만큼 압도적으로 많았다.

〈표 7〉 일본인과 조선인의 직업별 인구 구성(1929년)

구분	일본인(백분비)		조선인(백분비)	
농어업	398	(5.0)	629	(2.9)
공업	1,471	(18.5)	2,802	(12.9)
상업 및 교통업	3,399	(42.9)	12,609	(58.1)
공무 및 자유업	1,602	(20.2)	1,387	(6.4)
기타 유업	578	(7.3)	2,870	(13.2)
무직 및 미상	483	(6.1)	1,410	(6.5)
총계	7,931	(100.0)	21,707	(100.0)

출전 : 『목포부사』, 828~829쪽

6 조선총독부, 『조선국세조사보고』 1930년도판(김경일, 『일제하 노동운동사』, 창작과비평사, 1992, 48쪽 참조).

3. 일본인 중심의 목포 경제

목포의 무역업자와 농업회사·지주

식민지시기 목포의 경제는 기본적으로 일본으로의 쌀과 면화의 수출에 기반을 두고 있었다. 따라서 일본과의 무역에 종사하는 이들이 목포의 경제권을 장악하고 있었다고 해도 과언이 아니다. 1927년 당시 목포에서 대일무역을 주도하고 있던 일본인들은 〈표 8〉과 같다.

〈표 8〉 일본인들의 목포수이출상조합 조합원 현황(1927년 현재)

개업연월	1927년 輸移出高	주소 또는 영업소	영업자
1914년 11월	111,271石	木浦府 榮町	內谷萬平
1920년 9월	65,550石	壽町	주식회사 朝日精米所
1923년 2월	82,574石	京町	井上留吉
1899년 2월	108,944石	榮町	森田泰吉
1927년 12월	43,264石	祝町	高津福太郎
1927년 11월	7,575石	榮町	直場健三
1915년 12월	9,362石	祝町	太田孫三郎
1907년 1월	14,000石	幸町	木下千重治

출전 : 『전라남도사정지』, 408쪽

일본인 무역상 가운데 가장 큰 규모를 자랑하던 이들은 우치타니 만페이(內谷萬平), 이노우에 토메키치(井上留吉), 모리타 다이키치(森田泰吉), 다카쓰 후쿠타로(高津福太郎) 등이었다. 뒤에 보듯이 이들은 목포에서 가장 큰 정미소들을 운영하고 있었다. 가장 큰 규모의 무역상은 우치타니 만페이(内谷萬平)였는데, 그는 1910년 조선에 건너와 목포에 자리잡은 뒤, 미곡과 면화의 무역을 통해 큰 부를 축적하였다. 그는 1930년 당시 목포곡물조합장, 목포수이출상조합장, 조선면화동업회 부회장 등을 맡고 있었으며, 목포상업회의소 특별평의원이기도 하였다.[7] 또 뒤에 보듯이 그는 전남 각지에 380정보의 토지를 소유하고 있던 대지주로서 사실상 목포의 가장 큰 부호였다.

또 목포에는 전남 일대에 대규모 토지를 소유하고 있던 일본인 농업회사와 일본인 지주들이 모여 있었다. 그것은 전남 각지에 소재하고 있는 자신들의 소유지에서 소작료를 거두어 목포로 운반하여 이를 무역상들에게 넘기기에 편리하였기 때문이다. 일본의 농업자본들이 목포에 본격적으로 진출한 것은 러일전쟁이 발발한 1904년 이후였다. 목포에 진출하기 시작한 일본의 농업회사들은 1912년 농업에 관한 정보를 교환한다는 취지로 목포농담회(木浦農談會)라는 것을 만들었다. 1920년 현재 목포농담회의 회원은 동양척식주식회사 목포지점, 조선실업주식회사 목포지점, 가마다(鎌田)산업주식회사 목포지점, 조선흥업주식회사 목포관리소, 합명회사 구니타케(國武)농장, 후쿠다(福田)농사주식회사, 목포식산주식회사, 도쿠다양행(德田洋行) 목포지점 등 8개 회사였다. 1930년 이들 회사의 현황은 〈표 9〉와 같다.

7 『전라남도사정지』 상, 427쪽.

전남지역에서 가장 많은 토지를 소유했던 동양척식회사 목포지점 건물.

〈표 9〉 1930년 목포 주재 일본 농업회사의 현황

회사명	창립년월	면적(정보)				소유지의 소재지 (전남지방에 한정)
		논	밭	기타	계	
동양척식주식회사 목포지점	1920.6	7,143	1,814	174	9,131	광주·담양·광양·순천·고흥·보성·장흥·강진·해남·영암·무안·나주·함평·영광·장성·진도
조선실업주식회사 목포지점	1909	3,084	785	156	4,025	무안·해남·함평·나주·강진
鎌田산업주식회사 목포지점	1910	992	198	7	1,197	장흥·강진·영암·함평·나주
조선흥업주식회사 목포관리소	1904.9	1,048	2,076	8	3,132	무안·해남·함평·진도
國武農場	1920.2	312	48	2	362	무안·함평
福田農事주식회사	1920.9	230	138	27	395	영암·나주

회사명	창립년월	면적(정보)				소유지의 소재지 (전남지방에 한정)
		논	밭	기타	계	
목포식산주식회사	1906.4	118	29	6	153	해남·무안
德田洋行 목포지점	1920.12	680	763	–	1,143	무안

출전 : 「전라북도·전라남도 지주조」(1930년 말 현재)
창립연월은 「일본인농사경영자조」(1929년 말 현재) 등 참조.

〈표 9〉에서 보면 전남지방에서 가장 많은 토지를 소유·경영하고 있던 회사는 역시 동양척식회사였으며, 다음이 조선실업주식회사, 조선흥업주식회사, 도쿠다양행, 가마다산업주식회사 등의 순이었다. 그리고 이들 8개 회사가 소유한 토지는 모두 1만 9,538정보에 달하는 방대한 것이었다.

한편 〈표 10〉에서 보듯이 목포에 사무소를 두고 전남지방에 50정보 이상의 토지를 소유하고 있던 일본인 지주는 모두 14명이며, 이들이 소유한 토지의 총면적은 2,101정보에 달하였다. 이들 일본인 지주들이 전남에서 토지를 사들이기 시작한 것은 빠른 경우 1903년까지 거슬러 올라가지만, 1910년대에 창업한 경우가 많음을 알 수 있다. 전남지방에서 일본인 개인지주들의 지주경영이 본격화된 것은 1910년대였던 것이다. 일본인 지주 가운데 100정보를 넘게 소유한 지주는 나카미치 세이타로(中道淸太郎), 우치타니 만페이(內谷萬平), 모리타 다이키치(森田泰吉), 니키 세이키치(二木正吉), 모리 사카이(森酒井), 다나카 신조(田中信藏), 모리타 센스케(守田千助) 등이었다.

〈표 10〉 1930년 목포의 일본인 지주(30정보 이상 소유자) 현황

지주명	창립연월	면 적(정보)				소유지 소재지 (전남지방에 한정)
		논	밭	기타	계	
中道淸太郞	1903.4	301	89	2	392	함평·영암·나주·무안·해남
內谷萬平	1921.7	276	98	6	380	함평·나주·진도
森田泰吉	1913.6	197	23	1	221	해남·영암·무안
二木正吉		147	22	–	169	함평·무안
森酒井	1913.5	111	49	1	161	함평·영암·무안·영광·완도
田中信藏	1918.6	140	18	–	158	광주·영암·장성
守田千助	1910.1	113	18	–	131	함평·나주
山野暢子	1910.6	77	6	2	85	무안·해남·광주·영암
萱野茂	1923.5	33	49	–	82	해남·영암
宮道文吉	1911.2	29	49	4	82	무안·해남
藤井眞次郞	1925.3	25	44	–	70	무안·해남
木山右馬太		51	14	–	65	광주·나주
久間吉藏		24	30	1	55	해남·무안
太田孫三郞	1907.6	20	30	–	50	무안

출전 : 「전라북도·전라남도 지주조」(1930년 말 현재)
창립연월은 「일본인농사경영자조」(1929년 말 현재) 참조.

〈표 11〉에서 보면 50정보 이상의 토지를 소유한 조선인 지주는 9명이었다. 50정보 이상의 지주 가운데 가장 많은 토지를 소유한 이는 문재철로서 600정보가 넘었다. 그는 목포의 일본인·조선인 지주 가운데 가장 큰 지주였다. 김성규 또한 391정보를 소유한 대지주였다. 그 뒤를 김원회·서인섭·차남진·김상섭·홍세병·박종덕·최양상 등이 잇고 있었다. 이들 9명이 소유한 토지를 합하면 모두 1,721정보였다. 이는 50정보 이상 소유의 일본인 지주 14명이 소유한 2,101정

보에 비해서는 적은 것이었다.

〈표 11〉 1930년 목포의 조선인지주(50정보 이상 소유자) 현황

지주명	면 적(정보)				소유지 소재지
	논	밭	기 타	계	
文在喆	377	231	–	608	무안
金星圭	203	181	7	391	무안·영암·장성·나주
金源喜	96	45	1	142	무안·영암
徐寅燮	69	65	3	137	무안
車南鎭	31	66	9	106	무안
金商燮	65	26	1	92	무안·해남·영암·완도
洪世柄	14	75	1	90	무안·영암·나주
朴鍾悳	65	4	1	69	해남·강진
崔陽相	73	10	3	86	무안·나주

출전 : 「전라북도·전라남도 지주조」(1930년 말 현재)

목포에서 두 번째로 큰 지주였던 김성규 전 무안감리.

전체적으로 볼 때 목포 주재 일본인과 조선인 지주·회사들이 전남지방에서 소유하고 있던 토지는 약 3만 정보에 달하였으며, 이는 전남 전체의 논과 밭 약 41만 정보의 7.5% 정도를 차지하는 것이었다. 이들 지주 가운데 200정보 이상의 대지주는 동양척식주식회사, 조선실업주식회사, 조선흥업주식회사, 가마다(鎌田)산업주식회사, 합명회사 구니타케(國武)농장, 도쿠다(德田)양행, 나카미치 세이타로(中道淸太郞), 문재철, 후쿠다(福田)농사주식회사, 우치타니 만페이(內谷萬平), 상성합명회사(김성규), 목포식산주식회사 등이었다.

목포의 공업과 일본인·조선인 자본가

위와 같이 목포는 미곡과 면화의 수출항구로서 무역상과 지수늘의 도시였다고 할 수 있다. 그런데 1910년대부터 목포는 공업도시로서의 면모도 갖추어 나가기 시작하여, 1930년대에는 호남 제일의 공업도시가 되었다.

목포에서의 공업 발전은 조면업으로부터 시작되었다. '조면'이란 면화에서 씨를 빼는 것을 말한다. 목포에서 조면업은 1906년에 면화의 재배 및 면화와 조면(繰綿:씨를 뺀 면화) 수출을 목적으로 하여 한국면업주식회사(韓國棉業株式會社)가 창립된 것을 그 효시로 한다. 이 회사는 당시 오사카에 본사를, 목포에 지점을 두고 있었다. 당시 이 회사의 조면기의 수는 30대였다. 이 회사는 1910년 이름을 조선면업으로 바꾸었다. 한국면업이 설립된 이후 얼마 되지 않아서 천평면업(天平棉業)주식회사가 세워졌고, 1913년 1월에는 목포부의 면화 중매업자들이 만든 목포면업주식회사가 세워졌다. 이들 3회사는 당시

면화 매수를 독점하고 있었다. 그 뒤 조선면업은 오사카에 있던 일본면화주식회사에 포괄되어 그 목포지점으로 되었다. 1918년 7월 조선면업은 천평면업 및 목포면업을 합병하여 조선면화주식회사로 이름을 고쳤으며, 자본금을 2백만 원으로 증액하였다. 조선면화주식회사는 목포·영산포·남평·광주·여수·부산·마산 등 12개소에 공장을 두었으며, 조면기는 380대에 달하였다. 그러나 각지에 분산된 조면공장은 오히려 불편을 가져와 조선면화는 다른 곳의 공장을 점차 폐쇄하고, 목포에 집중하여 목포부 해안통 공장에 조면기 200대를 갖춘 공장을 두고 운영하게 된다.

이어서 1919년 3월 자본금 1백만 원의 남북면업주식회사가 설립되었으며, 조면기 50대를 갖추었다. 남북면업은 이후 점차적으로 공장을 확장하여 1930년에는 117대의 조면기를 갖추었다. 그밖에 1922년 이후 개인 경영의 조면공장이 속출하여 1928년 현재 약 30여 개소의 개인 소유 조면공장이 있었고, 이들이 갖춘 조면기는 302대에 달하였다.[8] 1920년대 말 조선인으로서 조면업에 종사한 이로는 서계행(徐桂行)과 권영례(權寧禮)가 있었다. 뒤에 보듯이 권영례는 1931년 이후 목포부회 의원으로 활동하였다.

한편 목포에서는 면화와 관련되는 면직공장과 면실유공장도 들어서게 된다. 조선면화주식회사는 1924년 3월 목포부내 해안통에 직포(織布) 공장을 설립하였다. 원료가 되는 면사(綿絲)는 일본 오사카로부터 실어왔으며, 당시 직기(織機)는 128대였다. 팔괘표(八掛標)의 상표로 조포(粗布)를 조선 내 각 시장에 내놓았는데, 판매고가 점

8 이상은 『목포부사』, 627~629쪽 참조.

차 늘어 1927년에는 직기 30대를 증설하였다.[9] 한편 1933년에는 조선인 천철호(千哲鎬)·천길호(千吉鎬)·권영례(權寧禮)·천독근(千篤根) 등도 자본금 20만 원을 출자하여 목포직물주식회사를 용당리에 설립하였다.[10]

또 1918년 6월 자본금 50만 원으로 조선 내에서 유일한 면실유업체인 조선제유주식회사(朝鮮製油株式會社)가 목포에 설립되었다. 조선 내 조면업자가 일본에 수출하는 면실은 이후 이곳 조선제유의 공장에서 소화 정제되어 면실유(食用 白絞油)로 만들어져 일본 및 조선 내 각지의 주방에 공급되기에 이르렀다. 이 공장은 1926년 8월 일본 와카마쓰(若松)에 본점을 둔 닛카제유회사(日華製油會社)에 합병되어 닛카제유 목포공장이 되었다.

미곡을 주로 수출하는 목포에서는 또 미곡과 관련된 도정업과 정미업이 크게 발전하였다. 1927년 당시 목포에 있는 도정·정미공장의 수는 모두 40개소로, 자본금은 44만 5,000원, 종업원은 915명, 연산액은 40여만 석, 1,000여만 원에 달하였다. 이 액수는 그 자본액에서는 제유·조면·직포업을 능가하는 것이었으며, 연산액에서도 타의 추종을 불허하는 목포 제1위의 산업이었다.

〈표 12〉는 1927년 목포의 주요 정미 공장 현황을 보여주는 것이다. 이에 따르면 우치타니 만페이(內谷萬平), 모리타 다이키치(森田泰吉), 이노우에 토메키치(井上留吉)의 정미소와 아사히(朝日)정미소가 큰 정미소들이었음을 알 수 있다.

9 같은 책, 632쪽.

10 『조선은행회사조합요록』(1941년판), 144쪽.

〈표 12〉 1927년 목포부내 주요 정미소 현황

위치	명칭	공장 (평)	창고 (평)	기관	마력	10시간 능력		輸移出高 (石)	창업 연월
						玄米(石)	白米(石)		
幸町	內谷萬平	268	68	흡입가스	30	300	100	111,272	1914.11
榮町	森田泰吉	40	34	흡입가스	15	200	–	108,944	1914..2
京町	井上留吉	221	68	증기	90	440	200	82,574	1923.1
壽町	朝日精米所	187	157	증기	120	270	180	65,550	1920.9
祝町	高津福太郎	50	20	전기	20	96	–	43,264	1927.12
旭町	鮮一社	150	95	증기	75	120	–	14,564	1923.12
祝町	太田孫三郎	52	50	증기	85	200	100	9,362	1915.12
榮町	直場健二	50	130	전기	10	100	50	7,575	1927.11

출전 : 『목포부사』, 640쪽

한편 소규모였지만 1929년경 조선인들 가운데 정미업에 종사한 이들로서는 문재철·김종기(金鍾沂)·김종태(金鍾泰)·우형규(禹亨圭)·김자율(金子律)·임종문(任鍾文)·송성식(宋成植)·김순도(金順道)·탁백규(卓栢奎)·신태학(辛泰學)·허은(許恩)·문두경(文斗京)·최춘오(崔春五)·김사규(金士奎)·주복동(朱福童)·김용준(金容俊) 등이 있었다.[11]

이후 조선인 정미소도 여럿의 합자에 의해 그 규모가 커졌다. 1931년에는 김문옥(金文玉)·이요초(李瑤草)·장덕준(張德俊)의 합자에 의해 합자회사 대성상회(大成商會)가 자본금 2만 원으로 세워졌다. 또 1938년에는 임종문(任鍾文) 등 임씨가에서 출자하여 자본금 1만 5,000원의 합명회사 호남정미소를 세웠다. 또 1939년에는 문재철과 일본인 엔도

11 『전라남도사정지』, 423쪽.

야쿠츠키(遠藤役次), 그리고 몇몇 조선인들의 출자에 의해 자본금 19만 8천 원의 남선정미주식회사(南鮮精米株式會社)가 세워졌다.[12]

다음으로 주목할 목포의 공업은 고무공업이었다. 당시 조선의 고무 제품은 주로 고무신, 타이어, 완구 등이었다. 목포에서의 고무공업은 일본인들에 의해 1924년 목포고무공업소와 금강고무공업소가 세워지면서 시작되었다. 1925년에는 조선인들이 동아고무공업주식회사를 세웠다. 동아고무는 주로 고무신을 생산하는 업체였는데, 주요 주주는 김상섭, 김원희, 조희경(曺喜暻), 최양상(崔陽相), 김상익(金商翼), 나카타 코노스케(中田孝之介), 박용현(朴龍炫), 문재철(文在喆) 등이었다. 사장은 김상섭이 맡았다. 자본금 30만 원의 동아고무는 이 시기 조선인들이 목포에 만든 회사로서는 같은 규모의 목포창고금융주식회사와 함께 가장 큰 회사였다.[13] 동아고무는 1928년 이후 영국의 고무원료 수출제한 철폐에 힘입어 호경기를 맞게 되고, 40마력의 증기기관을 갖추고 남자 40명, 여자 150명의 종업원을 거느리면서 1년에 45만 켤레의 고무신을 생산하였다. 이 가운데 목포 시내에서 소화된 것은 15만 켤레로서, 25만 켤레는 타지방으로 반출되었다. 1930년에 이 공장은 연 80만 켤레의 생산능력을 갖추고 있었다. 원료 고무는 오사카와 고베에서 수입해오고 있었다.[14]

그밖에도 목포에서 주목할 만한 공업으로는 전기공업, 조선공업, 양조(釀造)공업, 주물공업, 인쇄공업 등이 있었으며, 대부분 일본인

12 『조선은행회사조합요록』(1941년판) 참조.

13 『조선은행회사요록』(1925년판), 159~160쪽.

14 『목포부사』, 659~660쪽.

자본가에 의해 경영되었다. 다만 양조업 가운데 조선주(朝鮮酒)의 경우, 대부분 조선인들이 이를 운영하고 있었다. 목포의 조선주 제조업자는 1920년대 초만 해도 50여 호가 있었으나, 다수가 도태되고 1929년경에는 1개 회사, 5명의 개인업자로 정리되었다고 한다. 5명의 개인업자는 조찬경(趙贊卿), 방약서아(方約西亞), 마에다 이쿠(前田イク, 일본인), 강영숙(姜永淑), 최준원(崔俊元) 등이었다. 회사로는 1929년 창립된 목포양조주식회사가 있었는데, 사장은 김상섭(金商燮), 전무 취체역은 차남진이었다. 자본금은 10만 원이었고, 1년간 생산액은 탁주가 4,000석, 약주 100석, 소주 300석이었다. 당시 목포부내의 탁주 소비량이 약 7,500석이었는데, 그 가운데 반 이상을 목포양조에서 공급하고 있었던 것이다.[15]

이상에서 살핀 바와 같이 목포에서는 조면공업, 면직공업, 면실유공업, 정미업, 고무공업, 양조업 등이 발달하면서 공업을 통해 성장하는 자본가들이 등장하기 시작하였다. 목포의 조면공장, 면직공장, 면실유공장은 주로 일본 본토의 대자본이 직접 진출하여 공장을 세운 것이었다. 목포에 거주하던 일본인 자본가들은 주로 정미업, 전기공업, 조선공업, 양조업 등에 투자하였다. 그리고 조선인 자본가들은 주로 정미업과 고무공업, 양조업 등에 투자하였다. 조선인 가운데 가장 대표적인 자본가는 김상섭으로, 그는 동아고무공업주식회사와 목포양조주식회사 사장을 맡고 있었다. 뒤에서 보듯이 그는 이러한 경제적 기반 위에서 3차에 걸쳐 도평의원이 되었고, 중추원 참의까지 된 정치적 거물이었다.

15 『목포부사』, 656쪽.

목포의 일본인·조선인 회사의 비교

목포의 경제권을 누가 장악하고 있었느냐 하는 것은 목포에 있었던 각종 회사의 현황을 통해서 잘 알 수 있다. 1930년 당시 목포의 회사 현황을 보면 〈표 13〉과 같다.

〈표 13〉 목포의 회사 현황(1930년)

업종	위치	상호	업무개시 연도	공칭자본(엔)	본점
농업	榮町	목포산업주식회사	1906	100,000	
	祝町	조선실업주식회사 지점	1907	3,000,000	香川縣 高松市
	常盤町	鐮田사업주식회사 지점	1913	2,000,000	香川縣 坂出町
	大正町	조선농림합자회사	1915	46,000	
	本町	동양척식회사 지점	1920	50,000,000	東京市
	南橋洞	주식회사 발흥회	1920	50,000	
	海岸通	福田農事株式會社	1920	1,000,000	
	大成洞	합자회사 國武農場	1921	650,000	
	大和町	주식회사 有恒社	1927	100,000	
	北橋洞	祥星合名會社	1929	200,000	
금융업	壽町	주식회사 조선은행 지점	1910	80,000,000	京城府
	本町	주식회사 十八銀行 지점	1906	15,000,000	長崎市
	幸町	주식회사 殖産銀行 지점	1918	30,000,000	京城府
	常盤町	주식회사 호남은행 지점	1920	1,500,000	光州府
	常盤町	목포신탁주식회사	1922	50,000	
	幸町	주식회사 식산구락부	1927	100,000	
	幸町	전남신탁주식회사	1929	500,000	

업종	위치	상호	업무개시 연도	공칭자본(엔)	본점
상공업	榮町	주식회사 三中井吳服店	1924	2,000,000	京城府
	南橋洞	全南製綿합자회사	1927	3,000	
	壽町	朝鮮煙草元賣捌株式會社지점	1927	8,000,000	京城府
	福山町	합자회사 和久田藥店	1928	5,000	
	幸町	합자회사 稻垣商店	1928	5,000	
	湖南町	木浦麴子株式會社	1928	50,000	
	本町	青森製菓 합자회사	1928	30,000	
조면업	壽町	朝鮮棉花주식회사	1913	2,000,000	大阪
	海岸通	南北棉業주식회사	1919	1,000,000	東京
운수업	壽町	木浦海運주식회사	1920	400,000	
	港町	海鮮運送株式會社	1921	100,000	
	榮町	南一運輸주식회사	1924	150,000	
	曙町	三共倉庫運輸주식회사	1925	100,000	
기타	福山町	木浦電燈株式會社	1911	500,000	
	海岸通	日華製油株式會社 分工場	1918	4,000,000	若松
	仲町	전남인쇄주식회사	1919	50,000	
	寶町	全南燒酎주식회사	1919	100,000	
	海岸通	木浦醬油주식회사	1919	200,000	
	寶町	주식회사 朝日精米所	1920	500,000	
기타	櫻町	주식회사 旭魚市場	1921	250,000	
	南橋洞	동아고무공업주식회사	1925	300,000	
	幸町	大正인쇄주식회사	1926	25,000	
	櫻町	합명회사 河合造船所	1926	23,300	
	本町	木浦酒造주식회사	1928	100,000	
	南橋洞	木浦釀酒주식회사	1929	100,000	
	幸町	목포창고금융주식회사	1919	300,000	

출전 : 『목포부사』, 783~785쪽 ; 『전라남도사정지』, 396~406쪽

〈표 13〉에서 보면, 모두 43개의 은행·회사의 본점 혹은 지점이 목포에 있었다. 이 가운데 일본인이 설립한 은행·회사가 34개인데, 이 가운데 외지에 본점을 둔 12개의 은행·회사를 제외하면 목포의 일본인이 세운 회사는 모두 22개가 된다. 반면에 조선인이 설립한 회사는 9개였다. 조선인이 설립한 것은 호남은행(玄俊鎬), 목포창고금융주식회사(金商燮), 동아고무주식회사(金商燮), 남일운수주식회사(文在喆), 해선운송주식회사(尹哲夏), 전남제면(製綿)합자회사, 목포국자(麴子)주식회사(李默珩), 상성(祥星)합명회사(金益鎭) 정도에 지나지 않았던 것이다.

4. 목포부회(木浦府會)를 통해 본 지역유력자층

3·1운동 이후 일제는 조선 지배정책을 무단정치에서 이른바 '문화정치'로 바꾸었다. 이른바 '문화정치'의 핵심은 조선인들의 반발을 무마하기 위하여 약간의 언론자유와 집회·결사의 자유 등을 허락하는 대신, 조선인들 내부에 부일협력자를 양성한다는 것이었다. 후자와 관련하여 총독부는 1920년 지방제도를 개정하여 도(道)·부(府)·면(面)에 평의회 혹은 협의회라고 하는 자문기관을 설치하였다. 도평의회 의원, 부협의회·면협의회 의원 가운데 조선인을 포함시키고, 그 가운데에서 부일협력자를 육성하고자 한 것이다. 부협의회는 1910년대부터 있어오던 것이었지만, 그 수를 늘리고 임명제에서 선거제로 바꾸었다. 따라서 부협의회 의원은 선거로 선출하게 되었는데, 선거권자는 부세(府稅)를 년 5원 이상 납부한 자로 한정하였다.

매일신보 1914년 4월 9일자 보도에 의하면, 1914년 당시 목포부협의원의 정원은 8명으로 일본인이 5명, 조선인이 3명이었다. 1920년 지방제도 개정 시에 목포 부협의회 의원수는 14명으로 늘어났다. 총독부는 1931년 다시 지방제도를 개정하여 자문기관이었던 부협의회를 의결기관으로 만들어 부회(府會)로 이름을 바꾸고, 부윤이 맡고 있던 의장직 외에도 부의장제도를 신설하여 부회 의원 가운데에서 선출케 하였으며, 부회 의원 임기도 3년에서 4년으로 연장하였다. 또 그 정수도 27명으로 크게 늘렸고, 1933년에는 다시 30명으로 늘렸다. 〈표 14〉는 목포 부협의회와 부회의 당선자 명단이다.

〈표 14〉 1920~1939년 목포부협의회, 목포부회 의원 당선자

연도	일본인 의원	조선인 의원	합계
1920년 11월 목포부협의회	村上直助, 奈良次郎, 藤三利兵衛, 山野瀧三, 渡邊彌太郎, 石森敬治, 呼子直七, 高根信禮, 本田俊藏	金商燮, 李善弘, 李祥圭	12명
1923년 11월 목포부협의회	入江辰三, 伴諒輔, 松井邑次郎, 奈良次郎, 村上直助, 佐藤秋二, 山野瀧三, 石森武男	金商燮, 金鳳魯, 李根厚, 李祥圭, 徐允昌	13명
1926년 11월 목포부협의회	木山右馬太, 松井邑次郎, 奈良次郎, 佐藤秋二, 村上直助, 石森武男, 伴諒輔, 山野瀧三, 長野常太郎	金商燮, 李根厚, 車南鎭, 文在喆	13명
1929년 11월 목포부협의회	森酒井, 內谷萬平, 松井邑次郎, 岡村又次郎, 村上直助, 佐藤秋二, 奈良次郎, 石森武男	鄭昞朝, 金商燮, 具宗泰, 金明鎭, 車南鎭	13명
1931년 5월 목포 부회	藤田林平, 村上直助, 井上美憲, 麻生作男, 佐藤秋二, 石森武男, 松井邑次郎, 伴忠吉, 永田萬平, 淸水金四郞, 梅田林平, 奈良次郎, 岡村又次郎, 森酒井, 內谷萬平, 伴諒輔, 山本建志, 福田有造, 吉田良藏	鄭昞朝, 金商燮, 具宗泰, 金明鎭, 車南鎭, 權寧禮, 金容鎭, 宋文玉	27명

연도	일본인 의원	조선인 의원	합계
1935년 5월 목포 부회	藤田林平, 村上直助, 井上美憲, 麻生作男, 佐藤秋二, 松井邑次郞, 伴忠吉, 永田萬平, 淸水金四郞, 梅田林平, 奈良次郞, 岡村又次郞, 森酒井, 內谷萬平, 山本建志, 福田有造, 吉田良藏, 野口小次郞, 染川覺太郞, 山西恒太郞, 上田熊太郞	鄭昞朝, 金商燮, 車南鎭, 權寧禮, 金容鎭, 宋文玉, 金佐基, 裵奉休	29명
1939년 5월 목포 부회	松井韓一, 淸水金四郞, 藤田林平, 麻生作男, 伴忠吉, 內谷萬平, 町田淺太郞, 岡村松之助, 造田孝禧 松尾武之助, 森誠一, 萱野茂, 井上美憲	金哲鎭, 千篤根, 李儀珩, 金聲浩, 金鍾植, 金容鎭, 車南鎭, 李同根, 崔有山, 金聲振, 李根彰, 權寧禮, 吳泰準, 朴燦一, 鄭昞朝	28명

출전 : 『매일신보』 1920년 11월 23일 「각지 선거결과」, 1923년 11월 22일 「각지 총선거」, 『목포부 관계 서류』 (국가기록원 소장)

〈표 15〉 1920~1939년 목포부협의회, 목포부회 선거에서 당선된 의원 숫자

연도	일본인 의원	조선인 의원	합계
1920년 11월 목포부협의회	9명	3명	12명
1923년 11월 목포부협의회	8명	5명	13명
1926년 11월 목포부협의회	9명	4명	13명
1929년 11월 목포부협의회	8명	5명	13명
1931년 5월 목포 부회	19명	8명	27명
1935년 5월 목포 부회	21명	8명	29명
1939년 5월 목포 부회	13명	15명	28명
계	87명 (64.4%)	48명 (35.6%)	135명 (100.0%)

〈표 15〉에서 보듯이 1920년부터 1939년 사이의 목포부협의회와 목포부회 정기선거에서 당선된 의원은 일본인이 87명, 조선인

이 48명으로 각각 64.4%와 35.6%를 차지하였다. 조선인의 숫자는 1920년 3명으로 시작하여 1940년 15명으로 점점 늘어났으며, 1939년에 처음으로 일본인보다 많아진 것을 알 수 있다.

그러면 목포 부협의회와 부회에 의원으로 참여한 이들은 어떤 사람들이었을까. 〈표 14〉에서 보듯이 정례선거는 1920년부터 1939년 사이에 모두 7차례 있었는데(1943년 추천제 선거는 제외), 이 가운데 3회 이상 당선된 의원은 21명으로 그 명단은 다음과 같다.

6회 당선: 김상섭(金商燮), 村上直助, 奈良次郎 (3명)
5회 당선: 차남진(車南鎭), 松井邑次郎, 佐藤秋二, 石森武男 (4명)
4회 당선: 內谷萬平, 岡村又次郎, 정병조(鄭昞朝) (3명)
3회 당선: 山野瀧三, 伴諒輔, 森酒井, 藤田林平, 井上美憲, 麻生作男, 伴忠吉, 清水金四郎, 梅田林平, 권영례(權寧禮), 김용진(金容鎭) (11명)

3회 이상 당선된 일본인 의원은 16명, 조선인은 5명이다. 이들 일본인과 조선인은 목포 부협의회-부회의 실력자였을 것이다. 그런데 이들보다 목포에서 정치적으로 힘이 있었던 이들은 목포 출신으로 전라남도 도평의회원, 도회의원을 지낸 이들이었다. 도평의회와 도회 선거에서 당선된 이들을 살펴보면 〈표 16〉과 같다.

〈표 16〉 목포 출신 전남 도평의회원과 도회의원

연도	민선	관선	출전
1920	村上直助	玄基奉, 木村健夫	매일신보 1920.12.27.
1924	村上直助	山野瀧三, 金商燮	동아일보 1924.4.3.
1927	村上直助	金商燮	매일신보 1927.4.3.
1930	金商燮	村上直助, 松井邑次郎	관보 1930.4.26.
1933	松井邑次郎	村上直助, 車南鎭	부산일보 1922.5.11. 관보 1933.5.20.
1937	藤田林平	松井邑次郎, 車南鎭	관보 1937.7.6. 관보 1937.6.24.
1941	內谷萬平	松井邑次郎, 村上直助, 光山聲振(金聲振)	매일신보 1941.5.13.

〈표 16〉에서 보면, 6선 의원은 무라카미 나오스케(村上直助), 4선 의원은 마쓰이 무라지로(松井邑次郎), 3선 의원은 김상섭(金商燮)이었다. 이들 3인은 모두 부협의회와 부회에서도 5회 이상 당선된 이들이었다. 도회에서 관선으로 2회 선임된 차남진은 위에서 본 것처럼 부협의회와 부회에서 5회 당선된 인물이었다.

〈표 17〉 목포상업회의소(1928년 이후 상공회의소로 개명) 회두와 부회두

연도	會頭	副會頭	연도	會頭	副會頭
1900	西川太郎一	福田有造	1910	상동	谷村道助
1901	木村健夫	상동	1911	상동	木村健夫
1902	西川太郎一	木村健夫	1912–14	木村健夫	村上直助
1903	상동	福田有造	1915–17	福田有造	松井邑次郎
1904	상동	木村健夫	1918–20	木村健夫	村上直助

연도	會頭	副會頭	연도	會頭	副會頭
1905	福田有造	상동	1921–23	高根信禮	奈良次郎
1906	상동	佐藤道, 藤森利兵衛	1924–28	山野瀧三	金商燮
1907–08	상동	木村健夫	1929–31	村上直助	麻生作男
			1932	村上直助	桑田泰吉, 金原喜
1909	상동	藤森利兵衛	1935	桑田泰吉	森誠一, 車南鎭

출전 : 今井田清德, 『全鮮商工會議所發達史』, 부산일보사, 1935, 제7편 목포편 27~28쪽 ; 『목포부사』, 788~789쪽.

한편 목포 상업회의소(뒤에는 상공회의소)에서 회두와 부회두를 지낸 이들을 정리하면 〈표 17〉과 같다. 이 표에서 보면, 이들 회두와 부회두는 도회, 부회에 적극 진출했음을 알 수 있다. 목포가 무역으로 시작한 도시였기 때문에 유력 상인들이 모이는 상업회의소는 곧 목포의 유력자들의 모임이 되었다. 1920년대 이후 부협의회와 도평의회 제도가 도입되었을 때, 상업회의소의 유력자들은 이에 적극 진출하였다. 상업회의소 회두와 부회두로서 도평의회와 도회에 진출한 이로서는 무라카미 나오스케(村上直助), 기무라 다케오(木村健夫), 마쓰이 무라지로(松井邑次郎), 김상섭, 차남진 등이 있었다. 또 부협의회와 부회에 진출하여 3선 이상 당선된 이로서는 무라카미 나오스케, 우치타니 만페이(內谷萬平), 마쓰이 무라지로(松井邑次郎), 아소 사쿠오(麻生作男), 야마노 다키산(山野瀧三), 김상섭, 차남진 등이 있었다. 또 초창기 상업회의소에서 2년 동안 부회두, 10년 동안 회두를 맡고, 부회에 2회 당선된 후쿠다 유조(福田有造)야말로 기무라 다케오와 함께 목포의 가장 유력한 인물이었던 것으로 보인다. 위의 인물들은 상업회의소, 부회, 도회를 장악하고 있는 인물들이었다고 할 수 있다. 또 비록 상업회의소 회두나 부회두는 아니었지만, 부회 3회 당선과 도회의원 당선의 경력이 있는 후지타 린페이(藤田林平)나 부회 6회 당선의 나라 지로(奈良次郎)도 비슷한 정도의 영향력이 있었던 것으로 보인다.

결국 후쿠다 유조, 기무라 다케오, 마쓰이 무라지로, 무라카미 나오스케, 우치타니 만페이, 아소 사쿠오, 후지타 린페이, 나라 지로, 야마노 다키산 등 일본인 9명과, 김상섭, 차남진 등 조선인 2명이 목포의 유력자 중의 유력자였다고 볼 수 있다. 그러면 이들은 어떠한 경력을 가진 이들이었을까.

〈표 18〉 목포 일본인·조선인 유력자들의 경력

이름	의원 경력	사회 경력	출전
福田有造	부회 2선	1892년 나가사키현 출생. 1913년 東京 青山 明治學院 졸. 목포 개항 초기 부산에서 목포로 이주하여 미곡 무역 및 정미공장을 경영. 1901년 목포인습업조합장, 곡물상조합장, 수출상조합장, 수출미개량조합장, 우피검사조합장 등을 1907년경까지 맡음. 1898년 목포 거류민단을 설립하여 의원이 되었고, 이후 부의장직을 맡음. 1910년 목포상업회의소 설립 시 발기인이 되었으며, 이후 계속하여 부회두, 회두 등을 맡음. 목포소방조두 창립 이래 11년간 재임하였고, 1910년대에 부협의회원, 학교조합 의원, 1918년 사망함(이후 아들이 같은 이름 福田有造로 계승). 그가 세운 福田農事會社는 본사를 木浦에 두고 全北 高敞郡, 全南 羅州郡, 靈岩郡 등에서 답 500여 정보, 田 200여 정보, 임야 250정보를 소유함. 아들은 木浦新報 및 光州日報 사장. 그 밖에 木浦殖産會社, 福田回漕部 大阪商船 代理店, 전남백화점(주)을 경영.	『전선상공회의소 발달사』, 32~33쪽 ; 『조선공로자 명감』,122쪽 ; 『조선은행회사조합 요록』(각년판).

이름	의원 경력	사회 경력	출전
木村健夫	도평의회 1선	오사카 출신. 1889년 조선에 건너와 경성, 인천에 거주. 1898년 목포로 옮겨와 상업에 종사. 그해 목포거류민단 의원에 당선됨. 1914년 민단 폐쇄 때까지 여러 차례 위원장을 맡음. 1899년 상업회의소 설립을 주창하여 설립 이후 의원, 여러 차례 회두를 맡는 등 20여년간 상업회의소를 위해 활동함. 1921년 朝日精米所 대표, 조선면화, 조선제유, 전남인쇄, 군산운수 등 여러 회사에 주주로서 투자.	『재조선내지인 신사명감』, 481쪽 ; 『조선은행회사조합요록』(각년판).
松井 邑次郎	부(협의)회 5선 도회 4선	야마구치현 출신. 1887년 元山津에 건너와, 1902년 목포로 옮겨와서 수입 잡화 도매상 경영. 1904년 러일전쟁 종군. 1905년 이후 목포거류민단 의원, 목포상업회의소 의원, 목포소방대 副長. 1911년 목포 유지들과 木浦電燈을 설립하여 專務를 맡았고 1928년에 사장이 됨. 木浦商議 부회장, 학교조합 평의원. 1929년 강진군에 昭和電氣株式會社 결성, 寶城郡에 전기회사 설립. 1929년 4월 朝鮮電氣協會 副會長에 추대됨. 1913년 10월 棉花栽培協會의 지도에 따라 유지들과 함께 木浦棉業株式會社 창립. 1916년 道 長官으로부터 면화 판매를 통제하는 데 全州에 繰綿工場을 설치하는 것이 필요하다는 내명을 받고 全州棉業株式會社를 설립. 1926년 11월 全羅南道物産共進會 및 朝鮮棉業共進會 개최를 요청하고 그 기획에 참여, 協贊會를 조직하고 이사장직을 맡음. 1922년 8월 木浦無盡株式會社를 설립하고 理事에 취임. 木浦金融組合 評議員이 됨. 1920년 이래 學校組合 評議員으로 선출됨.	『조선공로자명감』, 488쪽 ; 『조선총독부시정25주년기념표창자명감』, 993쪽 ; 『조선은행회사조합요록』(각년판).

이름	의원 경력	사회 경력	출전
村上直助	부(협의)회 6선 도(평의)회 6선	1875년 야마구치현 출생. 1898년 부산에서 와서 거주. 곧 목포로 건너와 목포에서 잡화 무역업을 경영. 1903년에 처음으로 화학비료를 수입하여 實地에 시비. 1906년부터 1921년 사이에 官鹽을 판매. 1921년 조선에서 煙草專賣가 시행되자 元賣捌者가 됨. 朝鮮米穀倉庫株式會社의 發起人이 됨. 1911년 12월 목포 유지들과 木浦電燈株式會社를 기획 설립. 湖南鐵道의 개통을 위해 활동. 南朝鮮鐵道 부설을 위해서도 노력함. 航運會社도 설립. 해남, 영광, 진도, 무안, 제주 등지에 논 27정보, 밭 15정보를 소유(1930년). 1926년 11월 全羅南道物産共進會 및 朝鮮棉業共進會를 조직하여 理事長이 됨. 木浦商工會議所 의원 및 會頭.	『조선총독부시정25주년기념표창자명감』, 1000쪽 ; 『농지개혁시 피분배지주 및 일제하 대지주 명부』, 193쪽 ; 『조선은행회사조합요록』(각년판).
內谷萬平	부회 4선 도회 1선	1881년 효고현 출생. 1909년 부산으로 건너왔으며 전남의 쌀에 관심을 두어 1911년에 목포로 옮겨 미곡무역상을 개업. 1933년 자본금 150만 원의 전남면화주식회사를 창립. 24개 공장의 조면기 734대를 총괄하게 됨. 영역을 확장하여 면화까지 취급. 조선취급소법이 공포되자 목포에 미곡거래소를 신설. 木浦米穀取引所 理事長, 木浦製氷株式會社長, 全南棉花會社長 등 광범하게 활동. 1919년 이후 광주주조, 森野商店, 목포창고금융, 전남신탁 등에 주주로서 투자. 1931년 內谷商店(株)를 설립(미곡, 면화, 해산물의 매매, 정미 및 조면업 등). 함평, 나주, 진도에 논 276정보, 밭 98정보를 소유.	『조선공로자명감』, 211쪽 ; 『조선중앙일보』 1933.10.19. ; 『농지개혁시 피분배지주 및 일제하 대지주 명부』, 193쪽 ; 『조선은행회사조합요록』(각년판).
藤田林平	부회 3선 도회 1선	1882년 오카야마현 출생. 1906년부터 5년간 大連, 遼東新聞記者. 1912년부터 天津에서 貿易商을 경영. 1918년 조선에 건너와 목포에서 紙商을 경영. 1922년 이후 木浦信託, 木浦無盡, 平壤無盡 등에 주주로서 투자. 학교조합 의원 역임.	『전선부읍회의원명감』, 148쪽 ; 『조선은행회사조합요록』(각년판).

이름	의원 경력	사회 경력	출전
麻生作男	부회 3선	1869년 후쿠오카현 출생. 1894년 大內暢三의 全羅南道 自防浦 開墾事業의 主任으로서 조선에 건너옴. 1907년 목포에서 醬油釀造業을 시작. 木浦酒造, 목포제빙냉장 등에 주주로서 투자. 1921년 목포수산회사 魚市場의 혼란과 분규를 해결하는 데에 노력. 旭魚市場이 만들어지자 專務가 됨. 八幡製鐵所에서 만든 高爐시멘트의 전라남도 판매대리점을 경영. 목포부회의원, 목포상공회의소 의원, 消防組頭, 조선수산회 의원, 전라남도 수산회 평의원 등의 공직을 맡음. 松島神社 창건이나 목포 尙武會 개설에 주도적으로 관여.	『조선공로자명감』, 116쪽 ; 『조선은행회사조합요록』(각년판).
奈良次郎	부(협의)회 6선	1868년생. 가가와현 출생. 가가와현에서 현회 의원 역임. 목포에 와서 無盡業으로 시작하여 여러 회사에 투자함. 목포무진, 목포신탁, 목포전등, 목포주조, 목포제빙, 영산포창고금융, 목포장유, 木浦新報, 昭和電燈, 평양무진 등에서 취체역, 사장을 역임. 1913년 木浦居留民會 議員, 木浦學校組合 議員에 당선된 이래 계속하여 20여년 간 학교조합 의원에 선출됨. 목포상업회의소 의원, 부협의회원, 상업회의소 부회장, 부회 의장 역임.	『조선공로자명감』, 496쪽 ; 『조선총독부시정25주년기념표창자명감』, 996쪽.
山野瀧三	부협의회 3선	목포해운(주) 사장, 목포수산 사장, 목포식산(주) 사장, 목포면업 등의 대주주, 전남인쇄 사장, 목포신보 사장, 1924년부터 1929년초까지 목포상업회의소 회두, 1929년 급서.	朝鮮銀行會社要錄(1921, 1927년판), 東亞經濟時報社 ; 『조선신문』 1929.2.13.

이름	의원 경력	사회 경력	출전
金商燮	부(협의)회 6선 도평의회 3선	1876년생. 1900년 전라남도 관찰부 주사, 1901년 삼화항 경무관. 이후 무안항·동래항의 경무관을 거쳐 1905년 완도군수, 1906년에는 칠곡군수. 1908년 광주지방재판소에서 검사를 역임. 1911년에는 대구지방재판소 검사국에 변호사로 등록. 목포로 이주하여 1919년에는 전라남도 목포부 참사로 활동. 1920년 목포청년회 회장, 목포소비조합 이사장, 호남은행(주) 초대은행장을 역임. 1921년부터 1933년까지 법성포물산(주) 이사, 동아고무(주) 사장, 목포창고금융(주) 전무 및 사장, 木浦鑄造(주) 사장을 맡음. 그밖에 호남은행, 동아고무, 목포토지(주), 목포양조(주) 등에 주주로서 투자. 무안, 해남, 영암, 완도에서 논 65정보, 밭 26정보를 소유(1930년). 1923년부터 1929년까지 목포상업(상공)회의소 부회두. 1927년 이후 부협의회, 부회에 4회 당선. 1924년과 1927년에 관선 도평의회원, 1930년에 민선 도회의원 당선. 1929~31년 중추원 참의(주임대우).	『관보』1907.7.1. ; 『황성신문』 1908.6.27. ; 『동아일보』 1920.5.20. ; 『매일신보』 1920.8.23. ; 『전라남도사정지』(1930) ; 『조선총독부관보』 1920.1.14. 및 1929.6.1. ; 『『조선은행회사조합요록』(각년판) ; 『중외일보』 1930.9.28.
車南鎭	부(협의)회 5선 도회 2선	1893년 1917년경 일본 메이지대학 법학과 졸업. 1920년 호남은행 이사, 1925년 동아고무 이사, 1929년 목포양조 사장, 1938년 호남정미주식회사와 호남제탄주식회사를 설립. 무안에서 논 31정보, 밭 66정보를 소유(1930년). 1920년 목포청년회 총무, 1922년 목포청년회 부회장. 1927년 이후 부협의회, 부회에 5회 당선. 1933, 1937년 관선 도회의원. 중추원 참의(?~1945년)	『조선은행회사조합요록』(1939년판) 『농지개혁시 피분배지주 및 일제하 대지주 명부』, 207쪽 ; 『조선일보』 1946.11.8 ; 『동광신문』 1949.4.12.

〈표 18〉에서 보는 바와 같이, 일본인 유력자들의 경우 대체로 목포에서 미곡 수출이나 잡화 수입 등으로 시작한 무역상으로 시작한 이들이 많았으며, 또 목포 부근 전남 일원에 상당한 토지를 소유하고

농장을 경영한 이들도 많았다. 그리고 이들은 이렇게 축적한 부를 정미업, 무진회사나 은행과 같은 금융업, 장유와 술을 제조하는 양조업, 면화에서 씨를 빼는 조면업 등에 투자하였다. 또 이들은 목포상업회의소를 활동 기반으로 삼아, 목포부협의회와 목포부회, 도평의회와 도회 등으로 진출하였다.

조선인 유력자인 두 사람의 경우는 조금 달랐다. 김상섭은 대한제국기 이래의 관직을 발판으로 1919년 목포부 참사가 되었고, 또 완도 등 각지에 토지를 소유한 지주로서 목포에 세워진 호남은행, 동아고무, 목포토지(주), 목포양조 등에 투자한 자본가가 되었다. 차남진은 무안에 토지를 소유한 지주로서, 역시 호남은행, 동아고무, 목포양조, 호남정미 등 김상섭과 거의 같은 회사에 투자한 자본가가 되었다. 또 김상섭과 차남진은 1920년대 초의 지역유지 중심의 목포청년회에서 회장과 총무를 지냈고, 1927년부터 목포부협의회와 목포부회, 도평의회와 도회를 거쳐 중추원 참의까지 진출하였다.

이들 외에 목포 부회의 일본인, 조선인 유력자들은 어떤 이들이었을까. 3선 이상의 의원들을 살펴보자. 일본인으로는 이시모리 다케오(石森武男), 모리 사카이(森酒井), 오카무라 유지로(岡村又次郎), 이노우에 미노리(井上美憲), 반 추키치(伴忠吉), 기요미즈 가네시로(清水金四郎), 조선인으로는 정병조, 김명진, 권영례가 있다.

이시모리 다케오(石森武男)는 제염업자로서 목포제염소를 운영했다.[16] 모리 사카이(森酒井)는 에히메현 출신으로 1905년 목포에 건너와서, 면화비료상으로 시작하여 곡물과 수산물 수출상이 되었으며,

16 中村資良편, 『朝鮮銀行會社組合要錄』(1933년판), 동아경세신보사.

목포곡물상조합 부조합장, 목포신사 총대, 목포상공회의소 의원 등을 지냈다.[17] 오카무라 유지로(岡村又次郎)는 나라현 출신으로 행정관리로 있다가 1906년 목포에 건너와 주류 수입 도매상을 했고, 목포인쇄주식회사의 취체역 사장을 지냈다. 목포상업회소 평의원 등의 경력을 갖고 있었다.[18] 반 추키치(伴忠吉)는 교토부 출신으로 메이지대 법과를 졸업했으며, 1911년 조선으로 건너와 건축재료상, 해산물상, 무역상, 농사경영 등에 종사했다.[19] 기요미즈 가네시로(清水金四郎)는 후쿠이현 출신으로, 일본면화주식회사에 근무하다가 자매회사인 조선면화주식회사로 옮겨 이사가 되었으며, 그밖에도 아사히정미소, 제주면업의 이사로 있었으며, 1933년 전남도시제사의 전무이사가 되었고, 목포상공회의소 특별의원, 학교조합 의원 등을 거쳐 목포부회 의원이 되었다.[20] 이처럼 이들도 역시 수출입 무역상, 상공업자들이었음을 알 수 있다.

조선인 의원은 어떤 이들이었을까. 4선의 정병조(鄭晒朝)는 한말부터 토지문제와 관련한 브로커로서 악명을 날렸으며, 목포에 자리잡은 이후 동양물산 사주, 목포양조 및 목포제빙주식회사 취체역 등을 지냈으며, 1936년 목포부회 의원으로 있으면서 목포 수도 저수지 예정지를 미리 매입하여 일확천금을 꿈꾸다가 사기·배임·사문서위조·횡령 등의 혐의로 구속되어 대구복심법원에서 징역 1년 6월

17 민중시론사조선공로자명감간행회편, 『조선공로자명감』, 민중시론사, 1935, 554쪽.
18 『전라남도사정지』, 427~428쪽. 『조선공로자명감』, 280쪽.
19 조선신문사조선인사흥신록편찬부, 『조선인사흥신록』, 조선신문사, 1935, 383쪽
20 『조선공로자명감』, 413쪽, 『朝鮮銀行會社組合要錄』(1933년판)

에 집행유예 4년을 선고받았다.[21] 1930년에서 1934년 사이 의원을 지낸 김명진(金明鎭)은 해남 북평 출신으로 변호사였다. 1931년부터 1940년 사이 의원을 지낸 권영례(權寧禮)는 경북 안동 출신으로, 3·1 운동에 참여한 바 있으며, 목포에서 해초상 및 조면업에 종사하였으며, 목포직물회사와 전남면화주식회사의 이사로 있었다.[22] 조선인 의원들은 상공업자, 브로커, 변호사 등으로 다양함을 알 수 있다.

이상에서 살펴본 것처럼 일본인이나 조선인을 막론하고 부협의회 의원, 부회 의원을 지낸 이들은 대체로 목포의 상공업자와 지주들이었다. 이들이 협의회 의원, 부회 의원으로 선출된 것은 당시 유권자 수가 극히 제한되어 있었던 것과 관련이 있었다. 부세(府稅)를 연 5원 이상 납부한 자만이 유권자가 될 수 있었는데, 1935년 목포부의 유권자수는 일본인이 883명, 조선인이 551명에 불과하였다.[23] 대체로 중산층 이상에 해당하는 이들 선거권자는 자신들의 이해관계를 대변하는 자산가들을 대표로 뽑았다. 또 부회 의원 입후보자는 대개 사전에 조정이 되어 거의 경쟁이 없거나 혹은 정원보다 한두 명 입후보자가 많은 싱거운 선거였다.

목포사회의 지역유력자로 또 하나 들 수 있는 집단은 목포상업회의소 평의원들이다. 1930년 당시 목포상업회의소 평의원은 일본인으로서 모리 세이이치(森誠一), 이세 한호(伊勢伴輔), 마쓰마에 기조(松前義三), 키노시타 치에지(木下千重治), 히구치 요시타로(樋口由太郎), 나

21 『조선중앙일보』 1936년 7월 9일 「元木浦府議員 정병조의 사기사건, 고등법원에 상소」

22 『전라남도사정지』, 428~431쪽

23 『동아일보』 1935년 4월 22일 「목포부 유권자」

가타 만페이(永田萬平), 하시모토 헤이하치로(橋本平八郎), 이토 관타로(伊藤關太郎) 등 8명, 조선인으로서 송문옥(宋文玉), 송창만(宋昌萬), 권영례 등 3명이 있었다. 모리 세이이치는 면화, 해산물, 소주 등을 거래하는 상인이었으며, 동시에 목영운수창고주식회사 취체역을 맡고 있었다. 이세 한호는 미곡 무역상이면서 잡화상이었으며, 아사히(旭) 어시장 취체역, 목포수이입상조합 평의원 등을 맡고 있었다. 마쓰마에 기조도 역시 무역상이면서 잡화상이었으며, 목포금융조합장, 목포수이입상조합 부조합장 등을 맡고 있었다. 키노시타 치에지는 미곡무역상 및 정미업 경영자로서 송도신사 총대를 맡고 있었다. 히구치 요시타로도 역시 무역상으로서, 수이입상조합 간사, 목포금융조합 감사 등을 맡고 있었다. 나가타 만페이는 조면기계상, 약종상 등을 하고 있었으며, 조선신문 목포지사장을 맡고 있었다. 하시모토 헤이하치로는 고무신 판매상을 하고 있었다. 이토 관타로는 판초자상(板硝子商: 판유리상), 약종상(藥種商) 등을 하고 있었으며, 아사히(旭) 초자주식회사 조선특약점을 경영하고 있었다.[24] 조선인 평의원 송문옥은 미곡상을 하고 있었으며, 송창만은 봉재기계와 전기기구를 파는 상점을 하고 있었고, 권영례는 해초상 및 제면업을 하고 있었다.[25] 권영례는 앞서 본 것처럼 1930년대에 목포 부회 의원을 지냈다.

목포상업회의소 평의원들은 이처럼 대부분 무역상, 미곡상, 면화상, 잡화상, 해산물거래상 등으로서 목포의 유력한 상인들이었다. 이들은 그러한 경제적 기반 위에서 금융조합, 각종 회사, 시장의 취체

24 『전라남도사정지』, 430~431쪽

25 위와 같음.

역, 감사 등을 맡거나, 신문 지사장, 신사 총대 등을 맡고 있었다.

위에서 살펴본 바와 같이 목포의 지역유력자층은 주로 일본인 상공업자, 지주들로 구성되어 있었으며, 여기에 조선인 상공업자, 지주가 일부 참여하는 양상을 보이고 있었다. 즉 목포 지역사회의 정치, 경제, 사회에서의 주도권은 일본인들, 특히 일본인 상공업자들이 쥐고 있었으며, 극소수 조선인을 제외한 대다수 조선인은 그들의 지배를 받는 상황에 놓여 있었다. 그런 점에서 개항도시 목포의 식민성은 '일본인 상공업자의 지배'로 요약될 수 있다.

5. '이중도시' 목포 – 남촌과 북촌의 양극화

위에서 본 것처럼 목포는 정치, 사회, 경제적인 측면에서 모두 일본인이 주도하는 도시였다. 조선인의 인구는 점차 늘어 1930년대에는 일본인 인구의 5배를 넘었지만, 일본인의 주도권은 여전하였다. 일본인과 조선인의 뚜렷한 격차는 이들이 각각 거주하는 주거지역의 성황에서도 잘 나타나고 있었다.

앞서 말한 것처럼 일본인촌은 유달산 남쪽 자락과 남쪽, 동쪽의 바닷가에 자리잡은 반면, 조선인촌은 유달산 북쪽과 동쪽 기슭에 자리잡았다. 따라서 일본인촌은 '남촌'으로, 조선인촌은 '북촌'으로 흔히 불리었다. 남촌은 번듯하게 계획된 도로가 격자형으로 가로지르는 신도시였던 반면, 북촌은 무계획적으로 좁은 골목이 이리저리 뚫린 무질서한 동네였다. 남촌은 ○○정(町)으로, 북촌은 ○○동(洞)으로 행정구역 명칭에도 차이가 있었다.

그리고 남촌에는 우선 각종 관공서와 학교, 병원, 신사(神社), 사찰 등이 자리잡았다. 목포부청(木浦府廳), 경찰서,[26] 우편국, 세관(稅關) 지서, 법원 지청, 조선은행 지점, 동양척식주식회사 목포지점, 측후소, 송도(松島)신사, 상업회의소, 공회당, 목포부립병원, 철도병원, 목포심상고등소학교, 목포공립고등여학교, 히가시 혼간지(東本願寺), 신코지(眞光寺), 토키와자(常盤座:공연장) 등이 그것이었다. 그리고 이 지역에는 각종 회사 지점과 공장도 들어섰다. 조선면화주식회사 본점과 공장, 닛카제유 공장, 남북면업(南北棉業) 공장, 아사히정미소, 조선우선회사(朝鮮郵船會社) 지점, 상선회사 출장소, 조선수산회사 등이 그것이었다. 이처럼 남촌에는 근대의 각종 상징적인 시설들, 즉 공장, 학교, 병원, 경찰서, 우편국, 상업회의소, 공회당, 공연장 등이 들어서 있었다. 물론 북촌에도 학교, 병원, 교회, 군청, 청년회의소, 극장 등 근대적인 시설이 일부 들어섰다. 목포보통학교,[27] 정명여학교,[28] 영흥학교,[29] 브란취병원, 공설시장, 천주교회, 양동교회,[30] 청년회관, 목포

26 3·1운동 이후 목포에는 경찰서와 두 곳의 파출소(동해안의 榮町, 남해안의 港町), 한 곳의 주재소(죽동)이 있었다. 목포부,『목포부사』, 1930, 254쪽.

27 1897년 북교동에서 '무안공립소학교'로 설립되었으며, 1907년 통감부에 의해 '목포공립보통학교'로 개칭되었고 목포의 객주들이 만든 사립 홍진학교를 합병하였으며, 1911년 총독부에 의해 4년제 목포공립보통학교로 재인가를 받았다.『목포부사』, 473~474쪽.

28 정명여학교는 1902년 남장로교 여선교사 스트레퍼(Straeffer,F.E.)가 설립한 학교이다. 1914년 보통과 4년, 고등과 4년의 사립 목포정명여학교로 인가를 받았다. 정명여학교 학생들은 3·1운동 당시 이에 적극적으로 참여하였다.『목포부사』, 481쪽.

29 영흥학교는 1903년 남장로교 선교사 유진벨(Bell,E.)과 한국인 교인들이 함께 설립한 학교이다. 1914년 유아과, 보통과, 고등과의 사립 목포영흥학교로 인가를 받았다.『목포부사』, 481쪽. 477~479쪽.

30 목포 양동교회는 1897년 유진 벨이 설립한 남장로교 교회이다.『목포부사』, 438~441쪽.

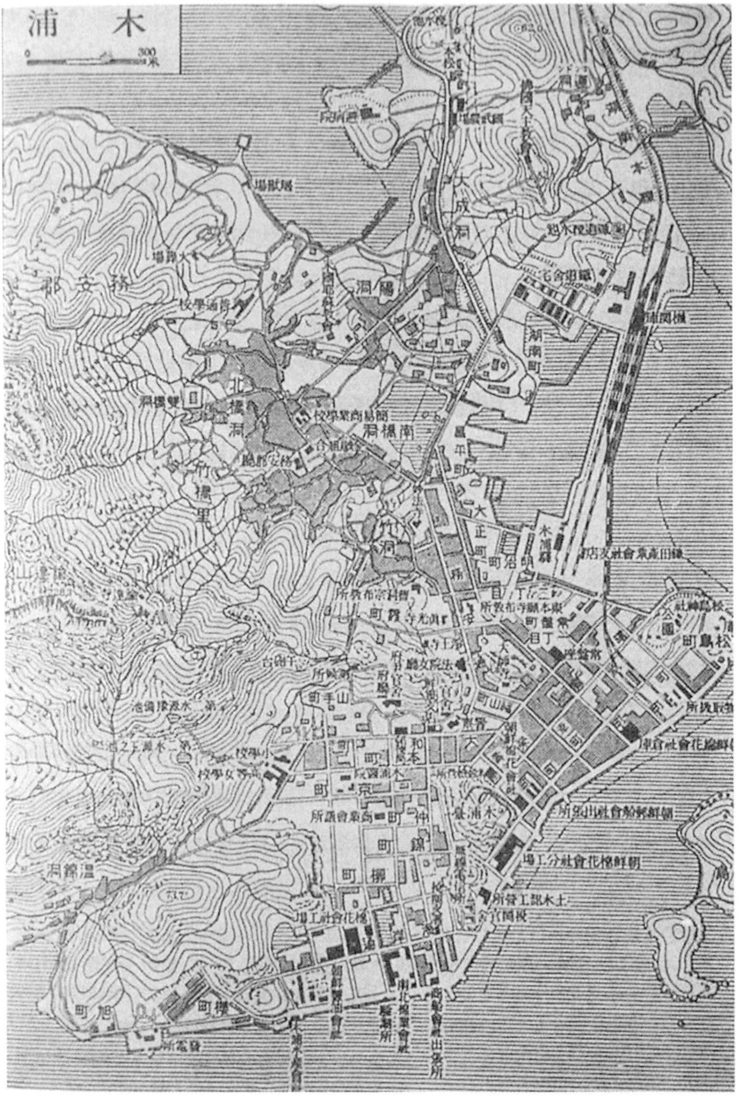

〈그림 1〉 1931년 목포부지도(山本三生,『日本地理体系 — 朝鮮編』, 改造社)

극장 등이 있었던 것이다. 하지만 관공서로는 무안군청과 금융조합이 있을 뿐이었다(〈그림 1〉의 지도 참조).

그리고 남촌과 북촌의 경관(景觀)은 너무나 달랐다. 목포에 거주하던 작가 박화성은 1925년에 발표한 「추석전야」라는 소설에서 남촌과 북촌의 모습을 이렇게 대비하여 묘사했다.

> 목포의 낮은 참 보기에 애처롭다. 남쪽으로는 즐비한 일인의 기와집이오, 중앙으로는 초가에 부자들의 옛 기와집이 섞여 있고, 동북으로는 수림(樹林) 중에 서양인의 집과 남녀 학교와 예배당이 솟아 있는 외에 몇 개의 집을 내놓고는 땅에 붙은 초가집이다. 다시 건너편 유달산 밑을 보자. 집은 돌 틈에 구멍만 빤히 뚫어진 돼지막같은 초막들이 산을 덮어 완전한 빈민굴이다. 그러나 차별이 심한 이 도회를 안고 있는 자연의 풍경은 극히 아름답다.(중략) 유달산 북쪽은 구멍만 뚫어진 돌 틈 초막이요, 남쪽의 유달산은 푸른 밭뿐이므로 산 밑은 산촌을 보는 감이 있다. 하루 네 번씩 나가고 들어오는 기차를 보내며 정거장을 중심으로 선인(鮮人)과 일인(日人)의 상점이 즐비한 중앙은 조선의 몇째 안 가는 도회로 부끄럽지 않으며, 크고 작은 섬들이 둘러 있는 푸른 바다에 점잖은 기선과 어여쁜 돛배, 방정스러운 발동선들이 들고 나는 항구의 특색은 남쪽 해안에 있다.[31]

31 『박화성문학전집』16, 「추석전야」, 32~33쪽

박화성은 남촌과 북촌의 모습을 일식 기와집과 돼지우리같은 초막집으로 대비시켜 말하고 있다. 북촌에서 볼만한 것은 겨우 예배당(양동교회)과 기독교계 학교, 서양인의 집, 그리고 대지주 김성규(金星圭)와 문재철(文在喆)의 집 정도밖에 없었던 것이다.[32]

박화성은 주택문제를 경관 차원에서 언급하였지만. 조선인들에게 주택문제는 사실은 경관의 문제가 아닌 고통스러운 실존의 문제였다. 주택문제와 관련하여 1927년 중외일보는 이렇게 보도하고 있었다.

> 목포항은 전남의 관문으로 상공업의 발전은 하루하루 번성되어 가는 반면에 도리어 조선인의 생활상태는 점차 참경(慘境)에 몰락되어 거주할 곳이 업서 심지어 유달산의 험악한 바위틈까지 「움집」 혹은 토굴을 파고 생활하야 잇는 목불인견의 현상임에도 오히려 근일에 와서는 한재(旱災)에 구축되어 나오는 농촌노동자의 집중하는 관계상 더욱이 주택의 곤란을 밧게 되어 심야조조(深夜早朝)로 도로에 방황하며 문전에 애소(哀訴)하는 모양은 사회적으로 고려할 문제거리라더라.[33]

이농과 목포로의 인구집중은 목포의 주택난을 야기하여 유달산의 바위틈에 움집을 짓거나 토굴을 파고 사는 이들까지 등장하였던 것이다.

32 박화성의 소설 속에서의 목포 묘사에 대해서는 변화영, 「박화성 소설을 통해본 목포의 식민지 근대성」, 『한국문학이론과 비평』30집, 2006 참조.

33 『중외일보』 1927년 8월 17일 「木浦港의 朝鮮人 住宅難」

북촌과 남촌의 차이는 주택문제만이 아니었다. 도로상태, 상하수도, 가로등, 오물수거 등에서 남촌과 북촌 사이에는 커다란 '차별'이 존재했다. 따라서 이는 북촌 조선인들의 상시적인 불만요소가 되었다. 1925년 3월 목포의 조선인 단체와 언론인들은 '시민대회 준비회'를 결성하고 8개조를 목포부청에 요구하기로 하고, 만일 목포부 당국자가 성의를 보이지 않을 때에는 3월 15일 시민대회를 개최하기로 하였다.[34] 이때 그들이 목포부청에 요구하기로 한 8개조란 도로개선, 음료수도, 하수구 준설, 일본인 화장장 이전, 도수장(屠獸場) 이전, 가로등 증설, 진개물(塵芥物) 취급, 공설시장 개설 등이었다.[35] 당시 조선일보는 이러한 문제들에 대해 다음과 같이 보도하였다.

> 전라남도 목포부내에는 부청(府廳)의 경영인 모든 시설이 조선인 사는 곳과 일본인 사는 곳을 갈라서 너무 편벽되이 한다 함은 이미 두 차례 보도하였거니와 그 중 가장 심한 몇 가지 예를 들어 보건대 조선인 사는 동리의 길은 좁고 불편하여 조금만 비가 오면 다닐 수가 없게 되며, 음료수도(飮料水道)로 말하더라도 조선인 마을에는 수통이 적어서 아침부터 저녁까지 오십여 명의 사람이 물을 길으려고 둘러서게 되며, 또 일본인이 화장터로 말하면 바로 조선인 마을 옆에 있고, 더욱이 보통학교 옆이라 날마다 송장 타는 냄새가 코를 찌르게 되며 어린아이들의 눈앞으로 날마

34 이에 대해서는 고석규, 『근대도시 목포의 역사·공간·문화』, 서울대출판부, 2004, 113~115쪽에 자세하다.

35 『동아일보』 1925년 3월 5일 「府政을 糾彈, 木浦市民의 憤起」

다 시체를 실어가게 되니 이런 것에 대하여서도 벌써 여러 번 교섭하였으나 그대로 두었으며, 다 같은 전등도 조선인 마을 길거리에는 설치 아니하였는데, 이외에도 다 말하려고 하면 실로 한이 없다.[36]

하지만 이와 같은 요구는 제대로 받아들여지지 않은 것으로 보이며, 시민대회도 유야무야 되고 만 것으로 보인다. 위의 8가지 문제 가운데 가장 심각한 것은 '식수란(食水亂)', 즉 상수도 문제였다.

매년 목포사회에 일어나는 식수란의 소동이라면 세상이 주지하는 사실일 것이다. 불문한우(不問旱雨)하고 야기되는 식수란이란 불상사는 실로 4만 인구를 포용한 전남의 왕도(王都) 목포로서는 용허할 수 없는 행정상 일대 결함이 아니면 안 될 것이다. 과연 수도문제는 직접 생명문제인 동시에 인구증가와 상공업의 발전을 따라 공급 수량(水量)도 그 보조를 일치해야 할 것이며 행정 당국은 오로지 천연의 수원(水源)을 개척하야 민간 수요 상 공급 조달의 임무를 다할 섄임에도 불구하고 재래의 수도세금을 철폐하야 입찰제를 실시하야서 물 한 지게에 대금 1전을 주지 않으면 수도물을 얻어먹을 수 없게 되었으며 낙찰자로서 중간 이익까지 보게 하였으니 수도는 이 이상 더 상업으로 화할 수 없는 것이다. 여기서 여유없는 무산계급은 위생상 부득(不得)하야 비위생(非衛生)임

36 『조선일보』 1925년 3월 1일 「木浦府의 差別施設. 조선인과 일본인 사는 곳을 갈라 차별시설, 유지와 기자단이 시민대회발기, 삼월 중순 안으로 대회개최계획」

을 의식하면서도 불결한 우물물이나 낙수산류(落水山流)를 그대로 음용하는 데서 전염병의 유행을 강제하는 것이며 예비저수의 부족으로 소방 기능을 발휘치 못하는 데에서 생기는 인명재산의 상실, 더구나 목포는 항구도시이기 때문에 선박에까지 식수를 공급치 않을 수 없는 등 목포사회의 발전상, 부민(府民)의 생활상, 직접간접으로 영고(榮枯)를 결정할 당면문제인 동시에, 목하의 정세는 제일의적(第一義的)으로 수도문제의 해결을 요구하고 있다. 실로 만시지탄이 없지 않으나 부 당국은 부세(府勢)를 확대하기 위하야 행정구역을 확장하게 된 이를 계기로 하야 67만 원의 성산(成算)으로 백년대계 하에 상수도를 확장하야 일이십년 내로는 절대 공급부족이 업도록 풍부한 수원을 완비한 안을 만들어 도(道)를 경유하였고 총독의 양해를 구하는 중이라 하거니와 이 수도문제는 긴급한 문제인 만큼 시급한 시행이 필요할 뿐 아니라 수도의 상업화를 폐지해야 할 것이다.[37]

당시 목포의 조선인들은 상수도가 제대로 보급되지 않아 물 한 지게에 1전씩을 내고 사먹어야 하는 형편에 놓여 있었던 것이다. 1936년 부회에서 이근창 의원은 "수도에 근본정책을 세워라. 죽교리에 수도를 설비하라. 공동우물이 2개소 있으나 이로면 시에는 60원의 보조가 있었으나 부(府)에서는 15원의 보조밖에 없지 않은가. 1,500호의 노동자들이 살고 있는 곳이다. 그 노동자들이 건강하여야 상공업 도시인 목포가 발전할 것이다. 그러니 불결한 물을 먹지 않

37 『동아일보』 1932년 7월 20일 「木浦水道問題 施設의 擴大 及 商業化 廢止가 急務」

도록 해야 할 것이다"라고 주문하고 있다. 그러나 목포부의 마쓰자와 참여는 그곳까지는 수도가 올라가지 않는다고 답할 뿐이었다.[38]

도로개설과 관리 문제도 심각하였다. 남촌의 잘 짜인 가로구획, 포장된 도로와는 달리 북촌은 무질서한 골목길에 포장도 제대로 되지 않았기 때문이다. 1936년 부회에서 김용진 의원은 공설시장에서 남교동으로 가는 길의 포장은 그만두더라도 유달산 절로 가는 길을 만들어달라고 요구하였다. 오태진 의원은 죽동 앞 목포극장 부근의 횡단도로를 신설해달라고 요구하였다. 또 권영례 의원은 남교동 도로포장과 함께 각 학교 학생들이 많이 다니는 동아고무공장에서 대성동으로 넘어가는 길을 수선해달라고 요구하였다. 오태진 의원도 각 공장의 직공과 노동자들이 밤낮으로 가장 많이 다니는 목포권번에서 부청 뒤로 이어지는 길을 수선해달라고 요구하였다. 이들의 요구는 주로 북촌의 도로 신설과 개수였던 것이다. 권영례 의원은 아예 내놓고 "북부 도로(조선부락 통로)에 대해 얼마나 생각하고 있는가?"라고 목포부윤에게 질문하였다. 이에 대해 목포부윤은 "북부, 남부의 구별은 하지 않는다. 정신적으로나 물질적으로나 개선의 길을 찾고 있다."라고 답하였다.[39] 그러나 현실은 그렇지 않았다. 남부와 북부의 차이는 엄연하였고, 목포부 당국자들은 북부 조선인 마을의 현안에 대해 무관심하였다.

가로등 문제도 계속 거론되고 있었다. 1935년 목포부회에서 김용진 의원은 이렇게 발언하고 있다.

38 『호남평론』제2권 제5호(1936.5), 49쪽

39 같은 책, 53쪽

가로등에 대하여 조선인 동내(洞內)와 내지인 동내를 구별해 보면 조선인 소유 토지는 팔십만여평 내지인 소유는 사십만평이고 인구별로 보면 조선인은 오만인, 내지인은 팔천인 밖에 안 되니 이러한 통계상으로 본다면 조선인 이천구백 명에 1등(燈), 내지인 오백팔십 명에 1등(燈)이란 차별적 시설이오니 더욱 조선 동내에 시설할 필요가 있지 아니한가.[40]

가로등이 조선인 거리에는 2,900명에 한 개의 등이 있었던 반면에, 일본인 거리에는 580명에 한 개의 등이 있었던 것이다. 이에 당시 목포부의 마쓰자와(松澤) 내무과장은 "내지인 조선인의 차별적 시설은 아니다. 교통상 적당한 지대에 시설하는 것이다. 장래에 있어 잘 고려해 보겠다."고 답하였다. 일본인과 조선인을 차별하여 가로등을 개설한 것은 아니라는 변명이다. 가로등 문제는 1936년 부회에서도 문제가 되었다. 이근창 의원은 늦은 밤과 이른 아침에 조선인 노동자들이 많이 다니는 죽교리에 가로등을 설치하라고 요구하였다. 그러나 마쓰자와는 목포역 부근에 설치할 것이라 답하였다. 오태준 의원도 대성동 국무농장 앞에서 형무소로 가는 길에 가로등을 신설하라고 요구하였으나, 마쓰자와는 그 길에는 전주(電柱)가 없기 때문에 신설이 곤란하다고 답하였다.[41]

또 하나 중대한 차별은 병원 문제였다. 당시 목포에는 목포공립병

40 『매일신보』 1935년 3월 27일 「木浦府立病院 施設 質問中 論戰, 機會를 見한 議長이 閉會 宣言, 街燈의 公平도 主張」

41 『호남평론』 제2권 제5호(1936.5), 47쪽

원과 부란취병원, 목포철도병원, 그리고 개인병원 9개(일본인 5, 조선인 4)가 있었다. 목포공립병원은 남촌의 일본인 거리에 소재해 있었고, 원장과 부원장등 의사는 대부분 일본인이었다. 또 간호부도 역시 대부분 일본인이었다. 1935년 목포부회에서 권영례 의원은 조선어를 아는 의사와 간호부를 채용하라고 요구하였다. 하지만 부립병원 원장은 "간호부로서 조선인을 고려하고 있으나 사용이 될지 의문"이라고 답하였다. 이에 권영례는 "의사나 간호부가 조선어를 몰라서 조선인 환자가 입원이나 치료를 받을 때에 퍽 곤란한 점을 느끼고 있다"고 비판하였다.[42] 1936년 부회에서도 권영례는 부립병원이 수지에서 결손을 내고 있는데, 이는 이용자가 적기 때문이며, 특히 조선인이 적기 때문이라면서, "목포부의 인구 비례로 보아 조선인 입원자나 보통환자가 더 많아야 할 것임에도 불구하고 도리어 반수도 되지 않는다. 그 원인은 조선인 환자는 언어불통으로 자기의 병을 이야기 할 수 없기 때문이다."라고 비판하였다. 이에 대해 마쓰자와는 "병원에서의 수입 관계는 대개의 계획이 서 있다."는 식의 답변만 하였을 뿐이다. 즉 조선인 환자 문제에 대한 관심은 없고 수익 문제에만 관심이 있었던 것이다. 여기서 주목해야 할 것은 일본인들이 조선인들의 거주지 문제, 의료 문제 등에 대해 매우 무관심하다는 점이다. 그리고 그러한 무관심은 상당 부분 의도적인 것이었다고 여겨진다. 목포에 와 있던 일본인들은 자신들이 거주하는 지역의 근대성을 과시함으로써 조선인들로 하여금 그러한 근대성을 가지고 들어온 일본인

42 『매일신보』 1935년 3월 27일 「木浦府立病院 施設 質問中 論戰, 機會를 見한 議長이 閉會 宣言, 街燈의 公平도 主張」

들에 대한 저항의식을 꺾어 놓고자 했던 것으로 보인다. 이러한 점에서 목포 시가지의 남북촌의 차이는 자연스럽게 만들어진 것이라기보다는 의도적으로 만들어진 차별이라고 해석할 수 있을 것이다.

이상에서 식민지시기 목포의 도시 경관을 살펴보았다. 목포의 도시 경관은 일본인 거주의 남촌과 조선인 거주의 북촌이 여러 측면에서 뚜렷하게 구분되어 있는 '이중도시'(dual city)의 모습을 보여주고 있었다고 말할 수 있다. 이와 같은 이중도시의 모습은 당시 목포만이 아니라 부산, 인천, 마산, 군산 등 과거 개항장이 있었던 곳에서는 대동소이했다. 또 경성이나 대구, 평양과 같은 전통도시에서도 개항장만큼 뚜렷하지는 않았지만, 이중도시의 모습은 여실하게 나타나고 있었다.

일본인들이 이와 같은 이중도시를 건설한 이유는 무엇일까. 서구의 많은 학자들은 식민지 도시의 가장 두드러진 공간적 특성으로서 전통도시와 근대도시가 공존하는 현상, 즉 '이중도시'적 성격을 지니고 있다는 점에 주목해왔다. 식민지 도시는 토착집단에 대한 외래집단의 지배의 공간이었고, 양자의 문화적 이질성은 사회적, 공간적 '격리'(segregation)로 나타났다. 정도의 차이는 있었지만, 대체로 토착민들의 자생적 주거지는 전통적, 전근대적 성격을 띠었고, 식민권력에 의해 개발된 새로운 주거지는 근대적, 서구적 성격을 띠는 것이 일반적이었다고 한다.[43] 식민지 권력은 외래 식민집단의 주거지를 토착민들의 열악한 주거공간과 분리시켜, 근대적이고 서구적인 주거지로 만들어 식민권력의 압도적인 힘을 과시하고, '문명'에 의한 지배

43 김백영, 앞의 책, 122~142쪽.

의 정당성을 선전하고자 했다. 식민지 조선에서 이중도시는 일제 식민권력의 의도적인 정치적 기획의 산물로서 만들어진 것이었다. 개항장 목포의 남촌과 북촌이라는 이중도시도 앞서 본 것처럼 의도적으로 만들어진 것이었다. 이러한 점에서 목포는 식민지 조선에서 식민도시의 전형적인 형태를 띠고 있었다고 말할 수 있다.

6. 소결

한적한 어촌이었던 목포는 1897년 개항한 이후 일본과의 무역을 통해 도시로서 성장하였다. 개항과 함께 일본인 무역상들이 목포로 몰려들기 시작하였고, 조선인 상인과 노동자들도 모여들기 시작하였다. 그리하여 1910년에는 이미 일본인 약 3,500명, 조선인 약 5,000명이 목포에 들어와 살고 있었다. 1910년 이전 목포에서 일본으로 수출한 주요 수출품은 쌀이었다. 이 시기 쌀이 수출품 가운데 차지하는 비중은 대체로 60% 내외였다.

1910년을 전후하여 면화의 비중이 점차 늘어나기 시작하여 1924년에는 쌀이 50%, 면화가 42%를 차지할 정도로 면화의 수출 비중은 크게 늘었다. 목포항은 언제나 수출 초과 현상을 보였으며, 1929년에는 1910년에 비해 무려 16배의 무역액을 보일 정도로 목포항의 대외 무역은 급신장하였다. 그리고 이는 목포 인구의 급격한 증가를 가져왔다. 1930년 목포 거주 일본인은 7,800여 명에 달했고, 조선인은 2만 5,000명을 넘었다. 1936년에는 일본인이 8,800여 명, 조선인이 5만여 명에 달하여 목포의 총 인구는 6만여 명에 달했다. 이리하여 당시 목포는 인구로만 볼 때 전국 6대 도시에 들어갈 정도로 성장하였다.

그러면 목포의 일본인과 조선인의 직업별 인구 구성은 어떠하였을까. 일본인과 조선인 모두 가장 큰 비중을 차지한 직업은 '상업 및 교통업'이었다. 그러나 일본인의 두 번째 직업은 '공무 및 자유업'이었던 반면, 조선인의 두 번째 직업은 '기타 유업'이었다. 상업 및 교통업과 기타 유업자 가운데에는 노동자들이 상당수 포함되어 있었을 것으로 보인다. 1930년 총독부의 국세조사에 의하면, 목포에는 조선인 노동자가 6,348명, 일본인 노동자가 1,742명이 있었다고 한다. 이는 목포 전체 인구의 약 24%를 차지하는 수치로서 그 비중이 상당이 높다.

목포항의 경제는 일본으로의 쌀과 면화의 수출에 기반을 두고 있었기 때문에 대일 무역에 종사하는 이들이 목포의 경제권을 장악하고 있었다. 당시 목포의 일본인 무역상들은 목포수이출상조합을 조직하여 이해관계를 조정하고 있었다. 목포의 가장 큰 무역상은 우치타니 만페이로서, 그는 목포곡물조합장, 목포수이출상조합장 등을 맡고 있었으며, 목포상업회의소 특별평의원이기도 하였다. 그는 또 380정보의 토지를 소유한 대지주로서, 사실상 목포의 가장 큰 부호였다.

또 목포에는 인근 지역에 대규모 토지를 가진 일본 농업회사가 있었고. 일본인 지주, 조선인 지주들이 거주하고 있었다. 목포 주재 일본 농업회사 가운데 가장 규모가 큰 것은 동양척식주식회사 목포지점이었다. 목포에 사무소를 두고 전남지방에서 50정보 이상의 토지를 소유하고 있던 일본인은 14명, 이들이 소유한 토지는 모두 2,101정보였다. 50정보 이상을 소유한 조선인 지주는 9명으로, 1,721정보를 소유하였다. 목포 주재 일본인과 조선인 지주·회사들이 전남지방에서 소유하고 있던 토지는 약 3만 정보에 달하였으며, 이는 전남 전체의 논과 밭 약 41만 정보의 7.5% 정도를 차지하는 것이었다. 목포의 가장 큰 부호는 아마도 이들 대지주였을 것이다.

목포는 또한 호남 제일의 공업도시였다. 목포의 공업은 조면업으로부터 시작되었으며, 일본 본토의 자본이 투자된 조선면화주식회사와 남북면업주식회사가 이를 대표하고 있었다. 조면공장에 이어 면직공장과 면실유공장도 들어섰다. 역시 조선면화주식회사의 면직 공장과 닛카제유주식회사 목포공장이 이를 대표하였다. 조선인으로서 권영례 등이 조면업에 뛰어들었고, 천철호 등이 면직업에 뛰어들었으나 규모는 매우 작았다. 목포에서는 쌀 수출과 관련하여 도정업, 정미업이 크게 성행하여 1927년 현재 약 40개의 공장이 목포에 있었다. 대표적인 정미공장은 우치타니 만페이, 이노우에 류키치 등 일본인이 경영하는 정미소였으며, 조선인도 상당수 정미소 경영에 뛰어들었다. 목포에서는 또 고무신 등을 생산하는 고무공업이 발전하였다. 이에는 일본인들 외에도 김상섭 등 조선인들도 참여하여 동아고무공업주식회사를 운영하였다.

목포의 일본인 자본가들은 주로 정미업, 전기공업, 조선공업, 양조업 등에 투자하는 경향을 보였는데, 그 중심을 이룬 정미업에는 목포의 곡물무역업자들이 투자하고 있었다. 한편 조선인 자본가들은 정미업과 고무공업, 양조업 등에 주로 투자하였다. 조선인들 가운데 가장 대표적인 자본가는 김상섭으로, 그는 동아고무공업주식회사와 목포양조주식회사 사장을 맡고 있었다.

목포의 대표적인 지역 유력자로 들 수 있는 인물들은 목포부협의회(부회)와 목포상업회의소 평의원들이었다. 1920년부터 1939년 사이의 선거에서 선출된 목포부협의회와 목포부회 의원의 수는 일본인이 87명, 조선인이 48명으로 각각 64.4%와 35.6%를 차지하였다. 일본인들이 압도적으로 우세했음을 알 수 있다.

일본인 유력자들은 대체로 목포상업회의소를 활동 기반으로 삼아, 목포부협의회와 목포부회, 도평의회와 도회 등으로 진출한 이들이다. 후쿠다 유조, 기무라 다케오, 마쓰이 무라지로, 무라카미 나오스케, 우치타니 만페이, 아소 사쿠오, 후지다 린페이, 나라 지로 등이 그러한 인물들이었다. 이들 일본인 유력자들의 경우, 목포에서 미곡 수출이나 잡화 수입 등 무역상으로 시작한 이들이 많았으며, 또 목포 부근에 상당한 토지를 소유하고 농장을 경영한 이들도 많았다. 그리고 이들은 이렇게 축적한 부를 정미업, 금융업, 양조업, 조면업 등에 투자하였다.

일본인 유력자층에 비견될 만한 조선인 유력자층은 김상섭, 차남진 등으로 극히 소수에 지나지 않았다. 이들은 역시 상당한 토지를 소유한 지주였으며, 동시에 은행, 고무공업, 양조업, 정미업 등에 투자한 자본가였다. 이들은 1920년대 초 지역유지들 중심으로 구성된 목포청년회의 간부를 지냈고, 1920년부터 목포부협의회와 목포부회, 도평의회와 도회를 거쳐 중추원 참의까지 진출하였다.

이처럼 목포사회는 경제, 사회적으로 일본인들에 의해 사실상 지배되고 있었다고 볼 수 있다. 이러한 일본인 지배의 목포 사회는 목포의 도시 공간 배치에서도 그대로 나타났다. 목포의 일본인 거주지와 조선인 거주지는 유달산을 경계로 남촌과 북촌으로 구분되어 있었다. 북촌과 남촌은 도로, 주택. 상하수도, 가로등, 오물수거, 병원 등의 제반 도시여건에서 커다란 차이가 있었다. 목포 부회의 조선인 의원들은 이를 시정해줄 것을 목포부 당국에 요구하였으나 번번이 묵살되었다. 목포부의 일본인들은 조선인 거주지역의 열악한 상태에 대해 무관심하였으며, 이는 상당 부분 의도적인 것이었다. 식민지 조선에 와 있던 일본인들은 일본인들이 다수 거주하는 목포와 같은 도시에서 일본인 거주지와 조선인 거주지의 제반 여건에 큰 차이를 둠으로써 일본인들이 가지고 온 근대성을 과시하고자 하였던 것이다. 제국주의 국가들은 이와 같은 이유로 그들의 식민지에 '이중도시'(dual city)들을 건설하였는데, 목포는 그러한 이중도시의 전형적인 모습을 띠고 있었다.

제2장

식민지기 목포의 민족운동과 사회운동

1. 서론

목포는 1897년 개항장으로서 출발한 도시로, 개항 후 5년이 지난 1902년에 이미 일본인의 수가 1천 명이 넘을 정도로 일본인이 물밀 듯 밀려왔다. 그러나 개항장 목포에는 일찍부터 조선인 부두노동자와 상인(객주)들이 들어왔고, 이어서 지주층도 서서히 목포에 자리잡기 시작하였다. 또 1920년대 이후에는 목포에 여러 공장이 들어서면서 이와 관련한 노동자들의 수가 점차 늘어갔고, 또 조선인 자본가층도 형성되기 시작하였다. 또 개항 직후부터 기독교 남장로파의 선교가 시작되어 교회가 들어서고, 선교사들에 의해 학교도 설립되었다.

1919년 3·1운동이 발발하였을 때, 목포에서도 기독교 청년과 미션계 학교 학생들을 중심으로 만세시위가 일어났다. 1920년대에 들어서는 다른 지역과 마찬가지로 청년운동, 노동운동이 시작되었고,

사회주의의 물결이 들어와 사상단체도 만들어졌으며, 1927년에는 신간회도 결성되었다. 목포에는 특히 공장노동자들이 많았기 때문에 이들을 중심으로 한 노동운동도 활발하게 전개되었다.

이 글에서는 이러한 운동들을 '민족운동'과 '사회운동'으로 나누어 정리해보고자 한다. '민족운동'이란 민족의 해방과 독립을 지향하는 운동이라 할 수 있으며, '사회운동'이란 노동자, 농민, 여성, 백정 등의 해방운동이라고 말할 수 있을 것이다. 물론 일제하에서의 사회운동 가운데 특히 사회주의의 영향 하에 있던 노동운동은 민족해방운동의 일환으로 전개되었기 때문에, 민족운동과 사회운동을 완전히 나누어서 말하기는 어렵다. 청년운동의 경우에도 민족운동과 사회운동의 성격을 함께 갖고 있는 경우가 많다. 이 글에서는 정리의 편의상 3·1운동·신간회운동·학생운동을 '민족운동'으로 분류하고, 청년운동·노동운동·여성운동을 '사회운동'으로 분류하여 정리했음을 밝혀둔다.

목포의 3·1운동에 대해서는 자료의 한계 상 본격적인 연구가 나오지 못했는데, 최근에 최성환과 이재근의 연구가 나왔다.[1] 청년운동에 대해서는 역시 최성환의 연구가 최근에 나왔으며,[2] 노동운동에 대해서는 1990년대에 이미 김경일의 자세한 연구가 나왔다.[3] 또

1 최성환, 「1919년 목포 4.8독립만세운동의 전개과정과 주요인물」 『한국학연구』 69, 고려대학교 한국학연구소, 2019.
이재근, 「목포지역 3·1운동과 개신교: 목포양동교회·정명여학교·영흥학교의 만세 시위 참여를 중심으로」 『한국기독교와 역사』 50, 한국기독교역사학회, 2019.

2 최성환, 「1920년대 목포청년운동과 지역엘리트의 성격에 대한 연구」 『순천향 인문과학논총』 35-1, 순천향대학교 인문과학연구소, 2016.

3 김경일, 「일제하 목포지방의 노동운동」 『전남사회운동사연구』, 한국현대사료연구

신간회에 대해서는 역시 1990년대에 나온 이균영의 신간회 연구에서 부분적으로 언급된 바 있다.[4] 이제 이 글에서는 이러한 기존 연구들을 참고하면서, 목포에서의 민족운동과 사회운동을 정리해보고자 한다.

2. 목포의 민족운동

3·1운동

1919년 3월 1일 독립만세운동이 일어나 전국 각지로 요원의 불길처럼 퍼져갔을 때, 목포에서도 3월 20일과 4월 8, 9일 만세시위가 일어났다. 1919년 3월 25일자 『매일신보』는 "(목포에서) 20일에 다수한 군중이 시위운동을 시작하였는데, 목포경찰서장과 군수가 간절히 설유하여 해산하였더라"라고 목포의 시위를 처음 보도하였다.[5] 이어서 4월 11일자 『매일신보』는 "8일 오후 1시 15분경에 목포 창평정 근처에서 별안간 4명의 야소교학교 여생도가 몰려나오며 손에 한국기를 들고 만세를 부르는 것을 경관이 잡아 본서로 인치하였는데, 그 날 밤 목포시중의 무장은 의연하다더라"라고 보도하였다.[6] 다음날인

소, 1992.

4 이균영, 『신간회연구』, 역사비평사, 1993.

5 『매일신보』 1919년 3월 25일 「騷擾事件의 後報, 기후의 각디방의 소요소문, 木浦, 간졀히 셜유ᄒᆞ야」

6 『매일신보』 1919년 4월 11일 「木浦(목포) 녀싱도의 소요」

12일에도 이 신문은 "목포는 8일 밤에 야소교 경영의 정신(정명의 오기인듯)여학교 졸업생 약 40명이 운동을 개시하였으나 관헌이 출장하여 제지하고 주모자를 잡았다더라"고 보도하였다.[7] 14일에도 이 신문은 "목포는 지난 8일 이래로 불온한 형세가 되어 각 상점은 오전 중에 철시하고 그 이튿날 9일에도 오전 중 폐점하였는데, 양일간에 관헌의 활동으로 선동자 20여 명을 포박하고 일변 군대가 오는 등 더욱 엄중한 때문에 형세는 점차로 평온해지는 모양이더라"라고 보도하였다.[8] 4월 20일 『매일신보』는 "금월 8일 이래로 소요사건에 관계된 범인 남궁혁·김영주·권영례·오도근·곽우영·서화일·배치문·차남석·박종인·강치성·김영순·김복점·이은득 외 32명은 15일까지 경찰서 취조를 마치고 17일에 검사국으로 넘어왔는데, 당일은 조선인 군중이 약 1천여 명이나 재판소에 모여서 인산인해를 이루었으며, 검사국 취조를 마치고 감옥으로 넘어갈 때에는 울음소리가 자자하며 일시 목불인견의 비극을 이루었더라"라고 보도하였다.[9]

위의 신문 기사들을 정리해보면 3월 20일 한차례 시위가 있었으나 큰 충돌은 없었던 것으로 보인다. 그러나 4월 8일과 9일에는 청년과 학생들이 참여한 상당한 규모의 시위가 있었고, 이 시위로 인해 45명이 경찰에 검거되어 조사를 받고 검사국으로 넘겨진 것을 알 수 있다. 이들 가운데 배치문·곽우영은 1920년 4월 28일 정치범 특사 조치로 인하여 석방되었다고 한다. 이날 석방된 이들 가운데에는 무

7 『매일신보』 1919년 4월 12일 「목포 관헌이 출당제지」

8 『매일신보』 1919년 4월 14일 「木浦 漸次 平穩 상뎜도 열어노코」

9 『매일신보』 1919년 4월 20일 「木浦騷擾 犯人 삼십이명 검사국에」

안과 완도지역에서 만세운동을 벌인 이들도 함께 포함되어 있었다.[10]

목포의 3·1운동에 관해서는 당시 광주지방법원 목포지청에서 열린 공판의 기록이 전혀 남아 있지 않아 그 전모를 완벽하게 알 수는 없다. 그러나 일부 관련자들의 대구복심법원 공판기록과 『신동아』 1965년 3월호에 실린 박상렬의 회고록이 남아 있어 이를 통해 상당 부분을 복원할 수 있다. 이를 시간 순으로 복원해보면 다음과 같다.

목포의 3·1운동이 태동한 것은 1919년 2월 중순 동경에 유학중이던 남궁혁(南宮赫)이 귀국하면서부터였다. 그는 귀향하자마자 목포상업전수학교를 졸업하고 당시 목포 창평정에서 미곡상을 하고 있던 박상렬을 찾아갔다. 그는 동경에서 있었던 2·8독립선언의 소식과 윌슨대통령의 민족자결주의 등을 소상하게 설명하면서, 목포에서도 만세시위를 일으킬 필요가 있다고 역설했다. 그런 가운데 전국 각지에서 만세시위운동이 일어났다. 3월 초순 남궁혁과 서울 유학생이던 오도근(吳道根)·김영주(金榮周)와 목포의 박상렬·박상술·박상오 3형제, 그리고 권영례(權寧禮)·오재복(吳在福)·이금득(李今得) 등 9명은 박상렬의 집에 모여 만세시위운동을 준비하였다. 이들 가운데 권영례, 김영주는 목포공립보통학교 5회, 남궁혁과 박상렬은 6회, 박상술은 8회, 오도근은 10회 등으로, 목포보통학교 선후배들이 중요한 역할을 했음을 알 수 있다. 박상렬은 간이상업학교 출신으로, 박상술의 형이었다.[11]

10 『매일신보』 1920년 5월 4일 「은사로 출옥된 목포만세범인, 목포청년단 출영, 경찰서 문전은 인산인해」

11 최성환, 앞의 글(2019), 297쪽.

이같이 청년·학생들의 시위운동 준비가 한편에서 진행되는 가운데, 다른 한편에서는 기독교인들도 만세시위운동을 계획하고 있었다. 그들은 양동교회의 주요 신자들이었던 곽우영(郭宇英)·서상봉(徐相鳳, 일명 서기현 徐岐見)·서화일(徐化日)·박여성(朴汝成)·박복영(朴福永)·양병진(梁炳震)·강석봉(姜錫奉) 등이었다. 곽우영은 목포 양동교회 장로였으며, 서상봉과 서화일은 집사였고, 강석봉(일명 강호연)은 정명여학교 한문교사였다. 이들 기독교인들과 청년 학생들은 서로 공동보조를 취하기로 하고 준비를 서둘렀다. 그들의 준비는 거의 한 달이 걸렸다고 한다. 그들의 애초 계획은 3월 중순께 거사하는 것이었으나, 일경의 경계가 극도로 심하여 계획은 늦춰질 수밖에 없었다고 한다. 그렇다면 3월 20일의 시위는 누가 일으킨 것일까. 이날의 시위는 아마도 이들의 조직 중 일부가 일으킨 소규모 시위였거나, 아니면 다른 집단이 일으킨 것이었을 가능성이 있다.

이들의 준비 작업 가운데 가장 중요한 것은 태극기와 삐라의 제작이었다. 이를 위해서는 등사판이 필요했다. 당시 목포에는 신흥철공주식회사만이 등사판을 가지고 있었는데, 이 회사의 감사 박성칠(朴性七)은 바로 박상렬의 부친이었다. 공판기록에 나타난 박상오의 진술에 의하면 그는 1919년 4월 상순 남궁혁의 명령을 받아 독립선언서, 조선독립광주신문, 경고문 등의 인쇄를 위하여 등사판을 목포철공회사에서 빌려와서 이를 남궁혁에게 전달하였다고 한다. 그들은 이 등사판으로 태극기와 경고문, 독립신문 등을 만든 것으로 보인다. 독립선언서와 조선독립광주신문 등은 기독교인들을 통해서 광주로부터 전달된 것이었다. 대형 태극기는 베로 만들고, 중형 태극기 100장과 소형 태극기 1,000장은 등사판으로 밀어서 종이로 만들었다. 또 경고문 가운데에는 3천만 동포의 봉기에 우리 목포인들도 적극 호응하자는 것과, 상점은 일제히 문을 닫지 않으면 방화하겠다는 내용을 담고 있었다. 인쇄물들은 박상렬의 미곡상점 안에 쌀가마로 위장하여 보관되었다. 거사 준비자금 약 2천 원도 그가 조달하였다.

거사일을 4월 8일로 잡은 그들은 거사일 사나흘 전부터 태극기와 선언서 등을 일반에게 배포하기 시작했다. 낮에는 매약행상(賣藥行商)의 면허증을 가진 서상봉과 서화일이 약 가방에 넣고 다니면서 각 가정에 돌렸으며, 전날인 7일 밤에는 전원이 나서서 선언서와 경고문을 상점과 가정에 뿌렸다. 청년 학생측은 7일 밤 박상렬의 집에서, 기독교인측은 서상봉 집사의 집에서 밤을 지새우며 거사일이 밝기를 기다렸다.

날이 밝자 일경은 이미 각 가정에 투입된 선언서와 경고문으로 사태를 파악하고 거리 곳곳에서 총을 메고 삼엄한 경계를 폈다. 각 상점은 철시한 곳이 많았다. 인원동원의 역할 분담 계획에 따라 기독교인들은 영흥학교와 정명여학교에, 오재복 · 이금득 · 박상오는 보통학교에, 박상렬은 간이상업학교에 각각 뛰어들었다. 박상렬은 상업학교 학생 1, 2학년 150명을 이끌고 거리로 뛰어나왔다고 한다. 그들은 어느 한곳에 집결하지 않고 여러 곳에서 동시다발적으로 만세를 부르기로 계획을 세우고 있었다. 약속시간인 오전 10시가 되자 시내 여기저기서 독립만세 소리가 터져 나오고, 태극기가 나부끼고 격문이 뿌려졌다. 기독교인들은 이날 새벽 정명여학교 학생들을 동원하여 태극기와 선언서를 각 가정에 투입케 한 다음, '대한독립만세'라고 쓴 커다란 플래카드를 들고 같은 시각 시가지로 쏟아져 나와 시위를 시작했다.

이로써 목포 시가는 삽시간에 사람의 물결로 뒤덮였다. 일본 경찰과 헌병들은 마구 칼을 휘둘러 군중을 해산시키려 했다. 기독교인들의 앞장을 선 서기견이 커다란 태극기를 들고 군중을 지휘하는 것을 보고 일본 경찰들은 그를 체포하려 달려들었다. 어린 학생들과 소녀들이 그를 에워싸자 일경은 기를 든 서상봉의 팔을 칼로 쳐서 큰 상처를 입혔다. 박상렬이 이끄는 상업학교 학생들은 일경의 저지로 남교동 공설시장 앞에서 더 이상 나아가지 못한 채 박상렬 등은 체포되었다.

이날 시위에서 체포되어 목포경찰서에 인치된 이는 모두 80여 명이었다. 이후 그들은 심한 구타와 고문을 겪어야만 했다. 박상렬은 "나는 손발을 묶인 채로 거꾸로 매달려 두들겨 맞아서 거의 병신이 되었으며, 내 아우 상술(相述)은 그때의 모진 고문 때문에 정신이상이 생겨 출감 후 곧 자살하고 말았다. 또한 서상봉은 일경의 칼에 맞은 상처와 그때의 혹독한 고문으로 보석 출감되자 이내 사망하고 말았으며, 그의 부인도 옥살이를 했다"고 증언하였다.

검거된 이들 가운데 약 40명이 보안법과 출판법 위반으로 1년 이상 최고 3년의 징역을 언도받았다. 재판에 회부된 이들은 서상봉·남궁혁·배치문·곽우영·서화일·박복영·김영주·오도근·이금득·권영례·박여성·강석봉·양병진·오재복·박상렬·박상술·박상오 등이었다. 그런데 당시 일본인 검사 호리에(堀江)와 동창생이며 남궁혁의 친형이었던 남궁영(南宮營) 함평군수(뒤에 총독부 사무관)와, 호리에의 통역관이자 서기로서 박상렬과 동창생이었던 송화식 등의 주선으로 남궁혁과 권영례, 박상렬, 박상오 등은 광주지법 목포지청에서 6월 14일 무죄를 언도받았다. 그러나 검사는 이들 가운데 권영례·박상렬·박상오 3명을 대구복심법원에 공소하여 이들은 7월 19일 권영례와 박상렬은 징역 6월에 집행유예 2년, 박상오는 무죄를 언도받았다.[12] 다른 이들의 경우 공판 기록이 남아 있지 않아 자세히 알 수는 없지만 대체로 1심에서 무죄를 언도받고 석방되지 않았나 여겨진다. 다만 배치문과 곽우영은 1920년 4월 28일 정치범의 특사 때 목포감옥에서 출옥한 것으로 보아, 1심에서 1년 정도의 실형을 선고받지 않았을까 여겨진다.[13]

1919년 3·1운동의 여파는 그 이후에도 계속되었다. 1921년 11월 미국 워싱턴 DC에서 이른바 태평양회의라는 태평양지역의 군축문제를 다루는 국제회의가 열리게 되자, 국내외에서는 이 회의에 조선문제를 상정시켜 보려는 노력이 일어나게 되었다. 이로 인해 국외에서는 상해 임시정부가 대표단을 파견하였고, 국내에서는 이를 뒷받침하기 위한 만세 시위가 각지에서 일어났다. 특히 목포에서는 3·1운동 때와는 달리 정명여학교와 영흥학교 학생들이 스스로 주체가 되어 이 운동을 전개하였다.

1921년 11월 13일 오후 정명여학교 기숙사에서는 천귀례·곽선주·김정현사·김나열·박음전·문복금·김연순·박복술·주유금·김옥실·김귀남·김자현, 김정애사 등이 모여 독립운동을 개시하기로 결의하였다. 이들 가운데 중심인물이었던 천귀례(千貴禮)는 평소 동아일보를 구독하면서, 미국 워싱턴 DC에서 태평양연안 여러 나라의 영원한 평화를 위해 각국의 전권위원이 회동한다는 기사를 읽었으

12 국가기록원 소장 「권영례·박상술·박상오 대구복심법원 공판기록」.

13 『매일신보』 1920년 5월 4일 「恩赦로 출옥된 목포 만세범인, 목포청년단 출영」

며, 이 회의에 조선인들도 대표자를 파견한다는 이야기를 들었기 때문에, 이 대표가 회의에 참석하여 조선의 독립을 주장할 수 있도록 성원할 필요가 있다고 생각하였다는 것이다.

이들은 다음날 14일 정오에 각자 태극기를 들고 교문을 나서서 목포 시가를 행진하며 만세를 부르기로 계획을 세우고, 이를 위해 그날 밤 기숙사에서 종이와 대나무로 태극기 수십 장을 제작하였다. 14일 오전수업이 끝나고 정오 오포가 있자, 이들 12명은 각기 태극기를 들고 학교 정문을 나섰다. 이 때 김정애사와 김나열은 그들의 어머니가 정문에서 말리는 바람에 운동에 참여하지 못하고, 나머지 11명은 각기 휴대한 태극기를 흔들면서 조선독립만세를 높이 외치며 학교 정문에서부터 목포 남교동방면으로 행진하였다. 이 때 이남순·이다애 등 다른 정명학교 학생 여러 명도 학교 교정에 떨어진 태극기를 들고 이들을 따라 나섰다. 이들 행렬은 남교동에서 죽동을 거쳐, 창평정, 대정정으로 나왔다. 또 정명여학교의 김홍금 등 십여 명의 학생들은 학교 안에서 역시 태극기를 주워들고 뒷문을 나와 일단을 이루어 태극기를 흔들고 조선독립만세를 부르면서 대성동방면으로 행진하였다. 경찰은 곧 출동하여 이들 정명여학교 학생들을 모두 체포하였다.

정명여학교 학생들의 시위소식이 전해지자 다음날 영흥학교 졸업생 양일석(梁一錫, 구두제조업), 학생 김옥남(金玉南)·박종근(朴鍾根)·김용문(金龍文)·최철근 등의 주도하에 영흥학교 학생들도 만세 시위를 전개했다. 이들은 태극기 수십 개를 미리 만들어 15일 아침 10시 영흥학교에 들어가 운동장에 이를 뿌리고 독립만세를 소리 높이 외치자 학생들 수십 명이 몰려 나와 태극기를 집어 들고 주동자들을 따라 나와 남교동과 죽동 일대를 행진하면서 만세 시위를 감행했다. 또 이들 가운데 일부는 유달산으로 올라가 대형 태극기를 게양하였다. 학생들의 시위에 자극받은 목포의 조선인들은 이른바 '조선정(朝鮮町)'이라 속칭하는 무안통(務安通) 이북의 도로를 가득 메우고 만세를 따라 불렀다.

정명과 영흥학교 학생들의 만세시위로 인해 정명여학교의 천귀례 등 11명과, 영흥학교 양일석 등 5명은 구속 기소되었다. 광주지방법원 목포지청에서 곽희주·박음전·문복금·김연군·박복술 등은 징역 10개월, 천귀례·박음전·송유금·김옥실·김나열·김귀남·이남순 등은 징역 6개월을 선고받았다. 또 양일석은 징역 10월, 김옥남·박종근은 징역 6월, 김용문은 징역 5월을 선고받았다. 이들은 모두 대구복심법원에 공소하였으나, 모두 기각되어 대구형무소에서 복역하였다.[14] 이들 가운데 여학생 전원과 남학생 2명은 1922년 7월 23일 만기, 혹은 가출옥으로 석방되었으며, 나머지 남학생 2명은 형기를 마치고 출옥하였다.[15]

신간회운동(新幹會運動)

1920년대 중반 민족주의운동과 사회주의운동이 분화되어 전개되던 중 1926년경부터 민족협동전선의 필요성이 제기되어 마침내

14 『동아일보』 1922년 1월 23일 「목포만세사건 공소한 남녀학생 16명은 래월 상순경 대구에서 개정」; 국가기록원소장 「천귀례 등 대구복심법원 공판기록」

15 『동아일보』 1922년 7월 26일 「목포여학생 출감」

1927년 2월 신간회가 결성되기에 이르렀다. 목포에서 신간회 지회 창립 준비가 시작된 것은 5월 7일 신간회 본부의 상무간사 송내호(宋乃浩: 완도 소안도 출신)가 목포에 내려와 장병준 등과 함께 최경하의 삼산의원에서 창립주비회를 갖고, 동 의원에 임시사무소를 설치하면서부터였다.[16] 약 한 달 가량의 준비를 거쳐 지회가 창립된 것은 6월 18일이었다. 당시 동아일보는 다음과 같이 신간회 목포지회 창립을 보도하였다.

> 신간회 목포지회를 조직코저 준비위원측에서는 그간 만반 준비에 분망 중이라 함은 이미 보도한 바어니와 지회(支會) 창립됨을 일반 인사에게 선전키 위하야 지난 18일 오후 2시부터 악대(樂隊)를 선두로 기(旗) 행렬을 마친 후 4시부터 청년회관 내에서 창립대회를 개최하였는바, 백여 명 회원과 방청인들의 만장 성황리에 김면수(金冕洙)씨 사회하에 회원 점명(點名)과 김상규(金商奎)씨의 개회사가 잇슨 후 임시의장 김명진(金明鎭)씨가 등단한 후 최경하(崔景河)씨의 경과보고와 김상규(金商奎)씨의 축전 낭독이 잇슨 후 회장 김면수, 부회장 최경하, 간사 김철진 씨 외 20인을 선정하고 만세삼창으로 폐회하엿다더라.[17]

당시 조선일보도 이날 오후 2시부터 목포 소년단악대를 선두로 "우리의 민족단일기관을 조직하자. 우리의 총력을 집중하자"라는

16 『동아일보』 1927년 5월 13일 「신간회 목포지회」

17 『동아일보』 1927년 6월 23일 「신간 목포지회 창립대회 성황」

신간회 목포지회 창립 기념 사진(목포청년회관 앞, 사진은 천기정의 후손인 천용식씨 소장).

표어를 쓴 각색 기를 들고 목포 시가지를 행렬 선전하였으며, 4시부터 열린 창립대회에서는 경과보고에 이어 완도군 소안면 살자회 위원 신준희(申晙熙)가 소안도 출신으로서 신간회 본부 상무간사인 송내호의 축사를 대신 낭독하고, 또 각 단체의 축전 등을 낭독하였다고 보도하였다. 그리고 이날 선임된 임원은 다음과 같았다고 보도하였다.

> 회장 김면수, 부회장 최경하, 서무부 총무간사 김상규, 상무 천균(千均), 재무부 총무간사 김명진, 상무 김영주(金榮周), 정치문화부 총무간사 이의형, 상무 서병인, 조사부 총무간사 장병준(張柄俊), 상무 조극환, 선전부 총무간사 김철진(金哲鎭), 상무 김태준(金太俊), 간사 이성문(李成文) 선우찬(鮮于鑽) 최양선(崔良善) 허성천(許

聖天) 박재봉(朴在鳳) 김말봉(金末鳳) 한석순(韓石淳) 정리모(鄭利謨) 김영윤(金榮潤) 고연우(高璉宇) 지형오(池衡旿)[18]

신간회는 창립 직후인 7월 19일 신간회의 취지를 선전하기 위하여 목포극장에서 강연회를 개최하였다. 1천여 명이 참석한 이날 강연회에서는 김태준·김상규·서병인·최경하·조극환·유혁·김철진 등이 연사로 나서서 '우리의 단결' '우리와 신간회' 등의 제목으로 강연을 했다.[19] 12월 4일에는 목포극장에서 100명의 회원과 300여 명의 방청객이 참석한 가운데 제1회 정기대회가 열렸다. 이날 정기대회에서 선출된 신임 임원은 회장에 김면수, 부회장에 이의형, 간사에 김명진·김상규·장병준·유혁·김철진·서병인·박재룡·나만성·최경하·김태준·조극환·한석순·김말봉·조문환·김영주·윤수성·임홍수·이응현·설준석 등이었다.[20] 그런데 이날 대회는 의장을 맡은 김영식이 경성지회의 소속회원이라는 사실이 뒤늦게 문제가 되어 불법대회가 되고 말아 12월 22일 다시 대회가 소집되어 김영식의 2중회원은 불법이라는 점을 확인하여 그의 자격을 일단 박탈하고 대회를 진행하였다.[21]

이 대회 이후 목포의 사회운동가들 내에는 상당한 내분과 갈등이 전개되었다. 그것은 김영식의 자격을 문제 삼고 그가 주재한 12월

18 『조선일보』 1927년 6월 21일 「신간목포지회 성황리에 설립」
19 『동아일보』 1927년 7월 22일 「목포 연설 성황, 신간지회 주최로」
20 『동아일보』 1928년 12월 8일 「신간목포지회 정기대회 성황」
21 『중외일보』 1928년 12월 25일 「목포 신간 임시대회」

4일의 대회가 불법이라는 것을 확인한 것이 신간회 내의 조극환의 주도로 이루어졌다면서 김영식과 서병인·오도근·임홍수·윤수성 등이 12월 30일 목포노동연맹의 사무실에서 상무위원회를 소집하여 조극환은 동지간의 이간 중상을 능사로 하고 있다고 하여 노동연맹에서 제명 처분을 한 것이다. 또 이들은 사회주의자망년회라는 명목 하에 10여 명이 모여서 김영식·서병인 등의 발의로 조극환을 사회운동선에서 구축하자고 발의하여, 곧 목포기자단 주최로 목포사회운동자 및 민중사업가 유지라는 명목으로 망년회를 열고 약 20여 명이 목포중학원에서 회합하여 역시 서병인·김영식의 주장으로 조극환을 운동선에서 구축하자는 결의를 하였다. 1월 1일에는 목포노동연맹에서 위의 제명에 관한 성명서를 목포 각 사회단체에 발송하였다. 이에 각 사회단체에서는 이는 일개인에 관한 문제가 아니라 운동 전체에 대한 도덕적인 문제라 하여 대책을 강구하였고, 신간회 목포지회는 조사위원을 선정하는 동시에 각 사회단체연합위원회를 열 것을 제의하여 각 사회단체에서도 조사위원을 선정하였다.[22] 그러나 연합위원회의 보고를 위한 1월 14일 회의는 노동연맹측이 회의를 공개로 할 것, 무안농민연맹은 목포사회단체연합회에 참여할 자격이 없다는 것 등을 들어 이 회의를 주최한 신간회 목포지회 측과 대립하여, 결국 회의는 무산되고 말았다.[23] 그런데 노동연맹측은 곧 중외일보에 기사를 보내 연합위원회에서의 자신들의 주장이 옳

22 『동아일보』 1928년 1월 12일 「목포 각 사회단체 분규진상을 조사, 전말을 불일간 발표할 터」

23 『중외일보』 1928년 1월 19일 「목포사회단체 연합위원회 개최, 會는 수라장으로 폐막」

았음을 강변하고 신간회 측 간부를 '괴뢰간부 모모' 운운함으로써[24] 신간회의 분격을 사게 되었다. 이에 신간회 목포지회는 중외일보의 기사는 사실과는 전혀 상반되는 허위의 사실을 보도한 것이며, 모욕적인 언사를 늘어놓은 것이라 하여 분개하여 12일 긴급 총무간사회의를 열어 중외일보사에 경고문을 발송하고 사과성명서를 지상에 발표할 것을 요구하였다.[25] 그러나 중외일보는 이 경고문에 응하지 아니하였을 뿐만 아니라 오히려 2월 8일자 신문에 「조극환군 제명결의 전말서」라 하여 조극환의 제명 이유를 하나하나 열거한 자세한 결의 내용을 보도함으로써 끝내 김영식·서병인 등의 편을 들었다.

신간회 목포지회는 또 1월 14일 간사회의를 개최하고 조사위원들로부터 이 사건의 전말을 상세히 보고받고 엄정한 조치를 취하기로 결정하였다. 이에 따라 김영식을 운동선에서 축출하고, 서병인을 신간회 목포지회에서 출회(黜會)처분하며, 이들에게 동조한 김철진·박재룡에게는 사과성명서를 일반회원 및 사회단체에 1주일 내로 발송할 것을 요구키로 하였다. 그러나 김철진은 이에 응하지 않고 25일 돌연 탈회(脫會) 원서를 제출하였다. 신간회에서는 이에 더 이상 사태를 확대시키지 않기 위해 사과성명서 요구는 보류하기로 결정하였다 한다.[26] 하지만 목포지회는 1월 23일 간사회에서 문제회원들의 출회를 결정한 회의록을 등사하여 일반회원들에게 발송하기로 하였다. 그런데 1월 30일 돌연 경찰에서 이 서류를 압수하고 책임자를 경

24 『중외일보』 1928년 1월 22일 「목포사회단체 연합위원회 경과」

25 『조선일보』 1928년 1월 25일 「목포지회에서 ○○일보에 경고문」

26 『조선일보』 1928년 1월 29일 「목포 신간 간사회 결의」

찰로 불러 "이 회의록을 보면 김영식의 명예를 훼상하는 문구가 있으니 만일 본인으로부터 명예훼손죄로 고소가 있으면 신간회 임원 20명은 그 책임을 지겠느냐"고 물어, 목포지회측에서는 "그런 고소에는 능히 책임을 지겠다"고 답하여 서류를 돌려받고 회원들에게 교부하였다고 한다.[27] 이를 보면 목포지회 분규에 경찰당국이 교묘하게 개입하여 분규를 부채질하려 하였던 것을 알 수 있다.

그러면 이와 같은 분규는 어디에서 비롯된 것이었을까. 김영식과 조극환은 본래 전위동맹을 같이 만든 사이였고, 제유공 파업과 관련하여 같이 구속되었다가 면소조치로 풀려난 사이였다. 그런데 이 시점에 와서 김영식·서병인측은 조극환이 전위동맹·청년회·신간회·근우회 등 운동선 내부에서 끊임없이 분열을 책동해온 인물이라고 비판하였다.[28] 그러나 양측의 대립은 단순히 개인적인 감정차원에서 비롯된 것은 아니었다. 그것은 당시 이른바 방향전환론을 둘러싼 운동가들 사이의 대립과 파쟁에서 비롯된 것이었다. 김영식은 이른바 서울청년회 신파로서 당시 '방향전환론'의 정상급 이론가였다. 당시 제기되고 있던 방향전환론이란 신간회와 같은 민족협동전선운동을 전개하되 이른바 계급표지철거론자들이 주장하는 것처럼 노동자·농민의 계급성을 완전히 포기한 운동을 전개해서는 안 되고, 공장으로 농촌으로 들어가 대중들을 조직하고 그들을 중심으로 구체적인 투쟁을 전개해야 한다는 것이었다. 이러한 주장은 당시 조선공산당 일본총국의 기관지였던 『대중신문』이 주로 제창하고 있었는데, 김영

27 『조선일보』 1928년 2월 1일 「목포지회 간사회」

28 『중외일보』 1928년 2월 8일 「조극환군 제명결의 전말」

식·서병인 등은 이러한 주장에 동조하고 있었다. 반면에 조극환 등과 같은 서울청년회 구파는 이와 같은 방향전환론에 반대하는 입장에 있었다고 보여진다. 결국 양측의 갈등은 이와 같은 노선상의 차이, 파벌의 차이, 개인적인 감정 등이 얽혀서 빚어진 것이었다고 생각된다. 이러한 같은 갈등으로 인해 1928년 이후 목포의 민족, 사회운동은 전선통일을 상실하고 침체의 과정을 밟게 된다.[29] 신간회 운동도 이후 이렇다 할 활동을 하지 못한 채 침체를 거듭하였다.

다만 1928년 6월 18일에는 지회 창립 1주년 기념식이 목포청년회관에서 있었다. 총무간사 유혁(柳赫)의 경과보고, 서무간사 천균(千均)의 축문 낭독이 있었고, 서병인의 축사는 경찰에 의해 금지 당하였다. 이어서 열린 다과회에서 유혁이 그간의 소감을 말하기 시작하자 임석한 경관이 무조건 이를 금지시키고 그를 연행했다가 석방하는 소동이 있었다.[30]

신간회 목포지회 분규는 1929년에 들어서야 수습의 국면을 맞이하였다. 1월 12일 목포지회는 죽동 동양관에서 신년 간친회를 열어 100여 명에 달하는 회원이 참석한 가운데 과거 1년 동안 있었던 분규와 갈등을 각자의 참회와 반성으로 일소하고 신간회의 앞날을 위해 서로 힘을 합하자는 결의를 하였다고 한다. 당시 신문은 이로써 "장구한 시일을 두고 끌어오던 신간회 목포지회의 분규문제는 원만히 해결된 동시에 따라서 목포운동선도 다시 활기를 띠우리라"고 전

29 김경일, 『일제하 노동운동사』, 창작과비평사, 1992, 157-159쪽

30 『동아일보』 1928년 6월 21일 「목포신간기념 성황리에 개최」

망하였다.[31]

아울러 목포지회는 1929년 1월 27일 제2회 정기대회를 열어 새로운 간사진을 선임하는 등 체제를 정비하였다. 새로운 간사진의 각 부서는 다음과 같다.

> 서무부 총무간사 全濤, 조사연구부 총무간사 金太俊, 선전부 총무간사 朴在龍, 조직부 총무간사 金商圭, 재정부 총무간사 金明鎭, 정치문화부 총무간사 李儀珩, 출판부 총무간사 朴淵世, 서무부 총무간사 李祥根 金一燮, 조사연구부 상무간사 薛峻碩, 선전부 상무간사 許聖天 崔良善, 조직부 상무간사 千均 朴庄桓, 재정부 상무간사 吳在復 金榮周, 정치문화부 상무간사 咸陽一, 출판부 상무간사 金榮潤[32]

신간회 목포지회는 이같이 새로운 진영을 마련했지만 1929년에는 이렇다 할 활동을 하지 못한 것으로 보인다. 1930년 들어 목포지회는 제3회 정기대회를 2월 22일 중학원 강당에서 개최하였다. 이날 대회에서는 경과보고와 임원개선은 가능하였지만 의안에 대한 토의는 일체 할 수 없었다. 이날 선출된 신임 위원의 명단은 다음과 같다.

> 집행위원장: 金冕洙
> 집행위원: 裵致文 金龍吉 朴淵世 金商圭 吳道根 咸陽一 朱南得 韓

31 『조선일보』 1929년 1월 16일 「신간회 목포지회 신년 간친회」

32 『조선일보』 1929년 1월 31일 「신간 목포지회 제1회 간사회」

石淳 朴德珍 李成文 千均 林興洙 金榮殷 張柄俊 朴在龍 (후보: 薛峻碩 崔三凡 韓國蕙 金榮周 金吉用)

검사위원: 李彩鉉 金鍾燮 高公立 尹龍植 梁宅鎭(후보: 金晉泰 高璉宇)

대표위원: 金商圭 張柄俊(후보: 金榮殷 金龍吉)[33]

신간회 목포지회는 23일 제1회 집행위원회를 열고 각 담당 부서를 결정하였다. 서기장은 배치문, 회계는 김용길, 상무위원은 김상규·한석순·함양일·김영은·임흥수·주남득, 서무부장은 배치문, 재정부장은 김용길, 선전조직부장은 김영은, 교육출판부장은 배치문, 조사연락부장은 설준석 등이 각각 맡았다.[34] 이를 보면 배치문이 서기장·서무부장·교육출판부장 등 세 자리를 맡아 신간회 목포지회의 중심적 인물로 등장하였음을 알 수 있다. 이는 당시 배치문이 목포지역의 노동운동 등 사회운동의 중심적 인물로 등장하였던 것과 궤를 같이하는 것이다. 이후 신간회 목포지회의 활동과 관련한 신문기사는 1930년 4월 제3회 집행위원회에서 재정문제, 분회 및 반조직의 문제, 교양문제, 전국대회 건의안 문제, 본부 회관 건축 부담금 문제, 지회 회관 건립 문제, 도연맹 조직문제, 지회 규칙 제정 문제 등을 논의하였다고 보도하고 있는 것이 전부이다.[35]

1931년 들어 신간회 해소문제가 전국의 각 지회에서 대두하고, 결

33 『중외일보』 1930년 2월 27일 「木浦 新支 정기대회 개최」

34 위와 같음

35 『중외일보』 1930년 4월 14일 「木浦新支 확대위원회」

국은 1931년 5월 전체대회에서 해소가 가결되어 신간회는 사실상 해체되어 버렸다. 이 과정에서 신간회 목포지회는 어떠한 입장을 보였을까. 이에 대해서는 아무런 자료도 전해지지 않는다.

그러면 신간회 목포지회를 주도한 이들은 어떤 이들이었을까. 창립 당시 회장은 김면수, 부회장은 최경하가 선출되었다. 회장 김면수는 1922년 임술구락부(회장 李儀珩)의 재무간사, 1923년 양동교회의 기독청년회 회장, 1924년 희성유치원 원장, 1927년 동아일보 지국장 등을 지낸 원로였다.[36] 최경하는 죽동 삼산의원의 원장이었다.[37] 이후 간사로 자주 이름이 등장하는 이들을 살펴보면, 김명진은 변호사, 김상규는 완도 출신으로 목포청년회 초대 회장이던 김상섭의 동생, 박재봉과 박재용은 형제, 설준석은 조선일보 주재기자, 오재복은 김철진가의 농장 관리자, 임홍수는 동아일보 주재기자, 장병준은 천석군 이상의 지주였다. 조극환은 영암 향리가문 출신으로 한성사범학교를 졸업하고, 목포 전위동맹에 참가하였으며, 제3차 조선공산당 목포지역 세포책임자(세포는 김철진·유혁·서병인)였다. 김철진은 김성규의 차남으로서 1927년경 공산청년회 목포지역 세포 책임자(세포는 설준석·조문환)였으며, 1930년대에는 『호남평론』을 발간하였고, 1940년 목포부회 의원이 된 인물이다. 신간회 목포지회를 이끈 이들은 각계각층의 다양한 성향을 지닌 인물들이었음을 알 수 있다.

36 『동아일보』 1922년 7월 10일 「임술구락부 창립」. 김면수는 1879년 강진 출생.

37 『중외일보』 1928년 1월 18일 「복어알 중독으로 일가 5명 참사」

학생운동

3·1운동 이후 목포지역의 학생운동은 1921년 워싱턴회의에 즈음한 정명, 영흥학교 학생들의 시위, 1925년 정명여학교의 맹휴사건, 1929년의 광주학생독립운동 당시의 목포상업학교와 정명여학교 학생들의 시위 등을 들 수 있다. 이 가운데 워싱턴회의 당시의 시위에 대해서는 이미 3·1운동과 관련하여 서술한 바 있으므로 여기에서는 나머지 사건들에 대해서만 기술하기로 한다.

1925년 6월 정명여학교 학생들의 맹휴는 이용준이라는 교사에 대한 배척이 발단이 되었다. 보통과 학생 340명과 고등과 학생 40명은 이 교사를 해직시킬 것을 요구하고 만일 이 요구가 관철되지 않으면 동맹 휴교하겠다고 경고한 뒤 11일 일제히 맹휴에 들어갔다. 이용준은 선교사와 특별히 가까운 관계에 있었는데, 평소부터 학생들을 훈계할 때 뺨을 치고 꼬집으며 욕설을 하는 등 그 행동이 심히 불량하여 그동안에도 여러 번 문제를 일으켜왔다고 한다. 학생들은 평소부터 이 교사에 대한 불평이 적지 않던 중, 6월 7일 고등과 4학년 학생 조효선이 집회시간에 무고히 웃었다는 이유로 퇴학을 시키자 학생들은 더욱 분개하여 즉석에서 대표를 뽑아 교장을 면담하고 이 교사를 사임케 할 것과 퇴학당한 학생을 복교시키라고 요구하였으며, 이를 관철키 위해 맹휴에 들어간 것이었다. 이에 학부형들은 학교 측과 학생들을 중재하여 15일 학생들을 학교에 등교하여 방학시험을 보도록 하였다. 그런데 이용준 교사가 여전히 다른 교사들과 함께 예배에 참여하는 것을 본 학생들은 교장이 자신들을 속였다고 항의하였고, 교장은 "너희는 학생인 이상 학생의 신분만 가지면 되고, 선생의 처리는 내가 할 것"이라고 하였다. 또 서양인 맹현리 선교사는 "우리의 돈으로 설립한 학교는 우리 마음대로 할 터이니 공부가 싫거든 다 가거라. 지금도 돈이 이만 원 있으니 그 돈으로 생도 50명만 사면 넉넉히 학교는 유지할 수 있다"면서 어느 학생의 머리를 잡아 밀고 매로 때려서 쫓아 보냄으로써 학생들은 더욱 흥분하여 시험을 거부하고 교실에서 뛰쳐나옴으로써 수라장이 되고 말았다. 교장은 자기 몸이 희생되는 한이 있더라도 학생들의 요구는 절대 들어줄 수 없다고 버티어 학교 측과 학생 측의 대립은 첨예하게 되었다.[38]

문제가 이같이 확대되자 목포사회에서는 목포청년회를 비롯하여 일반 사회단체에서도 관심을 갖게 되었고, 학부형회가 적극 나섰다. 16일과 18일 두 차례 모임을 갖고 대책을 강구하여 학교 당국에 이용준의 사퇴를 요구하였다. 결국 이용준은 18일 학교당국에 사표를 제출하였고, 학교에서도 이를 수리하였다. 학부형들은 학교당국에 학생들에 대해서는 한 명의 희생자도 없도록 할 것을 요구하여 학교 당국도 이를 받아들이기로 하였다. 그런데 맹현리 선교사가 학생을 폭행한 사실은 여전히 사회문제화 되어 20일 목포청년회관에서는 목포청년회 등 사회단체 주최로 선교사 비행(非行) 비판연설회가 열렸다.[39] 또 7월 7일 광주숭일학교에서 열린 조선예수교장로회 전남노회에서 한 회원이 맹현리 목사에 대해 학교문제로 전도에 영향을 미쳐서는 안 될 것이라고 비판하기도 하였다.[40]

38 『동아일보』 1925년 6월 14일 「목포영명교 맹휴사건」; 6월 18일 「정명여교 분규 재연」

39 『동아일보』 1925년 6월 24일 「목포 정명 해결」

40 『시대일보』 1925년 7월 15일 「목포 정명교 문제로 老會席에 質問戰, 다른 선교사 배

척운동이 可慮」

1929년에는 목포상업학교에서도 조선인 학생들의 동맹휴교가 있었다. 당시 목포상업학교에는 조선인 학생이 122명, 일본인 학생이 130명이 재학 중이었다. 학교 측에서는 평소에 조선인 학생에 대해 차별대우를 하는 일이 가끔 있어 이에 대한 조선인 학생들의 불평이 있었으며, 이것이 결국 빌미가 되어 조선인 학생들의 맹휴가 일어난 것이다. 학생들은 학교 측에 5가지 사항을 요구했는데, 그것은 ①조선인·일본인 생도 차별 철폐, ②조선인·일본인 공학제(共學制) 철폐, ③직원회의에 학생 대표 참가 허용, ④교장 이하 4교사 배척, ⑤보호자회 철폐 등이었다.[41] 목포상업학교의 맹휴는 이후 학부형들의 중재로 더 이상의 확대 없이 수습된 것으로 보인다. 그러나 이같은 맹휴는 당시 전국적으로 확산되고 있던 학생들의 맹휴운동의 일환으로 이루어진 것이었고, 그 연속선상에서 1929년 11월 3일 광주학생독립운동이 일어나고 이것이 전국으로 확산되었던 것을 생각한다면 1920년대 중후반 정명여학교, 목포상업학교 학생들의 맹휴도 1930년 초 정명, 목상 두 학교 학생들의 봉기의 전주곡이었다고 할 것이다.

1929년 11월 3일 광주에서 조선인 학생들의 대대적인 봉기가 있자, 이는 전남을 비롯하여 전국으로 파급되어 학생들의 일대 항일운동으로 발전하였다. 목포에서도 1929년 11월 19일 목포상업학교 학생 100여 명이 학교의 전화 줄을 끊고 격문을 쓴 적색 큰 깃발을 선두에 세우고 3대(隊)로 나누어 각기 손에 적기를 두르고 격문 수천

41 『동아일보』 1929년 6월 10일 「차별대우와 공학제의 철폐, 상교생의 요구조건」

매를 살포하면서 독립가와 만세를 외치고 시가를 순회하면서 시위 행렬을 하였다. 그러면 이 시위는 어떻게 준비되었을까. 예심결정서에 따르면, 11월 3일 광주에서 학생들의 봉기가 있었다는 소식이 목포에 전해지자 목포상업학교 학생 최창호(崔昌鎬)·강영수(姜榮秀)·권영욱(權永郁)·이인형(李麟炯)·이광우(李光雨)·정찬규(鄭燦圭)·오상록(吳上祿)·박종식(朴鍾殖) 등은 7일 이상원(李尙源)의 집에 모여 최창호로 하여금 사건의 진상을 조사케하여 대책을 강구하자는 데 의견을 모았다고 한다. 최창호·이인형은 9일 광주에 가서 광주고보 출신으로 학생운동을 지도해온 장재성(張載性)을 만나 사건의 경과를 듣고 돌아왔다. 14일 최창호·이인형은 동교 5년생 박흥복(朴興福)·강영수·권영욱·양재용(梁在容)과 회합을 갖고 광주학생사건에서 관련된 조선인 학생만 다수 검거, 수감하는 것은 민족차별적이고 가혹한 처사라 하여 이에 대한 항의의 표시로 19일을 기하여 동교 조선인 학생 전부를 규합하여 선전 삐라를 살포하면서 시위운동을 전개하기로 의견을 모았다. 이를 위해 16일에는 동교 4년생 박상준(朴相俊)·임성춘(林晟春), 3년생 이인형·이광우·정찬규·오상록·백상휴(白相烋)·박종식, 2년생 양재욱(梁在郁)·이재실(李在實)·박사배(朴仕培) 등은 이광우의 집에서 회합하여 19일의 거사에 대해 논의하여, 동교 조선인 학생 전부를 규합하여 3대(隊)로 나누어 2대는 동교 앞에, 1대는 송도공원에 집합하여 각기 적기(赤旗)를 들고 선전 삐라를 뿌리면서 목포 부내를 시위행진하고, 다른 한편 진정서를 학교장에게 제출하여 동맹 휴교를 하기로 결의하였다. 선전 삐라와 진정서의 원고는 이인형이 작성하여 정찬규·박상준 등에게 전달하고 이들은 19일 새벽 정찬규의 집에서 양재욱이 마련한 등사판으로 3종의 삐라 약 1,500매를 인쇄하여 각 5백매씩 양재욱·이재실에게 나누어 주었다. 또 이재실은 17, 18 양일에 걸쳐 집에서 적목선에 "피감학생 즉시 탈환" "총독폭압정치 반대" 등을 쓴 큰 깃발 3개와 작은 깃발 120개를 만들어 19일 이른 아침 큰 깃발은 정찬규와 박사배에게 전달하고, 작은 깃발 40개는 양재욱의 손을 거쳐 정찬규에게 전달하였다. 삐라의 격문 내용은 다음과 같았는데, 광주학생운동 당시 전국에서 나온 격문 가운데 가장 과격한 것이었다.

> **격문**
>
> 2천만 피압박 민중 제군이여! 우리 2천만 생령을 사랑하고, 우리 조국을 사랑하는 광주 학생 남녀 수십 명은 빈사의 부상을 입었고, 철창에서 신음하는 청년학생 2백 명은 불법하게 구속되었다. 그들은 정의를 통하여 가두에서 시위행렬을 했던 것이다. 그러나 지배계급의 광견의 독아(毒牙)에 걸려 쓰러졌다. 우리는 광주 학생의 석방을 요구함과 동시에 참기 어려운 피와 눈물로써 시위행렬을 한 것이다. 피감금 학생을 탈환하라. 총독부 폭압정치 절대 반대. 교육에 경찰간섭 절대 반대. 치안유지법을 철폐하라. 지나(支那:중국) 혁명 지지. 제국주의 전쟁 결사반대. 식민지 해방 만세. 싸워라, 싸워라, 싸워라.[42]

19일 아침 임성춘·이광우·이인형 등은 등교하자마자 4년생 이하 일반 학생들에 대해 광주학생사건에 대한 조선인 학생 검거에 항

42 광주학생독립운동동지회편, 『광주학생독립운동사』, 1974, 143쪽.

의하며 석방을 요구하기 위하여 이날 오후 12시 30분을 기하여 전교 생도를 규합하여 시위운동을 결행하는 데 참여하자고 설득하였다. 이에 따라 동일 오후 1시경 동교 조선인 학생 50여 명과 박상준·임성춘·이인형·박종식·양재욱·이재실 등은 정명여학교 앞에 모여서 이재실·양재욱이 가지고 온 삐라와 작은 깃발들을 받아들고, 이재실은 적색 대기를 들고 선두에 서서 양동·남교동·무안통을 거쳐 목포 역전에 도달하였다. 이들은 행진 도중 곳곳에서 삐라를 살포하고 적기를 내걸면서 "싸워라, 이천만 동포여" "광주학생을 구출하자" 등의 노래를 불렀다고 한다. 한편 이광욱·정찬규·오상록·조창섭·박사배는 오후 1시경 동교생 수명과 함께 송도공원에 모여 정찬규가 가지고 온 선전 삐라를 배부 받고 학생들이 오기를 기다리던 중 경관에게 발견되어 제지당하였다. 다만 조창섭은 앵정 부근에서 삐라를 수십 매 살포하였다. 또 박사배는 목포상업학교에서 경찰서에 통보하는 것을 방해하기 위하여 동교 내 가설 전화선을 절단하기로 하고, 시위운동 개시전인 오전 10시 반경 전화선을 절단하였다. 이날 시위 현장에서 15명이 검거되고, 이후 수색에서 19명, 도합 32명이 검거되었다. 경찰은 신간회 목포지회 주요 간부와 청년동맹원 십여 명을 검속 취조하였다.

목포상업학교 학생들의 투쟁은 여기에서 끝나지 않았다. 11월 22일 오전 9시 수업이 끝나자 5학년의 한국인 학생들은 일제히 강당 뒤쪽으로 탈출하기 시작하였다. 1학년을 제외한 한국인 학생 모두가 가두로 뛰어나가 대오를 정비하여 19일 이후 검속된 학생 32명의 석방을 외치고 맹렬한 시위를 벌이면서 목포경찰서를 향해 나아갔다. 이 사건으로 인해 목포 상업학교 학생 4명이 추가로 구속되었다. 두 차례의 시위로 인해 구속된 학생은 36명, 무기정학·근신 등 처분은 72명에 달하였다. 이후 경찰과 교직원들은 학부형들에게 학생 보호란 이름으로 협박을 가하고 교외활동을 엄중 감시하였다.[43]

구속된 학생 가운데 21명은 광주지방법원 목포검사국으로 송치되어 목포형무소에 수감되었다. 12월 28일 이 가운데 김정수(金正洙)만 석방되고 나머지 20명은 예심에 회부되었는데, 예심을 거쳐 15명이 공판에 회부되었다. 이들에게 적용된 죄목은 보안법 위반, 출판법 위반, 통신법 위반이었다.[44] 이들은 광주지방법원에서 1930년 3월 20일 박사배·이인형은 징역 1년, 이광우·임성춘·박상준은 징역 10월, 이재실·정찬규는 징역 8월, 오상록·양재욱·박종식은 징역 6월, 조창섭·최창호·박홍복·강영수·권영욱·양재용은 징역 4월에 집행유예 5년, 백상휴·김상원은 무죄를 언도받았다.[45] 이들은 다시 6월 21일 대구복심법원에서 이광우·임성춘은 10월, 정찬규는 8월, 오상록·박종식·양재욱은 각 6월, 조창섭은 4월의 실형을 언도받았다.[46] 대구복심법원에 공소를 제기하였던 제주 도구리 출생의 박상준은 대구형무소 수감 중 신병이 위독하게 되어 보석으로 석방되어 목포 양동 부란취병원에 입원 치료를 받았는데, 그는 형무소에서 뇌막염에 걸려 중태에 빠졌다고 한다.[47]

43 『독립운동사』 제9권 「학생독립운동사」, 568쪽

44 『중외일보』 1930년 3월 5일 「목포 학생 예심결정서」

45 『중외일보』 1930년 3월 21일 「목포만세학생 최고 1년, 최저 5개월에 무죄는 단 2인」

46 국가기록원 소장 「이광우 등 대구복심법원 판결문」

47 『중외일보』 1930년 4월 22일 「목포만세학생 박상준 위독, 전혀 의식을 일은 상태, 뇌막염으로 보석」

한편 목포상업학교를 마치고 일본에 유학하고 있다가 잠시 귀국하여 있던 중 목포상업학교 학생들의 시위사건이 일어나 경찰에 검속되어 예심을 받고 있던 조점환(趙點煥)의 모친 강씨(姜씨, 60세)가 1930년 3월 7일 집 앞 뜰에 있는 우물에 빠져 자살한 사건이 일어났다. 강씨는 아들이 감옥에 들어가 있는 것을 애통해하면서 식음을 전폐하고 있다가 이날 투신자살한 것이었다.[48]

목포상업학교 학생들의 시위는 정명여학교 학생들을 자극하였다. 정명여학교 고등과 4학년 학생 최이선(崔二善), 강안식(姜安息), 서금복(徐金福), 박덕순(朴德順), 송영은(宋永恩) 등은 2월 초 시위를 결의하고 이를 준비하기 위해 격렬한 구호를 써넣은 적색 대기를 준비해놓고, 여러 종류의 격문 수천 장을 등사판이 없어 묵지(墨紙)로 써서 준비하여 두었다. 이들은 고등과 학생들만으로는 수효가 적으므로 보통과 5, 6학년 학생들을 망라하여 7일 아침 조회시간을 마치고 거사하기 위하여 6일 밤중부터 모 학생의 집에 모이어 7일 새벽 두시까지 회의를 마치었는데 일이 사전에 발각되어 검거되고 말았다 한다. 학교 측에서는 즉각 임시휴교령을 내려 학생들의 동요를 막았다. 검거된 8명의 여학생들은 경찰에서 조사를 받고 강안식 등 7명은 2월 8일까지 무사히 석방되었고, 주모자 최이선만 남아 조사를 받다가 그도 뒤에 석방되었던 것으로 보인다.[49]

48 『동아일보』 1930년 3월 9일 「愛子를 감옥에 보낸 老母, 애통끄테 投井自殺, 목포사건의 최대 희생」

49 『중외일보』 1930년 2월 9일 「旗와 격문 압수, 목포뎡명여학교 사건 상보」; 2월 24일 「최이선은 계속 취조」

3. 목포의 사회운동

청년운동

목포의 청년운동은 1920년 5월 9일 목포청년회의 조직으로부터 시작되었다. 목포청년회는 당시 전국적으로 일어나던 이른바 '문화운동'의 대표격이라 할 청년회운동의 분위기 속에서 조직되었다. 9일 목포간이상업학교에서 열린 창립총회에는 80여 명의 회원이 참석하였다. 청년회의 창립목적은 '지육(智育)과 체육(體育)의 향상 발달을 도모함'에 있었으며, 이를 위한 실행방법으로는 신문잡지·서적·도서의 구입·종람(縱覽), 잡지의 발행, 정구·야구·축구 등의 도구를 갖추고 연 2회의 운동회를 연다는 것 등으로 설정하였다. 청년회의 임원을 보면 회장에 김상섭(金商燮), 부회장에 김택현(金宅鉉), 총무에 차남진(車南鎭), 재무에 차대균·정영회, 서무부장에 이상빈, 지육부장에 김영하, 체육부장에 송우식 등이었다. 평의원으로서는 나정균·문재철·지형오·김건식·남궁훈·이돈성·김연식 등이 선출되었다.[50]

회장 김상섭은 1903년경 목포에서 경무관으로 근무했고, 이후 상업에 뛰어들어 성공한 이로서, 1920년에는 목포부협의원 선거에 출마하여 당선된 이였다.[51] 부회장 김택현은 변호사였고, 총무 차남진은 무안 삼향리의 대지주 차성술(車成述)의 아들로서 일본 명치대학

50 『동아일보』 1920년 5월 15일 「목포청년회 조직」

51 그는 1925년 동아고무의 사장, 1929년 목포양조의 사장을 맡게 된다. 이 책의 제1장을 참조할 것.

법률과를 졸업하고 1919년 경성해동물산주식회사의 감사 등을 지낸 이였다. 그밖에 김건식·이상빈은 의사였고, 김연식은 신문사 지국장, 문재철은 암태도의 대지주였다. 목포청년회는 5월 17일 임원회의에서 고문에 이사필(李思弼)·노흥현(盧興鉉)·임영찬(林英贊)·김성규(金星圭)·현기봉(玄基奉)·차성술(車成述)·윤돈하(尹敦夏) 등을 고문으로 추대하였다. 이들 가운데 임영찬은 광주지방법원 목포지청 검사였으며, 노흥현도 동 지청의 판사였다. 김성규·차성술·현기봉은 모두 당시 목포에 거주하는 대지주들이었다. 이와 같이 1920년에 출범한 목포청년회는 목포의 '유지'내지는 '중산청년층'의 모임이었다고 할 수 있다.

거의 같은 시기 목포에는 또 기독청년회, 천도교청년회, 목포수양회, 목포여자수양회 등이 결성되었다. 이들 청년단체들은 주로 강연회, 토론회, 운동회 등의 활동을 펼쳤다. 1920년 5월 26일에는 목포청년회가 주최한 대운동회가 목포보통학교 교정에서 열렸다.[52] 같은 해 9월 2일에는 목포청년회·기독청년회·천도교청년회 3단체가 연합으로 양동교회에서 강연회를 열었다. 목포청년회는 매월 첫째 토요일을 월례강연회의 날로 정하고 강연회와 토론회를 열었는데, 그 주제는 '시대와 청년' 등 계몽적인 것이었고, 연사는 청년회의 간부들이 주로 맡았다. 목포청년회는 또 1921년 10월 노동야학회를 개설하여 150여 명에 달하는 학생들을 가르쳤다. 또 목포청년회는 1922년 3월 21일에는 목포 상반좌(常盤座) 극장에서 소인극(素人劇:아마추어연극) 「악마의 저주」를 공연하기도 했으며, 1922년 7월에는 재

52 『동아일보』 1920년 5월 31일 「목포청년회 대운동」

동경고학생을 돕기 위한 활동사진대를 조직하여 전국 각지를 순회, 상영하기도 했다.

그러나 목포청년회는 창립 2주년이 지나도록 독립된 회관을 마련하지 못하는 등 활동이 침체상태에 빠져 있었다. 이에 청년회 내의 일부에서는 청년회개혁단이라는 모임을 만들어 1922년 9월 2일 임시총회를 소집하여 회장 김상섭이 불참한 가운데 간부불신임안을 통과시켰다. 이어서 신임간부진을 선정하였는데, 회장에는 문재철, 부회장에는 차남진, 총무에는 김상억, 서무부장에는 김용진, 덕육부장에는 김연식, 재무부장에는 서병인, 체육부장에는 이성문 등이 선출되었고, 평의원에는 정영회·안상림·김명준·김종섭·허성로·이돈성·김정식 등이 선출되었다.[53] 목포청년회 신간부진은 회관건립 문제를 1차적인 과제로 설정하였으나, 문재철회장도 이 문제를 제대로 해결하지 못하였다. 때문에 1923년 4월에는 회칙을 개정하여 회장제를 이사(理事)제도로 바꾸기로 결정하였다. 이사진은 모두 20명으로 구성하였는데, 총이사에는 차남진, 상무이사에는 임현실·유중길, 이사에는 김영하·김연식·최양선·강효식·김홍래·김동원·신태선·허성천·임양규·정영회·이계주 등이 선출되었다.[54]

목포청년회는 1923년 11월 지방제도 개정 이후 두 번째로 치러지는 부협의회 의원 선거가 다가오자 이에 대한 대책을 마련하기 위해 이사진과 조선인 유지들이 모여 논의한 끝에 대표를 출마시키기

53 『동아일보』 1922년 9월 10일 「목포청년 임시총회」

54 『동아일보』 1923년 4월 25일 「목포청년 定時總會」; 1923년 6월 3일 「목포청년 임시총회」

로 하고, 그 대표로서 김상섭·김봉로(金鳳魯)·이윤원(李潤源)·김원선(金源善)·유중길(柳重吉) 등을 선출하였다. 청년회측에서는 선전 전단 1만여 매를 시내에 살포하고, 유권자들에게는 통지서를 일일이 발부하였다.[55] 선거 결과 이들 5명 가운데 김상섭과 김봉로는 당선되었지만, 다른 이들은 낙선하였다.[56] 이후 목포청년회의 활동은 침체상태에 들어간다. 그것은 1923년 하반기를 기점으로 해서 기존의 부르주아적 청년운동은 크게 비판받고, 사회주의적 청년운동이 시작되고 있었기 때문이다. 목포청년회는 1924년 3월 사회주의적 청년운동의 중심체인 조선청년총동맹에 가입할 것인가의 여부를 놓고 논의가 있었는데, 끝내 참가하지 않기로 결정하였다. 목포부협의회 선거에 적극적으로 참가하고, 반면에 조선청년총동맹에 불참하기로 한 것은 목포청년회의 보수적, 체제참여적인 성격을 잘 보여주는 것이다.

1924년 목포청년회가 가장 힘을 쏟은 것은 회관의 건립이었다. 이사들은 4월부터 모두 나서서 회관건립을 위한 모금운동에 들어갔고, 7월까지 약 7,000원을 모금하였으며, 이후에도 약 3,000여 원을 더 모금하였다. 그 가운데 2,000원으로는 회관 기지로서 남교동에 땅 100평을 사들였고, 나머지는 건축비로 충당하여 건평 57평의 석조건물을 9월에 착공하여 이듬해 3월 낙성식을 가졌다.[57]

55 『동아일보』 1923년 11월 12일 「목포청년회 이사회」

56 『매일신보』 1923년 11월 22일 「각지 협의원 총선거」. 다른 조선인으로서는 청년회 추천자가 아닌 이근후, 서윤창, 이상규가 당선되었다. 목포청년회의 영향력은 그리 크지 않았던 것이다.

57 『동아일보』 1924년 8월 5일 「목포청년활동 의연금 모집이 7천여원」; 9월 21일 「목포청년회관 건축공사 착공」; 1925년 1월 9일 「목포청년회관 준공」; 1925년 5월 28일 「목포청년회관 낙성식과 축하경기」

청년회관이 준공되자 목포청년회는 강연회, 토론회, 소년소녀웅변대회 등을 여는 등 1925년 한때 비교적 활발한 활동을 보였다. 그리고 1925년 8월 16일에는 집행위원을 차남진·김종환·박재봉·서병인·함양일·이성문·권영례·감상규·김연식·김명준 등으로 개선하였는데, 성격상에서 이전과 큰 차이가 없었다.

목포청년회가 이같이 보수적인 지배층의 청년회로서의 성격을 유지하고 있는 가운데, 사회주의적 성격을 지닌 '무산청년회'(無産青年會)가 1924년 9월 목포에서도 등장하였다. 다른 지역은 대개 기존의 청년회를 개혁하여 보수적 청년회가 진보적 청년회로 탈바꿈하는 것이 일반적이었으나, 목포의 경우에는 기존의 청년회를 그대로 놓아두고 새로운 청년회가 조직된 것이다. 무산청년회의 창립일자와 간부 명단은 자료가 남아 있지 않아 정확히 알 수 없다. 다만 그 주요 멤버가 강석봉·배치문(裵致文)·박승억(朴勝億)·조극환(曺克煥)이었음은 확인된다. 이들은 9월 30일 당시 사회문제화되고 있던 보천교(普天教)성토연설회를 개최하였고, 또 야학강습회를 개최하기도 하였다.[58] 강석봉은 3·1운동 당시 정명여학교 한문교사로서 적극 참여하여 구속 기소된 전력이 있었고, 배치문도 3·1운동 당시 구속되어 1920년 4월 정치범 특사 시 석방된 전력이 있었다.

진보적 성격의 청년회로서 목포 인근에서 암태도의 암태청년회, 비금도의 비금청년회, 도초도의 도초청년회, 자은도의 자은청년회, 임자도의 임자청년회, 해제의 해제청년회, 지도의 지도청년회 등이

58 『시대일보』 1924년 9월 25일 「普天聲討를 가결」; 9월 26일 「무산청년총회」; 10월 3일 「목포무산청년회의 보천교 성토연설」

속속 조직되었다. 이에 이들 청년회의 역량을 결집하자는 의론이 일어나 1925년 1월 10일 남교동 희성유치원에서 '무목청년연맹'(務木青年聯盟) 창립대회가 열렸다. 여기서는 집행위원으로서 김일섭·김필호·박종식·정두현·강극원·김용택·조극환·서동오·김상수·송기화·박승억 등이 선출되었고, 서무·교양·조사·노농 각 부의 상임집행위원에는 조극환·박승억·박복영(朴福永)·김상수(金祥洙)가 선출되었다.[59]

무목청년연맹은 창립 직후인 12일에 임시대회를 갖고 14개 사항을 결의하였는데, 그 가운데 중요한 것은 "청년운동 근본방침을 계급적 자각으로써 해방운동의 제1선에 선 역군을 양성하는 데 둠", "조선청년총동맹에 가맹함", "타협적 민족운동은 박멸함", "미신적 종교 및 기타 일체 미신행위를 근본적으로 박멸함", "노동 및 소작단체 조직을 적극 후원함", "민족운동을 교란하는 브로커류(類)는 박멸 성토함" 등이었다.[60] 같은 날 저녁 무목청년연맹은 사상강연대회를 열었는데, '계급적 자각' '우리는 무산자이다' '자본주의의 비애' '운동선의 통일' 등의 주제로 박승억·조극환·임봉순·서광호·나만성 등이 강연하였다.[61]

1925, 26년경 목포의 청년운동은 이른바 '중산청년층'의 목포청년회, '신진청년층'의 무산청년회로 나뉘어 진행되었다. 그러나 양자의 경계선은 그리 뚜렷한 것이 아니었다. 이미 1925년 6월 목포청년회

59 『시대일보』 1925년 1월 13일 「무목청년연맹 대동단결이 완성」

60 『시대일보』 1925년 1월 15일 「務木青年聯盟 임시대회」

61 『시대일보』 1925년 1월 14일 「사상강연대회」; 1월 16일 「사상강연대회 경계중에 마치어」

가 주최한 강연회에서는 신진청년층에 속하는 김영식(金泳植)과 오도근(吳道根)이 실업문제, 역사의 대전환기 등을 주제로 강연을 하였다. 김영식은 목포출신으로 와세다대학 재학시 사상단체 일월회의 간부로서 활동한 바 있었고, 1925년 귀국하여 처음에는 목포청년회에 참여하여 활동하였으며, 1925년 8월 한편으로는 목포청년회의 회원으로서 활동하고, 다른 한편에서는 사상단체 '전위동맹'을 결성하는 데 앞장서기도 하였다. 1925년 8월 목포청년회는 집행위원을 개선하였는데, 그 대부분은 '중산청년층'이었지만, 이 가운데에는 그 해 9월에 결성되는 '전위동맹'에 참여하는 등 사상적인 전환을 하고 있던 서병인과 같은 인물도 포함되어 있었던 것이다. 그리고 1927년에 들어서서는 목포청년회는 김영식과 같은 인물에 의해 주도되기에 이르렀다. 사회주의청년들이 이같이 중산층 청년회에 들어가 활동한 것은 1926년 11월 '정우회선언'에서 사회주의운동과 민족주의운동의 제휴를 제창한 데에서 영향을 받은 것이라 할 수 있다.

1927년에 들어와 조선청년총동맹은 "앞으로의 조선청년운동은 민족적 협동전선에서의 선두대가 되어야 한다"고 제창하여 무산계급적 청년운동에서 벗어날 것을 선언하였다. 이에 따라 각 지방의 부(府), 군(郡)의 청년단체는 그 성격을 초월하여 단일 청년동맹을 결성한다는 것이 새로운 청년운동의 방침으로 결정되었다. 이에 따라 목포에서도 1927년 8월경부터 청년운동의 분산배타적인 경향을 청산하여 전 민족의 각계각층을 통일한 대중적 청년운동을 전개한다는 방침 하에 목포청년회를 해체하고, 지역을 목포 및 무안으로 한 단일청년동맹을 결성하기로 하고 목포청년동맹 창립을 준비하기 시작했다. 마침내 1927년 10월 3일 '목포청년동맹'이 결성되었으며, 집행위원장에는 김철진(金哲鎭)이 선출되었다.[62] 이때부터는 청년운동의 연령 제한도 청총의 결의에 따라 만 27세 이하로 한정되었기 때문에 그동안 목포청년회나 무산청년회에서 활동한 이들의 대부분은 이제 신간회로 활동 무대를 옮겨야만 했다. 그리고 목포지방 민족·사회운동의 중심도 이제 청년운동에서 신간회운동으로 옮겨져 갔다.

1928년 목포청년동맹의 집행위원장은 오동명(吳東明)으로 바뀌었고, 1929년 신임집행위원은 김상만·정학현·이용운·김찬봉·차달균·이순례·장종석·박금옥·임태호·곽종수·김용길·임흥수 등이었다.[63] 1930년에는 정학현(鄭學鉉)이 집행위원장이 되었다. 그런데 1931년 2월 7일 신년간친회 석상에서 임석한 경찰은 회원들이 불온한 발언을 하였다하여 회원 6명을 검속하였다.[64] 이들은 얼마 후 풀려났으나, 그해 9월 경찰은 청년동맹에서 경영하는 노동야학원을 급습하여 학생들의 필기장을 일일이 압수하고, 야학관계자 허봉길(許奉吉)·박운암(朴雲岩)·서양봉(徐良奉)과 야학생 1명을 검거하였다. 그리고 그 가운데 서양봉과 학생만을 석방하고 나머지 정학현·허봉길·박운암은 보안법 위반으로 기소하였다. 경찰의 노동야학원에 대한 탄압은 결국 1931년 9월 노동야학원의 폐쇄령으로 이어졌다. 경찰은 야학원이 공안을 해치고 교육상 유해하다는 구실을 내세웠다. 이로써 당시 야학원에서 공부하던 180여 명의 학생들은 배움터를 잃게 되었다.[65]

62 『동아일보』 1927년 10월 9일 「목포청년동맹 조직」
63 『중외일보』 1929년 3월 2일 「목포청년 정총」
64 『매일신보』 1931년 2월 13일 「목포 청맹 총회, 신년간친회 중지」
65 『동아일보』 1931년 9월 7일 「야학원 습격 학생교원 검거」; 1931년 10월 1일 「夜學院에 폐쇄령, 3백 명 아동 방황」

노동운동

일제하 목포의 노동운동은 1919년경부터 시작되었다. 당시 목포의 지식층이었던 황화선(黃華善)·이해수(李海壽) 등이 목포항에 '노동평균'이라는 선전기를 게양함으로써 부두노동자들을 조직하는 작업에 착수하였다고 한다. 그들이 이를 조직한 동기는 객주조합 객주들의 항만운반노동자들에 대한 무리한 착취와, 생활난과 실업의 악순환 등으로 고통 받고 있었던 노동자들의 참상을 목도한 데에서 비롯된 것이었다. 그러나 이러한 움직임은 객주들의 즉각적인 반발과 방해에 부딪혔다. 객주 측에서는 이들이 사회주의자라든가 혹은 노동자에게 압박을 가하고 있다는 등 온갖 흑색선전을 동원하였으며, 일제 사법관청에 고발하기까지 하였다.[66]

이와 같은 어려움을 뚫고 이들은 '전남노동조합'의 이름으로 전남도청에 허가원을 제출하여 1920년 5월 8일 설립 허가를 받아냈다. 당시 전남노동조합의 취지는 야학교를 설립하여 노동자들을 교육하고, 노동자의 질병이나 사망 등이 발생할 시 의약비 및 장례비를 상호 부조하기 위한 것이었다. 5월 27일에 있었던 창립대회에서는 조합장에 서상렬(徐相烈), 부조합장에 이성완(李成琓), 이사에 김병식(金炳植), 위원에 황화선(黃華善)·강우현(姜佑鉉)·김홍식(金弘植)·홍순근(洪淳根) 등을 선출하였다. 그런데 당시 동아일보의 보도에 의하면 이 조합의 취지 중의 하나가 조합원들에게 제우교(濟愚敎)를 전도하기

66 김경일, 앞의 책, 145쪽

위한 것이었다고 한다.[67] 전체적으로 볼 때 전남노동조합은 개량주의적 성격을 강하게 띤 것이었다고 여겨진다. 그리고 이후 이들의 운동은 더 이상 신문지상에 보도되지 않았다.

한편 1921년 3월 서울의 노동운동가인 차광필(車光弼)은 목포에 내려와 노동조합을 만드는 일에 착수하였다. 그는 목포의 지식층인 황의관(黃義觀)·김기천(金基天) 등과 협력하여 노조를 설립하기 위해 갖은 노력을 다하였으나, 역시 객주들의 방해로 7월 말 서울로 돌아가고 말았다. 그가 다시 목포에 내려간 것은 그해 10월이었다. 그는 목포에서 서상렬(徐相烈)·김기천 등과 함께 노동조합 사무소를 설치하고 조합원을 모집하는 등 조합결성에 전력을 다하였지만, 객주조합 측의 방해로 4~5천 원의 재산을 다 소모하고 생명까지 위급한 지경에 빠져 1923년 7월 30일 서울로 돌아가고 말았다.[68]

1924년 1월 차광필은 다시 목포에 내려가 지봉서·김재덕과 함께 해륙노동조합(海陸勞動組合)이라는 간판을 내걸었다. 이들은 노동조합 결성 취지서를 제정하는 동시에 광고문도 작성하여 3월무렵에 자동차를 동원하여 취지서와 광고문 수만 장을 전 시가에 살포함으로써 본격적인 활동에 돌입하였다. 이 때 그가 내세운 취지문은 다음과 같다.

67 『동아일보』 1920년 5월 15일 「전남노동조합 성립」, 『매일신보』 1920년 5월 18일 「목포 노조 성립」, 1920년 6월 1일 「목포 노조 총회」

68 김경일, 같은 책, 146쪽

> 문명국가에서는 유지의 발기로 일관된 지도 하에 반듯한 규범이 제정되어 육체노동자들이 공동생활을 하며, 일반 노동자로 하여금 융화를 얻게 하며, 현재 조선 각도의 항구도 여러 조합과 대회가 성립되어 공존공영이 일취월장하는 바, 유독 본항(목포항-인용자)은 낙오되어 있다. 이에 유지 제씨가 육체노동자의 생활 곤란을 개탄하여 본 조합을 창설하고 조합 내에 교육부를 두어 우선 야학강습소를 설립하고 일반 노동자로 하여금 상당한 지식을 갖도록 인도하여 공동생활의 앞날을 개척하고 환란에 상부상조하는 후의를 베풀도록 할 터이니 동지 제씨여 단결하자.[69]

이 취지서를 살펴보면 당시의 시점이 1924년임에도 불구하고 사회주의 이데올로기의 영향을 거의 찾아보기 어렵다. 이들의 운동은 노동자의 계몽과 생활개선이라는 차원에서 벗어나지 않았던 것이다. 해륙노조는 1924년 4월 27일 창립총회를 개최하였으며, 조합장으로는 지봉서(池鳳瑞)가 선출되었다. 회원모집 활동을 통해 획득된 조합원 수는 불과 수개월 내에 1,500여 명이나 되었으며, 9월 말경에 회원은 1,900여 명으로 늘어났다.[70]

해륙노조는 지역노조 형태를 띠었지만, 사실상 항만 하역노동자들을 주축으로 한 운반노동자의 직업별 노조라고 할 수 있었으므로 회원들의 일자리를 확보하는 것이 노조의 사활과 관련된 중요한 문제였다. 그런데 목포에서 발생하는 주요한 화물은 문옥조합(객주조

69 『매일신보』 1924년 4월 13일 「목포노조 취지선전」

70 『동아일보』 1924년 9월 29일 「노동자의 충돌」

합) 지정 노동부에서 이미 선점하고 있었기 때문에 해륙노조는 화물을 부분적으로 점유하기 위해 대립단체인 문옥조합 지정노동부의 양해를 어느 정도 얻어낼 필요가 있었다. 이에 따라 지봉서 등 조합 간부들은 '조합 유지 방침과 회원의 전도를 개척하기 위하여' 문옥조합 측을 여러 차례 방문하고 양해를 얻었다. 이에 해륙노조 간부들이 조합원 10여 명을 데리고 선창에 나가 화물을 조사한 다음 이를 바탕으로 해륙노조 조합원들이 일을 하기로 협정하였다. 그러나 1924년 9월 작업현장에서 양측간에는 충돌이 일어나 중경상자 다수가 발생하는 사건이 일어났다.[71] 사건은 결국 경찰에 제소하는 사태로 발전하여, 경찰은 쌍방을 호출하여 화물은 어느 편이든지 먼저 발견하는 측에서 선취권을 갖도록 하라는 해결책을 제시하여 사실상 문옥조합 지정노동부측에 유리하게 결말이 났다. 이후 해륙노조의 활동은 사실상 중단되고 말았다.[72]

목포의 노동운동이 본격적으로 전개된 것은 1925년 사회주의 사상단체 '전위동맹(前衛同盟)'이 등장하면서부터였다. 당시 목포의 이른바 '신진청년'으로 불리던 김영식(金泳植)·배치문(裵致文)·서병인(徐炳寅)·조극환(曺克煥)·오도근(吳道根)·박제민(朴濟民) 등은 1925년 9월 사상단체 '전위동맹(前衛同盟)'을 결성하였다. 이들은 규약 가운데에서 "본 동맹은 대중의 생활향상과 역군 훈련을 목적으로 함"이라 하였고, 사업으로서 청년, 사상, 노농, 여성, 형평 등 운동을 연구하는 동시

71 『동아일보』 1924년 9월 21일 「반목, 충돌, 난투, 목포노동계의 암초, 문옥조합과 해륙노동조합, 일자리 다툼으로 연일 충돌」

72 김경일, 앞의 책, 148-149쪽

에 그 발달을 위해 적극적으로 노력한다고 설정하였다.[73] 즉 사상단체 전위동맹은 당시의 청년운동, 노농운동, 여성운동, 형평운동 등을 지도하기 위해 만들어졌다고 볼 수 있다. 전위동맹을 만든 뒤 이들은 노동운동의 지도에 운동의 중점을 두었다.

전위동맹은 목포의 노동운동을 통일적으로 지도하기 위해 직업별 노조의 결성에 주력하였다. 전위동맹은 우선 목포의 노동자 실상을 조사하였는데, 이에 의하면 목포의 노동자는 모두 3천여 호, 1만 2천여 명에 달하였다. 전위동맹은 이어서 9월 24일 목포청년회관에서 노동자간담회를 개최하여 노동조합창립준비위원회를 구성하고 자유노동부·정미부·면업부·제유부·기타부 등으로 직업을 나누었다.[74] 이에 따라 9월 27일 제유공조합(製油工組合)이 먼저 결성되었다. 제유공조합은 이사제를 채택하여 이사장 최경내(崔景乃)와 상무이사 3인, 이사 9인, 여자부 이사 2인 및 재무 3인을 두었다.[75] 창립 이후 제유노동조합은 꾸준히 발전하여 창립 2개월이 채 안 된 11월에 회원수가 130여 명으로 증대되었으며, 이러한 역량의 집약을 통해 이듬해에는 저 유명한 제유노동자 동맹파업을 전개할 수 있었다.[76]

9월 28일에는 면업노동조합이 창립되었다. 이사에는 하룡(河龍)·배치문·임홍수 등 27명이 선임되었으며, 여자 이사 7인도 선정되었다.[77] 다음 날인 29일에는 자유노조가 창립되었다. 창립 당시 자유노

73 『동아일보』 1925년 9월 4일 「전위동맹 조직」
74 『동아일보』 1925년 9월 30일 「노조창립 준비회, 去 24일 목포에서 조직」
75 『동아일보』 1925년 10월 1일 「제유노조 창립」
76 김경일, 앞의 책, 151쪽
77 『동아일보』 1925년 10월 2일 「면업노조 창립」

조에는 385명의 조합원이 참여하였다.[78] 자유노조에는 이사장 조극환 아래 자유부와 담군부(擔軍部)의 2개 부서 아래 4인의 상무와 16인의 이사가 있었으며, 이사의 대부분은 실제 노동자들이었다. 자유노조 역시 창립 2개월이 채 지나지 않아 회원수가 500명 이상으로 늘어났으며, 이를 바탕으로 12월 초순경에는 시내의 임금을 정액으로 통일하기로 결정하였다. 이에 따라 자유노조원들은 12월 2일 새로운 임금을 제정하여 발표하고 1만여 장의 선전 삐라를 뿌리는 동시에 수천 명의 노동자가 시내에서 시위행렬을 하여 새로운 임금 제정을 알리고 3일부터 실행에 들어갔으며 동맹파업과 아울러 노동력 비매동맹 투쟁 등을 통하여 이를 현실화하려 하였다.[79] 9월 30일에는 정미노동조합이 창립되었다.[80] 10월 10일에는 하차(荷車)노동조합이 창립되었으며, 거의 비슷한 시기에 방직노동조합도 창립되었다.[81]

이같이 결성된 직업별 노조들을 기반으로 10월 13일에는 제유노조, 면업노조, 정미노조, 방직노조, 자유노조, 선하(船荷)노조, 하차노조, 문옥(問屋)노조 등 8개 조합, 1,770여 명의 조합원 가운데 출석 대의원 25인, 방청객 500 내지 600명이 참가한 가운데 목포청년회관에서 목포노동총동맹이 창립되었다. 이날 상무 집행위원에는 총무부에 조극환·서병인·박제민(朴濟民), 서무부에 설준석·배치문·이석(李碩), 교양부에 오도근·강기봉(姜琪奉)·최경내, 조사부에 한인수(韓仁

78 『동아일보』 1925년 10월 3일 「자유노조 창립」
79 김경일, 앞의 책, 151-152쪽
80 『동아일보』 1925년 10월 4일 「정미노조 창립」
81 김경일, 앞의 책, 152쪽

守)·임홍수·하룡, 직업소개부에 박재봉(朴在鳳)·성보현(成甫賢) 등이 선임되었다.[82] 목포 노총은 강령을 통해 "우리는 역사적 사명을 수행하야 대중본위의 신사회의 건설을 목표로 함", "우리는 노동계급의 현실적 경제상 이익을 적극적으로 옹호함"을 내세웠다.[83] 노총은 일차적으로 비조직 노동자의 조직화에 주력하기로 하여, 이후에도 인쇄직공친목회, 목공조합, 토공조합 등이 차례로 결성되었다.[84]

이상과 같이 노동운동의 조직적 기반이 어느 정도 갖추어지자 구체적인 노동쟁의들이 일어나기 시작했다. 1920~30년대 목포에서 일어난 파업은 15건이었는데, 이를 간단히 살펴보면 아래 〈표 1〉과 같다.

〈표 1〉 일제하 목포지역의 노동쟁의(파업) 일지

번호	명칭	일시	지속기간	참가인원	요구조건	결과
1	목산인쇄파업	1924. 9. 6		20여 명	일본인과 차별대우 철폐, 7일간 휴업 중 월급지불, 정기공휴일 월급 지불, 시간외 특근에 대한 보수 증급, 임금은 현재 월급에 1할 증급	
2	조선면화회사 직물공파업	1924. 12. 23		115명	임금인상	타협
3	자유노조 파업	1925. 12. 7		500여 명	임금의 통일	타협

82 『동아일보』 1925년 10월 17일 「목포 노총 창립회」

83 『동아일보』 1925년 10월 19일 「목포노총 결의」

84 김경일, 앞의 책, 153쪽

번호	명칭	일시	지속 기간	참가인원	요구조건	결과
4	船舶積荷노동자 파업	1925. 12. 8			임금인상	
5	荷車노동자 파업	1925. 12. 21			임금인상	
6	製油노조 파업	1926. 1. 15	4개월	170명	노동자의 인간적 대우, 노동시간을 현재 12시간을 10시간으로 할 것, 임금 1원 이상은 4할, 1원 미만은 5할을 증급할 것, 무단해고 반대	패배
7	大正인쇄 파업	1926. 10. 3		20여 명	공휴일은 전례와 같이 하는 동시에 신규조건을 폐지할 것, 종래 임금은 평균 30일로 계산하던 것을 월력 일수로 계산해줄 것, 종업 중 부상당한 직공에게 치료비 전부와 임금을 지불할 것, 견습생에게는 최저 일급을 50전으로 할 것	
8	직포공장 파업	1926. 11. 10		140명	일본인 감독의 폭행에 대한 항의	
9	곡물운반인부 파업	1930. 12. 14	1일	120여 명	임금인하 반대	타협
10	하수공사 노동자 파업	1931. 4. 4		150명	체불임금 지불 요구	
11	府위생인부 파업	1932. 10. 4	1일	50명	해고반대, 해고복직, 시간단축, 감독 및 십장 배척, 작업중 부상자 치료비 및 생활비 지급	패배
12	長門組 인부파업	1933. 3. 9		20명	府稅부담을 雇主에게 요구	
13	동아고무공장 파업	1933. 8. 17	4일	145명	임금 인하 반대	관철
14	삼화고무 파업	1935. 8. 17			임금 인상	타협
15	삼화고무 파업	1935. 11. 15		94명	임금 인하 반대	타협

참고 : 김경일, 『일제하 노동운동사』, 창작과 비평사, 1992, 566–567쪽서 전재

일제하 목포지역의 노동쟁의 가운데 가장 대표적인 것은 1925년 12월 자유노동조합의 파업과, 이어서 전개된 1926년 1월의 제유공 파업이었다. 이 파업들은 각 직업별 노조와 노총이 직접 지도하는 가운데 전개되었다. 1925년 12월의 자유노조 파업은 그 이전인 10월 중순 노총에서 현행 목포의 임금상황에 대한 조사를 각 세포단체에 지시한 것에서 발단한 것으로 임금의 통일과 표준임금의 제정이 주요한 요구사항이었다. 당시 목포의 임금은 다른 지방에 비해 낮은 수준에 있었기 때문에 저임금에 따른 노동자들의 궁핍에 착안하여 노총은 지역 임금문제를 조직적 차원에서 제기하였으며, 그것을 맨 처음 실행한 것이 바로 자유노조였다.[85] 12월 2일 자유노조는 선전 삐라를 살포하면서 수천 명의 노동자가 시위행렬을 하였다. 자유노조측은 목포에서 운수청부업을 하던 길전조(吉田組)에게 임금 인상을 요구하였으나, 길전조측에서 이에 응하지 않자 7일 아침부터 파업에 들어갔다. 길전조는 크게 당황하여 인근 섬에 가서 노동자 수십 명을 실어왔으나, 현장에서 조합원들이 왼팔에 붉은 베를 두르고 수십 명 혹은 100여 명씩 둘러 서 있는 모습을 본 그들도 역시 작업을 거부하였다.[86] 자유노조는 노총과 보조를 같이하여 규찰행동에 나섰다. 즉 12월 8일에 자유노조 간부들은 노총 간부들과 함께 총출동하여 노총기를 앞세우고 조합원들에게는 왼팔에 붉은 휘장을 두르게 하고 부두 각 요소에서 고용주의 태도와 비조합원의 행동을 감

85 김경일, 앞의 책, 355쪽

86 『시대일보』 1925년 12월 10일 「적색 완장으로 천여 명 시위행렬, 목포 자유노동조합의 위세」

시케 하였다.[87] 파업이 진행 중이던 12월 12일에는 임시총회를 열어 이미 제정, 발표한 표준임금은 철저히 시행할 것과 함께 이를 거절하는 고용주에 대해서는 노동력을 팔지 않을 것을 결의하였다.[88] 총회를 마친 자유노조는 임금표준표를 작성, 인쇄하여 노총과 각 자매단체의 후원을 얻어 목포소년단 악대를 선두에 세우고 시가행진을 하면서 이 표를 배포하였다.[89] 이와 함께 선박 적하(積荷) 노동자와 하차(荷車)노동자들이 동정 파업에 돌입하였다. 이 파업을 통하여 자유노조의 노동자들의 임금은 종래에 비하여 5할의 큰 폭으로 인상되었다.[90] 그리고 자유노조의 파업은 다른 노조에도 큰 영향을 미쳤다. 목공조합은 12월 13일 임시총회를 열고 임금을 2할 인상할 것을 결의하였다.[91] 또 하차노조는 12월 14일 2할의 임금 인상을 결의하였다.[92] 하차노조는 아사히 정미소측에서 임금 인상을 거부하자 17일부터 파업에 돌입하였다.[93] 한편 선하(船荷)노조도 3할의 임금 인상을 내걸고 18일 파업에 돌입하였는데, 고주(雇主)인 길전조와 목포조(木浦組) 양측에서 3할의 임금 인상을 수용하여 바로 작업에 복귀하였다고 한다.[94] 이처럼 자유노조로부터 시작된 임금 인상을 위한 파

87 『시대일보』 1925년 12월 11일 「기세 맹렬, 목포자유노동조합 파업 사건」

88 『동아일보』 1925년 12월 16일 「4개조 결의, 목포자유노조」 『시대일보』 1925년 12월 15일 「자유노동조합 임시총회」

89 『조선일보』 1925년 12월 16일 「標準賃銀 奏樂 宣傳」

90 김경일, 앞의 책, 356쪽

91 『동아일보』 1925년 12월 18일 「木浦荷車組合 臨總」

92 『동아일보』 1925년 12월 18일 「木工組合 臨總」

93 『동아일보』 1925년 12월 19일 「노동력 비매동맹, 雇主가 요구에 불응함으로, 목포 하차노조에서」

94 『시대일보』 1925년 12월 21일 「船荷노조 파업 해결, 兩組 雇主 3할 승락」

업은 하차노조, 선하노조 등으로 이어졌고, 이 파업은 목표를 달성한 가운데 비교적 성공적으로 끝났다.

목포 노총은 이제 목표를 공장노동자 쪽으로 돌렸다. 그 결과 일어난 것이 1926년 1월에 일어난 제유공파업이다. 제유노조의 파업은 당시 조선 유일의 면실유제조업체인 조선제유(朝鮮製油)주식회사 목포공장에서 일어났다. 조선제유는 당시 목포에 있던 조선면화주식회사, 아사히(朝日)정미소 등과 같은 계열(社長이 모두 喜多又藏)이었으며, 이들 계열의 공장에 속한 노동자는 모두 3천여 명이나 되었다. 따라서 제유공 파업은 이들 공장에도 큰 영향을 미칠 수 있는 중대한 사안이었다.

1926년 1월 15일 제유노조는 임시총회를 열어 동맹파업의 단행을 결의하고 임금인상(종래 1원 미만은 5할, 1원 이상은 4할 인상), 노동시간 단축(종래의 12시간에서 10시간으로), 공장 감독 중 불량분자의 축출 등 3개조의 요구조건을 내걸었다.[95] 제유노조가 파업에 돌입하자, 사안의 중대성을 감지한 제유회사측도 강경 대응으로 나왔다. 회사측은 파업직공 126명에게 해고통지서를 발송하고 목포시내 각 공장에 제유회사에서 해고한 직공은 절대로 채용하지 말아달라는 통고문을 돌렸다.[96] 회사측은 중국인을 채용하겠다고 광고를 하였다. 한편 파업단은 노조원의 이탈을 막기 위해 직공중 조합의 승인이 없이 회사를 방문하는 경우 이를 처벌한다고 결의하였으며, 조사부원들은 제

95 『시대일보』 1926년 1월 18일 「목포제유노조 임시총회」

96 『동아일보』 1926년 1월 23일 「123명 직공에 전부 해고통지, 그 직공은 쓰지 말라고 선전, 목포제유공동맹파업사건」

유공장 주변을 엄중 감시하였다. 파업단은 150명씩 매일 밤 조합 사무소에 모여 농성을 계속하였으며, 목포와 인근 지역의 사회단체는 동정금을 파업단에 보내왔다. 회사측에서는 임금을 10전 올려주겠다고 나왔으나 파업단은 이를 거절하였다. 회사측은 2월 1일 광주와 나주에서 새 직공 삼십여 명을 모집하여 목포에 싣고 왔으나, 파업단의 기세에 놀란 그들도 이튿날 아침 공장에서 도망치고 말았다.[97]

2월 초가 되어 파업이 20일째 계속되면서 파업단의 생계유지가 큰 문제가 되었다. 파업단은 행상대를 조직하여 생계문제를 해결하려 하였다. 행상대는 '목포제유노조 맹파단 구제행상대'라고 쓴 붉은 띠를 두르고 목포 시내는 물론이고, 나주 광주 등 전남 일대 순회에 들어갔다. 그러나 그들이 광주에 다다랐을 때 광주경찰은 그들의 취지가 불온하다하여 경찰서에 10일간 구류하였다.[98] 한편 서울청년회를 비롯하여 전국 각지에서 동정금이 답지하였다.[99] 2월 25일 목포의 사상단체 전위동맹은 제유노조 파업을 지원하는 연설회를 목포 청년회관에서 열었다.[100]

3월 중순 파업이 2개월째로 접어들면서 새로운 국면이 전개되었다. 회사측은 인근 농촌에서 감언이설로 농민 150여 명을 유인하여 야음을 타서 변장시킨 채 비밀리에 공장으로 데려와 일체의 외출을 금지시키고 작업을 시키는 한편, 파업단을 유인하기도 하여 내부분

97 『동아일보』 1926년 2월 5일 「新募工도 귀환, 로동가로 작별」

98 『동아일보』 1926년 3월 2일 「구제행상대에 동정」, 3월 4일 「行商隊 更派, 목포유공 파업단」

99 『동아일보』 1926년 2월 12일 「木浦 파업공에 동정」

100 『동아일보』 1926년 2월 25일 「비판연설회 오늘밤에 개최」

열을 노렸다. 그러나 파업단은 한 사람도 넘어가지 않았으며, 3월 8, 9일경 일부 노동자들은 밤에 신직공을 습격하여 중경상자 10여 명이 나오기도 하였다.[101] 이런 가운데 3월 17일 제유공들은 20명으로 결사대를 조직하여 공장 습격을 감행하여, 유리창을 파괴하고 기계를 부수어 작업을 하지 못하도록 만들었으며, 신 직공 5, 6명에게도 구타를 가하여 중상을 입혔다.[102] 파업단의 공장 습격으로 탄압의 구실을 찾은 경찰은 즉시 파업단원 20여 명과, 파업단의 습격 교사혐의로 전위동맹원 조극환·박제민·김영식·오도근 등 7명을 연행하였다. 그리고 시내 요소요소를 삼엄하게 경계하면서 공포분위기를 조성하였다.[103] 3월 21일에는 파업단 중 공장에 들어가 일을 계속하면서 파업단을 음해하던 6명의 직공들 집에 방화하는 사건이 일어났으며, 일부에서는 이를 파업단을 음해하기 위한 음모라는 소문도 돌았다.[104] 지도부를 잃은 파업단은 이후에도 단결을 공고히 하면서 전열을 흐트러뜨리지 않았으나 매일 오후 5시가 되어 사무만 파하면 제유공장 중역들이 경찰서에 모여 협의를 계속하면서 집중 공격하는 상황에서 일제의 자본을 무너뜨리기에는 역부족이었다. 결국 4개월여에 걸쳐 지속된 파업은 노동자들의 패배로 종결되고 말았다. 하지만 이 과정에서 노동자들이 보여준 단결과 투쟁성, 조직성

101 『조선일보』 1926년 3월 11일 「분개한 군중 신직공을 야습」

102 『동아일보』 1926년 4월 21일 「정간중의 사회상 - 파업단 공장습격」

103 『조선일보』 1926년 3월 23일 「20여 명 검거, 16처 수색, 파업단 공장습격사건으로 불안 공포중의 목포」

104 『조선일보』 1926년 3월 24일 「去益險惡한 제유 파업, 反動分子家 6處에 방화」

과 높은 의식성 등은 놀라운 것이었다.[105]

파업단의 습격사건으로 구속된 전위동맹원 임흥수·오도근·박제민·서병인·김영식·배치문·조극환 등 7명과 파업단원 윤수성·박점옥·서봉규·박홍식·전봉식·임이조·김성채·손덕홍·최준철·김영준 등 10명은 형무소에 수감되고 예심에 넘겨졌다.[106] 6월 26일 전위동맹원 가운데 오도근·박제민 외의 5명(배치문·조극환·김영식·서병인·임흥수)은 면소조치로 풀려나고, 이들 2명과 노동자 10명은 기소되어 7월 2일 광주형무소로 이감되었다.[107] 7월 11일과 19일 광주지방법원에서 열린 1심 공판에서 박제민은 8개월, 오도근은 6개월, 제유공 윤수성은 7개월의 금고와 징역을 각각 선고받았다. 나머지 노동자 9명은 집행유예 혹은 무죄로 석방되었다. 석방된 이들은 그날 저녁 기차를 차고 목포역에 11시경에 도착하였는데, 각 노동조합원, 목포노동소년회, 그리고 노동자들의 가족 등 약 3천 명이 출영하여 그들을 환영하였다. 역광장은 입추의 여지가 없었으며, "적색 노동기는 휘황한 전등불을 가렸고 출감동지 만세 소리는 적막한 밤공기를 깨쳤다"고 당시 신문은 보도하였다.[108]

1926년 제유공 파업으로 구속되었다가 석방된 전위동맹원들은

105 김경일, 앞의 책, 358-359쪽

106 『조선일보』 1926년 3월 30일 「囚車上에서 '노동자만세' - 팔십여 명 경관 엄중 경계로 17명을 형무소로 압송, 완연한 계엄상태의 목포」, 1926년 4월 9일 「예심에 부친 목포제유 맹파사건」

107 『동아일보』 1926년 6월 29일 「목포제유공파업 결사대 예심종결」, 7월 5일 「제유공 결사대 광주로 이감」

108 『조선일보』 1926년 7월 22일 「제유공 9명이 출감 귀향하자 수천군중이 驛頭에 出迎 歡呼」

목포노동총동맹을 중심으로 활동을 재개하여 10월 13일에는 창립 1주년 기념식을 열기도 하였다.[109] 목포노동총동맹은 1927년 목포노동연맹으로 개편된 것으로 보인다. 그러나 목포노동연맹은 1927년 말~1928년 초 목포 사회운동계의 분규(이에 대해서는 '신간회' 부분에서 상술)에 휘말려 이렇다 할 역할을 하지 못하였다.

이후 목포의 노동운동은 비합법운동의 지도하에 합법적 표현 단체를 재건하거나 혹은 이를 강화하려는 방향으로 전개되었다. 1930년에 배치문 등이 노동연맹을 재건, 강화하려고 시도하였다. 배치문은 1926년 제2차 조선공산당 사건에 연루되어 1년 6개월의 형을 받고 서대문형무소에서 복역하다가 1929년 3월 중순에 만기 출옥하였다. 당시 목포에서는 1926년의 제유공 파업 이래 운동전선이 분열된 상태에서 침체를 거듭하고 있었으며, 따라서 그는 이러한 상황을 극복하기 위하여 박제민 등과 함께 암중모색을 하였다. 이 당시 목포의 노동운동계에는 배치문·박제민을 중심으로 한 세력과, 김용길·오도근·오동명 등 일파의 세력, 그리고 김영은 등 3개의 파가 상호 대립하여 각자 자파의 세력을 확장하려고 꾀하고 있었다. 1930년 2월 배치문은 당시 조선공산당 재조직 사명을 띠고 국내에 들어와 있던 김철수와 회견하였으며, 이 회견에서 코민테른의 12월 테제에 입각하여 각 파쟁을 청산하는 동시에 노동자·농민에 기초를 둔 조직을 만들고 투쟁을 통하여 이들을 지도 교양하여야 한다는 것을 전해들은 배치문은 목포로 돌아와서 각파의 파쟁을 일단

109 『동아일보』 1926년 10월 5일 「목포노동동맹 집행위원회」, 10월 12일 「목포노총 기념식」

통일하여 노동연맹 부흥의 합의를 끌어내는 데는 성공하였으나, 내부분열로 결국은 좌절하고 말았다.[110]

여기서 내부 분열이란 대체로 다음과 같은 것이었다. 당시 김용길 일파는 동경에서 무정부주의에서 공산주의로 전환하여 상애회(相愛會)와 관계를 가지고 식당을 경영하면서 노동자를 착취하고 나아가 부정한 소행을 일삼아 동경에서 축출되어 목포로 귀향한 강허봉(姜虛峯, 일명 姜錫先, 林榮一)과 교유하면서, 목포노동운동을 위하여 각 조합을 나눠 그 실상을 조사하고 노동자 가운데 들어가 실제운동에 착수할 준비를 하는 등의 활동을 하고 있었다. 또 당시 김영은(金榮殷)은 아무런 구체적 활동을 하지 않으면서도 목포 노동운동에서 나름의 이론을 전개하여 일정한 비중을 차지하고 있었다 한다. 배치문 등은 이들 양자를 모두 포섭하여 1930년 5월 목포노동연맹의 부흥을 위한 대회를 개최하는 데 성공하였다. 이와 아울러 이들은 부흥위원으로서 박제민·김영은·강허봉 3인을 선출하였다. 이들은 회합을 거듭하면서 목포 노련의 간부를 선정하고 각 노동조합에 대한 정세조사와 지도를 분담하였으며, 목포운동의 방침서 및 노련 규약을 작성하는 등 구체적인 활동을 전개하였는데, 강허봉과 박제민 사이에서 빚어진 일본 여인과의 애정 문제와, 강허봉의 일본에서의 행적이 불거지면서 강허봉을 어떻게 처리할 것인가의 문제를 둘러싸고 박제민과 오동명·김용길·오도근 사이에 이견이 생겼다. 결국 오동명 등은 강허봉과 결합하고, 배치문과 박제민만이 따로 떨어지게 되었다. 강허봉·김용길 일파는 배치문 일파와는 별도로 노동운동을

110 김경일, 앞의 책, 160-161쪽

전개하기로 하고 1930년 6월 상순 무렵 김상규의 별장에 방적직공을 초대하여 주연을 베풀면서 노동조합을 조직하려고 하였다. 배치문 일파는 이 자리를 덮쳐 강허봉의 구악을 폭로하고 그 일파의 기회주의적 태도를 매도하여 그 자리에 모인 이들을 해산하게 만들었다. 배치문·박제민 일파는 이들을 철저히 응징하기로 하고, 같은 해 6월 하순 목포청년동맹에서 오도근을 반동분자라하여 정학현·한석순이 구타하고 계속하여 기회를 잡아 강허봉을 구타할 계획이었으나 강허봉은 목포에서 도망쳐 경성으로 갔다고 한다.[111]

배치문 등 목포 노동운동가들은 1930년 7월 이른바 「조선공산당 재조직 계획사건」과 관련하여 경성과 전라남북도, 함경남북도의 공산주의자들이 일망타진되는 과정에서 역시 모두 검거되고 말았다. 이 때 경성 종로서에 검거되어 구속된 이들은 모두 33명이었는데 그 가운데에는 배치문(41세), 오도근(30세), 임흥수(27세), 박제민(32세) 등도 포함되어 있었다. 하지만 이들은 조사 결과 별다른 혐의가 없어 9월 불기소처분을 받고 풀려나게 된다.[112]

이후에도 목포에서는 사회주의자들이 합법적 노동단체의 활동에 직접 개입하여 이를 지도하려는 시도가 있었다. 1932년 8월경에는 제2차 조선공산당에 관련되어 러시아로 망명하였다가 모스크바 공산대학을 마치고 은밀히 귀국한 윤기현(尹基鉉) 등이 중심이 되어 목

111 김준엽·김창순, 『한국공산주의운동사(자료2)』, 고려대아세아문제연구소, 1980, 674-677쪽

112 『중외일보』 1930년 8월 12일 「兩回로 나누어 十名을 護送, 京城 鐘路警察署로, 木浦大檢擧 後聞」 『조선일보』 1930년 9월 9일 「노동자 농민 중심으로 공산당과 공청 세포, 33인 금일 송국」, 『동아일보』 1930년 9월 19일 「종로서 사건 예심회부, 김태욱 이하 10명만 기소」

포 자유노동조합 등에서 활동을 벌였다. 그는 전남북 일대에 조선공산주의자 열성자협의회를 조직하고 목포에서 자유노동조합에 가입한 후 자유노조 조합원들을 비롯한 운동가들을 획득하여 활동하였다. 이 그룹에서 대상으로 한 공장이나 조합은 목포 직포공장, 선하노동조합, 대창고무, 목포제유공장, 부청 위생인부, 각 철공소, 동아고무 등이었다. 이외에도 선하자유노동조합원의 동맹파업을 지도하였고, 그 조직을 변경하여 부두노동자까지 망라한 통일단체를 결성하였다. 이듬해인 1933년 2월에 경찰에 10여 명의 자유노동조합원들이 검거되기 시작하면서 전모가 드러난 이 사건으로 주모자 윤기현을 비롯하여 김상만·임중술·임대수 등은 각기 5년에서 3년 6개월의 징역을 구형받았다.[113]

1934년에는 경찰에 의해 적발된 김정수 등의 혁명적 노동조합 사건이 있었다. 이른바 공산주의자동맹의 김정수(金正洙)·이기동(李琪同)·박흥복(朴興福)·양재용(梁在容)·강영수(姜榮秀) 등은 당시 공장·농촌·학교에 조직을 뻗쳐나가고 있었다. 이들은 당시 목포의 일화제유주식회사, 동아고무주식회사, 조선면화주식회사 직포공장 등에 침투하여 조직을 만들고 있었다 한다.[114] 또 1933년에는 화요파 공산주의자인 좌행옥(左行玉)이 중국 상해로부터 목포에 들어와 이홍연(李洪衍)·김홍근(金洪根)·김종택(金鍾澤) 등과 협력하여 목포에 목포출판노동조합 준비위원회를 만드는 등 산업별 조직체를 결성하려

113 김경일, 앞의 책, 162쪽

114 『동아일보』 1934년 12월 6일 「주의자 동맹을 조직, 학교와 농촌을 적화」

고 준비하다가 1936년 검거되었다.[115]

김정수는 해남 계곡면 출신으로 경성휘문고보를 4학년 수료하고 동경 와세다제일고등학원에 입학하여 중도 퇴학한 뒤 목포에 들어와 명태, 만주조 등의 무역에 종사하면서 1932년경 이기동 등과 함께 레닌주의자동맹(뒤에 공산주의자동맹으로 개칭)을 만들고 혁명적 노동조합을 결성하는 운동을 전개하다가 검거되어 1934년 광주지방법원에서 징역 2년 6월을 선고받았다. 좌행옥은 제주도 출신으로 일본 오사카에서 노동을 하기도 했으며, 1929년 상해에 가서 재중국한인청년동맹, 상해한인청년동맹 등에 참여하였고, 1931년 조공 재건운동에 종사하다가 1934년 검거되어 1937년 광주지법에서 징역 5년을 선고받았다.

1930년대 목포 노동쟁의의 대표적인 것은 삼화고무 여공들의 파업이었다. 1935년 11월 14일 삼화고무 여공 94명은 공장측에서 임금을 갑자기 인하하자 이에 대응하여 파업에 돌입한 것이었다. 당시 공장측은 경비절약을 위해 종전의 임금을 별여(別女)족 2전 5리를 2전으로, 어린이 신발 1전 3리를 1전으로 인하하겠다고 발표하였다. 이에 대해 여공들은 물가가 크게 오르고 있는 때에 임금을 인하한다는 것은 받아들일 수 없는 일이라고 주장하고 동맹파업에 들어간 것이었다. 양측의 대립은 강경하여 회사측은 여공 가운데 20명을 해고 조치하고, 광주로 사람을 보내 신 직공 모집에 나섰다. 여공측은 경찰서에 진정서를 제출하였고, 전남경찰부는 사태의 심각함을 중시하여 형사부장을 파견하여 중재에 나섰다. 공장측은 임금 인하

115 「좌행옥 등 광주지방법원 공판기록」『한국민족해방운동사자료집』 7(영진출판사)

의 폭을 줄여 2전 2리, 1전 1리로 각각 인하하겠다고 타협안을 내놓았다. 타협안에 대해 파업단측은 처음에는 이를 받아들일 수 없다는 강경한 태도를 보였다. 그러나 공장측에서 신 직공 13명을 모집해 와서 작업을 시작하고, 추가로 직공을 모집해올 태세를 보이자 파업단은 21일 공장측과 협상에 나서 공장측의 수정안을 받아들이기로 하고 해고자는 전원 복직시킨다는 조건하에 22일 작업에 복귀하였다.[116] 삼화고무의 여공 파업이 이처럼 사실상 굴복으로 끝난 것은 당시 목포에 노동운동 단체나 기타 사회운동 단체가 존재하지 않았던 데에도 그 원인이 있었다.

여성운동

목포에서 근대적인 여성운동이 시작된 것은 1920년 7월의 일이었다. 7월 11일 양동교회의 기독교 여성신도들 가운데 최자혜(崔慈惠)·박애란(朴愛蘭)·김납현(金拉賢) 외 10인의 발기로 여성의 품성도야, 상식 배양, 조선문 보급 등을 도모한다는 취지하에 목포여자수양회가 조직되었다. 창립 당일 이들은 양동교회에서 강연회를 열어 김납현 등이 '가정문제는 여자교육이 급선무'라는 주제로 강연을 가졌다.[117] 다음 달인 8월 17일에는 역시 양동교회에서 관광차 목포에 들

116 『동아일보』 1935년 11월 18일 「삼화고무공장 여공이 돌연 盟罷」; 『조선일보』 1935년 11월 21일 「목포고무 파업 여공측 태도 강경」; 『동아일보』 1935년 11월 21일 「쟁의는 갈사록 강경, 경찰의 조정도 수포」; 『조선일보』 1935년 11월 25일 「목포삼화고무 파업을 遂解決」

117 『동아일보』 1920년 7월 21일 「목포여자수양회」

른 강경의 만동여학교 교사인 한연순(韓連順)의 강연회를 열었다.[118] 1922년에는 회원 방춘화(方春華)·최정현(崔貞賢)·강지성(康至誠) 등의 주도하에 부인야학회를 영흥학교 내에 설립하여 학생 140여 명을 가르치게 되었다.[119] 1926년 8월에는 야자야학회의 경비를 마련하기 위해 동아일보 목포지국 후원으로 음악회를 개최하기도 하였다.[120]

한편 1926년 1월에는 목포의 신흥청년들의 도움을 받아 신진 여성들이 목포여자청년회를 창립하였다. 여자청년회는 "여성의 지위 향상과 사회적 훈련을 목적으로 한다"고 표방하였다. 집행위원은 고연우(高蓮宇)·한국혜(韓國惠)·김영애(金玲愛) 등 8명이었다.[121] 목포여자청년회는 1927년 6월 4일 '가정교육이 학교교육보다 중요한가, 아니면 학교교육이 가정교육보다 중요한가"라는 주제로 토론회를 가졌다.[122]

한편 목포에도 신간회의 자매단체의 성격을 지닌 근우회(槿友會) 목포지회가 1927년 12월 3일 설립되었다. 근우회 목포지회 설립은 그동안 목포지역의 여성운동을 주도해온 유경애(柳景愛)·김말봉(金末鳳)·고연우(高璉宇) 등에 의해 주도되었다. 이날 오후 3시 청년회관에서 열린 창립대회는 김말봉의 개회사, 박신우(朴新友)의 취지설명, 임시집행부 선거, 천귀례(千貴禮)의 경과보고, 윤정식(尹貞植)의 축전 축문 낭독, 김정애(金貞愛)의 규약 낭독 순으로 진행되었다. 이날 대회

118 『동아일보』 1920년 8월 17일 「청년수양회 강연」
119 『동아일보』 1922년 11월 11일 「목포여자수양회」
120 『동아일보』 1920년 8월 17일 「목포 음악 성황」
121 『시대일보』 1926년 1월 16일 「목포여자청년 13일 창립」
122 『중외일보』 1927년 6월 7일 「木浦女青 臨總」

에서 결정된 각 부서별 명단은 다음과 같다.

- 서무부: 김말봉 박복남(朴福南) 홍순명(洪順明)
- 재무부: 윤정식 김정신(金貞信) 허미경(許美慶)
- 교양부: 유경애 고연우 김정애
- 선전조사부: 방춘화(方春花) 양미순(梁美淳) 한국혜(韓國蕙)
- 정치연구부: 천귀례 정윤희(鄭允姬) 전채원(田彩園)[123]

근우회 목포지회는 1928년 5월 목포중학원에서 간사회를 열고 경성에서 개최될 전국대회에 제출할 건의안과 대의원을 선출할 정기대회를 5월 10일 중학원에서 개최하기로 하였다. 계획대로 정기대회는 5월 10일 열렸던 것 같다. 그러나 이 대회는 목포지회 내부의 큰 분규를 일으켰다고 한다. 분규의 내용은 자세히 알 수 없으나 목포지회에서 대회를 연 것이 합법인가 아니면 불법인가 하는 것이 쟁점이 되었다고 한다.[124] 1928년 7월 17일 경성에서 열린 근우회 전국대회에서도 목포지회의 대회 합법성 여부는 쟁점이 되었다. 본부에서는 목포지회에 대한 정권(停權) 처분은 불가한 일이라고 주장하였고, 다른 한편에서는 이에 대해 항의하여 논란을 벌였고, 결국 "목포지회의 두 파는 무조건 타협하라"는 결의를 하기에 이르렀다. 이에 따라 양파에서 파견된 대의원들은 앞에 나와서 금후로는 정의를 위하

123 『조선일보』 1927년 12월 8일 「근우 목포지회 설립대회」

124 『중외일보』 1929년 7월 17일 「兩派로 對立 怒號, 장내 극도로 소연, 의장 불신임 문뎨와 목포문뎨는 론쟁을 거듭하다가 겨우 락착돼」

여, 일을 위하여 합동 일치한 행동을 하기로 선언한 뒤 양편 대표가 손을 마주잡고 뜨거운 악수를 나누었다고 한다.[125] 그러나 이것은 전국대회 현장에서의 일이었고, 목포지회의 고연우 일파는 그 뒤 본부의 이같은 결의를 비난하는 성명서를 내기에 이르렀다. 이에 본부 측에서는 격노하게 되고, 1929년 3월 28일에는 이 분규를 해결키 위해 정종명(鄭鍾鳴)을 목포에 파견하기도 하였다.[126] 그러나 이 분규는 원만히 해결되지 못하여 1929년 7월 27일 근우회 전국대회에서는 중앙위원회에서 제기한 목포지회 해체안을 가결시켜 목포지회는 해체의 위기를 맞게 되었다. 이에 목포지회에서 파견된 대의원은 전국대회 석상에서 목포지회 분규에 대해 사과하였고, 대회는 이를 받아들여 목포지회 재조직문제에 대한 장시간의 토의를 거쳐 대회에서 선출한 특파원의 주도하에 8월 15일 목포지회를 재조직하기로 의결하였다.[127] 이로써 근우회 목포지회는 분규를 마무리 짓고 재출발할 수 있었다.

근우회 목포지회는 1930년 4월 10일 목포청년동맹 회관에서 제2회 정기대회를 가졌다. 이날 대회에서는 경과보고 이후 행동강령, 기본대중 획득의 건, 규약강령 개정의 건, 반(班)조직 확립의 건, 회관 문제 등을 논의할 예정이었으나 임석 경관의 금지로 전혀 하지 못한 가운데 다만 임원만을 개선하는 데 그쳤다. 새로이 선임된 집행위

125 『중외일보』 1928년 7월 17일 「양파로 대립 노호, 장내 극도로 소연, 근우 대회 제2일」

126 『조선일보』 1929년 3월 30일 「목포 근우의 지회 분규로 뎡종명씨 출장」

127 『조선일보』 1929년 7월 29일 「목포 동경은 재조직과 복권. 개회벽두부터 문데되어 대의원의 사과로 락착해」

원장은 방춘화(方春華), 집행위원은 김영애(金暎愛)·한국혜(韓國蕙)·김정애(金貞愛)·고연우(高璉宇)·박복남(朴福南)·백금덕(白今德)·최종경(崔鍾卿)·최이선(崔二善)·김순남(金順南)·홍자혜(洪慈惠), 검사위원은 양낙경(梁洛卿)·양순하(梁順河)·이유감(李有感), 대의원은 김정애·김영애·한국혜·고연우 등이 선출되었다.[128] 근우회의 이후 활동에 대해서는 자료가 없어 확인하기 어렵다.

4. 소결

일제하 목포에서의 민족운동과 사회운동은 목포라는 도시의 특성을 반영하면서 진행되었다. 우선 목포에는 신식 학문을 가르치는 학교들이 많이 있었다. 기독계에서 세운 영흥학교와 정명여학교가 있었고, 공립으로 목포상업학교가 있었다. 따라서 3·1운동, 워싱턴회의 때의 만세운동, 광주학생독립운동 때의 학생봉기 등은 모두 이들 학교 학생들에 의해 이루어졌다. 학생층의 활동이 두드러졌으며, 이들 학생운동에 참여했던 이들이 훗날 목포의 민족운동과 사회운동 진영에서 활동하는 경우도 많았다.

또 목포에는 조선인 자본가와 지주들도 소수였지만 존재했다. 이들은 1920년대 부르주아적인 청년운동을 주도하였다. 그런가하면 목포에는 부두노동자, 자유노동자를 비롯하여 공장노동자도 상당히 많았으며, 1920년대 중반 노동자 수는 1만 2,000여 명에 달하였

128 『중외일보』 1930년 4월 13일 「木浦 槿支 정기대회 경과」

다. 때문에 이들 노동자들을 조직하여 파업을 유도하는 노동운동이 활발히 전개되었다. 이러한 노동운동을 이끈 것은 사회주의적인 청년들이었다. 1924년 사상단체 '전위동맹'을 조직한 사회주의적인 청년들은 이후 목포에서의 청년운동, 노동운동 등 사회운동과 신간회와 같은 민족운동을 이끌게 된다.

목포에서의 3·1운동은 4월 8일과 9일 목포의 청년층, 특히 기독교계의 청년층과 정명학교·영흥학교·상업학교 등 학생층이 주도적으로 참가하여 진행되었다. 이틀에 걸친 시위는 상당히 격렬하게 진행되었고, 80여 명이 경찰에 연행되어 심한 고문을 당하였다. 이들 가운데 약 40명이 재판에 회부되었으나 재판기록이 남아 있지 않아 형량은 정확히 알 수 없다. 1921년 워싱턴회의가 있었을 때, 정명여학교와 영흥학교 학생들은 시가지까지 나와 독립만세를 불렀다. 이 일로 정명여학교 학생 11명과, 영흥학교 학생 5명이 구속 기소되었다.

3·1운동 이후 목포에서도 다른 지역과 마찬가지로 이른바 '문화정치'의 공간을 이용한 부르주아적인 청년운동이 시작되었다. '목포청년회'에는 목포의 자본가·지주 등 이른바 '유지'라고 부를 수 있는 이들이 참여하였다. 목포청년회의 활동은 이렇다 할 만한 것이 없었으며, 1923년 목포부협의회 선거에 목포청년회 대표를 뽑아 내보내는 등 체제 내에서의 운동에 그치고 있었다. 목포청년회의 활동은 1923년 이후 침체기에 들어갔다. 그런 가운데 1924년 9월 목포에도 사회주의 사상의 바람이 불어와 '무산청년회'가 조직되었다. 이에는 강석봉·조극환·배치문 등이 참여하였다. 이어서 1925년 9월에는 사상단체 '전위동맹'이 조직되었다. 이에는 김영식·배치문·서병인·조극환·오도근·박제민 등이 참여하였다. 목포에 무산청년회가 등

장한 이후 목포의 청년운동계에는 보수적인 목포청년회와 진보적인 무산청년회가 공존하였다. 목포청년회는 1927년 목포청년동맹으로 바뀌었으며, 김철진·오동명 등이 이를 주도하였다.

한편 목포는 노동운동이 활발한 곳이기도 하였다. 이미 대한제국기에 부두노동자 파업으로 유명했던 목포에서 노동조합이 다시 결성된 것은 1920년의 일이었다. 이 '전남노동조합'은 황화선 등의 노력에 의해 이루어진 것이었다. 하지만 이 조합의 활동은 활발하지 못했다. 1921년 3월에는 서울에서 노동운동가인 차광필이 목포에 내려와 노동조합을 만들려 하였으나 실패로 돌아갔고, 1924년에 다시 목포에 내려와 '해륙노동조합'을 만드는 데 성공했다. 해륙노조는 항만의 하역노동자들을 조직한 것이었는데, 객주들의 문옥조합 지정노동부의 힘에 밀려 사실상 활동이 중단되었다. 목포의 노동운동은 1925년 9월 사상단체 '전위동맹'이 조직되면서 크게 탈바꿈하게 된다. 전위동맹은 노동자들을 제유노조, 면업노조, 정미노조, 하차노조, 방직노조, 자유노조, 선하노조, 문옥노조 등 직업별로 조직하였다. 1925년 말 조합원은 모두 1,770명에 달하였으며, 이를 토대로 '목포노동총동맹'이 조직되었다. 노동조합 조직이 어느 정도 성공하자, 바로 이들 노조가 주도하는 노동쟁의들이 일어났다. 1925년 말 자유노조가 임금 인상을 요구하면서 파업에 돌입하여 목표를 달성하고 성공적으로 끝났다. 자유노조의 파업은 하차노조, 선하노조의 쟁의로 이어졌다. 노동쟁의의 불꽃은 이제 공장노동자들로 옮겨붙었다. 1926년 초 제유노조의 파업이 시작되었는데, 목포의 조선제유는 조선면화 계열의 공장으로 자본주측은 이를 총력으로 저지하려 하였다. 제유노조의 파업은 4개월 여 동안 지속되었지만, 결국 실패로 끝나고 말았다. 이후 노동운동은 비교적 뜸하였다. 1930년대에 들어 목포에서의 노동운동은 사회주의자들의 당재건운동과 연결되어 진행되었다. 1932년에 윤기현 등의 자유노조 활동, 1934년의 김정수 등의 혁명적 노동조합 사건, 1933년 좌행옥 등의 노조 조직사건 등은 모두 그러한 성격의 것들이었다.

한편 목포에서도 1927년 6월 신간회 목포지회가 조직되었다. 초대 회장과 이를 이은 집행위원장은 모두 김면수가 맡았는데, 그는 목포 사회의 원로였다. 부회장인 최경하는 의사였다. 그밖에 목포의 여러 유지들과 사회주의 청년들이 신간회에 참여하였다.

목포는 일본인 지주와 자본가가 많이 거주하였고, 일본으로 쌀과 면화를 실어가는 항구였으며, 부두노동자와 공장노동자가 많았기 때문에 민족운동과 사회운동이 그만큼 치열할 수밖에 없는 곳이었다. 따라서 3·1운동과 학생운동 등 민족운동이 그만큼 활발하였고, 또 특히 노동운동이 활발하게 전개되었다. 하지만 조선인 지주와 자본가도 일정하게 형성되어 있었으며, 이들에 의한 보수적이고 타협적인 움직임도 동시에 나타나고 있었다. 따라서 목포의 민족·사회운동은 지속성이 그만큼 약하였다. 대지주 김성규의 아들이었던 김철진이 1920년대 사회주의 운동에 참여하여 조선공산당 고려공청의 목포 세포 책임자였다가 1940년 목포부회에 참여하는 모습은 바로 목포의 민족·사회운동이 지닌 취약성을 그대로 보여주는 것이었다.

제3장

해방·분단·전쟁기 혼돈의 목포 지역사회

1. 서론

해방 직후 전국적으로 건국준비위원회가 구성되고, 이는 9월 중순 인민위원회로 개편되었다. 그리고 10월 들어 미군 전술부대와 군정부대가 차례로 각 지역에 배치되었다. 미군 군정부대는 각 지역의 인민위원회를 좌익세력으로 간주하고, 이를 해체시키는 데 주력했다. 그리하여 1946년 봄이 되면 인민위원회는 사실상 해체되고, 좌익세력은 조선공산당과 민주주의 민족전선으로 집결하게 된다. 그리고 미군정은 우익 정당과 우익 청년단의 육성에 주력하여 1947년경이 되면 각 지역에서의 좌우익은 팽팽한 세력 관계를 보여주게 된다. 그리고 1947년 초 트루만 독트린이 나오고, 미소 냉전이 시작되면서, 남북의 분단정부 수립은 불가피한 일로 굳어져 간다. 이에 따라 미군정은 남한 내에서의 좌익세력을 크게 약화시켜야 한다는 생각을 갖게 되고, 1947년 여름부터 남로당과 민전의 활동은 사실상 불법화되고, 좌익세력은 지하로 잠적하게 된다. 그리고 1948년 5·10 선거가 실시되면서 우익세력, 혹은 우익성향의 무소속 후보가 대부분 당선되었다. 이로써 지역사회에서의 정치세력 판도는 우익이 확실히 주도하게 된다. 그러나 이에 대한 부분적인 반발로서 여순사건이 일어나자, 정부는 국가보안법의 제정, 보도연맹 결성으로 맞서게 된다.

1945년부터 1949년경까지 전국적으로 이와 같은 상황이 진행될 때, 목포에서는 어떤 일이 일어났을까. 이 글의 일차적인 관심은 여기에 있다. 그리고 1950년 6·25전쟁이 일어나고 다시 한 번 지역사회는 요동치지만, 인민군 치하는 2개월 정도밖에 가지 않았다. 전쟁은 오히려 좌익세력 혹은 이에 심정적으로 동조하던 세력까지 모두 숙청할 수 있는 기회를 오히려 제공했을 뿐이었다. 전쟁을 거치면서 좌익세력의 뿌리는 거의 뽑히게 된다. 이러한 상황은 목포에서는 어떻게 진행되었을까. 이에 대해 알아보기로 하자.

2. 해방 전후 목포의 정치사회적 동향

일제말기 전시체제와 강제동원

1937년 중일전쟁이 발발하면서 일제는 조선에서 본격적인 전시체제를 갖추어 나갔다. 그 여파는 목포에도 그대로 밀려왔다. 1936년부터 시작된 신사참배 문제로 목포정명여학교와 목포영흥학교는 1937년 3월 폐교하였다. 1938년에는 황민화운동을 더욱 강화하여 전국 각지에 신사가 세워지고, 애국반 단위로 조선인을 동원하여 신사참배, 국기게양, 황국신민서사 제창, 근로봉사 등을 월례행사로 강제했다. 1939년에는 창씨개명제도를 만들어 조선인의 성까지 일본식 씨로 바꾸게 함으로써 민족말살정책은 극에 달하였다.

1938년 7월 일제는 국민정신총동원조선연맹을 조선총독부 학무국이 중심이 되어 발족시켰다. 이에 따라 각 지방에는 부·군에 부연맹·군연맹이 만들어지고, 다시 그 밑에 정·동·리(町·洞·里)연맹과 애국반, 그리고 각종 연맹을 만들어졌다. 목포에서도 각 정·동(町·洞)연맹과 애국반이 만들어지고, 목포군사연맹, 목포애국국방부인회 등 각종 단체가 이미 그 전에 만들어졌다. 목포군사연맹에서는 이후 애국기(愛國機) 모금운동을 펴게 된다. 또 1938년 10월 조선방공협회 목포지부, 전남도 군사원호상담소 등이 설치되었다.

1939년 8월 14일자 『매일신보』는 방공협회 목포지부 결성 1주년 기념으로 14, 15 양일간 시내 22개의 의용단 1,040명을 동원하여 각각 국기를 들고 각 의용단마다 선두에 의용단 표시기를 앞세우고 가두행진을 하고 신사(神社)가 있는 옥지(玉池)에 가서 근로작업을 하도록 하였다고 보도하였다.

또 1941년에는 사변국채(事變國債), 보국채권, 저축채권 등이 강제적으로 할당되어 목포부민들도 이를 강제로 사야만 했다.[1]

1938년부터는 지원병제도를 실시하여 사실상 반강제로 조선인 청년들을 끌어가기 시작하였다. 1941년 태평양전쟁이 발발하자 일

1 『매일신보』 1941년 6월 23일

제는 학도지원병제도를 실시하여 본격적으로 청년들을 징발하여 가기 시작했다. 그리고 마침내 1944년에는 징병제를 실시하여 해방이 될 때까지 약 1년 반 동안 20만 9천여 명의 조선인 청년들을 전선에 내몰았다. 그뿐 아니라 1939년에는 노무동원계획의 이름으로 조선인 청년들을 노동자로서 강제 연행하기 시작했으며, 1942년에는 근로보국대의 이름으로, 그리고 마침내 1944년 8월에는 국민징용령에 의해 강제동원이 이루어졌다. 1939년부터 1945년 사이 일본에 강제 연행된 조선 민중은 약 113만 명이며, 특히 1944년에 약 38만 명, 45년에 약 33만 명이 연행되었다. 1944년 8월에는 여자정신대근로령을 공포하여 수십만에 달하는 미혼 조선여성들을 일본·조선의 군수공장의 노동자로 강제동원했다. 또 조선여성들을 남방과 중국 전선에 위안부로 연행하였다.

1945년 1월 30일 목포 상공에는 미군기 B29가 나타났다. 당시 미군기는 서해바다에서 평안도, 서울을 거쳐 목포 상공을 통해 서쪽으로 빠져나갔다.[2] 미군기를 보면서 목포의 조선인들은 조선의 해방이 멀지 않았다고 생각했을 것이다.

해방과 목포 건준의 등장

8월 15일 낮 일본 천황의 항복 선언 방송과 함께 한국은 일본의 지배로부터 완전히 해방되었다. 해방 될 즈음 목포부에는 8만 5천 명의 인구 가운데 약 1만 명의 일본인이 살고 있었다. 이들 일본인은 약

2 『매일신보』 1945년 1월 31일

40년 동안 사실상 목포를 지배해온 이들이었다. 따라서 목포의 7만 5천의 한국인들이 갖는 감회는 남다른 것이었을 것이다.

해방과 함께 목포에서도 다른 곳과 마찬가지로 건국준비위원회가 세워졌다. 목포의 건준은 8월 17일을 전후하여 결성된 것으로 짐작된다. 목포 건준의 조직은 다음과 같았다.

위원장: 이남규(李南圭)

부위원장: 김백동(金百東), 국순홍

내무국장 및 교통부장: 유치오(兪致五)

선전부장: 임영춘(林永春)

치안대장: 임태호(林太浩)

이남규는 무안군 청계면 복길리 출생으로 평양신학교를 졸업하고 목사로 활동한 바 있었으며, 신사참배 거부로 2년여의 옥고를 치른 인물이다.[3] 김백동은 제주도 출신으로 1932년 전남노농협의회 사건 관련으로 옥고를 치른 인물이었으며,[4] 해방 이후 박헌영 직계의 공산주의자가 되었다. 국순홍은 순창 출신으로 내과의사였다.

3 그는 이후 독립촉성회 목포지부장을 맡았고, 1946년 미군정의 입법의원이 되었으며, 1948년 제헌의원 선거에서도 목포에서 당선되었고, 이승만에 의해 초대 전남지사로 임명되었다. 1959년 한국기독교연합회장, 1960년 참의원 당선 등의 경력이 있고, 이후 목포영흥중고 교장, 연세대 이사 등을 역임하고, 1976년 76세의 나이로 타계했다(전남일보 광주전남현대사 기획위원회, 『광주전남현대사』 1, 전남일보사, 1991, 57쪽).

4 『동아일보』 1932년 7월 27일 「경찰취조 6개월만에 76명 금일 송국, 전남노농협의회사건」

유치오는 광주학생독립운동 당시 성진회 사건으로 구속되었고, 또 1932년 전남노농협의회 재건운동 사건으로 구속된 바 있었다.[5] 임태호(1910년생)는 1929년 목포청년동맹에 참여했으며,[6] 1931년 목포 격문사건으로 검거되어 2년 동안 목포형무소에서 복역하였다.[7]

목포인민위원회와 미군정의 갈등

목포 건준은 9월 중순경 인민위원회로 개편되었다. 인민위원장에는 건준의 부위원장이었던 국순홍이 추대되었다. 그밖에 김백동·유치오·임종근(林鍾根)·임태호·한종식(韓宗植)·임영춘·박종호(朴鍾浩)·김영재(金永才)·최규문(崔圭文)·정해룡(丁海龍)·박두재 등이 인민위원회에 참여하고 있었다.[8] 국순홍은 경성의전을 졸업하고 목포 부란취병원에 근무하다가 1931년 이후 화평병원을 개업한 내과의사로서, 어느 정도 사회활동도 하던 인사였다. 아마도 실권은 김백동, 유치오, 임태호 등에 있었던 것으로 보인다.[9]

해방 직후 목포는 유동인구가 많았다. 일본·만주·북한 등지에서 유입된 인구가 대단히 많았고, 이러한 유동성은 목포인민위원회를 강하고 급진적으로 만들었다. 미군정보보고서는 10월 중순과 하순 목포가 무질서상태에 있다거나, 무장한 한국인이 일본인의 재산

5 『조선일보』 1932년 12월 18일 「전남노농협의회 재건사건 송국」

6 『중외일보』 1929년 3월 2일 「木浦青盟 定總」

7 『동아일보』 1933년 8월 17일 「林太浩군 출옥」

8 『광주전남현대사』, 1, 81쪽.

9 『조선일보』 1931년 11월 18일 「목포소개판(2) 의료계 권위 鞠淳弘씨」

을 강탈하였다는 보고를 계속 올렸다. 또 일본인들도 전라남도에서 가장 치안이 나빴던 곳은 목포였다고 기술하였다. 해방 전 일본으로 끌려갔던 징병, 징용자들이 목포로 다수 귀국하였고, 이들은 목포 부윤에게 1인당 3천 원의 위자료를 내라고 요구하였으며, 정미공장과 일화제유 등에서 강탈행위가 자행되었다는 보고도 있었다. 당시 목포경찰서는 임태호가 이끄는 치안대에 의해 접수되었다. 150여 명의 치안대는 목포뿐만 아니라 인근 무안·영암·함평 등지에까지 영향을 미쳤다.

미군이 진주한 뒤인 10월 하순부터 11월 중순까지 일본군과 민간인을 일본으로 철수시키는 작전이 이루어졌다. 목포의 일본인들은 미군 진주전에 목포에서 2척의 배를 전세내어 수송작전을 시작하였으나, 미군은 남한지방의 모든 일본인들을 부산으로 집결시켜 이곳에서만 일본으로 수송한다고 발표하여 이는 중지되었다. 이에 따라 목포의 일본인들도 기차를 타고 부산으로 가서 그곳에서 배를 타고 일본으로 건너갔다. 일본인들은 철수과정에서 스스로를 보호하기 위하여 각 시군별로 세화회(世話會)라는 단체를 만들기도 하였다. 목포의 세화회 회장은 나카지마 겐조(中島健三, 전 목포경찰서장), 부회장은 무라카미 나오스케(村上直助, 상공회의소 회두), 총무부장 도마리 구사쿠(泊龜作, 상공회의소 이사), 총무 사카모토 기이치로(坂本喜一郎), 수송부장 후타키 마사키치(二木正吉) 등이었다.[10]

미군 6사단 병력의 일부(20연대 1대대)가 목포에 진주한 것은 10월 18일이었다. 그리고 10월 20일에는 서울에서 미군정의 관리 2명이

10 森田芳夫,『朝鮮終戰の記錄』2권, 東京: 巖南堂書店, 1964, 278쪽.

목포에 왔다. 이들은 목포 부윤(시장)으로서 최섭(崔燮), 경찰서장으로서 임태호를 지명하였다. 최섭은 목포 양동교회의 목사였다. 임태호는 치안대장이었다.[11] 미군정은 진주 직후에는 목포의 현실을 인정할 수밖에 없었고, 따라서 경찰서장으로 임태호를 일단 임명한 것으로 보인다. 이어서 10월 23일 미군 제55군정중대가 목포에 들어왔다. 55군정중대는 목포, 무안, 영암, 함평을 관할하는 부대로서 이때부터 본격적인 군정이 시작되었다. 55군정중대도 일단 최섭을 부윤으로, 임태호를 경찰서장으로 인정하였다.[12]

그러나 55군정중대는 11월 14일 목포 인민위원회의 해체를 명령하였다. 그리고 11월 16일에는 인민위원회의 사무실을 습격하였다. 여기서 미군은 약 9천 원의 돈과 적기, 그리고 공산주의 선전 삐라를 압수하고, 20명의 인민위 관계자를 연행하였다.[13] 11월 23일에도 미군은 인민위원회가 강제적으로 일본인들을 그들의 집에서 내쫓고, 이 지역의 물가를 통제하고, 사유재산의 판매를 금지했다는 이유로 인민위 사무실을 습격하였다.[14]

이즈음 목포에는 청년동맹(위원장 김문수), 목포화학노동조합(위원장 이종수, 면실유공장의 노동조합), 부녀동맹 등이 있었다. 11월 23일 미군은 인민위 산하 단체인 목포청년동맹이 다음과 같은 내용의 유인물을 살포하였다고 보고하였다.

11 Provincial History: Cholla Namdo post 1945, p.9

12 국사편찬위원회편, 『미군정기 군정단 군정중대 문서』4(한국현대사자료집성), 「제55 군정중대 역사보고서(1945년)」(1945.12.31.)

13 『G-2 Periodic Report』(이하 G-2로 약함) 1945년 11월 18일 보고서

14 G-2, 1945년 11월 14일 보고서

"우리는 진심으로 중경의 임시정부를 환영할 뿐만 아니라 해외에서 독립을 위해 싸웠던 우리의 모든 독립투사를 환영한다. 단 그들의 몇몇이 현재 우리의 한국상황을 무시한다거나, 또는 한국이 걷고 있는 길에서 벗어난다면 우리는 그들을 추방해버릴 것이다."

-결의문-

1. 우리는 인민공화국을 강력히 지지한다.
1. 인민공화국 정부는 국내와 국외의 진실한 애국지사로 구성되어 있다.
1. 인민공화국 정부는 한국 인민대중의 당면한 요구를 실현시킬 수 있는 진보적인 민주적 정부이다.(하략)[15]

1946년 1월 15일 미군정 당국은 다시 인민위원회, 청년동맹, 화학노조, 소비자동맹 본부 등을 습격하였다. 또 목포경찰서장 임태호와 다수의 관리를 비롯한 33명이 불법무기소지 혐의, 공공기물 불법유용혐의, 불법여론취합혐의, 밀수시장 운영 혐의, 기타 테러와 폭력 혐의로 구속되었다. 미군당국은 이날의 인민위와 목포경찰서의 해체, 습격을 위해 광주의 경찰 20여 명을 목포로 발령하여 지원받았다. 이날 저녁 7시 미군정의 조치에 반감을 품은 일단의 청년들이 목포경찰서를 습격하여 경찰서 건물을 파괴하였다.[16] 이로써 미군정과 인민위원회의 대립은 미군정의 승리로 끝이 났다. 체포된 이들은 2월 22일 재판을 받았는데, 33명 가운데 14명은 유죄판결을 받았고, 1명

15 G-2, 1945년 11월 23일 보고서

16 G-2, 1946년 1월 15일 보고서

은 면소되었다. 나머지 사람들은 증거부족으로 석방되었다. 목포경찰서장이었던 임태호는 3년 징역형을 언도받았다. 한편 청년동맹원들의 경우 한 명은 1년간 집행유예에 3천 원의 벌금, 다른 한 명은 6개월의 집행유예에 1천 원의 벌금, 다른 한 명은 무죄석방을 선고받았다. 판결문을 낭독하자마자 법정은 아수라장이 되어 미군정장교들과 경찰들이 물리력을 사용하여 이를 진압하였다고 한다.[17]

목포부윤 최섭은 1946년 말 사임하고 1947년 2월 순천군수인 김정기(金正基)가 새 목포부윤으로 임명되어 부임하였다.[18]

좌우 대립의 격화와 1946년 10월 봉기

목포 인민위는 강제 해산당하였지만, 좌파의 세력이 완전히 무력화된 것은 아니었다. 1946년 3월 7일 목포극장에서는 민주주의민족전선을 결성하기 위한 모임이 열렸다. 이 모임에는 476명의 남자와 9명의 여자가 참석하였다고 한다. 민전은 3월 1일 목포 시내 곳곳에 포스터를 부착하였는데, 그 내용은 우익의 민주의원은 미군정이 물을 주어 키우는 화분 속의 꽃으로, 반면 민전과 공산당은 자주적으로 더 크게 자라고 있는 식물로 묘사한 것이었다고 한다.[19]

1945, 46년경 목포에서 결성된 정당과 주요 인물들을 살펴보면 다음과 같다.

17 G-2, 1946년 2월 26일 보고서

18 『공업신문』 1947년 3월 5일 「목포소식, 府尹에 金正基氏」

19 G-2, 1946년 3월 12일 보고서

- 한민당 - 천진철(千珍喆: 위원장), 김현상
- 한독당 - 신병국(위원장), 홍순각, 강선명
- 신민당 - 설준석(위원장), 차부림
- 인민당 - 미상
- 독립촉성국민회 - 이남규(지부장), 김응균

한민당과 독립촉성회는 보수 우익세력의 대표였다. 한독당은 우익이면서도 비교적 민족적 색채를 띠고 있었다. 목포는 한독당의 세력이 다른 곳에 비해 비교적 강했던 곳으로 알려져 있다. 신민당과 인민당은 중도 좌파의 정당이었다고 할 수 있다. 한민당의 천진철은 암태도 출신으로 목포 최대의 지물상이었다. 김현상은 동아일보 지국장으로서 낭산 김준연의 조카였다. 설준석은 일제하에서 조선일보 지국장을 하면서 민족운동에 종사해온 인물이었다.

1946년 봄에 들어서면서 우익이 미군정의 지원을 받으면서 조직을 갖추어가자, 우익과 좌익의 충돌이 본격화되기 시작했다. 4월 15일에는 우익의 독립촉성국민회가 목포극장에서 집회를 가지고 있을 때 목포상업학교의 일부 좌익 학생들이 이를 습격하여 충돌이 일어났다. 이에 미군과 경찰이 출동하여 7명을 체포하였고, 이들은 4월 25일 군사재판을 통해 1명은 5천 원의 벌금과 6월 집행유예, 4명은 2,500원의 벌금과 3월 집행유예, 나머지 2명은 무죄 석방되었다.[20] 5월 17일에는 독촉국민회 청년단원들이 조선공산당 목포지부 건물에 몰려가 간판 몇 개를 부수었다. 이에 군중 500여 명이 몰려들었

20 G-2, 1946년 4월 28일 보고서

고, 이들 가운데 공산당원과 노조원들은 우익을 규탄하였으며, 12명의 경찰이 나서서 이들을 해산시키려 하였으나 노조원들이 대항하여 1명의 경찰이 부상당하였다. 이에 경찰은 노조원 8명을 체포하였다.[21]

또 5월 31일 경찰은 미군정을 비난하는 삐라를 유포한 혐의로 남북면업 노동조합의 임용주를 체포하였다. 이에 200명의 남북면업 노동자들이 경찰서앞으로 몰려와 그의 석방을 요구하였다. 군중들은 그의 석방을 외치면서 유치장으로 진입하려 하였다. 이에 경찰은 64명의 노동자들을 체포하였다.[22]

1946년 여름 제1차 미소공위는 결렬되고, 이승만의 분단정권 수립 발언이 나오면서 좌우익의 대립은 본격화되었다. 이런 상황에서 목포에는 또 하나의 커다란 사건이 발생하였으니 그것은 콜레라의 창궐이었다. 5월 말경 목포에 들어온 콜레라는 순식간에 크게 확대되어 6월 중순까지 약 60명의 환자가 발생하여 24명이 숨졌다. 콜레라는 주로 목포와 여수 일대에만 번지고 더 이상 확대되지는 않았는데, 그것은 방역당국이 비교적 적절한 조치를 빠른 시일 내에 취한 때문이었다.

1946년 7월 이후 미군정과 경찰은 좌익에 대한 탄압을 강화하였다. 이에 대응하여 좌익측도 1946년 9월 총파업으로 맞섰다. 9월 총파업은 10월 1일 대구에서의 폭동으로 연결되었고, 이는 이후 경북 전역, 그리고 경남과 전남 일대로 확산되었다. 이 확산과정에는 조

21 G-2, 1946년 5월 28일 보고서

22 G-2, 1946년 5월 31일 보고서

선공산당의 지령이 개입되어 있었다. 전남지방의 봉기는 10월 말과 11월 초에 집중적으로 있었다. 최초의 봉기는 목포에서 있었다. 10월 31일 새벽 5시경 목포에서는 남교동 파출소를 시발로 산정동, 대성동 파출소가 습격받아 반소되었고, 거의 같은 시각 목포경찰서의 경찰 안홍덕은 좌익의 테러로 처참하게 죽었다. 이렇게 시작된 목포의 좌익 봉기는 경찰서 습격, 악질 경찰관에 대한 테러 등으로 나타났다. 11월 2일자 『조선일보』는 "이날(10월 31일) 9시 30분경 목포 역전에서 시내 중등학교 생도 수백 명이 시위를 하고 동시에 노동자 수백 명이 해안통 항무청 부근에서 시위를 하였는데, 이는 미군과 경찰의 출동으로 해산되었다"고 보도하였다. 이날 시위 군중을 주도한 것은 민주청년동맹원들로 훗날 밝혀졌다. 이러한 시위 군중은 광주도경에서 긴급 파견된 경찰지원군과 미군정의 공세로 해산되었다. 11월 1일에는 목포에 계엄령이 포고되었고, 주모자에 대한 대대적인 검거 작업 등으로 봉기는 진정되었는데, 이 진압과정에는 우익 청년단원도 동원되었다. 목포 부근에서 11월 4일에는 일로와 임성으로 봉기가 확대되고, 11일에는 해남으로 번졌지만, 목포에서는 더 이상 확대되지 않았다.

『동아일보』 11월 13일자는 「목포소요의 책임자 체포」라는 제목하에 "목포 소요사건의 총지휘를 한 송재경은 광주에 잠입하여 제2차 소요를 계획하다가 10일 광주 경찰서원에게 체포되어 방금 취조 중에 있다"고 보도하였다. 송재경은 목포 민주청년동맹 위원장을 지낸 인물이었다. 또 1948년 4월 2일자 『동광신문』은 목포경찰서 형사대가 1946년 목포 10월 봉기의 주요 피의자인 김동수(金東洙) 외 12명을 서울에서 검거하였다고 보도하였다. 이로써 보면 목포 10월 봉기의 주모자는 송재경·김동수 등이었던 것으로 보인다. 목포 소요는 결국 목포의 좌익세력이 큰 타격을 받고 몰락하면서 우익이 득세하는 결정적인 계기를 가져왔다. 이 소요 이후 미군정은 우익청년단을 본격적으로 지원하기 시작함으로써 목포에서도 우익은 조직적인 힘을 갖추어 나갔다.

1947년 좌익의 저항과 우익의 조직화

1947년 들어 미소공위가 언제 다시 열릴지 불투명한 가운데 좌익측의 시위가 계속되었다. 2월 17일에는 목포 공업학교와 상업학교 학생들이 시위를 벌이고 맹휴에 들어갔다. 3월 7일 학교측은 학생들을 등교케 했으나 출석율은 50% 정도였다. 경찰은 맹휴주동 학생들이 다른 학생들의 등교를 방해하는 것을 막기 위해 학교에 출동하였다. 목포공업학교의 맹휴 주동자 7명은 경찰에 체포되어 군정재판에서 그 가운데 2명은 흑산도 감화원에 각각 3개월과 4개월 유형(流刑)시키도록 조치되고, 나머지는 학부형에게 부탁하여 매일 12대의 매를 때리도록 하는 희한한 언도가 있었다.[23] 한편 3월 24일에는 약 150여 명의 좌익 군중이 집회를 열어 경찰은 이를 강제로 해산시켰다.

우익측의 좌익에 대한 테러도 있었다. 3월 27일 좌익측의 민주주의민족전선과 남로당, 민주여성동맹이 세들어 있던 건물에 돌맹이가 날아들고 유리창이 깨졌다. 같은 시각 좌익 성향의 목포기자협

23 『동광신문』 1947년 4월 10일 「목공 맹휴선동자 흑산도에 流刑」

회가 세들어 있던 전남민보 빌딩이 공격을 받아 유리창이 부서졌다. 또 4월 21일에는 목포경찰이 죄수를 구타하고 물고문을 자행했다는 사실이 폭로되어 미군이 조사에 나섰다.

좌익측은 5월 1일 메이데이를 맞이하여 전국에서 대대적인 집회를 가졌다. 목포에서도 약 400명의 군중이 깃발 등을 들고 시위를 하였으며, 항구에서도 8척의 배에 탄 사람들이 시위를 하였다. 이날 수많은 전단과 포스터가 시내에 뿌려졌으며, 시위는 5월 2일까지 계속되었다. 경찰은 이틀 동안의 시위에서 모두 31명을 체포하였다. 또 일단의 우익집단은 남로당의 한 지도자를 잡아 심하게 구타하여 사망케 만들었다. 남로당은 그의 장례를 대규모로 치르려 하였으나 경찰은 이를 허가하지 않고 참석자 숫자를 제한하였다. 장례식은 5월 13일에 있었는데 경찰이 허가한 숫자 이상으로 군중이 모이자 경찰은 18명을 체포하였다. 메이데이 시위 이후 전남 미군정당국은 민주청년동맹에게 해산명령을 내렸다. 이후 좌익청년들은 민주애국청년동맹으로 이름을 바꾸어 활동하게 된다.

목포의 좌익은 이와 같이 그 세력이 상당히 강하였다. 이에 미군정과 경찰, 우익세력은 보다 조직적으로 이에 대응하면서 좌익세력을 약화시켜 나갔다. 우익의 목포애국부인회(회장 최차열, 총무 송태화)는 6월 24일 정명여학교에서 그네타기 대회를 열었는데, 우익측의 선동으로 군중들이 시내로 몰려나와 반탁시위를 하였다.

우익측의 조직강화는 청년단으로부터 시작되었다. 목포민족청년단에서는 7월 2일 체제 개편을 단행하여 새 단장에 이근창(李根彰)을 선출하고, 부단장에 문택호(文宅鎬), 각 부장에 박길수·모길근·김홍희·김장복·윤덕광 등을 선임하였다.[24] 또 서북청년단이 목포의 좌익을 꺾는다는 명분으로 목포에 진출하였다. 이들은 6월경부터 목포에 내려와 8월 25일 서북청년회 목포지부를 결성하였는데, 이 자리에는 목포경찰서장을 비롯하여 목포의 유지 다수가 참석하였다.[25] 11월 초에는 대동청년단 목포지부도 결성식을 가졌다. 단장은 김은균, 부단장은 장홍염(張洪琰), 사무국장은 박갑순(朴甲淳), 총무과장은 손안식(孫安息) 등이었다.[26]

서북청년단원들은 목포에서도 많은 물의를 일으켰다. 9월 21일에는 모남기 형제를 공산당이라고 지목하여 청년단으로 끌고가 구타하여 말썽을 일으켰고, 9월 29일에는 순찰을 돌던 해안경비대의 병력과 충돌하여 해안경비대 대원들을 구타하기도 하였다. 이 사건으로 서북청년단원 7명이 일시 경찰에 연행되었다.[27] 또 대동청년단원과 서북청년단원 간에 충돌도 있었다. 서울의 대동청년단 본부에서 목포에 파견된 30여 명은 서북청년단원을 폭행하여 목포주둔 미군 CIC는 대동청년단원 7명을 연행하였다.[28]

한편 한독당 계열에서는 1947년 8월 23일 재력균등·지력균등·권력균등 등을 표방하고 삼균주의청년동맹(三均主義青年同盟)을 결성하였는데, 선임된 임원은 위원장에 강선명(姜善明), 부위원장에 이대

24 『동광신문』 1947년 7월 2일 「목포 지부 강화, 民團임원 개편」. 민족청년단은 1948년 5월 임원을 개편하여 단장에 李采文, 부단장에 洪益先·宋鍾化, 총무부장에 朴吉洙가 선임되었다.(『동광신문』 1948년 5월 25일)

25 『동광신문』 1947년 8월 29일 「西青支部 結成」

26 『동광신문』 1947년 11월 8일 「대동청년단 각지 속속 결성」

27 G-2, 1947년 9월 29일, 10월 5일 보고서

28 G-2, 1947년 12월 14일 보고서

신(李大信), 부위원장에 안길호(安吉浩) 등이었다.[29]

3. 분단과 전쟁기 혼돈의 목포 지역사회

목포의 5·10선거

1948년 들어 남한단독선거와 분단정부의 수립이 기정사실화되어가자 좌익측은 이에 대한 최후의 저항을 시도하였다. 1948년 2월의 이른바 2·7투쟁은 그 서막이었다. 2월 8일자 조선일보는 다음과 같이 보도하였다.

> 어제 7일 새벽부터 오전중에 이르기까지 서울·영등포·부산·대전·대구·목포·군산 등 요처를 비롯한 남조선일대의 교통기관과 통신관서에서는 기관차 파괴, 통신망 절단 등 파괴사건이 일제히 돌발하였다. (중략) 이러한 사건 돌발 현장에는 월급 5할 인상, 쌀·광목특배, 미소양군 철퇴 등 요구조건인 듯 싶은 조건을 나열한 삐라가 다수 뿌려져 있다.[30]

남로당과 민전이 주도한 이른바 '2·7구국투쟁'은 20일까지 계속

29 『동광신문』 1947년 8월 29일 「삼균주의청년 지구위원 결성」

30 전남일보 광주전남현대사 기획위원회, 『광주전남현대사』, 실천문학사, 1991, 18쪽에서 재인용.

되었는데 전국적으로 파업 30건, 맹휴 25건, 충돌 55건, 시위 103건, 봉화 204건에 달하였다. 목포에서도 철도·통신노동자들의 파업이 있었으며, 철도 기관차의 엔진 2개가 버려지기도 했다. 또 해운노동자와 조선운송 노동자들이 파업을 단행했다. 그밖에 미창(米倉) 140명, 대동고무공장 65명 등 군소 공장, 사업장의 노동자 다수가 시위행진을 벌였다. 목포에서는 특히 빈민층의 식량특별배급 요구가 거셌다. 목포에는 귀환동포와 월남자 등이 몰려들어 빈민층 인구가 급증하였고, 거기에 미군정의 잘못된 식량정책으로 인한 식량난이 심각하였던 것이다. 시위군중은 "쌀을 줄 것이냐, 죽음을 줄 것이냐" 등의 구호를 외쳤다.[31]

좌익측의 2·7투쟁에 맞서 우익측도 5·10선거의 당위성을 주장하는 집회와 시위를 열었다. 2월 29일 목포시 공무원 등 약 1,400여 명이 참여한 집회가 열려 공산주의와 대결하기 위한 즉각적인 선거 실시를 주장하였다. 목포시장은 이 집회에서 이승만 지지를 표방하였다. 이날 시위에는 무장경찰 75명도 참여하였다. 이날 집회에서 뿌려진 우익측의 유인물은 "남로당이 국가를 팔아먹는 이적 계획을 세우고, 조선 독립을 늦추기 위해 국민들을 괴롭히고 공공 안정을 방해함으로써 남조선 국민들을 혼란에 빠뜨리고 있다"고 주장하였다. 3월 10일에는 독촉국민회의 애국부인회 회원들이 유엔위원단에 지지를 선언하는 집회를 가졌다.

4월부터는 5·10선거 준비가 시작되었다. 한민당측은 전남지방에 영암 출신 김준연을 보내 강연회를 갖고 5·10선거 분위기를 조성

31 같은 책, 19쪽

하였다. 4월 4일 김준연은 목포 평화극장에서 열린 시국강연회에서 "완전 독립을 위하여 북조선과 수차에 걸쳐 교섭하였으나 소련은 조선의 주권을 간섭하는 정부를 수립하려 한 것으로, 부득이 남조선만이라도 유엔의 가결에 의하여 총선거를 실시하고 완전한 자주독립국가를 수립코자 한 것이다. 방금 남북협상을 주장하고 선거를 방해하려는 북조선의 공작이 떠들고 있는데 이는 꿈이다. 소련이 우리 조선을 자기네 일 연방으로 하려는 야욕을 잘 알아야 한다"는 요지로 연설하였다 한다.[32]

좌익측의 5·10선거 저지운동도 부분적으로 있었다. 4월 4일 유달산 바위와 죽교동 앞산 등지에서는 봉화가 올랐다. 그러나 5·10선거는 예정대로 진행되었다. 3월 30일부터 유권자 등록이 시작되었는데, 목포부내 유권자는 약 4만여 명에 달하였다. 4월 16일 입후보자 등록이 마감되었는데, 등록한 사람은 정영소(鄭榮昭)·이남규(李南圭)·천동환(千東煥)·김유기(金有基)·강선명(姜善明)·김동신(金東信) 등 6명이었다. 독립촉성국민회에서 출마한 이남규는 서울 중동학교를 거쳐 평양신학교를 나왔으며, 교원생활 4년, 목사 생활 20여년으로 일제 말기 신사참배를 거부하였고, 해방 이후 목포 건준 위원장으로 선출된 바 있었으며, 1946년에는 입법의원으로 선출되었다. 그는 다음과 같은 정견을 내놓았다.

32 『동광신문』 1948년 4월 9일 「김준연씨 마저서 선거계몽 강연 성황」

1. 국민정부 수립후의 조속한 남북통일
2. 국방 충실로써 자주권 확보와 선린외교정책
3. 개인의 자주권 확보
4. 균등교육과 최대한의 의무교육 실시
5. 경제균등을 원칙으로 하는 특수산업의 국영 또는 통제관리
6. 일제 잔재인 통제경제 배제와 자유경제체제에 의한 근로대중의 복리증진[33]

그밖의 출마자를 보면, 천동환은 구(區) 연합회장, 김유기는 대한노총 목포지구연맹위원장, 강선명은 목포상공회의소 회두이자 삼균주의 청년동맹 위원장, 김동신은 교육자였다.

5월 10일 선거 전날인 9일 밤 목포부청 문서창고에 괴한 6명이 출현하여 권총으로 협박한 뒤 휘발유로 선거서류와 투표용지에 방화하고 도주하였다. 불은 곧 꺼졌지만 투표함 2개와 5백매의 투표용지가 소실되었다.[34] 10일 당일에도 몇 건의 선거방해 사건이 있었다. 산정국민학교 투표장에 괴한 2명이 권총을 들고 나타나 군중의 해산을 강요하자 경관이 추격하여 도주하였다. 또 이날 밤에는 입후보자 강선명과 그의 선거대책위원장 최섭우의 집에 방화미수사건이 있었다.

5·10선거 결과는 다음과 같았다. 등록 유권자 3만 9,434명, 총 투표수 3만 5,243, 무효 투표수 1,324, 기권 4,191였으며, 이남규가 1만 361표의 압도적 우세로 당선되었다.

33 『동광신문』 1948년 4월 28일 「입후보자열전(5)」

34 『동광신문』 1948년 5월 14일 「選委 拉致코 가옥에 放火」

정부 수립 전후의 정치사회적 동향

해방 이후 목포사회는 상당한 격동을 겪었다. 우선 인구면에서 보면 인구 약 8만 5천 명 가운데 약 1만 명을 차지하던 일본인들이 해방 후 3개월 이내에 대부분 일본으로 철수하였다. 반면 일본·중국·남양군도 등지에 징용·징병으로 끌려갔던 청장년들이 귀국하였고, 만주로 농업이민을 갔던 이들도 귀향하는 경우가 많아 이들은 수만 명에 달하였다. 덧붙여 북한에서 월남한 이들도 1천여 명에 달하였다. 또 해방 이후 빈곤한 농촌과 도서지방에서 도시로 이농한 인구도 상당수에 달하였다. 이리하여 목포의 인구는 1949년 9월 현재 약 12만 명에 달하였다. 이는 해방 전에 비하여 약 4만 명 증가한 것이었다.

이같은 인구 증가는 많은 도시문제를 야기하였다. 우선 주거문제가 심각하였다. 특히 1947년경부터 월남한 이들에게 주거지 문제는 가장 심각하였다. 이에 목포부 당국에서는 망운비행장에 가건물 50동을 지어 이들을 수용하기도 하였다. 또 이들을 후원하기 위해 전재동포원호회가 조직되어, '남하동포 구제주간'을 설정하여 동정금을 모금하기도 하였다. 그밖에 식량문제도 심각하였다. 당시 식량은 공출과 배급제로 실시되고 있었는데, 양이 적었을 뿐만 아니라 배급을 제대로 받지 못하는 이들도 상당수 있었다.

해방 이후 목포의 인구가 폭발적으로 늘어나면서 교육열도 함께 폭발하였다. 목포는 이제 새롭게 교육도시로서도 이름을 떨치게 되었다. 초등학교가 5개교, 학급 총수 39, 아동 총수 1만 3,453명, 중등학교가 9개교, 학급수 132, 학생 총수 8,131명 등으로 타 도시에 비해 상당한 수준에 있었던 것이다. 또 목포상고의 상과대학 추진운동,

국립수산상선학교 창립운동 등도 진행되고 있었다.[35]

한편 우익의 각종 조직은 그 체제를 점차 정비해 나갔다. 그동안 민족청년단, 대동청년단, 서북청년단 등으로 난립해왔던 목포의 청년단체들은 중앙의 민족청년단과 대동청년단이 1949년 대한청년단으로 통합하자 이에 따라 목포의 양 단체도 2월 20일 통합하게 되었다. 또 문교부는 장관 안호상의 지휘하에 각 학교에 학도호국단을 조직하여 좌익학생들의 침투를 원천적으로 봉쇄하였는데, 목포에서는 1949년 3월 2일 목포상고 교정에서 학도호국단 조직 결성식을 가졌다.[36]

1949년 목포에서는 세상을 깜짝 놀라게 한 사건이 일어났으니 그것은 목포형무소 탈옥사건이었다. 9월 14일 산정동에 있던 목포형무소를 파옥한 죄수들 400여 명은 무안, 함평 방면으로 도주하였는데 그 주범은 서기오(徐基午)로서 민애청 등의 간부로 활약한 자였다. 경찰과 군은 이들의 추적에 나섰으며, 대한청년단과 학도호국대의 우익 청년·학생들도 이에 합세하였다. 그 결과 23일까지 탈옥수 413명 가운데 체포 85명, 사살 298명, 자수자 10명, 미체포 23명, 총기 회수 10정 등의 성과를 올렸다.[37]

그밖에도 이미 지하로 잠복한 좌익세력에 대한 소탕도 계속되었다. 1949년 8월 3일 경찰은 남로당 대성동 아지트를 적발, 급습하여 수배 중이던 목포 오르그 김병수 외 1명을 발견하여 김병수를 사살

35 『호남신문』 1949년 9월 28일 「약진하는 항도 목포」

36 『호남신문』 1949년 2월 18일, 3월 8일

37 『호남신문』 1949년 9월 25일 「목포형무소 탈옥수 진압전과」

하였다.[38] 목포경찰서는 1949년 9월 18일에는 또 함평군 학교면 산옥리 옥동부락에 소위 인민군이 말하는 삼성(三城)지구 인민군 총사령부 직속 아지트가 있다는 정보를 입수하여 해군과 목포경찰 90명이 출동하여 총책임자 윤태륙, 연락원 윤종석, 안내자 문병태(목포시 남로당 총무부장) 등을 사살하였다. 문병태는 약 두 달 전 목포의 우익인사들에게 경고문을 보낸 이였다.[39]

경제 재건의 시작

해방 이전 목포는 상공업도시로 이름을 떨쳤다. 그러나 해방 이후 일본인들이 귀국한 뒤 일시 상공업은 거의 정지되다시피 하였다. 시간이 흐르면서 목포의 경제는 목포의 상공인들에 의하여 재건되기 시작했다. 목포의 주요 회사, 기관들을 중심으로 이를 살펴보면 다음과 같다.[40]

① 목포직물회사(木浦織物會社)

1930년대 만주 사변 이후 이른바 만주 특수경기와 함께 전국에서 우후죽순격으로 일어나던 방직공업에 발맞추어 1934년 목포직물회사는 당시 일본에서 동경공대를 졸업하고 귀국한 천독근(千篤根, 암태도 지주가)에 의해 창업되었다. 연동에 자리잡은 이 회사의 공장은

38 『호남신문』 1949년 8월 6일 「목포남로 올구 사살」

39 『호남신문』 1949년 9월 21일 「소위 三城지구 아지트 급습, 목포군경 합동부대에 개가」

40 이에 대해서는 『호남신문』 1949년 9월 29일, 9월 30일 「약진하는 항도 목포」 참조

해방 이후 남한에서 5대 견직공장의 대열에 들어 있었다. 노동자는 80명, 직기는 80대, 생산능력은 하루 2천 마 정도였다. 하지만 북한에서 들어오던 원료가 끊기어 가동율은 20% 정도에 그치고 있었다 한다. 사장 천독근은 소설가 박화성(朴花城)과 일제 말기 재혼하여 목포시내에 화제가 되기도 했다.

② 남조선미유주식회사(南朝鮮美油株式會社)

1946년 4월 이 회사 회장 손용기(孫容基), 사장 용상봉(龍相奉) 등의 발기로 자본금 1천만 원으로 창립하였다. 목포부와 주변 9개군에 유류(油類)를 공급하는 사업을 하고 있었으며, 목포 용당리에 유류저장 창고를 설치하고 KOS석유저장회사 출장소를 직할로 하였다. 이로써 부산을 거치지 않고 직접 목포항구로 석유가 들어와 가격을 감하시킬 수 있었다.

③ 행남사(杏南社)

행남사는 1942년 김창훈(金昌勳) 사장에 의해 창립된 도기공장(陶器工場)으로서 식기(食器), 전기애자 등 20여 종의 제품을 생산하였다. 월 생산액은 120만 원에 달하였으며, 도기 원료는 경남 하동에서 공급받았다. 이 회사의 기술개발을 책임진 이는 유재구(柳在九)였다.

④ 대동유지(大東油脂)

1926년 창립된 일화제유의 후신으로 1949년 당시 지배인은 장봉환(張鳳煥)으로서 유지업계에서 27년간 경험을 쌓은 이였다. 대동유지의 면실유 연산 3천 톤, 면실백(棉實柏) 1만 1,400톤, 비누 300톤 등

연 생산액은 4억 3,660만 원으로 동 업계 국내 최대의 공장이었다.

⑤ 조선면화주식회사(朝鮮棉花株式會社)

적산으로 미군정의 신한공사로 넘어간 조선면화는 해방 이후 나달수의 관리하에 경영되고 있었다. 공장으로는 나주·이리·목포 세 곳에 농림부 산하의 조면공장이 있었고, 목포 해안동에는 상공부관할의 직포공장이 있었다. 공칭자본은 2천만 원, 운영자금은 1억 원이었다. 당시 조선면화는 원동기 460마력, 조면기 200대, 직포기 158대를 갖추고 있었다 한다.

⑥ 남일운수(南一運輸)

1924년 문재철과 김양숙(金良淑: 안좌면 지주)에 의해 창업된 남일운수는 운수 창고업, 위탁판매업 등으로 시작하여 해운업에 진출, 해방 이후에는 6척의 선박을 소유하고 35개소의 항구에 기항하였다. 종업원은 60명, 객석 이용자는 월평균 1만 6천 명. 1949년 현재 사장은 문재열(文在烈), 전무는 김중갑(金重甲).

⑦ 전남고무공업회사

1947년 3월 사장 배동현(당시 42세) 등 신진 기예의 사업가들이 창업. 불입자본은 500만 원. 하루 생산량은 고무신, 장화, 운동화 등 2천 족 내외.

⑧ 조선통운(朝鮮通運) 목포지점

조선통운 목포지점은 1930년 4월 창립되어 해방 이후 동사 지점장 김귀하(金貴河) 등이 경영. 한때 마비상태에 있던 해륙운송을 원상 복구. 1948년 상반기에 13만 8,530톤, 하반기에 14만 447톤의 화물을 취급함. 화물의 내용은 외국화물로서 소금·양곡·비료·유지·잡화 등이며, 국산 화물로서 양곡·가마니·해산물·시멘트 등이었다.

귀속농지 분배와 농지개혁

해방 직후 일본인들이 소유하고 있던 농지와 동양척식회사의 농지는 모두 적산(敵産)으로서 미군정에 귀속되었다. 미군정은 법령 제33호를 통해 "1945년 8월 9일 이후 일본 정부나 그 기관, 국민, 회사, 단체, 조합 또는 그 정부가 조직하거나 취체한 단체가 직간접으로 일부 혹은 전부를 소유, 관리하는 전 종류의 재산과 수입에 대한 소유권은 1945년 9월 25일부로 조선군정청이 취득하고 조선 군정청이 재산 전부를 소유함"이라고 발표하였다. 미군정청은 이 적산 재산 가운데 농지 부분의 보존, 이용 및 회계 책임을 맡기기 위해 1945년 11월 12일 동양척식회사의 기구를 그대로 이어받은 신한공사를 발족시켰다. 신한공사가 소유, 관리한 토지는 논, 밭, 산림을 합해 모두 32만 4,000여 정보에 달했다. 이 가운데 전남지역의 토지는 4분의 1에 가까운(23%) 7만 5,300여 정보에 달했다.

일제시 동양척식회사 목포지점은 이제 신한공사 목포지점이 되었다. 신한공사 소유 농지의 소작료율은 3·1제로서 수확의 3분의 1을 거두는 것이었다. 또 신한공사는 식량공출제가 시행되는 동안 해당 토지에서의 미곡수집도 아울러 맡고 있었다. 1947년의 경우 신한공사 목포지점은 11월 말까지 소작료 징수 성적이 약 75%에 달하였다. 이같이 비교적 좋은 성과를 올리고 있었던 것은 미군정측에서 다음해인 1948년 농토를 방매할 계획이며, 이때 소작료 미납농가에는 농토 취득권을 주지 않을 것이라고 경고하고 있었기 때문이었다. 또 신한공사는 전라남도 미곡수집 할당량의 40%를 담당하고 있었는데, 11월 말까지 목표량을 8%나 초과하는 66만 8635석을 수집하는 실적을 거두었다고 한다.[41]

미군정은 1948년 3월 22일 「중앙토지행정처령」을 발동하여 귀속농지를 분배하였다. 대한민국 정부가 수립된 이후 신한공사 목포지점은 귀속농지 관리국 목포지방국으로 바뀌었으며 분배한 토지에 대해서도 일정한 사후 관리를 하고 있었다. 1949년 9월 현재 목포지방국의 현황을 보면, 총 관리면적은 7만 6,522정보로서 이는 도내 총 농지면적의 22%를 차지하는 것이었다. 그리고 여기서 경작하는 농민은 16만 8,478호로서 전남 총 농가의 43%에 달하였다. 목포지방국은 전남 일원 4개시 19개군 239개면을 통할하고 있으며, 관하 39개소의 사무소와 직원 300명을 거느리고 있었다. 당시 목포지방국은 ①331개소의 간석지와 102군데의 저수지를 소유하고 4,400만 원의 공사비를 들여 수축사업을 진행하고, ②흥농사업으로서 자급비료 녹비(綠肥)의 종자 알선, 우량농가에 대한 농자금 알선 등 영농자금을 융통해주고, ③과수관리를 통해 연 생산 120만 원을 확보하고, ④귀속농우 1,800두를 관리하고, ⑤보성강발전소를 관리하여

41 『동광신문』 1947년 12월 3일 「신한공사 목포지점, 공출배정량 초과 66만 8천 석 완료」

년 1,400만 kw를 발전하는 등의 사업을 하고 있었다 한다.[42]

한편 해방 이후 농지개혁은 한국사회의 가장 뜨거운 쟁점 가운데 하나였다. 여기서 쟁점이 된 것은 농지개혁을 할 것인가 말 것인가가 아니었다. 농지개혁은 피할 수 없는 역사적인 당위라는 것은 누구나 인정하였지만, 그 방법과 시기가 문제였다. 미군정기 지주계층에 기반을 둔 우익측은 농지개혁을 가능한 한 늦추려 하였고, 방법도 유상몰수 유상분배로 할 것을 주장하였다. 반면 좌익측은 가능한 빠른 시일내에, 무상몰수 무상분배의 분배로 할 것을 주장하였다. 미군정측은 이 문제는 한국인들의 문제이므로 정부수립 후 한국인들이 결정하라는 식으로 회피하였다. 결국 농지개혁문제는 정부 수립 이후로 미뤄졌다. 대한민국 정부 수립 이후에도 국회는 농지개혁 문제를 빨리 매듭짓지 않고 시간을 끌어 1949년 6월에야 유상몰수, 유상분배 형식으로 결정이 났다. 논밭의 최고 소유한도는 3정보로 제한되었다. 농지개혁이 실행되기 시작한 것은 1950년에 들어서서였다. 그러나 농지개혁은 곧이어 발발한 6·25전쟁으로 일시 중단되는 등 우여곡절을 거치면서 진행되었다. 또 지가증권을 받은 지주층이 6·25로 인하여 이를 방매함으로써 산업자본가로 전환하는 데 실패하고, 유상분배로 인한 경작농민의 부채 증가로 일부 농민들이 몰락하는 등 부정적인 결과도 낳았다. 그러나 계급으로서의 지주층이 역사 속에서 완전히 사라지게 되었다는 것, 경자유전의 원칙을 확인하고 농지소유를 3정보로 제한함으로써 지주층이 다시 등장하는 것을 막았다는 것 등 긍정적인 측면이 더 컸다.

42 『호남신문』 1948년 9월 29일 「약진하는 항도 목포」

목포에는 일제시기부터 조선인 대지주들이 상당수 거주하였다. 따라서 이들의 토지도 농지개혁과정에서 유상몰수의 형식으로 농민들에게 분배되지 않을 수 없었고, 이에 따라 목포의 경제권을 장악하고 있던 한국인 지주층은 사실상 몰락의 길을 걷지 않을 수 없게 되었다. 목포의 경제는 이제 지주층 중심이 아니라 상공인 중심으로 완전히 개편되는 단계를 밟게 된 것이다. 〈표 1〉은 농지개혁 당시 목포시 거주 20정보 이상 피분배지주의 명단이다.

〈표 1〉 농지개혁시 목포거주 20정보 이상 피분배지주 명단

성 명	거주지	피분배면적(정보)			補償 石數 (正租, 石)
		논	밭	계	
金文玉	목포시	39.1	26.0	65.1	1,740.4
祥星會社 (金芳漢·金哲鎭·金益鎭)	同	64.1	45.7	109.8	2,547.2
車文錫	同	15.7	7.9	23.6	463.0
吳裁均	同	19.8	1.1	20.9	832.4
權玉哲	同	19.8	22.1	41.9	831.3
文宅鎬	同	27.3	9.1	36.4	1,124.3
梁姬子	同	29.2	2.3	31.5	1,483.3
文玟斌	同	27.6	2.0	29.6	1,499.1
草亭金氏宗中 金芳漢	同	9.0	13.1	22.1	554.1
崔炫	同	21.5	5.5	27.0	759.1
文泰中 대표이사 文在喆	同	575.9	195.5	771.4	24,677.3
金哲鎭	목포시 북교동	44.1	7.2	51.3	2,162.1
金權栽	목포시 남교동	13.9	15.8	29.7	510.8
文在喆	목포시 서교동	48.3	9.1	57.4	1,331.8

성 명	거주지	피분배면적(정보)			補償 石數 (正租, 石)
		논	밭	계	
安泰成	목포시 북교동	46.7	0.2	46.9	1,548.6
文達洙	同	21.7	0.4	22.1	697.5
崔炳林	同	9.0	13.1	22.1	554.2
文權鎬	목포시 서교동	53.1	3.2	56.3	1,614.6
朴容在	목포시 북교동	18.6	2.3	20.9	887.3
金洛奎	同	27.1	2.3	29.4	772.9
林福鎭	목포시 죽동	8.4	12.2	20.6	546.9
金容鎭	목포시 북교동	43.8	6.3	50.1	767.3
車南鎭	同	59.3	0.8	60.1	1,056.9
鮮一拓産(株) 대표 文在喆	목포시 서교동	49.4	5.5	54.9	1,503.6
文英鎬	同	51.0	1.6	52.6	1,982.7
朱昌萬	목포시 무안동	19.4	2.3	21.7	590.5
張在寬	목포시 북교동	50.0	5.8	55.8	1,510.3
金炫祚	목포시 남교동	59.1	26.0	85.1	1,740.4
목포정명여중 설립자 대표 이남규	목포시	7.0	15.9	22.9	433.7
金錦子	목포시	30.8	0.1	30.9	1,431.7

출전 : 한국농촌경제연구원편, 『농지개혁시 피분배지주 및 일제하 대지주 명부』, 한국농촌경제연구원, 1985, 59~60쪽.

국가보안법 제정과 보도연맹 결성

10월 19일 여수·순천지역의 14연대 군인들이 반란을 일으켜 2개 도시와 인근의 7개 군을 장악했다. 이 사건은 대한민국 정부가 수립된 지 두 달 만에 대한민국 정부에 정면으로 도전한 반란 사건이었기 때문에 이승만 정권은 위기감을 느끼고 대규모 진압군을 이 지역에 파견하였다. 진압군은 일주일여 만에 반란을 진압하고 이 지역을 대부분 탈환하였으나, 이 과정에서 많은 인명피해와 재산피해가 발생하였다. 반란군과 이에 동조한 지역 좌익세력은 지리산 등 전남지역의 산악지대로 들어가 유격투쟁을 시작하였다. 때문에 전남지역은 1950년 초까지도 치안 불안 상태에 있었다.

정부 수립 직후 이와 같은 반란 사태를 겪은 이승만 정권은 이와 같은 반란 행위를 강력히 대처하기 위해 '국가보안법'을 제정하였다. 그런데 형법에는 이미 반란 실행범에 대한 처벌 조항이 있었기 때문에 새로 만든 국가보안법에는 실제로 변란 행위를 일으키지 않더라도, 변란을 기도할 목적을 가진 결사나 집단의 구성원도 모두 처벌한다는 데 그 중점을 두었다. 일부 의원들의 반대가 있었지만, 이러한 내용의 국가보안법은 11월 20일 국회에서 통과되어 12월 1일 공포 시행되었다.

이후 전국의 각 경찰서는 좌익사범들을 대거 체포, 구속하기 시작했다. 1949년 한 해 동안 국가보안법 위반으로 전국에서 검거된 사람은 모두 4만 6,373건에 11만 8,621명에 달했으며, 전국 교도소 수형자의 약 70%가 국가보안법 위반 사범이 되었다. 1950년 1~4월까지 국가보안법 위반으로 검거된 이는 3만 2,018명에 달했다. 이로써 1949년 이래 한국전쟁 발발 직전까지 국가보안법 위반으로 검거된 이는 모두 15만 명 정도였으며, 이 가운데 검찰에 송치된 이는 11만 2,246명, 재판에 회부된 사람은 3만 8,213명이었다고 한다. 기존의 남로당 계통의 조직에 참여하여 활동한 이들은 모두 국가보안법 위반과 관련하여 체포의 대상이 되었던 것이다.[43] 1949년 9월 전국적으로 교도소에 수감된 인원은 2만 2천여 명에 달하였다. 그 가운데 국가보안법 위반 사범은 약 70%에 달하였다고 한다.[44] 그 중에는 1948년 10월에 발생한 여순사건 관련자들이 상당수 있었던 것으로 보이며, 이들은 주로 호남지방의 광주, 목포, 전주, 군산 등지의 형무소에 수감되어 있었다.[45]

그러나 국가보안법으로 기존의 좌익 활동을 한 이들을 모두 감옥에 넣을 수는 없었다. 또 아직 검거하지 못한 좌익혐의자들도 상당수 있었다. 따라서 이승만 정부는 이들을 대상으로 한 자수, 전향, 포섭 작업과 감시 및 통제가 필요하다고 생각했다. 여기서 만들어진 것이 바로 '국민보도연맹'이었다. '보도(保導)'라는 말은 보호와 선도라는 말이다. 보도연맹은 기존의 좌익 활동가들을 자수시켜 사상적으로 개조하여 전향을 시킨다는 명분으로 만들어진 것이었다. 이에 따라 대상이 될 만한 이들은 모두 보도연맹에 가입하도록 강제되었다. 국민보도연맹은 1949년 4월 20일 창설되어, 6월 5일 서울 명동 시공관에서 정식으로 결성식을 가졌다. 보도연맹 총재는 김효석 내무부장관이 맡았지만, 실제 총괄하는 간사장은 박우천(전 민전 중앙위원)이 맡았다.

보도연맹의 목적은 사상전향의 유도와 전향자의 관리에 있었다. 보도연맹의 강령은 다음과 같았다.

43 김득중, 『'빨갱이'의 탄생－여순사건과 반공국가의 형성』, 선인, 2009 참조.

44 박명림, 『한국 1950, 전쟁과 평화』, 나남출판, 2002, 319쪽.

45 진실화해를위한과거사정리위원회, 『2010년 상반기 조사보고서』, 제4권, 2010, 485쪽 참조.

① 우리는 대한민국 정부를 절대 지지 육성을 기함

② 우리는 북한 괴뢰 정부를 절대 반대 타도하도록 함.

③ 우리는 인류의 자유와 민족성을 무시하는 공산주의 사상을 배격·분쇄를 기함.

④ 우리는 이론 무장을 강화하여 남북로당의 멸족파괴정책을 폭로 분쇄를 기함.

⑤ 우리는 민족진영 각 정당·사회단체와는 보조를 일치하여 총력 결집을 기함.

보도연맹은 이처럼 '대한민국 정부의 절대지지'와 '북한 괴뢰정부의 타도'를 내걸고 있었다. 보도연맹은 서울시연맹을 조직한 후, 지방지부를 결성해 나갔다. 지방지부는 도연맹 - 시군연맹 - 읍면지부로 구성되었다. 지방에서는 가입시켜야 하는 보도연맹원 숫자가 상부로부터 할당되어 내려와, 전향자가 아님에도 강제적으로 가입시키는 경우도 많았다. 또 좌익과는 전혀 관계없는 지역의 농민, 어민, 청년, 부녀단체 회원들을 단체로 가입시키는 경우들도 있었다. 이에 따라 남한 전역에서 약 30만 명 정도가 이에 가입한 것으로 보인다. 목포에서도 보도연맹이 결성되었던 것으로 보이나, 가입자가 얼마나 되었는지는 확인되지 않는다.

보도연맹의 활동은 몇 가지로 진행되었다.

첫째는 좌익활동가들의 자수운동이다. 1949년 10월 말부터 자수운동이 시작되었고, 각 학교에서도 좌익학생들의 자수 권유운동이 진행되었다. 이에 따라 연말까지 약 5만여 명의 전향, 자수자가 집계되었다. 당시 서울 지역의 자수자 현황을 보면, 남로당원이 4,324명으로 가장 많고, 그밖에 민애청 1,768명, 민학련 1,959명, 여성동맹 150명, 전평 2,272명, 전농 578명, 출판노조 296명, 인민위원회 414명, 근로인민당 234명, 기타 음악가동맹, 연극동맹, 영화동맹, 문학가동맹, 과학자동맹의 소속원 등이 있었다. 이들은 대부분 보도연맹에 가입되었다. 11월 한 달에 걸친 자수기간이 끝난 뒤에는 좌익협의자 일제 검거가 진행되어, 약 1개월 만에 3천여 명의 좌익협의자를 체포했다고 한다.

둘째는 반공사상의 선전운동이다. 『애국자』(주간), 『창조』(월간) 잡지를 발간하거나 국민사상선양대회, 국민예술제전 등을 통해 반공사상을 선전하는 작업을 진행했다.

셋째는 전향자에 대한 교육사업이었다. 즉 전향자를 대상으로 한 반공사상 강화의 교육과 훈련, 사상성 심사 등을 진행했고, 이 과정을 거치면 탈맹(脫盟)을 허가했다. 1950년 6월 5일에는 서울시연맹원 가운데 우수 맹원 6,928명의 탈맹식이 있었다. 이는 서울시 연맹원 2만여 명의 약 30%에 달하는 인원이었다.[46]

6·25전쟁기의 수난[47]

1950년 6월 25일 전쟁이 발발하자, 이승만 정부는 남한 사회 내부에서의 이적행위 혹은 후방에서의 소요사태가 있을까 크게 우려하였다. 이에 따라 '이적행위'의 가능성이 있다고 판단된 보도연맹원과

46 이상 보도연맹에 대해서는 김기진, 『끝나지 않은 전쟁, 국민보도연맹』, 역사비평사, 2002 참조.

47 이하 한국전쟁기의 목포에 대해서는 『광주전남현대사』, 221-228쪽을 참조하여 서술함.

교도소에 수감 중인 좌익사범에 대한 '예방학살'을 결정하게 된다.

우선 경찰은 보도연맹원들을 일정한 장소에 모이도록 소집령을 내렸다. 맹원들의 소집이 잘 이루어지지 않는 경우에는 경찰이 직접 연행에 나섰다. 소집 및 연행된 맹원들은 창고, 경찰서, 형무소에 일정 기간 구금되었으며, 결국은 인근 야산지역으로 끌려가 집단으로 '처분'되었다. 처분은 헌병대, 방첩대, 육군첩보국 등 군 정보기관이 주도하였다. 그들이 선택한 처분은 무차별적인 '집단학살'이었다.

학살은 서울과 경기 일부 지역을 제외한 전국에서 7, 8월 두 달 동안 자행되었으며, 경남지역이 가장 피해가 컸다. 다른 지역은 인민군의 진격 속도가 빨라서 시간적 여유가 많지 않았기 때문이다. 그럼에도 인민군이 남하하기 전에 전국에서 진행된 보도연맹원에 대한 학살로 인한 희생자는 엄청났다. 전쟁 전 보도연맹원이 약 30만 명에 달했는데, 전쟁기 희생된 맹원의 수는 적어도 수만 명에 달했을 것으로 추정된다. 오로지 전시라는 이유로, 아무런 재판 없이 수만 명이 희생된 것이다. 보도연맹원에 대한 학살은 이후 인민군이 들어온 지역에서는 이에 대한 보복으로서 좌익세력의 군경 가족과 우익 인사에 대한 학살로 이어져, 전쟁기 대량학살의 발단이 된다.

물론 호남지방에서도 보도연맹원에 대한 대량 학살이 각 시군에서 진행되었다. 정확하게는 알 수 없으나, 각 시·군마다 수백 명씩의 희생자가 있었던 것으로 보인다. 목포지역의 경우는 확인되지 않지만, 진실화해위원회의 전남지방 국민보도연맹사건 조사 보고서에 의하면, 광주·광산·여수·순천·광양·고흥·곡성·구례·나주·보성·장성·화순 등지의 보도연맹원의 예비검속자들이 전남지방경찰국, 각 지역 경찰서, 전남지구 CIC, 헌병대 등에 의해 1950년 7월 인민군이 남하하기 직전에 전라남도 일대에서 집단사살되었다고 한다. 당시 국민보도연맹 전라남도 연맹 각 군연맹에 소속되었던 보도연맹원을 포함한 예비검속 대상자들은 관할 경찰서(지서) 소속 경찰에 의해 연행되거나, 소집통보를 받고 출두하였다가 경찰서 유치장, 연무장, 농협창고 등에 구금되었다. 이들은 좌익활동 경력에 의해 분류되었지만, 인민군이 남하하여 경찰의 후퇴가 임박한 7월 중순경에 대부분 학살되었다.[48] 아쉽게도 목포의 경우는 자세히 조사되지 않았다. 다른 군들의 경우 대체로 200명 안팎의 인원이 학살당한 것으로 추정되는데, 목포의 경우에도 비슷하지 않았을까 여겨진다.

한편 형무소에서의 학살도 이어졌다. 전쟁 발발 후 광주형무소에서는 잡범들은 내보내고 사상범들은 계속 수용하면서, 국가보안법 위반으로 사형이나 무기징역 등 중형을 받은 이들부터 여러 날에 걸쳐 밤에 트럭으로 실어다가 인근 야산에서 학살했다고 한다. 이 가운데에는 특히 여순사건 관련자가 많았다.[49] 또 국민보도연맹원 상당수도 광주형무소, 경찰서, 지서 등에 구금되었다가 7월 21일경 밤에 3~4대의 트럭에 실려가 담양에서 백양사 가는 길의 야산, 형무소 인근 농장 등지에서 학살되었다고 한다.[50]

목포시 산정동에 있던 목포형무소에는 전쟁 발발 당시 약 1천여 명이 수감되어 있었다. 이 가운데에는 역시 여순사건 관련자, 제주 4·3사건 관련자, 국가보안법 위반자 등 소위 좌익사범이 많았다. 인

48 진실화해위원회, 『2009년 하반기 조사보고서』, 제4권, 73쪽 참조.

49 진실화해위원회, 『2010년 상반기 조사보고서』, 제4권, 487쪽 참조.

50 같은 책, 505~506쪽.

민군이 점차 남하하자 목포형무소측은 이들 수백 명에 달하는 좌익사범을 군경측에 넘겨 주었고, 군경측은 이들을 배로 바다에 싣고 나가 수장한 것으로 알려져 있다.[51]

전주형무소의 당시 직원의 증언에 의하면, 전주형무소에는 총 1,900여 명이 수용되어 있었고, 이 가운데 경제사범 30~400명을 제외한 나머지 인원은 이른바 사상범이었다고 한다. 7월 4일 서대문형무소에서 150명이 이감되어 왔는데, 당일 군인들이 인근의 공동묘지로 끌고 가서 모두 처형했다고 한다. 이후 16일까지 매일 처형이 집행되어 모두 같은 장소 혹은 인근 장소에서 1,200명을 처형했고, 400명은 좀 떨어진 황방산에서 따로 처형했다고 한다. 이로써 1년형을 받아서 곧 나갈 사람이나 미결수도 사상범으로 들어온 사람은 모두 처형되었다고 한다.[52] 호남지방 형무소에 수감된 좌익사범들은 대체로 유사한 과정과 방법을 통해 처형되었을 것으로 보인다.

한편 7월 초 한강을 건넌 인민군은 파죽지세로 남진하였다. 7월 5일에 오산을, 20일에 대전을 점령한 인민군은 주 병력을 낙동강 전선으로 이동하는 한편, 호남방어선이 허술한 틈을 타서 인민군 제6사단(사단장 방호산)으로 하여금 온양→예산→장항→군산을 거쳐 광주, 목포로 향하는 남하계획을 세웠다. 그런데 당시 경부 가도를 맡고 있던 미24사단이 평택-천안-전의-공주-대전선을 따라 인민군을 지연시키다가 영동-황간 방면으로 철수하였고, 국군의 주력은 중부와 동부전선 방어에 투입되었기 때문에 호남지역은 거의 무

51 같은 책, 527쪽.

52 같은 책, 550쪽.

방비 상태에 놓여 버렸다. 국군측은 7월 8일경 호남지역의 방어를 위해 5, 7사단을 새로 편성하였으나 무기도 없고 신병들로 구성된 이들 부대는 효과적인 방어를 할 수 없었다. 7월 17일 국군은 7사단 일부와 광주의 5사단 일부를 합하여 서해안지구전투사령부를 편성하고 신태영을 사령관에 임명하였다. 그러나 7월 20일 전주가 인민군의 손에 함락되고, 이어 정읍과 장성 갈재의 방어선이 무너지면서 7월 23일에는 광주가 인민군에 의해 점령되었다. 서해안지구 사령부는 23일 광주를 퇴각하여 26일 여수를 거쳐 부산으로 피신하였다.

전세의 심각성과는 달리 국군측은 광주에서 23일 새벽까지 계속 곧 인민군을 격퇴할 것이라는 방송을 하다가 오전 7시에야 광주 시민들에게 알아서 피신하라고 방송하였다. 이에 놀란 시민들은 화순 너릿재와 광주 - 목포간 도로로 쏟아져 나왔다. 23일 낮 광주에 들어온 인민군은 곧 남하를 계속하여 다음날인 24일 목포에 진입하였다. 23일 목포 시민들 가운데 일부는 광주 함락 소식을 듣고 무안과 서남해안 도서 등지로 피난하고 있었다 한다.

24일 목포에 들어온 인민군은 1개 소대 병력 정도만 남기고 낙동강 전선으로 떠나갔고, 목포에는 인민위원회와 노동당 지부가 조직되었다. 노동당 목포시당책으로 임명된 것은 나주 금천 출신의 김용우(당시 26세)였다. 그는 나주 금천면 출신으로, 해방 후 남로당에 입당하여 구 빨치로서 빨치산활동을 한 인물이었다. 당시 목포시당의 주요 활동은 주민사상교육, 토지개혁 지도, 인민위원회 선거지도 등이었다고 한다.[53]

53 김용우는 인민군 후퇴 후에는 불갑지구책, 유치지구책, 도당 부위원장 등을 맡았

인민위원회는 주로 목포 출신들로 구성되었다. 위원장에는 목포 출신의 조 모, 내무서장에는 권 모가 임명되었다고 한다. 시 인민위원회가 조직된 이후에는 동 인민위원회가 조직되었고, 민청·부녀동맹·소년단·국가보위후원회 등 구 남로당 외곽조직도 복원되었다. 민청은 주로 청년·학생, 부녀동맹은 부녀자의 조직이었으며, 국가보위후원회는 인민군의 전쟁 수행에 필요한 물자와 자금을 조달하는 단체로 이 단체를 중심으로 8월에는 의용군 모집이 실시되었다. 당시 시 인민위원회는 옛 목포시청(전 일본영사관 건물)에, 내무서는 옛 목포경찰서(구 초원호텔자리)에 자리 잡았다.

인민위와 노동당 조직이 완료되자 8월 들어서서는 본격적인 우익인사 색출령이 내려졌다. 인민위의 검거령으로 잡힌 자는 지주·한민당원·경찰·군인·서북청년단원 등이었다. 이들은 산정동에 있던 구 형무소와 연동에 있는 미곡창고 등에 수감되었는데, 1천여 명에 달하였다고 한다.

9월 들어 낙동강 전선이 인민군에 불리해지고 마침내 유엔군의 인천상륙작전이 성공하면서 목포의 분위기는 매우 급박해졌다. 우익인사 처단이 시작된 것이다. 인민군에 의한 우익인사 학살은 세 차례에 걸쳐 있었다. 첫 번째는 연동 미곡창고에서 있었던 학살이다. 이곳에 수용된 약 300여 명의 인사들은 죽창에 의해 거의 살해되었다. 두 번째는 목포시 석현동에서 있었던 학살이다. 이곳에서 학살된 이들은 교도소에 갇혀 있던 이들이었다. 이들은 교도소에서 끌

고, 서부지구 주재 당부를 맡아 지하당 사업을 하다가 1953년 10월 체포되어 사형을 언도받았다고 한다. 정관호, 『전남유격투쟁사』, 선인, 2008, 332쪽.

려 나와 트럭에 실려 석현동으로 가서 살해되었다. 세 번째는 인민군이 퇴각하기 전 3일간에 걸쳐 목포 전역에서 행해진 이른바 '백가면 테러사건'이다. 10월 2일 인민군과 함께 좌익계 주요 인물들이 영광 쪽으로 퇴각하기 전 3일간에 걸쳐 밤이면 백가면을 둘러쓴 정체불명의 괴한들이 삼삼오오 떼 지어 다니면서 우익인사의 집에 테러와 방화를 일삼은 것이다.

국군 해병대는 10월 2일 목포 해안에 상륙하였다. 이미 인민군은 영광 불갑산 쪽으로 후퇴한 뒤였다. 이로써 70일간에 걸친 인민군 치하의 목포는 끝이 났다. 그러나 모든 상황이 끝난 것은 아니었다. 이제는 인공 치하의 부역자 처벌 등 우익에 의한 복수극이 시작된 것이다. 경찰과 우익인사들은 1차적으로 인민위원회 등 인공에 부역한 인물들을 색출하는 데 주력했다. 다음에는 인공 치하의 목포에서 거주했던 모든 시민들에게 인공 치하의 자신의 행적에 대한 자술서를 쓰도록 하였다. 부역자 처벌을 위한 자료로 삼기 위한 것이었다. 시민 신고도 병행되었다. 이렇게 수집된 자료와 정보를 토대로 부역자들이 처벌되었는데, 이 과정에서 많은 무리가 따랐다. 결국 전쟁으로 인한 좌우익의 복수극은 수많은 목포 시민들의 희생을 가져왔을 뿐만 아니라 공동체 의식까지도 파괴하였다.

4. 소결

해방이 되자 목포에서도 다른 지역과 마찬가지로 8월 17일 건준이 구성되었다. 건준의 위원장은 이남규 목사가 맡았고, 부위원장은 사회주의자인 김백동과 내과의사 국순홍이 맡았으며, 치안대장은 일제하에 목포청년동맹에 참여했던 사회주의자 임태호가 맡았다. 당시 건준은 좌우합작의 모습을 띠고 있었다.

그러나 9월 중순에 들어 건준은 인민위원회로 개편되었다. 인민위의 위원장은 의사 국순홍이 맡았다. 인민위의 실권은 사회주의자들인 김백동, 유치오, 임태호 등에 있었던 것으로 보인다. 임태호는 계속 치안대장을 맡았는데, 결국 목포경찰서를 접수하였다.

그러나 10월 18일 미군 6사단 병력의 일부가 목포에 들어오면서 상황이 달라지기 시작했다. 10월 23일에는 제55군정중대가 목포에 들어와 목포, 무안, 영암, 함평 지역을 관할하기 시작했다. 55군정중대는 일단 양동교회의 목사 최섭을 부윤으로 임명하고, 임태호를 경찰서장으로 인정하였다. 그러나 11월 14일 결국 인민위원회의 해체를 명령하였으며, 16일에는 인민위의 사무실을 습격하였다. 1946년 1월 15일에는 미군정 당국이 인민위원회, 청년동맹, 화학노조 등의 사무실을 다시 습격하였다. 그리고 목포경찰서장 임태호 등 33명을 불법무기소지, 공공기물불법유용, 기타 테러와 폭력 혐의로 구속하였다. 그리고 광주에서 경찰 20명이 목포 경찰로 새로 임명되어 왔다. 임태호는 미군정의 재판에서 징역 3년형을 언도받았다.

목포 인민위가 해산당했지만, 목포의 좌파 세력이 완전히 무너진 것은 아니었다. 조선공산당 목포지부는 아직 건재했다. 이에 대응하여 미군정은 1946년 봄부터 우익세력, 즉 우익 정당과 청년회를 적극 지원, 육성하기 시작했다. 그런 가운데 1946년 10월 1일 대구에서 폭동이 일어났고, 경상북도와 경상남도로 확산되었다. 그리고 전남에서는 10월 31일 목포에서 가장 먼저 좌익세력의 봉기가 일어났다. 물론 이에는 조선공산당 전남도당의 지시가 있었다. 목포의 시위 군중은 광주에서 긴급파견된 경찰과 미군정의 공세로 진압, 해산되었다.

1947년 들어서는 좌익과 우익의 대결이 훨씬 더 거세졌다. 시위군중이나 사무실에 대한 테러가 빈발했다. 목포의 좌익세력은 5월 1일 메이데이 시위를 통해 세력을 과시했다. 이에 미군정은 좌익청년들을 대거 체포하고, 우익청년단을 적극 육성하였다. 민족청년단과 서북청년단, 대동청년단 등이 목포에 만들어졌다.

1948년 들어 결국 분단정부 수립을 위한 5·10선거가 실시되었다. 남로당과 민전 등 좌익세력은 이에 대응하여 '2·7투쟁'으로 맞섰다. 목포에서는 철도·통신노동자들의 파업이 있었으며, 해운노동자와 운송노동자들의 파업이 있었다. 이에 맞서 우익세력도 5·10선거의 당위성을 주장하는 집회와 시위를 열었다.

5·10선거에는 6명의 후보가 출마했으며, 이 가운데 이승만계열의 이남규 목사가 압도적인 표 차이로 당선되었다. 대한민국 정부 수립 이후 우익 청년단은 이승만의 지시에 의해 모두 대한청년단으로 통합되었다. 여순사건 이후 국가보안법이 제정되고 보도연맹이 창설되면서 남로당 세력에 대한 검거가 진행되었다. 이로써 좌익세력은 크게 약화되고 목포 지역사회는 우익세력의 주도 하에 어느 정도 안정되는 듯 보였다. 1950년 5월 30일 실시된 제2회 국회의원 선거에서는 대한노동총연맹 소속으로 목포지구 노총부위원장을 지낸 목사 출신의 임기봉(林基奉)이 당선되었다.

그러나 1950년 6월 전쟁이 발발하였고, 북한의 인민군이 계속 남하하자 군경은 보도연맹원과 형무소 재소자 가운데 좌익사범들을 학살하였다. 이 과정에서 목포에서도 수백 명이 학살된 것으로 보인다. 인민군은 빠른 속도로 남하하여 7월 24일 목포를 점령하였다. 목포에서는 다시 인민위원회와 노동당, 민청 등이 조직되었다. 그리고 우익에 대한 색출 작업이 진행되어 1천여 명이 형무소와 창고 등에 수감되었다. 그러나 인민군 치하는 2개월밖에 가지 않았다. 인천상륙작전과 9·28 서울 수복과 함께 인민군과 핵심 좌익세력은 목포에서 빠져나가 북상하였고, 이 과정에서 형무소와 창고에 가둬두었던 우익세력에 대한 학살이 진행되었다. 아마도 수백 명이 학살된 것으로 보인다. 국군 해병대는 10월 2일 목포에 상륙하였다. 그리고 이번에는 인공 치하의 부역자에 대한 색출과 처벌이 진행되었다. 해방 이후 한국전쟁기에 이르기까지 목포에서는 좌우익 간의 투쟁과 학살로 수많은 사람들이 희생되었고, 목포의 지역공동체는 거의 파괴되다시피 하였다.

한편 1952년 4월에는 지방자치제 실시를 위한 시의원 선거가 실시되었고, 5월에는 도의원 선거가 실시되었다. 도의원으로는 자유당의 홍익선과 김성호가 당선되었다. 1954년에 실시된 3대 국회의원 선거에서는 민주국민당의 정중섭이 당선되었다.

2부

식민·해방·분단과 나주 지역사회

제4장

나주 지역사회의 변동과 식민기지 영산포

1. 서론

1920, 30년대 나주의 민족운동과 사회운동은 나주군의 여러 사회경제적 배경 위에서 전개되었다. 따라서 당시 나주군의 사회와 경제에 대해 살피는 것이 중요하다. 이 장에서는 나주군의 나주면(나주읍)과 영산포의 사회와 경제에 대해 살피고자 한다.

일제하 나주의 사회와 경제에 대해서는 1993년에 필자의 졸고 「일제하 나주지역의 민족운동과 사회운동」에서 그 배경으로 간단히 언급한 바가 있었다.[1] 이후 성균관대학의 공동연구팀이 2002~2003년에 근현대 나주지역의 사회와 경제에 관한 심도있는 연구를 진행하

1 박찬승, 「일제하 나주지역의 민족운동과 사회운동」 『한국근현대지역운동사』 2, 여강출판사. 1993.

여, 2008년에 『한말 일제하 나주지역의 사회변동 연구』라는 책을 내놓았다.[2] 이 책에는 정승진의 「1930년대 나주 영산강유역의 농업변동」「20세기 전반 전통농촌지역의 사회변동 양상」, 박진철의 「한말 일제하 나주지역 향리가문의 동향」「한말 나주읍 향리사회의 지속성과 변화」「조선후기 나주 향리층의 일제하 존재양상」 등의 논문이 실려 있다.

정승진의 첫 번째 논문은 나주 다시면 일대의 토지대장을 분석하여, 수리조합사업을 둘러싼 농촌개발의 이면에는 식민지지주제가 오히려 더 강고하게 존속했다는 것을 밝혔다. 또 두 번째 논문에서는 역시 다시면 영동리와 회진리의 토지대장과 호적, 대동계안 등을 분석하여, 토지소유와 가족형태의 변동을 살폈으며, 해방 이후 농지개혁의 결과 두 마을은 집성촌으로서의 성격이 더 강화되었다고 분석하였다.

박진철의 첫 번째 논문은 나주의 향리가인 밀양 박씨가를 대상으로 이들이 19세기 이후에 어떻게 성장하였으며, 일제하에 민족운동과 사회운동을 주도하게 되었는지를 주로 향리가의 네트워크를 통해서 밝혔다. 두 번째 논문은 나주 향리층과 관련된 여러 자료들을 분석하여, 나주의 전통적인 향리가였던 나씨, 조씨, 정씨 외에 19세기에는 김해 김씨, 경주 최씨, 밀양 박씨가 신흥향리가로 대두하였다는 것을 밝혔다. 그리고 이들이 이후에 나주 지역사회의 주도세력으로 등장하였다고 보았다. 세 번째 논문은 「나주이로회안」과 각종 신

2 하원호 외, 『한말 일제하 나주지역의 사회변동 연구』, 성균관대학교 대동문화연구원, 2008.

문 자료 등을 통해 전통 향리가와 신흥 향리가가 일제시기에 어떤 활동을 벌였는지를 추적하고 있다.

한편 김건태는 신흥향리가인 나주 박씨가 농업경영을 분석했다. 이 글에 의하면, 박씨가는 목포개항 이후 대일본 미곡수출이 증가하는 가운데 토지를 계속해서 매입하여 대지주로 성장했고, 그 외에도 고리대와 우도(牛賭) 등을 통해 부를 축적했다고 한다. 또 1920년대 이후에는 호남은행의 주식을 사들이고 금융조합에도 출자하고, 전기회사에도 투자하는 등 투자를 다변화하기도 했다고 한다. 그러다가 1930년대 들어서 보증을 선 어음이 부도처리되면서 막대한 금전적 손실을 입어 중소지주로 몰락했다고 한다.[3]

한편 나주의 영산포는 일제시기 나주에서 매우 독특한 지위를 차지하면서, 나주지역 사회에 커다란 영향을 미쳤다. 영산포는 인근 목포나 군산처럼 개항장도 아닌, 영산강의 한 포구였다. 하지만 일찍부터 일본인들이 진출하여 이곳에 자리잡고 상업활동과 농장경영을 시작하였다. 그리고 이를 뒷받침하기 위해 우편수취소(1903), 농공은행(1906), 소학교(1906), 헌병분대(1909), 동본원사 별원(1910) 등이 들어섰다. 그리고 영산포의 일본인들은 영산포일본인회(1906), 영산포상공회(1911), 영산포재향군인회분회(1911), 영산포곡물조합(1916) 등을 통해 영산포 일본인 사회의 기반을 다져나갔다. 이에 따라 영산포는 문자 그대로 '식민기지'의 성격을 띠면서 발전해나갔다.

이와 같은 영산포 식민기지의 형성과정과 그 성격에 대해서는 장

3 김건태, 「한말 일제하 나주 박씨가의 농업경영」 『대동문화연구』 44, 2003.

석홍, 김민영, 김경수, 하원호의 글이 있다.[4] 장석홍의 글은 영산포가 식민기지로 형성되는 과정과 영산포에서의 일본인들의 토지소유 상황, 그리고 시장과 기업 등을 종합적으로 살폈다. 김민영의 글은 1920, 30년대 영산포의 일본인 자본가들을 농업과 상공업의 측면에서 다루었다. 김경수의 글은 영산포 지역 일본인들의 토지소유 상황을 분석한 것이었다. 하원호는 앞서 언급한 성균관대의 공동연구의 일환으로 『통상휘찬』 등의 자료를 이용하여, 목포 개항 이후 영산포와 목포 사이의 상품유통과 이에 따른 영산포 인근의 농업생산구조의 변화에 대해 살피고 있다.

한편 나주와 영산포에 관한 주요 자료로서는 1930년 나주 전반에 대해 소메가와 가쿠타로(染川覺太郎)가 쓴 『전라남도사정지』의 나주군편이 있고, 영산포에 대해서는 1916년 아키하라 가야마(秋原華山)가 쓴 『영산포발전지』가 있고, 1930년 영산포에서 태어나 1945년까지 거주한 사호리 신조(佐堀伸三, 영산포회 회장)가 쓴 간단한 프린트본 책자가 있다.[5]

제4장에서는 일제하 나주군, 특히 나주면과 영산포의 사회와 경

4 장석홍, 「일제하 영산포 식민기지의 형성」 『한국학보』58, 1990 ; 김민영, 「일제하 나주·영산포지역 일본인 자본가의 동향 -1920·30년대를 중심으로-」 『광주학생독립운동과 나주』, 경인문화사, 2001 ; 김경수, 『영산강 유역의 경관 변화 연구 -영산포 시가지 형성과 간사지 개간을 중심으로-』, 전남대 박사학위 논문, 2001 ; 하원호, 「한말 영산강 유역과 목포의 상품유통」 『한말 일제하 나주지역의 사회변동 연구』, 성균관대학교 대동문화연구원, 2008.

5 染川覺太郎, 『全羅南道事情誌』(이하 『全南事情誌』로 약칭함), 全羅南道事情誌刊行會, 1930.
秋原華山, 『榮山浦發展誌』, 木山印刷所, 목포, 1916.
佐堀伸三, 『榮山浦における日本人町の形成』(프린트본), 2000.

제를 정리함으로써, 이 시기 나주에서 전개된 민족운동과 사회운동의 배경에 대해 살펴보고자 한다.[6]

2. 나주군의 생활권과 지역유력자층

나주군의 행정구역·생활권 및 인구

일제하 나주군은 그 이전에 비하면 행정구역상에서 상당한 재편이 이루어진 곳이었다. 나주는 조선조에 들어와 1413년(태종 13) 정3품 목사(牧使)가 주재하는 나주목(羅州牧)으로서 2군 8현을 통할하는 상당히 큰 고을이었다. 1895년 을미개혁 시 종래의 도(道)를 폐지하고 전국을 23개 부(府)로 나누는 지방제도개혁이 이루어짐에 따라 전라도는 전주부, 나주부, 남원부, 제주부로 나뉘었다. 그리고 기존의 부·목·군·현은 모두 군(郡)으로 폐합되었다. 이에 따라 나주부에는 관찰사가 부임하여 나주군 이하 16개 군을 관할하게 되었다. 그런데 1896년 2월 나주에서는 단발령에 저항하는 의병이 일어나 나주관찰사 대리로 있으면서 단발을 강하게 몰아붙인 개화파 인물 안종수(安宗洙)를 타살하는 사건이 일어나, 정부에서는 나주부를 폐하고 관찰부를 광주로 옮겼다. 그리고 그해 8월 다시 지방제도 개

6 제4장은 졸고, 「일제하 나주지역의 민족운동과 사회운동」『한국근현대지역운동사』2, 여강출판사, 1993의 일부와, 졸고, 「일제하 식민기지 영산포의 일본인 상인과 지주」『항일민족운동과 나주』, 나주시 나주학생운동기념관, 2009의 원고를 합하여 수정 보완한 것이다.

편이 단행되어 전국을 13개 도(道)로 나눔에 따라 전라도는 전라남도와 전라북도로 나뉘었고, 전라남도의 도청은 광주에 소재하게 되었으며, 나주는 1등 군으로 남게 되었다. 그리고 이때 나주관내 38면(面) 32도(島) 가운데 32도(島)는 지도군(智島郡)이 새로이 만들어지면서 떨어져 나갔고, 또 일부 지역이 영암·함평·광주·장성·무안 등지로 이속되어 28개 면으로 줄었다. 그 후 1913년 12월 일제는 대대적인 지방제도 개혁을 단행하였는데, 이때 남평군(南平郡) 일원과 함평군(咸平郡)의 적량·장본·여황의 3개 면 및 광주군 소지면의 일부가 편입되어 42개면이 되었다. 그리고 이듬해 4월 다시 각 면 폐합이 이루어져 19개 면 222개 동리(洞里)가 되었다. 그리고 1917년 양지면(良知面)이 영산면(榮山面)으로 개칭되고, 1929년 4월 나주면(羅州面)과 나신면(羅新面)을 합병하여 나주면이라 칭하였고, 1931년 11월 나주면이 나주읍으로 승격되고, 1937년 영산면이 영산포읍으로 승격됨으로써 2읍(邑) 16면(面)이 되었다.[7]

1914년 이후의 나주군은 중심지인 나주면과, 나주면 밖의 세 지역 등 크게 네 지역으로 나누어 볼 수 있다. 나주면 밖으로는 나주면(나신면 포함)을 기준으로 서북쪽으로 다시면·문평면·본량면·삼도면·평동면·노안면, 동남쪽으로 영산면·동강면·공산면·반남면·세지면·왕곡면·봉황면, 그리고 동북쪽으로 금천면·산포면·남평면·다도면 등을 들 수 있다. 여기서 서북쪽은 다시면이 중심이 되었고,

7 나주의 연혁에 대해서는 이재룡, 「나주의 역사변천」『羅州牧의 再照明』, 목포대 박물관, 1990; 『全南事情誌』, 864~865쪽, 『湖南評論』 1937년 8월호, 「전라남북도 정형 소개판 -나주군」, 13쪽 등을 참조.

남동쪽은 영산포가 중심이 되었으며, 동북쪽은 남평면이 중심이 되었다고 볼 수 있다. 이는 당시 장시(場市)에도 반영되어 일제하 나주군의 큰 장시로는 나주장, 남평장, 영산포장, 다시장이 있었다.[8]

이러한 지역구분은 당시 민족운동과 사회운동에도 반영되었다. 즉 1923년 나주청년회가 순회 강연할 때에는 이 세 지역을 기준으로 강연대를 3대(隊)로 나누었던 것이다.[9] 또 청년회라든가, 민립대학기성회 등의 각종 사회운동에서도 보면 남평과 영산포의 경우 나주읍내와는 독자적인 조직이 구성되는 등 일정한 독자성을 지니고 있었다. 이는 모두 나주군의 생활권이 ①나주면과 나신면 등 이른바 읍내지역과, ②평야과 구릉지대가 섞인 동북부의 남평과 그 인근지역, ③평야지대인 동남부의 영산포와 그 배후지역, ④구릉지대와 평야가 섞인 영산강 서북부의 다시와 삼도 지역과 같은 4개 지역으로 나뉘어 있었던 현실을 반영한 것이었다.

1930년 당시 나주군의 인구는 일본인 799호에 3,425명, 조선인 2만 8,041호에 14만 3,259명, 중국인 19호에 69명으로 총 2만 9,865호에 14만 6,686명이었다. 또 이들을 직업별로 보면, 농업이 2만 1,316호, 인구 12만 5,766호로 전체의 86%를 차지하였다. 나주군의 중심지였던 나주면, 영산면, 남평면의 인구를 보면 아래 〈표 1〉과 같다.

8 이 가운데서도 가장 큰 場市는 南平場이었으며, 다음이 영산포장, 다시장, 나주장 순이었다고 한다(서유채 증언(1993.2.12)).한편 조선총독부에서 펴낸 『朝鮮の市場經濟』, 128쪽에 의하면 1926년 현재 나주군에는 나주면의 羅州市, 영산면의 榮山市, 세지면의 東倉市, 반남면의 潘南市, 공산면의 南倉市, 다시면의 草洞市, 삼도면의 三道市, 남평면의 南平市가 있었다 한다.

9 『동아일보』 1923년 8월 21일 「나주청년회 순회강연」

〈표 1〉 나주군 주요 3개 면의 호수와 인구수(1930년)

		호수	인구수	시가지 호수	시가지 인구수
나주면	일본인	184	795	184	795
	조선인	1,269	6,060	1,269	6,060
	외국인	5	11	5	11
	계	1,458	6,866	1,458	6,866
영산면	일본인	198	743	184	669
	조선인	1,680	8,042	747	3,443
	외국인	9	13	9	13
	계	1,887	8,798	940	4,125
남평면	일본인	88	409	56	271
	조선인	1,701	8,337	429	2,135
	외국인	5	19	5	19
	계	1,794	8,765	490	2,425
총계		5,139	24,429	2,888	13,416

자료 : 『전남사정지』, 866쪽.

〈표 1〉에서 보면, 일본인은 주로 영산면과 나주면에 다수 거주하였고, 그 숫자는 조선인에는 훨씬 미치지 못하였음을 알 수 있다.

〈표 2〉 영산포 거주자의 상황(1915년)

종별	호수	인구	
		남	녀
일본인	259	606	489
조선인	136	467	359
중국인	8	28	
계	403	1,101	848

자료 : 『영산포발전지』, 5쪽.

그러나 이와는 다른 표도 있다. 〈표 2〉는 『영산포발전지』라는 책자에 실린, 1915년 12월에 조사된 영산포 거주자의 상황을 보여주는 것인데, '영산포'라고 불리는 지역에서는 일본인의 호수나 인구가 조선인보다 거의 배에 가까울 정도로 많았다. 그리고 〈표 1〉에서 1930년 영산면의 시가지에 거주하는 일본인이 184호인데, 〈표 2〉에서 1915년 영산포에 거주하는 일본인이 259호로 나오고 있어, 영산면 시가지와 영산포 지역의 차이가 무엇인지 확실치 않다. 또 영산포 거주 일본인이 1915년에는 259호, 1,095명인데, 1930년에는 198호, 743명으로 줄어든 것으로 나오고 있어, 과연 이 통계들을 믿을 수 있을지 의문이다.

한편 『영산포발전지』에 의하면, 영산포에 들어온 일본인들의 출신지역은 후쿠오카현이 가장 많았고(48호), 그 다음이 야마구치현(27호), 나가사키현(26호)의 순으로 많았다.[10] 또 직업별로 보면, 농목축 및 임업이 가장 많았고(83호), 다음이 상업 및 교통업(76호)으로 많았다. 그리고 그 뒤가 공무 및 자유업(51호), 광업 및 공업(36호)의 순이었다.[11] 도회지에 사는 일본인의 경우 일반적으로 상업 및 교통업 종사자가 가장 많고, 농목축 및 임업 종사자는 그리 많지 않았지만, 영산포는 도회지라기보다는 포구에 건설된 일본인 내지 일본자본 농장의 거점 지역으로서, 농장과 관련된 이들이 다수 거주하고 있다는 특성을 갖고 있었기 때문에, 농목축 및 임업 종사자가 가장 많았던 것으로 보인다.

10 『영산포발전지』, 6~7쪽.

11 같은 책, 8쪽.

나주의 주요 양반과 이족(吏族)

나주는 전통적으로 토착세력이 강한 곳으로 알려져 있다. 나주에서는 통념상 나주 오(吳), 제주 양(梁), 나주·평택 임(林), 반남 박(朴), 문화 류(柳), 나주·금성 나(羅), 풍산 홍(洪), 나주 정(鄭)씨 등을 8대 대성(大姓)으로 여긴다. 그 외에 본관을 경주·전의·고성·양성·함평 등으로 하는 다섯 이(李)씨와, 파주 염(廉), 달성 배(裵), 하동 정(鄭), 광산 김(金), 서흥 김(金)씨 등이 사람 수가 많은 성씨들로 꼽힌다. 이 가운데 나주 오, 나주 나, 나주 정, 금성 나씨, 반남 박씨 등은 조선시대 이전부터 나주에 자리를 잡고 지배층을 이루었던 이들로서 조선시대에 들어와 사족화하여 세력을 유지해온 성씨들이다. 반면 나주 임씨, 문화 류씨, 풍산 홍씨, 제주 양씨 등은 조선시대에 들어와서 나주에 터를 잡은 객반(客班)들이라고 할 수 있다.[12]

그러면 1930년대 나주군의 주요 동족마을의 상황은 어떠했을까. 1934년 조선총독부에서 펴낸『조선의 성(姓)』이란 책을 보면 1930년에 아래 〈표 3〉에서 보는 바와 같이 모두 110개의 동족마을이 있었던 것으로 조사되어 있다. 물론 이 조사가 정확한 것이었다고 볼 수는 없지만, 대체적인 경향은 보여주고 있다고 할 수 있다. 이 표에서 보면, 넓은 평야지대였던 동남부보다 구릉과 평야가 병존하였던 서북부와 동북부 지역에 동족마을이 많았던 것을 알 수 있다. 그만큼 마을의 입지조건이 좋은 곳들이었고, 그런 마을에 세력 있는 성씨들

12 정승모,「書院·祠宇 및 鄕校 조직과 지역사회체계(下)」『태동고전연구』5, 1989; 이해준,「조선전기 나주군의 土姓基盤과 그 성격」『나주목의 재조명』1990 참조.

이 동족마을을 이루고 살았던 것은 당연한 일이었다. 그리고 동족마을이 가장 많았던 면은 남평면(14개), 다시면(11개), 문평면(9개), 삼도면(8개), 왕곡면(8개) 등이었다.

〈표 3〉 나주군의 동족마을 분포

지역구분	면 이름(괄호안은 동족마을 수)	동족마을 합계
나주읍	나주읍(3)	1개 읍 3개
동남부	영산면(3)·동강면(6)·공산면(5)·반남면(3)·세지면(7)·왕곡면(8)·봉황면(6)	7개 면 38개
동북부	남평면(14)·금천면(4)·다도면(4)·산포면(0)	4개 면 22개
서북부	다시면(11)·문평면(9)·본량면(6)·삼도면(8)·평동면(7)·노안면(4)	6개 면 45개

자료 : 조선총독부, 『朝鮮の姓』, 1934, 237~239쪽

이들 동족마을 가운데 특히 주목해야 할 마을과 성씨들은 세지면 교산리 발산(細枝面 橋山里 鉢山)의 전의 이씨(全義 李氏)와, 세지면 송제리(細枝面 松堤里), 죽동리(竹洞里)의 금성 나씨(錦城 羅氏), 그리고 다시면 신풍리 회진(多侍面 新楓里 會津)의 나주 임씨(羅州 林氏)이다. 왜냐하면 발산에서는 1920년대 말 야학운동이 활발하게 일어났으며, 송제리와 신풍리의 회진부락 등에서는 1930년대 들어 사회주의계통의 청년운동, 독서회운동이 일어났기 때문이다.

이 가운데 회진의 나주 임씨가는 백호 임제(白湖 林悌)의 집안으로 1930년대 개혁청년회 사건의 임우택, 임광택, 임경택 등이 모두 임제의 조부인 임붕(林鵬)의 후손으로 임우택은 임붕의 장자인 임익(林益)의 14대손이고, 임광택·임경택은 임붕(林鵬)의 3남 임진(林晉: 林悌의

父)의 14대 손이었다.[13] 또 세지면 송제리, 죽동리의 금성 나씨는 약 300년 전 이 고장에 터를 잡았다고 하며, 1930년대에 이곳을 중심으로 독서회, 야학활동을 한 나석현·나순조는 바로 이 집안 출신이었다.

한편 한말 성안에 거주하던 나주의 주요 이족(吏族)으로는 나주 정씨, 경주 최씨, 김해 김씨, 밀양 박씨 등을 들 수 있다.[14] 이들 이족은 모두 조선후기 이래의 대표적인 향리가였다고 할 수 있다.[15] 이 가운데 나주 정씨의 정석진(鄭錫珍)은 1894년 동학농민군이 나주를 공격해왔을 때 이를 막아내는 데 앞장선 공으로 1895년 해남군수로

13 林悌의 9대조인 林卓은 이성계가 1392년 7월 16일 역성혁명을 일으켜 이태조로 등극하자 당시 海南監務職을 버리고 옛 고향인 會津에 돌아와 초야에 묻혀 살았다. 그 후 임제의 조부 林鵬대에 와서 비로소 관직에 나아가 林鵬은 중종 때 벼슬이 승지에까지 올랐다. 林悌의 父 林晉은 병마절도사에까지 올랐다. 林悌는 예조정랑을 지냈으나 붕당간의 쟁투에 염증을 느껴 관직을 떠나 각지를 유람하며 시를 지었으며, 그의 임종 시 지었다는 시는 명나라에 대한 조선의 독립의지를 담고 있어 한말 매천 황현은 대한제국 성립 이후 그에게 "영웅이시여 저승에서나마 한을 푸소서, 오늘은 나라가 독립하여 황제의 자리가 높습니다."라는 시를 바쳤다고 한다. 이러한 백호의 독립의식은 그의 후손들에게도 영향을 미쳐 일제하 임씨 집안 청년들은 일제에 대한 저항의식이 강하였다고 한다(『나주군지』(1980), 692-697쪽; 임윤택 증언(1992.5.6)).

14 서유채 증언(1993. 2.12)

15 한말 일제하의 나주지역 향리가에 대해서는 다음의 글들이 있다.
나선하, 「조선후기 나주 읍치사회의 연망에 관한 일고찰」(역사문화학회 2003년도 전국학술대회 발표요지) 2003; 박진철, 「한말 일제하 나주지역 향리가문의 동향」『대동문화연구』44, 2003; 박진철, 「조선시대 나주군 이서의 조직과 담당가계」『담론201』 7권 2호, 2005; 나선하, 「조선후기 나주 향리 연구」(전남대학교 박사학위논문), 2006; 박진철, 「일제하 나주군 사회주도층의 실태와 동향 – '나주이로회'를 중심으로」『사학연구』 86, 2007; 박진철, 「한말 나주읍 향리사회의 지속성과 변화」『한말 일제하 나주지역의 사회변동 연구』, 성균관대 대동문화연구원, 2008(박진철의 논문은 하원호 외, 『한말 일제하 나주지역의 사회변동 연구』, 성균관대학교 대동문화연구원, 2008에 실림).

발령받았으나, 임지로 떠나면서 나주의 관민들을 충동하여 단발령에 대항하는 봉기를 일으키게 한 혐의로 검거 처단되었다.[16] 김해 김씨가는 19세기 중엽 성안으로 들어왔으며, 역시 1895년 나주 관민들의 봉기 시 앞장선 김창곤(金蒼坤)과, 나주목 주사를 거쳐 해남군수로 임명되었던 김용규(金容圭)가 바로 김해 김씨였다.[17] 일제하 민족·사회운동가들 가운데 김해 김씨로는 김창곤의 자손인 김복현(金福鉉, 이명 金鐵)·김재호(金在浩) 부자(父子),[18] 김형호(金亨浩), 김종철(金宗鐵) 등이 있었다. 밀양 박씨가도 조선후기 이래의 이족 가문으로서, 한말 박호장(朴戶長)이라 불리는 박차은(朴次殷: 尙郁)과 장흥부사를 지내 박장흥(朴長興)이라 불리는 박재규(朴在圭)가 나왔는데, 이들은 각각 일제하 나주군의 민족·사회운동에서 중심적인 역할을 한 박공근(朴恭根)과 박준삼(朴準三)의 조부였다(박씨가에 대해서는 뒤에 상술).

나주군은 근대에 들어와서도 다른 여타 지역에 비하여 개화의 물결이 상당히 늦게 들어온 보수적인 지방이었다. 이러한 보수성은 1895년 단발령 당시 이에 대항한 나주관민들의 소요사건에서도 잘 드러나지만, 한말 호남학회에 전라도 각 군의 개신유학자들이

16 李炳壽, 『錦城正義錄』 참조.

17 金容圭(초명 金龍均)는 김해 김씨 三賢派로서 1895년 을미개혁 당시 羅州觀察府 主事에 임명되었으며(『錦城邑誌』(1897), 卷3), 1899년 海南郡守에 임명되었다가 같은 해 울진군수로 이임되었다고 한다(『金海金氏三賢派大同譜』).

18 金蒼坤은 1895년 말 단발령에 저항하여 봉기한 나주 군민들의 봉기에 앞장섰다가 검거되어 처형당했다. 김창곤의 부친 金容址는 金容圭와 항렬자가 같았다(김동주 증언(1993.2.25.). 김창곤의 아들 김복현은 3·1운동 당시 광주에서 만세운동을 주도하여 3년의 옥고를 치른 인물이고(애족장 추서), 그의 아들 김재호(신익희의 사위)는 1933년 중국 난징으로 건너가 의열단에 참여했으며, 이후 민족혁명당, 임시정부, 임시의정원 등에 참여하였다(애국장 추서). (대정 8년 김복현 광주지방법원 판결문. 국사편찬위원회, 『대한민국임시정부자료집』3권 임시의정원 등 참조)

상당수 참여했을 때에도 나주에서는 김방섭(金邦燮)·김승련(金承鍊) 2명만 참여했던 것에서도 잘 드러난다.[19] 이러한 보수적인 분위기는 1910년대까지 거의 그대로 지속되는 것으로 보이며, 1920년대에 들어서도 상당히 뿌리 깊게 남아 있었던 것으로 보인다. 특히 나주군의 중심이었던 나주면(1931년 이후에는 나주읍)의 경우가 그러했던 것으로 보인다. 따라서 나주군의 민족운동과 사회운동을 살필 때에는 이 지역의 이러한 분위기를 염두에 둘 필요가 있다.

나주의 관공서와 면협의회

다음에는 나주의 관공서와 면협의회에 대해 살펴보자. 일제하 나주군에는 군청, 면사무소, 경찰서와 같은 관공서가 있었다. 군청에는 군수와 서무주임, 재무주임, 군속, 산업기수, 삼림주사 등이 근무했다. 이 가운데 군수는 조선인이었고, 서무주임과 재무주임은 일본인, 군속은 일본인과 조선인, 산업기수와 삼림주사는 일본인이었다. 1930년경 나주군의 군수는 오광은(吳光殷)이었고, 조선인 군속은 조병연(曺秉然), 강원균(姜元均), 박규해(朴圭海), 김영섭(金暎燮), 정인위(鄭寅瑋), 조옥환(曺玉煥), 유석주(柳錫柱) 등이었다.[20]

19 『호남학보』 4호, 7호 참조. 한편 남평지역에서는 鄭達永, 洪承악, 姜太煥, 宋籥, 金昌容, 姜洛洪, 李濟鎬 등 비교적 많은 수인 7인이 참여하였다.

20 『전남사정지』, 887~888쪽.

〈표 4〉 나주군의 각 면 면장(* 밑줄 친 이름은 10년 이상 면장을 지낸 경우)

면이름	면장(취임연도)	비고
나주면(읍)	김성부(1919), 손종훤(1920), 김경호(1923), 김종언(1931)	1931년 11월 읍 승격
나신면	김종언(1919)	1929년 나주면에 통합
영산면(읍)	이석우(1919), 이규봉(1920), 小川榮彦(1940)	1937년 영산포읍으로 승격
동강면	신봉효(1919), 김관국(1920), 김규현(1921), 오재형(1924), 오대선(1933), 吉本全良(1941)	
공산면	박우양(1919), 이장환(1920), 김상수(1924), 김정수(1935), 김기현(1940), 大山泰植(1941)	
반남면	나경태(1919), 정순규(1923), 金光正模(1941)	
세지면	이민술(1919), 이대규(1927)	
왕곡면	이종필(1919), 최기림(1926), 이화춘(1929), 신봉규(1932)	
남평면	김신언(1919), 정갑진(1924), 윤우혁(1931), 박봉현(1936), 박창환(1940), 松平昌治(1941)	
금천면	송광세(1919), 이기원(1931), 김계남(1939), 金川知永(1940)	
다도면	윤세창(1919), 홍태희(1924), 홍광식(1926), 홍위식(1931)	
산포면	한백현(1919), 김창용(1920), 윤영진(1927), 한백언(1928), 김점용(1936)	
다시면	이계인(1919), 임병원(1923), 나수금(1933), 최창현(1938), 武肅英一(1940), 青松高正(1941)	
문평면	나종환(1919), 나승욱(1931), 龍田愼爾(1941)	
본량면	오봉근(1919), 김석규(1920), 오봉근(1926), 김석규(1936), 金田光弘(1941)	
삼도면	유영태(1919), 오익수(1925), 송정순(1939), 大原貞雄(1940)	
평동면	신현대(1919), 조제원(1923), 송광수(1929), 김종한(1937), 金光竹三(1941)	
노안면	김장후(1919), 나정석(1933), 나수금(1937), 羅門光雄(1940)	

자료 : 『조선총독부직원록』 1919~1941년 각 연도판.

〈표 4〉에서 보듯이 1919~1941년 나주군에서 면장(또는 읍장)을 지낸 이들로 확인되는 인물은 모두 71명인데 이 가운데에는 10년 이상 면장 직위에 있었던 이들은 14명이나 된다. 그 이름을 들어보면, 나주면(읍)의 김종언, 영산면의 이규봉, 공산면의 김상수, 반남면의 정순규, 세지면의 이대규, 금천면의 송광세, 다도면의 홍위식, 다시면의 임병원, 문평면의 나종환과 나승욱, 본량면의 오봉근과 김석규, 삼도면의 오익수, 노안면의 김장후 등이다. 이 가운데 나주읍장을 지낸 김종언은 나신면장과 나주면장(읍장)을 18년 동안 지냈다. 영산면의 이규봉은 영산면장과 영산포읍장을 모두 20년간 지냈다. 반남면의 정순규도 반남면장을 18년간 지냈다. 이들은 모두 1910년대에 면서기를 지낸 경력을 갖고 있었고, 김종언과 이규봉은 1920년대에 금융조합장도 맡고 있었다. 이들 장기근속 면장은 해당 면의 최고 실력자였다고 해도 과언이 아닐 것이다.

한편 나주군의 모든 면에 면협의회가 있었다. 1920년대 면협의회는 면장의 자문에 응하는 기구로서 설치되었으며, 면협의회원의 정원은 8~14인으로, 총독이 지정하는 면(이른바 '지정면')에서는 선거를 하고, 그렇지 않은 면에서는 군수가 임명하도록 되어 있었다. 면협의회에서 자문을 하는 사항은 세입세출의 예산을 정하는 일, 사용료·수수료·부과금·부역현품의 부과 징수에 관한 일, 차입금에 관한 일 등이었으며, 면협의회의 의장은 면장이 맡게 되어 있었다.[21] 당시 나주군에는 지정면이 없었다.[22] 따라서 모든 면의 면협의회원은 군수

21 조선총독부, 『조선법령집람』(1928), '면제', 지방행정 23쪽.

22 1930년까지 전남의 지정면은 광주군 광주면, 여수군 여수면, 제주도 제주면밖에

에 의해 임명되었다. 당시 어떤 이들이 면협의회원으로 임명되었는지는 기록을 찾기 쉽지 않다. 다만 1930년 당시 나주면과 영산포면의 면협의회원 명단이 『전라남도사정지』 나주편에 남아 있다.[23]

1930년 당시 나주면협의회원은 김문민(金文旻), 유자와 세이고로(湯澤政五郎), 김병두(金炳斗), 무라카미 규헤이(村上九平), 곤노 나오마쓰(今野直松), 백남선(白南善), 김성재(金性載), 야리분 도요이치(槍分登良一), 허인옥(許仁玉), 나병소(羅炳素), 미야지마 미네오(宮島峰夫), 이동규(李棟圭) 등이었다.

일본인 면협의원 유자와 세이고로(湯澤政五郎)는 1936년 설립된 나주창고주식회사의 감사를 맡은 인물이다. 무라카미 규헤이(村上九平)는 1912년 조선에 건너와 나주에서 경찰관이 되어, 1917년 순사부장, 1918년 경부, 1926년 경시에까지 승진했으며, 그해 퇴직하고 1927년 나주우편소장에 임명되었다. 동시에 96정보의 농장 경영을 시작하였으며, 1930년 제사업, 창고업, 금융업을 경영하는 전남제사창고주식회사 사장을 맡았으며, 1934년에 나주학교조합 관리자를 맡았다.[24] 곤노 나오마쓰(今野直松)는 1925년 설립된 전남전기주식회사의 감사였다.[25]

조선인 면협의회원 가운데 김병두는 나주금융조합장을 1925년부터 1930년대까지 계속 맡았으며,[26] 뒤에 보듯이 나주에서 90정보

없었다. 『조선법령집람』(1928), '면제시행규칙', 지방행정 24쪽.

23 『전남사정지』, 888쪽.

24 민중시론사조선공로자명감간행회편, 『조선공로자명감』, 민중시론사, 1935, 182쪽; 조선총독부, 『조선총독부시정25주년기념표창자명감』, 1935, 441쪽

25 『朝鮮銀行會社組合要錄』(1925년판)

26 『朝鮮銀行會社組合要錄』(1927, 29, 31, 33년판), 『부산일보』 1925년 5월 9일 금융조합총회

가 넘는 토지를 소유한 인물이었다. 그는 신간회 나주지회장을 잠시 맡았다가 사퇴하기도 했으며, 뒤에 보듯이 1924년에는 민선, 1930년에는 관선 도평의원이 되기도 했다. 백남선은 나주흥농주식회사의 이사였으며,[27] 나주면의 조선인 유지들이 만든 나주흥농회사의 발기인으로 참여하기도 했다. 다른 인물들은 경력이 확인되지 않는다.

1930년 당시 영산면협의회원은 이계춘(李啓春), 윤성민(尹成閔), 김명옥(金明玉), 이시다 가타지(石田嘉太次), 아베 만키치(阿部万吉), 다카다 신타로(高田信太郎), 윤준영(尹俊榮), 고노 기사부로(河野喜三郎), 우치야마 야타로(內山彌太郎), 기타츠네 기치노스케(北恒吉之輔), 현종식(玄鍾植), 나수원(羅壽源) 등이었다.

이 가운데 일본인인 이시다 가타지는 1930년경 42정보, 아베 만키치는 67정보, 다카다 신타로는 37정보, 고노 기사부로는 51정보, 우치야마 야타로는 132정보의 토지를 가진 지주였다.[28] 아베 만키치는 곡물상으로서 영산포곡물상조합의 조합장을 맡고 있었고, 이시다 가타지는 영산포재향군인분회의 회장을 맡고 있기도 했다. 우치야마 야타로는 지주이면서 대금업을 하고 있었다.[29] 이들에 대해서는 뒤에 다시 자세히 서술하기로 한다. 한편 영산포면협의회원 가운데 조선인들의 경력은 잘 확인되지 않는다.

조선총독부는 1930년 12월 제령 제12호로 '읍면제(邑面制)'를 반포했다. 이에 의하면, 읍에는 의결기관으로서 읍회, 면에는 자문기관으

27 『朝鮮銀行會社組合要錄』(1929년판)

28 한국농촌경제연구원, 『농지개혁시 피분배지주 및 일제하 대지주 명부』, 1985, 194쪽.

29 『전남사정지』, 888쪽.

로서의 면협의회를 두게 되었고, 모든 읍회 의원과 면협의회원은 선거로 선출하게 되어 있었다.[30] 이에 따라 1931년 5월 나주군의 모든 면에서도 면협의회 선거가 이루어졌다. 1931년 11월 나주면이 나주읍으로 승격되고, 1937년 영산면이 영산포읍으로 승격됨에 따라 나주면협의회는 1931년 말 나주읍회가 되고, 영산면협의회는 1937년 영산포읍회가 된다.

1931년 5월 면협의회원 선거 결과 가운데 나주군에서는 영산면의 경우가 『매일신보』에 보도되었고, 나주면의 경우는 『조선신문』(일본문)에 보도되었다. 영산면의 경우, 정원 12명에 15명이 후보자로 출마하였으며, 유권자는 160명이었고, 투표자는 150명이었다고 한다. 당선자를 보면, 고가 사다오(古賀貞雄), 모리사키 반이치(森崎胖一), 마쓰마에 다메노스케(松前爲之助), 이시다 가타지(石田嘉太次), 박금길(朴今吉), 기타지마 하루키치(北島春吉), 우치야마 야타로(內山彌太郎), 후쿠시마 젠이치(福島善一), 윤성민(尹成閔), 하타노 겐지(波多野憲治), 나달선(羅達善), 김명규(金明奎) 등이었다.[31] 1930년 당시의 면협의회원이었던 이는 이시다 가타지, 우치야마 야타로의 두 사람밖에 없었다. 그만큼 커다란 변화가 있었다. 이는 면협의회원이 임명제에 의해 임명되다가 1931년부터 선거제에 의해 선출되는 것으로 바뀐 것과 관계가 있는 것으로 보인다. 새로 의원이 된 고가 사다오(古賀貞雄)는 미곡과 도기(陶器), 도량형 등을 파는 '고가 사다오 상점'(古賀貞雄商店)을 경영

30 『조선법령집람』(1932), '읍면제', 지방행정 43쪽.

31 『매일신보』 1931년 5월 25일, 「전남 각면의 선거, 나주군 영산면」

했다.[32] 모리사키 반이치(森崎胖一)는 미곡, 비료를 판매하고 또 운송업도 겸하는 '모리사키 반이치 상점'(森崎胖一商店)을 경영했다.[33] 마쓰마에 다메노스케(松前爲之助)는 미곡과 비료를 파는 상인이었다.[34] 이들에 대해서는 뒤에 상공업 부분에서 다시 살펴보기로 한다. 한편 기타지마 하루키치(北島春吉)는 기후현 사람으로 1915년 영산포로 이주하여 농사와 양잠업에 종사하였으며, 목영운수(木榮運輸) 등에도 투자하였다. 그는 학교조합의원, 면협의회원, 영산포 상공회 의원, 잠업조합장 등을 지냈다고 한다.[35] 후쿠시마 젠이치(福島善一), 하타노 겐지(波多野憲治) 등은 어떤 인물이었는지 확인되지 않는다. 그러나 1931년 영산면협의회원으로 선출된 일본인들은 대체로 영산포의 유력 상인들이었던 것으로 보인다. 면협의회원이 모두 임명제에서 선거제로 바뀌면서 영산포의 유력 상인들이 면협의회에 적극 참여한 것으로 보인다. 한편 조선인 박금길, 윤성민, 나달선, 김명규 등 조선인은 어떤 인물이었는지 확인되지 않는다.

1931년 나주면협의회 선거의 경우, 유권자는 176명, 투표자는 161명이었다. 일본인 당선자는 야리분 준이치(槍分準一), 오카토미 고로(岡富五郎), 나가타 가쓰노스케(長田勝之助), 사토 산조(佐藤三藏), 미야지마 미네오(宮島峰夫, 재선), 히로오카 사몬(廣岡左門)이었고, 조선인 당선자는 이창수(李昌洙), 김정수(金禎洙), 박정업(朴正業), 정기철(丁

32 『전남사정지』, 902쪽.

33 같은 책, 904쪽

34 松原徹州, 『朝鮮在住 福井縣人名錄』, 橋本印刷所, 京城, 1928, 56쪽

35 『조선공로자명감』, 500쪽; 『朝鮮銀行會社組合要錄』(1931년판)

基哲), 정복기(鄭福基), 이기성(李基性) 등이었다.[36] 사토 산조는 나주에서 각종 종묘의 생산판매업을 하고 있었고, 나주상공회 부회장이자 재향군인회 나주분회장을 맡고 있었다. 히로오카 사몬은 약종상을 하면서 대흥전기 상담역, 나주상공회 평의원 등을 맡고 있었다. 이창수는 나주 본정에서 금성소주 및 국자(麴子)의 제조판매업을 하고 있었다.[37] 박정업은 뒤에 보듯이 나주에서 두 번째로 큰 지주였으며(농지 223정보 소유) 1922년 나주청년회 부회장을 맡았었다. 이기성은 조면업과 정미업을 하고 있었으며, 1922년 나주청년회 회장을 맡았었다. 정복기는 1923년 나주청년회 교풍부장, 1925년 나주청년회 집행위원을 지낸 적이 있었다.

〈표 5〉 나주군 출신 도평의원과 도회의원

연도	구분	관선	민선
1920	도평의회의원	朴瑀陽	
1924			金炳斗
1927			林炳元
1930		金炳斗	林炳元
1933	도회의원		丁基哲
1937			丁基哲, 崔榮哲
1941			崔榮哲

자료 : 동선희, 『식민권력과 조선인유력자』, 선인, 2011, 400쪽, 412쪽.

36 『朝鮮新聞』 1931.5.24. 「地方制度改正, 最初の各地府邑面議員」

37 이상 『전남사정지』, 888~900쪽 참조.

그러면 나주 출신 도평의원과 도회의원은 어떤 이들이었을까. 〈표 5〉에서 보듯이 관에 의해 지명된 이(관선)는 박우양·김병두였고, 나주군 면협의원들이 뽑은 이(민선)는 김병두·임병원·정기철·최영철이었다.

이들의 경력을 살펴보면, 박우양은 1910년대 후반에 공산면장을 지낸 이였다. 1924년 민선 도평의원이 되고 1930년에 관선 도평의원이 된 김병두는 뒤에서 보듯이 나주면에 거주하는 지주로서 94정보의 농지를 소유하고 있었으며, 1925년 이후 나주금융조합장으로 있었고, 1929년 나주면협의원으로 선출되었다. 1927년과 1930년 민선 도평의원으로 선출된 임병원은 1923년 이후 10년간 다시면 면장으로 있었던 인물이다. 1933년과 1937년 도회의원으로 선출된 정기철은 다도면 출신으로 친분이 있는 일본 헌병을 따라 만주에 가서 목재상으로 돈을 번 뒤 나주로 돌아온 인물로, 1931년 나주면협의원으로 선출된 바 있다.[38] 1937년과 1941년 도회의원으로 선출된 최영철은 일본 지바고등원예학교를 졸업한 인물이다. 그는 해방 이후에는 국민회 나주지부장으로 활동했으며, 1954년 민주국민당으로 제3대 국회의원에 당선되었다가 자유당으로 옮겼다.[39]

38 김용운 증언 (1998.2.17. 나주)

39 『전남사정지』, 884~888쪽 ; 국회의사국자료편찬과, 『역대국회의원총람』, 국회사무처, 1977, 130쪽 참조.

나주군의 교육

일제하 나주군의 민족, 사회운동에 큰 영향을 미친 또 하나의 요소는 교육이었다. 당시 일본인 아동 생도들을 위한 교육은 나주면·영산면·세지면·왕곡면·봉황면 등지에 구성된 학교조합이 그 재정을 뒷받침하고 있었다. 1930년 현재 일본인 학교 현황은 〈표 6〉과 같다. 또 조선인 아동 생도들을 위한 교육은 군에 조직된 '학교비(學校費)'에 의해 재정적으로 뒷받침되고 있었다. 1930년 현재 조선인 학교 현황은 〈표 7〉과 같다.

〈표 6〉 나주의 일본인 학교

학교명	설립년도(년)	직원수(명)	학생수(명)	학급수	경상비(圓)
영산포공립심상고등소학교	1906	6	213	6	10,880
나주공립심상고등소학교	1907	8	239	7	11,235
남평공립심상고등소학교	1911	3	114	3	4,067
세지공립심상소학교	1914	2	47	1	2,000
봉황공립심상소학교	1919	2	31	1	1,742
왕곡공립심상소학교	1925	1	13	1	1,880
영산포공립실과여학교	1928	2	58	2	4,151

자료 : 『全南事情誌』 「羅州郡の部」, 876~877쪽.

〈표 7〉 나주의 조선인 학교

학교명	설립년도(년)	직원수(명)	학생수(명)	학급수	경상비(圓)
나주공립보통학교	1907	14	893	14	13,919
남평공립보통학교	1911	7	304	6	6,715
고막원공립보통학교(다시면)	1920	6	229	6	6,489
도덕공립보통학교(삼도면)	1921	4	246	4	4,083
금곡공립보통학교(공산면)	1921	4	236	4	4,098
양산공립보통학교(왕곡면)	1922	4	231	4	4,356
봉황공립보통학교	1922	4	227	4	4,116
금천공립보통학교	1923	4	201	4	4,293
노안공립보통학교	1924	4	198	4	4,329
반남공립보통학교	1925	4	156	4	3,914
다도공립보통학교	1925	4	109	4	4,094
영산공립보통학교	1926	5	285	5	5,409
나주공립농업보습학교	1926				
동강공립보통학교	1926	2	95	2	2,956

자료 : 『全南事情誌』「羅州郡の部」, 877~879쪽

〈표 6〉과 〈표 7〉에서 보는 바와 같이 나주군에서는 1906, 1907년 일본인학교와 조선인학교의 설립이 각각 시작되어, 1910년대에는 일본인 학교는 5개교에 달했으나, 조선인 학교는 나주와 남평 두 곳에 보통학교가 있었을 뿐이다. 조선인 학교 설립은 1920년대에 각 면 단위로 집중적으로 이루어졌다. 1920년대 말 조선인 학교는 19개 읍면에 공립보통학교 13개교와 농업보습학교 1개교가 있었다.[40] 그

40 나주군의 공립보통학교는 3년제부터 4년제, 6년제 등 다양하였으며, 농업보습학교

러나 인구와 학교 수를 비교해 본다면 나주에 거주하는 일본인은 3,425명에 7개교의 학교가 있었던 반면, 조선인은 14만 3,259명에 14개교의 학교가 있었을 뿐이었다. 그리고 당시 나주군의 읍면이 모두 18개였으므로, 13개의 보통학교는 각 면에 1개 교도 안 되는 열악한 것이었다. 1920년대 말까지 본량·평동·세지·금천·산포 등 5개 면에는 아직 보통학교도 없었던 것이다.

따라서 학교교육을 받을 수 없었던 아동들은 서당으로 몰려들었고, 1920년대 말 나주군에는 모두 180개소의 서당이 있었다. 여기에 수용된 아동수는 남자 1,986명, 여자 31명, 합계 2,027명에 달하였다.[41] 그러나 이러한 서당교육으로는 근대적인 교육을 받고자하는 교육열을 소화시킬 수 없었고, 이에 따라 교회와 청년회 등 사회단체는 각종 강습소와 야학을 개설하여 이들을 교육하고자 하였던 것이다.

하지만 열악한 가운데에서도 1910년대와 1920년대의 신교육의 보급은 1920년대 이후 나주군의 민족, 사회운동을 이끌어간 주역들을 길러낸 밑바탕이 되었다. 1920년대 이후 나주의 민족, 사회운동을 이끈 이들은 모두 나주군에서, 혹은 타 지역으로 유학하여 신교육을 받은 이들이었기 때문이다.

그리고 여기서 한 가지 지적해 둘 점은 나주면(훗날 나주읍)과 남평면에는 1910년대에 보통학교가 세워졌지만, 다른 면에는 1920년대에 들어서 비로소 보통학교가 설립되기 시작했다는 점이다. 이는 결

는 2년제였다.

41 『전남사정지』, 879쪽.

과적으로 과거에 나주목과 남평현의 읍치로서 주로 향리들이 거주하던 나주면과 남평면 지역의 청년들을 먼저 개화의 길로 이끌었고, 이에 따라 1920년대 나주군의 민족, 사회운동은 이들 면 출신들을 중심으로 전개될 수밖에 없었다. 그리고 타 면에서의 사회운동은 대체로 1930년대 이후에 활발해지는데, 이는 이들 면에서의 보통학교 설립이 1920년대에 비로소 이루어진 사정과 무관하지 않았다.

3. 나주군의 일본인 지주와 조선인 지주

나주군의 산업을 살펴보면 역시 농업이 가장 중요한 산업이었다. 영산강을 끼고 형성된 나주평야는 전남지방에서는 가장 넓은 평야를 형성하고 있었고, 따라서 이곳의 산업은 농업을 중심으로 이루어질 수밖에 없었다. 1930년 당시 직업별 호수를 살펴보아도 농업자의 호수가 2만 1,316호로 전체 호수 2만 9,865호의 8.4할을 차지하고 있을 만큼 농업이 차지하는 비중은 큰 것이었다.[42] 나주군의 총경지면적은 2만 7,683정보로서 이 가운데 논이 6.7할, 밭이 3.3할을 차지하고 있었다. 그리고 자소작 면적을 보면, 이 가운데 자작지가 3.5할, 소작지가 6.5할을 차지하였다. 1927년 농가의 경우 소작농이 55.2%, 자작겸소작농이 38.3%, 자작농이 5.2%, 지주가 1.3%를 차지하였다.[43] 즉 소작농 내지 자소작농이 대부분을 차지하였고, 순자

42 같은 책, 864쪽.

43 같은 책, 867쪽. 1927년 현재 나주군 내의 지주는 334명으로 1921년의 215명에 비

작농은 극히 소수에 불과하였던 것이다.

나주군의 일본인 지주

그러면 당시 나주군 전체에 일본인 지주, 농장이 얼마나 침투해 들어왔을까. 1930년 현재 나주군의 가호는 모두 3만 1,948호이며 이 가운데 일본인 가호는 838호이며, 조선인 인구는 16만 1,822명, 일본인 인구는 3,788명이었다. 그런데 조선인 토지는 5,127만 5,950평이며 일본인 토지는 373만 2,905평으로, 1인당 조선인 소유 토지는 310평, 일본인 소유 토지는 1만 10여 평이었다.[44] 영산면의 경우는 이러한 상황이 더욱 심하여 영산면의 전체 토지 면적이 5,880정보인데, 그 가운데 조선인 소유는 25.6%인 1,507정보인 반면, 일본인 소유는 74.3%인 4,373정보에 달하여, 조선인 2,494호의 1호당 토지 소유면적은 0.6정보인 반면, 일본인 290호의 1호당 토지소유면적은 17.5정보에 달하였다.[45] 나주평야와 영산포를 끼고 있던 나주군에 다수의 일본인이 진출하여 엄청난 토지를 차지하고 있었던 것이다. 1930년 당시 영산포에 근거를 두고 있던 회사농장과 일본인 지주는 〈표 8〉과 같다.

해 119명이 늘어났다.

44 『동아일보』 1931년 5월 16일 「조선인 평균 3백 평에 일본인은 1만여 평」

45 『동아일보』 1931년 5월 8일 「7할 4분이 일본인소유」

〈표 8〉 1930년 영산포의 일본인 농장과 지주

지주명	면적(정보)				소유지	창립연월	여타 경제활동
	논	밭	기타	계			
동양척식회사 목포지점	7,143	1,814	174	9,131	광주, 담양, 광양, 나주 등		
동산농사주식회사 전남출장소	1,604	349	131	2,084	나주, 광주, 영암	1907.1	
黑住猪太郎	491	241	366	1,098	나주, 영암	1905.2	
杉本恒五郎	104	41	2	147	나주	1905.2	영산포운수 창고주식회사
高田讓	70	140	21	231	나주		상업(잡화), 고리대
高田德之助	46	15	10	71	나주		
高田信太郎	26	7	4	37	나주	1911.8	
鳥越和夫	24	18	5	47	나주		
綿貫裔吉	20	13	9	42	나주		
吉田信郎	51	12	0	63	나주	1911.5	
全南商事 株式會社	74	15	0	89	나주	1922.4	
內山彌太郎	99	23	10	132	나주	1906.9	대금업
阿部万吉	57	9	1	67	나주		상업(미곡 및 면화 수집)
大久保綱賀	76	17	2	95	나주	1920.6	
板谷喜多	20	22	1	43	나주	1924.3	판곡문일(토목 건축, 운수업)
前田河吉	42	2	1	45	나주	1911.5	
石田嘉太次	31	11	0	42	나주	1922.3	
河野喜三郎	21	24	6	51	나주	1897.3	상업(미곡수집)

자료 : 한국농촌경제연구원, 『농지개혁시 피분배지주 및 일제하 대지주 명부』, 1985, 193~194쪽, 197쪽, 274쪽

〈표 8〉에서 보는 것처럼 나주군의 30정보 이상 소유 일본인 회사 농장 3곳과 일본인 지주 16명이 영산면에 있었다. 이들 농장과 지주에 대해 자세히 살펴보자.

영산포의 지주 가운데 가장 넓은 토지를 소유한 것은 회사 농장이었다. 회사 농장으로서는 동양척식주식회사 목포지점, 동산(東山) 농사주식회사 영산포지부, 그리고 전남상사주식회사 등이 있었다. 동척은 1930년 당시 전라남도에서 논 7,143정보 등 모두 9,131정보의 토지를 소유하고 있었다. 이 가운데 나주군에서 동척이 소유하고 있던 토지의 면적은 정확히 알 수 없다. 다만 1910년 동척은 나주군에서 논 763정보, 밭 283정보, 기타 58정보 등 1,104정보를 소유하고 있었음이 확인된다. 그리고 이들 동척 소유지의 대부분은 이른바 '궁삼면 토지'라 불리는 경선궁과 관련된 토지로서 당시 경선궁과 궁삼면민 사이에 분쟁이 있던 토지였다.[46]

동산농장은 1907년 1월 미쓰비시재벌의 사장 이와사키 히사야(岩崎久彌)가 수원과 전주, 나주 등지에서 대규모 토지를 사들여 설립한 농업회사였다. 이와사키는 1919년 동산농장, 척북농장, 미쓰비시 합자회사 신사사무소 등을 합하여 자본금 1천만 원의 동산농사주식회사를 설립하게 된다. 이와사키 히사야는 미쓰비시 재벌을 창립한 이와사키 야타로(岩崎彌太郎)의 장남으로서, 1893년부터 1916년까지 미쓰비시사의 사장을 맡았다. 그는 기린맥주의 창립자이기도 하다. 이와사키 히사야는 미쓰비시사의 사장일 때, 조선에서 대규모

46 궁삼면 토지분쟁에 대해서는 이 책의 제5장 308~310쪽에 자세히 서술했으므로 이를 참조하기 바람.

토지를 사들여 동산농장을 창립하고, 1919년에는 이를 주식회사로 만들었던 것이다. '동산(東山)'은 미쓰비시재벌 창립자 이와사키 야타로의 호였다.[47] 영산포의 동산농장은 고가사와라 요시유키(小笠原義之)가 맡아 오랫동안 관리하였다.[48]

전남상사주식회사(全南商事株式會社)는 1920년 자본금 30만 원으로 영산포 상인들이 세운 회사였다. 회사의 목적은 물품매매, 창고신탁업, 부동산유가증권 및 채권의 취득 등이었다. 영산포에서 미곡상을 하던 구니시게 도미지(國重富治)가 사장으로 있었다.[49]

개인으로서 영산포 최대 지주는 구로즈미 이타로(黑住猪太郞)였다. 그는 1873년 오카야마현(岡山縣) 미츠군(御津郡) 이치노미야무라(一宮村)의 한 부잣집에서 태어났다. 그는 교토의 도시샤(同志社) 보통과를 졸업하고, 젊은 나이에 오카야마 현회 의원으로 선출되어 활동하였으며, 국회 중의원에 출마했으나 낙선했다고 한다. 러일전쟁이 끝나가던 1905년 5월 그의 나이 32세 때, 그는 한국 각지를 시찰하고 나주평야를 보면서 이에 투자할 결심을 굳히고 영산포에 들어와 자리를 잡고 농경지를 대거 사들이기 시작했다.[50] 이듬해 그는 영산포 우편소장으로 임명되었다. 그는 1912년에는 전남가마니제조판매조합을 조직하여 조합장에 추대되었으며, 1918년에는 조선가마니주

47 『日本人名事典』, 三省堂, 1990, 158쪽.

48 阿部薰, 『朝鮮功勞者名鑑』, 民衆時論社, 1935, 790쪽.

49 中村資良編, 『朝鮮銀行會社要錄』, 동양경제시보사, 1925, 258쪽.

50 영산포에서 1930년에 태어난 사호리 신조는 영산포에 들어올 때 돈이 거의 없었던 구로즈미는 제일은행 등에서 대출을 받아 농지를 사들였을 것이라고 추정했다. 佐堀伸三의 구술(1996.5. 면담. 장소 목포대학교)

식회사를 창립하고 사장을 맡았다. 1919년부터 1931년까지 영산포 학교조합 관리자로서 소학교 경영을 맡았다. 또 1931년에는 다시수리조합을 만들어 조합장이 되었다. 그는 1906년에 영산포 일본인회 회장을 맡았으며, 1920년과 1931년에는 전라남도 도평의원에 선임되어 영산포뿐만 아니라 나주군의 일본인을 대표하는 인물이 되었다. 그는 그밖에도 전남중앙영농자조합장, 전남지방조사위원, 지주회 평의원, 전남농회 평의원, 전남농회 부회장 등을 역임했다. 그는 1918년에는 지방조사위원에 진력한 공으로 은배 1개 및 위로금을 받았고, 1919년 4월에는 영산포 발전에 기여한 공으로 대례기념장을 받았다. 또 1928년에는 교육공로자로서 총독으로부터 금시계를 받았으며, 군사공로자로서 대신으로부터 은배 1개를 받는 등 많은 표창을 받았다.[51] 이와 같은 경력들은 그가 영산포 일본인 사회에서 얼마나 큰 비중을 차지하고 있었는지를 잘 말해준다.

이시다 가타지(石田嘉太次)는 일본 히로시마현(廣島縣) 출신으로, 1912년 영농에 뜻을 두고 영산포에 왔다. 그는 실업계에 진출하여 여러 사업에 관계했고, 그 결과 일본인 사회에서 신망을 얻어 재향군인분회장, 군농회 특별평의원, 금융조합 평의원 등 여러 공직에 추대되었다고 한다.[52] 와타누키 스에키치(綿貫裔吉)는 후쿠오카 출신으로 영산포 산정리에 들어와 살았는데, 과수원으로 많은 돈을 벌었다고 한다. 그도 별다른 자본없이 영산포에 들어와 크게 성공한 경우였다. 도리코에 가즈오(鳥越和夫)는 일본 후쿠오카의 도리코에 제분(鳥

51 阿部薰, 『조선공로자명감』, 민중시론사, 1935, 636쪽

52 阿部薰, 『조선도읍대관』, 민중시론사, 1937, 109쪽

越製粉) 사장과 귀족원 의원을 지낸 도리코에 미츠사부로(鳥越密三郎)의 아들이었다. 도리코에 미츠사부로는 직접 영산포에 찾아와 땅을 사들인 뒤, 아들인 도리코에 가즈오(鳥越和夫)에게 이를 맡기고 돌아갔다고 한다. 오쿠보 투나요시(大久保綱賀)는 시즈오카 출신으로 러일전쟁 때 군인(시즈오카병대 기병)으로 참전했다가 귀국한 뒤, 영산포에 들어온 인물이었다.[53]

그리고 위의 지주들 가운데 다카다 조(高田讓), 아베 만키치(阿部万吉), 이타야 기타(板谷喜多)의 남편 이타야 몬이치(板谷紋一), 고노 기사부로(河野喜三郎) 등은 상업에 종사하던 상인들이었으며, 우치야마 야타로(內山彌太郎)는 대금업을 하고 있었다. 또 요시다 신로(吉田信郎)는 약국 도매상으로 돈을 벌어 토지에 투자한 경우였다. 이처럼 상업 또는 대금업에 종사하면서 지주가 되는 이들이 상당수 있었다. 스기모토 고고로(杉本恒五郎)는 1919년 자본금 5만 원의 영산포운수창고주식회사를 창립하여 사장을 맡고 있었다.[54]

위의 주요 지주에는 들어가지 않았지만, 아키야마 다케마쓰(秋山竹松)는 오카야마현 출신으로 러일전쟁에 종군한 바 있으며, 1910년 조선에 건너와 나주군 공산면에서 농장을 경영하다가 1912년 영산포로 이주하였다. 그는 영산포학교조합 평의원, 신사(神社) 총대, 번영회 평의원 등의 공직을 맡았다.[55] 또 아키오카 겐지(秋岡健二)는 1909년

53 佐堀伸三의 구술(1996.5. 면담. 장소 목포대학교)

54 中村資良編, 『朝鮮銀行會社要錄』, 동양경제시보사, 1925, 73쪽. 이에는 취체역으로 黑住猪太郎, 森崎胖一, 松井邑次郎, 藤田島之助 등이 참여하고 있었다.

55 佐堀伸三의 구술(1996.5. 면담. 장소 목포대학교)

생으로 오카야마현 출신의 부친을 따라 조선에 건너와 1928년 광주중학교를 졸업한 뒤, 그해 부친이 세상을 떠나자 유업을 계승하여 농장 경영을 맡았다고 한다. 그는 영산포청년단장을 맡아 영산포에서 새로운 세대의 유력 인물로 등장하였다.[56]

〈표 9〉 영산포 주요 개인 지주의 소유지 변화(30정보 이상)

지주명	1909년	1925년	1930년	기타 경제활동
黑住猪太郎	237.03	463.0	1,098	
河野喜三郎	122.33	40.9	51	미곡수집상, 영산포우편취급인
飯田淸次郎	95.98			장유 양조
杉本恒五郎	90.50	144.0	147	
馬淵繼次郎	64.20			
鳥越和夫	30.74	43.3	47	
內山彌太郎		106.9		
前田河吉		31.4		
高田信太郎		87.6	37	
大久保網賀		67.4		
高田讓			231	성냥, 비누, 농기구상
高田德之助			71	
綿貫裔吉			42	
吉田信郎			63	약국 도매상
阿部万吉			67	미곡상, 비료상, 면화상, 목영운수 취체역
板谷喜多			43	

56 笠原敏三, 『朝鮮及滿洲に活躍する岡山縣人』, 1936, 515쪽

지주명	1909년	1925년	1930년	기타 경제활동
前田河吉			45	
石田嘉太次			42	

자료 : 한국농촌경제연구원, 『농지개혁시 피분배지주 및 일제하 대지주 명부』, 1985, 193~194쪽, 239~240쪽 등.

그러면 이들 지주는 어느 정도 토지를 늘려가고 있었을까. 〈표 9〉에서 보듯이 구로즈미 이타로(黑住猪太郎)의 소유지는 1909년에 237정보, 1925년에 463정보, 1930년에 1,089정보로 늘어났다. 불과 20여 년 만에 그의 땅은 4.6배로 늘어난 것이다. 스기모토 고고로(杉本恒五郎)의 소유지도 1909년에 90.5정보에서, 1925년에 144정보, 1931년에 147정보로 20년 만에 1.6배 늘어났다. 괄목할 만한 집안은 다카타가(高田家)였다. 1909년 다카타가(高田家)는 10정보 이상 소유의 지주에 들어가지 못했다. 그런데 1925년에 다카타 신타로(高田信太郎)의 토지는 87.6정보로 늘어났고, 1930년에는 다카타 신타로의 토지는 37정보, 그의 두 아들 다카타 조(高田讓), 다카타 도쿠노스케(高田德之助)의 토지는 각각 231정보, 71정보로 늘어나 3부자가 모두 339정보를 소유했다. 다카타 조(高田讓)는 처음에는 성냥, 비누, 농기구 등을 파는 장사를 하다가, 점차 땅을 사들여 지주가 되었는데, 불과 20여 년 만에 339정보를 소유한 대지주가 된 것이다.

이들 지주들이 짧은 시간에 소유 토지를 크게 늘려갈 수 있었던 비결은 무엇이었을까. 그것은 물론 일본으로의 쌀 수출이 계속 늘어나면서 쌀값이 지속적으로 올라가 지주경영을 하고 있던 이들이 많은 이익을 얻을 수 있었기 때문이다. 그리고 이들 일인 지주들은 이윤의 대부분을 토지에 재투자하고 있었다. 이것이 그들의 소유지가 급격히 늘어난 첫 번째 이유일 것이다. 하지만 여기에는 또 다른 비결이 있었다. 그것은 바로 고리대였다.

일본인 지주들은 대부분 고리대를 통해 돈을 벌고, 이를 토지에 투자하여 점차 땅을 넓혀가고 있었다.[57] 영산포의 일본인 상인과 지주들은 대부분 대금업을 겸하고 있었던 것으로 보인다. 그 가운데에서도 고리대를 본격적으로 한 이는 우치야마 야타로(內山彌太郎)와 아베 만키치(阿部万吉)였다고 한다.[58] 영산포에 초기에 들어온 일본인들 가운데에는 대금업에 관계한 이들이 많았던 것은 신문기사로도 확인된다. 1906년 『황성신문』에 의하면 영산포의 일본인 거류민은 39호, 128명이었는데, 직업별로 보면 농업이 30명, 토지매매업이 3명, 대금업이 17명, 잡화점이 8명, 여관이 3명, 병원이 1명 등으로 농업 다음으로 대금업이 많았다. 또 대금업과 관련해서는 "영산포에는 특설한 금융기관이 없고 매년 5월부터 8월경까지는 약간의 어류, 보리 등만 매수하여 자금의 수요가 적지만, 미곡·소금·백목(무명) 등의 매수 시에는 금융이 자못 번망하고, 개인 대금업자는 부동산을 전집(典執)하고 자금을 빌려주며"라고 보도하고 있다.[59] 여기서 주목할 것은 대금업자는 부동산을 전당잡고 자금을 빌려주고 있다는 사실이다.

57 나주 동강면에 거주하던 일인 지주 西見省三은 1906년 영산포에 들어와 西見農場의 주임으로 들어왔는데, 그는 당시 조선에 들어온 일본인 지주들이 대부분 도회지에 자리잡고 대금업을 하고 있던 것을 통탄하면서 농촌에 들어가 직접 농사를 지도하고자 하였다고 한다(『전남사정지』, 892쪽).

58 佐堀伸三의 구술(1999.11.6 면담. 장소 영산포)

59 『황성신문』 1906년 11월 28일 「전라남도 영산포 경제근황」

한말 일본인 대금업자들은 신용대부보다는 담보대부를 주로 하고 있었다. 저당물은 주로 토지, 가옥, 귀금속이었다. 그리고 대금업을 하는 일본인들은 이른바 '저당유질(抵當流質)'의 방법을 많이 사용하였다. 이는 변제기간을 넘길 때, 즉시 담보물을 차지할 수 있도록 매도증을 받은 뒤에 대부하는 방법이었다. 이를 통해 일본인들은 한국에서 많은 토지를 자신들의 것으로 수월하게 확보할 수 있었다.[60] 당시 일본인들의 한국 이주를 장려하는 한 책자는 "정식으로 토지를 구입해도 물론 의외로 싼 값에 살 수 있으나, 한국에서는 이보다 한층 편리하고 싼 값으로 점령할 수 있는 방법이 있다. 그것이 바로 '저당유질'이다. 저당사업은 질옥(質屋: 전당포)사업과 함께 한국에서 가장 유망한 사업이며, 그 유리함에 비해서 위험도 극히 적으므로 다소 자본의 여유가 있는 사람이면, 이 방법으로 토지 점령 목적을 달성하는 것이 가장 편리하다"고 소개하고 있었다.[61] 이와 같은 금융 방법은 일본 중세 이래 가장 많이 사용되던 방법이었으나, 그 방법이 영세한 채무자에게는 매우 불리하여 근대 이후에는 저당권 설정방식으로 바뀌어갔고, 일본 민법 제정 시에는 저당유질 계약을 금지하였다. 그러나 대한제국기 한국에 들어온 일본인들은 자국에서 금지된 금융거래 방식을 통해 조선에서 토지를 대량으로 '점령'해가고 있었다.[62]

60 이경란, 『일제하 금융조합 연구』, 혜안, 2002, 42쪽

61 吉倉凡農, 『企業案內 實利之朝鮮』, 文星堂書店: 新橋堂書店, 1904, 70쪽(이경란, 위의 책, 42쪽에서 재인용)

62 1910년 이후 일본의 민법이 조선에 적용되면서 '저당유질'은 금지되었다. 다만 변제기간 만료 후에 유질계약을 하는 것은 금지되지 않았다(이경란, 앞의 책, 43쪽).

나주군의 조선인 지주

〈표 10〉 나주군 조선인 지주의 토지소유현황(50정보 이상) (단위 : 정보)

지주명	주소	논	밭	기타	계
白南善	나주면	49	13	30	92
洪丙憙	다도면	42	11	38	91
河東秀	영산면	86	17	11	114
鄭安民	나주면	95	6	70	171
朴正業	나주면	207	14	2	223
金炳斗	나주면	50	8	36	94
鄭性勉	나주면	76	6	3	85
崔升煥	나주면	48	7	1	56
朴奉一	나주면	127	14	12	153
許永奎	나주면	318	31	23	372
許國香	나주면	92	41	9	142
梁奇俠	나주면	86	6	–	92
梁奇秤	나주면	54	5	–	59
梁然鎬	나주면	64	7	–	71
李啓善	다시면	32	22	2	56
金漢燮	남평면	44	9	–	53

자료 : 한국농촌진흥연구원편, 『농지개혁시 피분배지주 및 일제하 대지주명부』 「전라북도, 전라남도 지주조」(1930년), 207~208쪽.

나주의 조선인 지주는 어떤 이들이었을까. 〈표 10〉에서 보이는 바와 같이 나주군의 가장 큰 조선인 지주는 허영규(許永奎)였으며, 박정업(朴正業)·정안민(鄭安民)·박봉일(朴奉一)·허국향(許國香)이 그 뒤를 잇고 있었다. 허영규는 만석군으로 불리던 대지주로서 1930년 8월

에는 소작문제로 노인 나용석을 구타하여 사회의 비난을 산 적이 있었다.[63]

조선인 지주들은 대부분 나주면 거주로 되어 있어 일본인 지주들이 영산면(영산포) 거주로 되어 있었던 것과 대비된다. 이들 조선인 지주 가운데 특히 주목되는 이는 박정업과 김병두이다. 앞서 살핀 것처럼 이들은 밀양 박씨, 김해 김씨로서, 나주 읍내의 주요 이족 가문출신이었으며, 1920년대 전반 나주의 유지 중심의 '문화운동'에서 중심적 역할을 하였다. 그리고 박정업의 아들 박준삼은 1920년대 후반에도 청년운동, 신간회운동 등 사회운동에서 큰 역할을 하였다.

박씨가에 대하여 좀 더 자세히 살피면, 이 집안은 박성호(朴聖鎬, 1836~1886) - 박재규(朴在圭, 1857~1931) - 박정업(朴正業, 1884~1936) - 박준삼(朴準三, 1898~1976) 4대에 걸친 지주가였다. 박씨가는 16세기 중엽 나주에 들어왔으며, 17세기경에는 향리직에 참여하였던 것으로 보이며,[64] 19세기 후반 재규(在圭) 대에 지주가로 크게 성장한 것으로 보인다.[65] 특히 1897년 목포 개항 이후 일본으로의 쌀 수출이 활발해지면서 박씨가는 지주가로 성장을 거듭하였던 것으로 보인다.[66] 당시 박씨가는 미곡뿐만 아니라 콩과 팥 등 상품작물의 재배를 통한 상업적 농업으로 지주가로 성장하였다고 한다. 박재규는 이러한

63 『중외일보』 1930년 8월 24일 「나주 許지주의 작인 구타사건, 금 400원에 화해」

64 박진철, 앞의 글(2003) 참조.

65 김건태, 「한말 일제하 나주 박씨가의 농업경영」 『대동문화연구』 44, 2003 참조.

66 박씨가의 논은 1863년 493두락, 1901년 1,089두락, 1904년 1,522두락, 1908년 2,216두락으로 목포 개항 이후 급격하게 불어나고 있었음을 알 수 있다(김건태, 위의 논문 참조).

경제력을 바탕으로 1895년에 참봉 벼슬을 받았고, 1897년에는 궁내부 주사(宮內府 主事)에 임명될 수 있었다. 그 후 약 10년은 영농에만 힘을 쏟다가 1907년에 나주부 지방위원, 1908년 장흥군수에 임명되어 부임하였으며,[67] 1910년에 다시 곡성군수로 임명되었으나 그 직후 '한일병합'이 발표되자 부임하지 않았다고 한다.[68] 이후 이 집안은 '박장흥가'로 불리게 된다.

박씨가의 농지경영은 19세기 후반 이후 꾸준히 증가하였는데, 특히 목포 개항 이후 급증하여 2천여 두락에 달하였고 1920년대 초반에는 3천 두락에 달하게 된다. 그리고 우도(牛賭)의 수입도 상당하였다고 한다. 그러나 박정업은 1930년대에 친구인 이기성(李基性)의 일본 18은행으로부터의 대부를 보증섰다가 이기성의 미두(米豆) 투기가 실패로 돌아가자 그 채무를 변제하기 위해 자신의 토지를 방매하였고, 또 탄광 등에 투자하였으나 실패를 거듭함으로써 그의 지주경영은 점점 쇠퇴하게 된다.[69] 한편 박정업과 13촌 사이에 있는 박공근의 조부 박차은(朴次殷, 1862~1926)도 상당한 전답을 갖고 있었으며, 역시 우도(牛賭)의 수입이 상당하였다고 한다.

나주군의 농업은 미곡을 주요 작물로 하고 있었다. 1920년대 미곡은 1년에 평균 26만 석을 생산하여 7만 석을 수출하고 있을 정도

67 박재규는 1903년 진휼미 200석 등을 내어 빈민을 구제하였는데, 이 사실이 군수를 통해 관찰사에게 상신되어 그 포상으로 장흥군수에 임명되었다 한다(『나주군지』 1980, 531쪽).

68 박재규 이력서 등 참조(박경중 소장)

69 김건태, 앞의 논문; 박천우, 「일제 식민지시기 지주제 경영의 일 사례연구 -나주 박씨가의 사례-」『한국근대사연구회회보』 제4호, 1988 참조.

로 나주군 농업에서 큰 비중을 차지하였다. 이러한 나주의 미곡농업은 물론 영산강 및 그 지류에 크게 힘입어 관개에 그리 큰 어려움이 없었기 때문에 가능한 것이었다. 미곡 외에 주요 작물은 보리, 면화, 잡곡류, 과수, 소채류, 대마(大麻), 저마(苧麻), 완초(莞草), 누에고치 등이었다. 이 가운데 1920년대 특히 중요한 것은 면작으로 1928년 4,047정보에 심어 417만 3,328근의 면화가 생산됨으로써 농가경제에서는 미작 다음으로 큰 비중을 차지하기에 이르렀던 것이다. 또 잠업도 크게 활발하여 1928년 공동판매 수량이 전남에서 제1위를 차지할 정도에 이르렀다.[70] 면작과 잠업의 비중이 이처럼 커진 것은 주지하듯이 1910년대 이후 일제의 강제적인 육지면 재배 정책과, 역시 강제적인 뽕나무 재배와 누에 사육 정책에 따른 것이었다.[71]

4. 영산포 일본인 주도의 상공업

나주군의 상업은 나주, 영산포, 남평을 중심으로 전개되었으며, 특히 영산포는 수출입 화물의 집산지로서 성황을 보여 시장 개시일에는 나주시장이나 남평시장과 같은 재래시장을 능가하였다. 영산포는 목포 개항 이후 목포와 영산포간의 수운이 크게 늘어나면서 시장이 크게 발달하였다. 영산포는 나주뿐만 아니라 인근 각 군에서

70 『전남사정지』, 869~870쪽.

71 1910년대 일제의 농업정책에 대해서는 정태헌, 「1910년대 식민농정과 금융수탈기구의 확립과정」 『3·1민족해방운동연구』, 청년사, 1989 참조.

산출된 산물이 집산되어 목포로 운반되는 중간기지로서, 그리고 목포에 수입된 일본 상품의 내륙 판매시장의 기지로서 크게 구실을 하게 된 것이다. 영산포에서 수출된 상품은 주로 쌀·면화·누에고치·기타 곡물·가마니·죽제품·비단·면포·마포 등이었으며, 수입된 상품은 주로 비료·면사포·해산물·석유류·성냥·주류·기타 일용품·농기구·건축재료·철기류 등이었다.[72]

한편 상업의 발달과 함께 공업에서도 이와 연결된 정미(精米)·조면(繰綿)·생사(生絲)·장유(醬油)·주류(酒類)업 등이 발달하였다. 그리고 그 외에 짚 제품, 가마니, 죽제품, 직물, 목제품 관계 수공업이 발달하였으며, 특히 가마니는 전국 각지에서 판매될 정도로 호평을 받고 있었다. 1930년 현재 나주군 전체에 공장은 38개소가 있었는데, 이 가운데 30개가 일본인들의 공장이었다.[73]

나주군에서의 상공업의 발달은 1910년대 말부터 주로 일본인들에 의한 각종 회사의 설립으로 이어졌다. 이들 회사의 설립 역시 영산포를 중심으로 이루어졌다. 곡물상 또는 면화상들이 주로 설립한 이들 회사 가운데 주요 회사로서는 조선가마니주식회사, 영산포운수창고회사, 전남상사주식회사, 전남전기주식회사, 조선식산주식회사, 전남가마니주식회사, 스기모토(杉本)합명회사. 목영(木榮)운수주식회사 등을 들 수 있다. 이들 회사 외에도 일본에 본점을 두고 있는 회사들의 지점이 다수 설치되었는데, 주로 농업관계의 회사, 혹은 운

72 『전남사정지』, 872쪽.

73 같은 책, 873쪽.

수관계 회사들이었다.[74] 당시 영산포에서 회사 설립을 주도하고 있던 인물은 구로즈미 이타로(黒住猪太郎)와 아베 만키치(阿部万吉)였다.[75] 이제 영산포와 나주의 주요 상인들을 차례로 살펴보기로 하자.

영산포의 일본인 상인들

1897년 목포가 개항한 이후 일본 상인들은 목포에만 머무르지 않고 직접 내륙에 들어가 일본 상품을 팔고 조선의 미곡을 수집하기 시작하였다. 당시 일본인 상인들은 내륙, 특히 영산강 유역에 들어가 객주에 머무르면서 부근의 농민들이 가지고 오는 미곡을 사들였는데, 어느 정도 미곡이 수집이 되면 이를 배로 목포로 수송하였다. 당시 영산강 연안의 미곡 출하지로 유명했던 곳은 영암의 덕진포·도포·와우포, 무안의 사포·진례·학교·고막원, 나주의 석해·연동포·이별암·조해·제창·영산포 등이었다. 이 가운데 특히 나주의 석해(石海)와[76] 영산포는 하루에 현미 30~60가마 정도가 출하되어 미곡 수집의 중심지가 되었다. 당시 나주의 다른 포구의 경우, 미곡 수집량은 10가마 안팎이었다. 이러한 미곡 수집의 양상은 1904, 1905년 경까지 계속되었다. 그런 가운데 1905년 통감부가 설치된 이후에는 일본인의 토지·가옥의 소유가 허용되자 일본인들은 영산포를 비롯

74 장석흥, 「일제하 영산포 식민기지의 형성」『한국학보』58, 1990 참조.

75 『전남사정지』, 892~896쪽

76 나주 공산면 상방리 석해 나룻터를 가리킨다.

하여 각지에 상설점포를 개설하기 시작하였다.[77]

하지만 통감부 설치 이전에 이미 영산포에 들어와 자리를 잡은 일본인들도 있었다. 영산포에 처음 이주해 들어온 일본인은 이다 세이지로(飯田清治郎)였다. 그는 대마도 출신으로 부산과 목포를 거쳐 1902년 이전에 이미 영산포에 들어와 있었다. 이다는 미곡 수집을 위한 내지행상을 위해 영산포에 왔다가 자리를 잡은 것으로 보인다. 그는 장유(醬油) 양조사업도 하고 있었다. 그는 이러한 사업을 토대로 돈을 모아 토지를 매수하기 시작하였고, 이주한 지 7년 만인 1909년경에 96정보의 토지를 취득할 정도로 부자가 되었다.[78]

다음에 영산포에 들어온 이가 고노 기사부로(河野喜三郎)였다. 그는 구마모토현(熊本縣) 호타쿠군(飽託郡)에서 1874년에 태어났다. 소학교 졸업 후 구마모토의 신수이의숙(神水義塾), 영독보통협회(英獨普通協會) 등에서 보통학을 공부하였다. 그는 1895년 부산에 건너와 경상, 전라, 충청도의 연안 상업에 종사하다가, 1897년 목포가 개항하자 목포를 거쳐 1902년경 영산포에 들어왔다. 그는 영산포에 들어와 목포의 무역상들에게 미곡 등을 수집하여 전달하는 중개업(問屋業)에 종사하였다. 하지만 그는 단순한 미곡 수집 상인에만 머무르지 않았다. 그는 1902년 8월 설립된 목포흥농협회의 영산포출장소 책임자를 맡았다. 또 영산포 우편수취소 취급인의 일도 맡았다.[79]

영산포의 초기 일본인 진출과 관련하여 또 하나의 중요한 인물로

77 목포지편찬회(김정섭역), 『木浦誌』(1914), 향토문화사, 1991, 314~315쪽.

78 佐堀伸三, 앞의 글, 15쪽.

79 阿部薰, 『조선공로자명감』, 민중시론사, 1935, 94쪽; 中田孝之介, 『在韓人士名鑑』, 목포신보사, 1905, 182쪽; 佐堀伸三, 앞의 글, 20쪽 참조.

고바야카와 요이치로(小早川與一郎)가 있다. 그는 1904년 11월 평안도에서 발동기선을 가지고 와서 목포와 영산포 간의 운행을 시작하였다. 그 이전에 목포와 영산포 간을 왕래하는 배는 범선이나 거룻배밖에 없었다. 고바야카와의 배 이름은 평남환(平南丸)이었는데, 수지가 맞지 않아 히라오카 도라지로(平岡寅次郎)에게 이를 넘겼다고 한다.[80] 고바야카와는 역시 구마모토현 출신으로 고노 기사부로가 데리고 온 것으로 보인다.[81]

또 영산포에 초기에 들어온 일본인 가운데 목포에 왔다가 러일전쟁에 종군한 뒤 돌아와 영산포에 들어온 도모기요 기료(友淸義亮), 아베 만키치(阿部万吉) 등이 있었다.

도모기요 기료(友淸義亮)는 1898년 목포에 왔다가 1908년 영산포로 이주하였다. 그는 1898년 부산에서 목포로 이주하여 마쓰마에 상점(松前商店, 잡화점)에 근무하였다. 그는 마쓰마에 상점의 지점을 경영할 때, 말에 옷감 등을 싣고 다니면서 팔았다고 한다. 도모기요는 야마구치현(山口縣) 구마겐구군(熊毛郡) 출신이었다. 그가 목포에서 근무한 마쓰마에 상점은 같은 고향 출신의 마쓰마에 욧산(松前義三)이 운영하던 잡화 도매점이었던 것으로 보인다.[82] 마쓰마에 욧산은 역시 야마구치현 구마겐구군 사람으로, 목포 사카에마치(榮町)에서 수이입 잡화도매상을 하고 있었다. 아마도 목포에서 가장 큰 잡화상

80 목포지편찬회(김정섭역), 앞의 책, 247쪽

81 佐堀伸三의 구술(1999.11.6 면담. 장소 영산포)

82 『전남사정지』, 419쪽

이었던 것으로 보인다.[83] 도모기요는 러일전쟁 때에는 전쟁에 소집되어 나갔다 돌아왔다고 한다. 그는 1908년 영산포에 이주하여 마쓰마에 상점의 영산포 지점을 3년간 경영한 뒤, 자신의 상점 '도모기요 오복부(友淸吳服部)' '도모기요 잡화부(友淸雜貨部)'를 냈다고 한다. 그의 오복부에서는 옷감을 팔았고, 잡화부에서는 목포의 마쓰마에 상점과 관계를 가지면서 스탠다드석유, 동아연초 등을 인근 지역의 소매상들에게 팔았다.[84]

아베 만키치(阿部万吉)는 오카야마현(岡山縣) 고지마군(兒島郡)에서 1882년 출생하였다. 원적은 가가와현(香川縣) 마루가메시(丸龜市)였다. 조선에는 1903년에 건너와 목포에 체재하면서 다카키상점(高木商店, 미곡상)에서 근무하면서 미곡 매집을 위해 내륙에 자주 출장을 나갔다고 한다. 그는 러일전쟁에 종군한 뒤 돌아와 1909년 7월 28세의 나이로 별다른 자본 없이 영산포에 이주하였다. 그는 미곡과 비료, 면화를 주로 거래하는 장사를 했다고 한다. 그는 1930년에는 67정보를 소유한 지주가 되었는데, 부를 축적하는 과정에서 고리대업을 했으며, 따라서 영산포 일본인 사회에서도 평판이 그리 좋지 않았다고 한다.[85] 하지만 그는 이후 영산면협의회원, 영산포소방조두, 영산포곡물상조합장, 영산포상공회 평의원, 영산포금융조합 감사, 목영운수주식회사 취체역을 맡는 등 영산포의 유력 일본인이 되었다.[86]

83 같은 책, 430쪽.

84 佐堀伸三, 앞의 글, 80쪽.

85 佐堀伸三의 구술(1999.11.6 면담. 장소 영산포)

86 『전남사정지』, 895쪽. 佐堀伸三의 구술에 의하면, 그의 부인은 일제 말기 영산포애국부인회장을 지냈다고 한다.

또 1908년에 영산포에 들어온 주요 인물로서 다카다 조(高田讓), 이타야 몬이치(板谷紋一)가 있었다. 다카다 죠는 실부 다카다 신타로(高田信太郎)와 함께 영산포에 들어왔는데, 그가 뒷날 일본에서 발간된 『영산포회지』에 기고한 글을 보면, "나는 명치 41년 2월 향리 기후현(崎阜縣)을 뒤로 하고, 부(父) 신타로(信太郎)와 함께 약 1개월의 긴 여행 끝에 목포에서 약 20톤의 증기선 길상호(吉祥號)를 타고 영산포로 거슬러 올라갔다. 기대로 가슴이 부푼 약 5시간의 항해 끝에 의외로 조용한 한촌에 도착하였다. 산들은 벌거벗은 민둥산이었고, 도로는 요철과 자갈들이 널려 있어, 마치 계곡을 연상시키는 영산포에 상륙하였다"고 쓰고 있다.[87] 영산포사를 연구한 사호리 신조(佐堀伸三)에 의하면 다카다 조(高田讓)는 뒤에 보는 마부치 게이지로(馬淵繼次郎)와 같은 고향이어서 마부치가 불러온 것이라 한다. 다카다 조는 뒤에 동생 다카다 도쿠노스케(高田德之助)도 영산포로 불러들였다고 한다. 마부치는 영산포에서 가장 먼저 영농을 시작한 일본인이었으나, 영농에 실패하여 뒤에 온 다카다 조로부터 많은 도움을 받았다고 한다. 다카다는 처음에는 성냥, 비누, 타올 등 잡화상을 하다가 농기구까지 확대했고, 이를 기반으로 점차 땅을 사들여 지주가 되었다고 한다. 그는 면협의회원 등 공직을 일체 맡지 않고 경제활동에만 열중했다고 한다. 또 그는 대금업을 통해 역시 큰돈을 모을 수 있었던 것으로 보인다. 그 결과 그는 빠른 시간 내에 큰 지주로 성장할 수 있었다.[88]

87 佐堀伸三, 앞의 글, 74쪽에서 재인용.

88 佐堀伸三의 구술(1999.11.6 면담. 장소 영산포)

이타야 몬이치(板谷紋一)는 28세 때 영산포에 이주하였다. 그는 1880년생으로, 본적은 오카야마현(岡山縣) 구라시키군(倉敷郡)이었다. 그는 구로즈미 이타로(黑住猪太郎)와 동향이었다. 이타야 몬이치는 1908년 영산포에 들어왔으며, 처음에는 토목건축업에 종사하다가 점차 돈을 모아 땅을 사들여 지주가 되었고, 나중에는 목영운수(木榮運輸)주식회사를 세웠다고 한다. 목영운수는 목포와 영산포간의 해운업을 하는 회사였다. 당시 목영운수의 배가 목포로 주로 실어 나른 것은 주로 쌀, 면화, 그리고 가마니였다.[89] 뒤에 보듯이 1930년 이타야 기타(板谷喜多)라는 인물이 43정보의 토지를 소유하고 있었는데, 그는 이타야 몬이치(板谷紋一)의 처였다. 이타야 몬이치는 영산포학교조합회의원, 영산포상공회 평의원, 목영운수주식회사 사장 등을 지냈다.[90]

모리사키 반이치(森崎胖一)는 1884년 후쿠오카현(福岡縣)에서 태어났으며, 1911년 28살 때 조선에 건너왔다. 그는 광주지방법원에 근무하다가 1년 뒤 퇴직하여 영산포에 들어와 운송업을 시작하였다. 그는 미곡과 비료 판매를 겸하는 상인이기도 했다. 뒤에 조선질소비료회사의 전남대리점을 맡아 그의 사업은 더욱 번창하였으며, 그는 영산포운수창고회사의 사장도 되었다. 그는 면협의회원, 학교조합평의원, 영산포상공회 의원 등의 공직을 맡는 등 영산포의 유지가 되었다.[91]

89 阿部薰, 『조선공로자명감』, 민중시론사, 1935, 233쪽; 阿部薰, 『조선도읍대관』, 민중시론사, 1937, 109쪽.

90 『전남사정지』, 895쪽; 佐堀伸三, 앞의 글, 45쪽.

91 阿部薰, 『조선공로자명감』, 민중시론사, 1935, 183쪽; 阿部薰, 『조선도읍대관』, 민중

이와즈 야스지(岩津保次)는 오카야마현(岡山縣) 사람으로 1890년생이다. 그는 1911년 조선에 건너와 목포에 있던 조선면화주식회사에 들어가 근무하다가 1917년 영산포공장 주임으로 부임하였고, 1920년 퇴사하여 미곡상을 개업하였다. 그는 미곡상을 하면서 목영운수주식회사의 전무취체역을 맡기도 했다.[92]

오쓰카 이치로(大塚市郎)는 원적이 야마구치현(山口縣) 오시마군(大島郡)으로 1884년생이다. 미곡, 잠견, 농기구 등을 거래하는 상인이었다. 1911년 조선에 건너와 동양척식주식회사에 입사했으며 평안북도 토지 매수주임으로서 실력을 발휘하여 1912년 영산포 출장소장에 임명되었다. 1916년 4월 퇴사하여 실업계에 입문하였다. 전 영산포 면협의원, 영산신사 총대, 영산포상공회회장을 지냈다. 1930년 3월 구로즈미 이타로(黑住猪太郎)가 학교조합관리자를 사직하자 그 대신 학교조합관리자를 맡았다.[93]

류고 미쓰오(流鄕滿雄)는 1891년 오카야마현(岡山縣)에서 태어났다. 그는 젊어서 고생을 한 뒤 1913년 조선에 건너와 원산에서 4년간 형의 가업을 돕다가 1917년 독립하여 영산포로 들어와 이른바 '영포긴자(榮浦銀座)' 거리에서 과자점을 열었다.[94] 동생 류고 유이치(流鄕祐一)도 영산포에서 약방과 과자점을 열고 있었다.[95]

시론사, 1937, 199쪽.

92 『전남사정지』, 895쪽.

93 위와 같음.

94 笠原敏三, 『朝鮮及滿洲に活躍する岡山縣人』, 1936, 515쪽(芳賀登 外, 『日本人物情報大系』77, 皓星社, 東京, 2001 참조)

95 『전남사정지』, 892쪽.

구마가야 겐안(熊谷玄庵)은 후쿠이현(福井縣) 사람으로 영산포 시장을 만들 때 인부 책임자로 들어와 영산포에 정착하여 두부제조 및 잡화점을 열었다.[96]

한편 1910년대에 들어온 것으로 보이는 유력 상인으로 마쓰마에 다메노스케(松前爲之助)가 있다. 그는 미곡상과 비료상으로서, 앞서 본 목포의 마쓰마에 욧산(松前義三)과 같은 집안 사람으로 보인다. 마쓰마에 다메노스케는 1886년 15세의 나이로 조선에 건너와 그의 형 마쓰마에 사이스케(松前才助)가 부산 혼마치(本町)에 열고 있던 상점에서 잠시 일하였다. 그는 일단 고향에 돌아갔다가 1895년 청일전쟁 때 육군통역으로 조선으로 건너와 전쟁이 끝난 뒤 평양에 머무르면서 상업활동을 시작했다. 1897년에는 목포로 옮겨 상점을 내고, 영산포에 지점을 냈다. 뒤에는 아예 영산포로 이주하였다고 하는데, 1910년 이후의 일로 보인다. 그는 영산포에서 미곡과 비료를 팔았다. 그는 뒤에 영산포에서 소방조두, 면협의회원, 학교조합 평의원, 번영회 평의원 등 유지가 되었다.[97] 위에서 살펴본 영산포 유력상인들의 경력을 정리하면 〈표 11〉과 같다.

96 松原徹州, 『朝鮮在住 福井縣人名錄』, 橋本印刷所, 京城, 1928, 56쪽; 佐堀伸三의 구술(1999.11.6 면담. 장소 영산포)

97 阿部薰, 『조선공로자명감』, 민중시론사, 1935, 276쪽; 목포지편찬회(김정섭역), 『木浦誌』(1914), 향토문화사, 1991, 323쪽 참조.

〈표 11〉 영산포 유력 상인들의 상업 활동, 출신지역, 공직 활동

이름	영산포 이주시기	상업활동 및 기타	출신지역	공직활동
飯田清治郎	1902년 이전	장유 양조, 지주	長崎縣 (대마도)	
河野喜三郎	1902년	미곡수집상, 영산포우편취급인, 지주	熊本縣	영산포금융조합장
友清義亮	1908년	오복점, 잡화상	山口縣	소방조두, 면협의원, 학교조합 의원, 번영회 평의원
阿部万吉	1909년	미곡상, 비료상, 면화상, 지주, 목영운수 취체역	岡山縣	면협의원, 소방조두, 곡물상조합장, 상공회평의원, 금융조합 감사,
高田讓	1908년	성냥, 비누 등 잡화, 뒤에 농기구상, 지주	岐埠縣	
板谷紋一	1908년	토목건축업, 운수업(목영운수 사장), 지주	岡山縣	학교조합 평의원, 영산포 상공회 평의원
森崎胖一	1911년	운송업, 비료판매, 조선질소전남대리점, 영산포운수창고주식회사	福岡縣	면협의원, 학교조합평의원, 영산포상공회 평의원
熊谷玄岩		두부제조업	福井縣	
大塚市郎	1912년	동척영산포 출장소장	山口縣	면협의원, 신사총대, 영산포상공회 회장, 학교조합 관리자
古賀貞雄		미곡, 도기, 도량형 판매, 동경화재 대리점		
岩津保次		미곡상, 목영운수 전무		영산포상공회 회장
松前爲之助		미곡상, 비료상		소방조두, 면협의원, 학교조합 의원, 번영회 평의원
國重富治		미곡상		

* 지주는 30정보 이상 소유자만 표기.

〈표 11〉을 통해 영산포에 들어온 일본인 유력 상인들의 특징을 살펴보자. 첫째, 이들은 대부분 1902년부터 1912년 사이에 영산포에 들어온 이들이었다. 즉 비교적 초기에 영산포에 들어와 자리잡은 이들이 영산포의 유력 상인이 된 것이다. 둘째, 이들의 상업활동은 주로 미곡수집, 비료판매, 농기구 판매 등 농업과 관련된 것이었다. 즉 영산포의 유력 상인은 곧 미곡수집상이라 해도 과언이 아니었다. 그리고 이들은 대부분 토지에 투자하여 지주가 되었다. 즉 상인 겸 지주의 성격을 띠고 있었던 것이다. 셋째, 이들의 출신지역은 비교적 다양했지만, 대부분 규슈(九州)지역과 중부의 세토나이카이(瀨戶內海) 연안의 현(縣) 출신들이었다.[98] 이들 지역은 조선과 가깝고, 또 그 지역 사람들의 왕래가 많은 곳이었다. 조선 전체를 놓고 보아도 이들 지역 출신 일본인이 가장 많이 조선에 이주해왔으며, 영산포도 예외가 아니었다. 영산포 유력 상인들 가운데에는 특히 오카야마현(岡山縣) 출신이 많았다. 앞서 본 이타야 몬이치(板谷紋一), 아베 만키치(阿部万吉), 류고 미쓰오(流郷滿雄) 등이 그들이다. 그것은 영산포의 대지주 구로즈미 이타로(黑住猪太郞)가 오카야마현 출신이었던 점과 관련이 있는 것으로 보인다.

영산포의 유력상인들은 주로 미곡상인일 수밖에 없었다. 1925년

98 1922년 재조선 일본인을 출신지역별로 보면, 山口縣(9153호), 福江縣(7573호), 長崎縣(6075호), 廣島縣(6441호), 熊本縣(5368호), 大分縣(4697호), 佐賀縣(4107호), 岡山縣(4085호), 鹿兒島현(3618호), 愛媛縣(4085호)의 순으로 많았다(조선총독부, 『朝鮮における內地人』, 1924, 44쪽). 목포의 경우, 1907년 재주일본인의 출신지역을 보면, 山口縣(1005명), 長崎縣(789명), 熊本縣(489명), 廣島縣(442명), 大分縣(384명), 佐賀縣(305명), 鹿兒島현(266명), 岡山縣(255명), 香川縣(253명)의 순으로 많았다(『전남사정지』, 338쪽).

영산포에서 거래된 주요 상품들의 거래 가액을 보면, 미곡이 80만 9,319원(圓)으로 가장 많고, 다음이 조(粟) 31만 7,401원, 비료 20만 3,064원, 농기구 11만 7,842원의 순이었다.[99] 미곡이 압도적으로 많았고, 만주에서 수입한 조와 일본에서 수입한 비료도 상당히 많았다. 1930년경 영산포의 미곡상조합의 조합장은 아베 만키치(阿部万吉)였고, 조합원은 이와즈 야스지(岩津保次), 하야시 사네하루(林實治), 이병우(李秉雨), 구니시게 도미지(國重富治), 고가 사다오(古賀貞雄), 모리사키 반이치(森崎胖一) 등이었다.[100]

영산포 특산물은 가마니, 면화, 골풀자리 등이었다. 1925년 1년 동안의 거래액을 보면, 가마니가 49만 6,320원, 면화가 23만 9,240원, 골풀자리가 6,400원이었다. 나주면의 경우, 같은 시기 특산물의 거래액을 보면, 가마니가 13만 2,000원, 면화가 10만 7,616원, 누에고치가 12만 2,600원, 죽제품이 6만 8,688원이었다.[101] 영산포는 가마니와 면화 거래가 나주면보다 우세했고, 나주면은 누에고치와 죽제품 거래가 영산포보다 우세했음을 알 수 있다.

영산포의 가마니 제조업은 사카모토 요시조(坂本由藏)에 의해 시작된 것으로 보인다. 그는 오이타현 출신으로, 동경법학원에서 공부하고 1909년 2월 조선으로 와서, 1912년 조선가마니주식회사(朝鮮繩叺株式會社)를 창립하여 전무를 맡았다. 당시 이 회사의 사장은 영산포의 대지주 구로즈미 이타로(黑住猪太郞)였다. 이 회사는 1928년 군

99 조선총독부, 『市街地の商圈』, 1926, 185~186쪽.

100 『전남사정지』, 888쪽

101 조선총독부, 『市街地の商圈』, 1926, 184~186쪽.

산의 대동양행(주)과 합병하여 조선식산(주)이 된다.[102] 사카모토는 1930년 조선가마니연합회가 해체되고 조선가마니협회가 성립되면서 그 회장에 추대되었다.[103] 또 영산포에서는 1929년 전남가마니주식회사(全南繩叺株式會社)가 설립되었는데, 전무취체역은 소네 이사무(曾根勇)가 맡았다.[104] 그는 1922년에는 아베상점(阿部商店)에서 일하고 있던 점원이었다.[105]

가마니 제조는 영산포 경제에서 상당히 큰 비중을 차지하고 있었다. 1923년 『매일신보』는 "영산포, 송정리, 장성 등지는 순전히 가마니의 판매에 의하여 시황(市況)을 유지하며 궁핍한 농민의 생활 또한 이로 인하여 연명하는 실정"이라고 보도하였다. 또 당시 식산은행 영산포 지점 및 송정리 출장소의 경우, 가마니에 대한 대출 자금은 각 상업자금 총출고의 과반을 항상 점한다고 보도하였다.[106]

한편 영산포의 상공인들은 1911년 '영산포상공회'를 조직하였다. 1915년에 만들어진 『영산포발전지』에 의하면, 당시 '영산포상공회'의 회장은 고노 기사부로(河野喜三郎)였으며, 평의원은 아베 만키치(阿部万吉), 고가 사다오(古賀貞雄), 다카다 신타로(高田信太郎), 도키마사 벤스케(時政辨輔), 다마야 신사쿠(玉屋新作), 도모기요 기료(友淸義亮), 모리자키 반이치(森崎胖一), 이다 세이지로(飯田淸治郎), 마쓰마에

102 中村資良編, 『朝鮮銀行會社要錄』, 동양경제시보사, 1923

103 『부산일보』 1930년 6월 11일. 坂本由藏은 榮山浦에서 乘合자동차영업 및 광주에서 南鮮 모타상회를 설립하여 포드자동차 판매를 했으며, 조선무역협회 이사를 맡기도 했다(『조선인사흥신록』215쪽, 『조선공로자명감』705쪽 참조).

104 『전남사정지』, 886쪽

105 『매일신보』 1922년 5월 8일 「榮山勤店員 表彰」

106 『매일신보』 1923년 6월 26일 「榮山浦」繩叺會社 副業장려에 막대한 공헌」

다메노스케(松前爲之助), 미키 구마타로(三木熊太郞: 미곡상), 쓰하라 시게루(津原茂) 등이었다고 한다.[107] 대부분 〈표 11〉에서 보이는 이름들로서 지주, 미곡상, 미곡창고 경영자들이었음을 알 수 있다.

1930년에 만들어진 『전남사정지』에 의하면, 1930년 당시 영산포 상공회 회장은 이와즈 야스지(岩津保次)였으며, 평의원은 하마다 고메타로(濱田米太郞), 오쓰카 이치로(大塚市郞), 다카키 분타(高木文太), 다다 도요사부로(多田豊三郞), 소네 이사무(曾根勇), 구니시게 도미츠기(國重富次), 고가 사다오(古賀貞雄), 고이즈미 젠타로(小泉善太郞), 아베 만키치(阿部万吉), 모리사키 반이치(森崎胖一) 등이었다.[108] 이 가운데 회장 이와즈 야스지를 비롯하여 아베 만키치, 고가 사다오, 모리사키 반이치는 미곡상으로, 1930년에도 역시 미곡상이 주류를 이루고 있었음을 알 수 있다.

나주면의 일본인 상인과 조선인 상인

한편 나주면의 일본인 상공업자들도 1913년 '나주상공회'를 조직하였다. 1930년 당시 회장은 야마자키 기조(山崎喜造), 부회장은 사토 산조(佐藤三藏)였고, 평의원은 히로오카 사몬(廣岡左門), 마부치 진키치(馬淵甚吉), 고히라 요시오(小平芳男), 모리타 가츠지(森田勝治), 히사히토 후지타로(久民藤太郞), 무라카미 규헤이(村上九平), 유자와 세이고로

107 『영산포발전지』, 21쪽.

108 『전남사정지』, 888쪽

(湯澤政五郞), 오쿠무라 반사쿠(奧村伴作) 등이었다.[109]

야마자키 기조(山崎喜造)는 시마네현 출신으로, 1913년 나주에 건너왔다. 나주군에서는 1916년 나주의 죽세공업의 경영이 어려워 이를 해결하려고 사람을 물색을 하던 중 야마자키에게 이를 맡겼고, 그는 죽세공업을 살려냈다. 그는 새끼 및 가마니 가공, 멍석, 포장재료의 제조와 매매를 담당한 영산포흥업의 사장, 죽세공예품의 제조와 판매를 담당하는 전남죽공(全南竹工)의 사장이 되었으며, 이로부터 '전남의 죽세공 왕'이라는 칭호를 얻었다. 그는 1920년대 중반부터 나주상공회 회장을 10년 간 맡았다.[110] 사토 산조(佐藤三藏)는 오이타현 출신으로, 오이타현립농업학교를 졸업하고 조선에 건너와 1928년 전남산림종묘조합 조합장을 지낸 뒤, 나가사키현에서 개량종 감자와 고구마를 들여와 품종개량과 보급을 도모하였다. 읍회 의원, 학교조합 의원 등을 지냈다.[111] 히로오카 사몬(廣岡左門)은 오카야마현 출신으로, 1913년 8월 나주에 들어와 약종상이 되었다.[112] 고히라 요시오(小平芳男)는 창고업, 금융업, 운송업, 위탁매매업을 하는 나주창고의 이사를 맡고 있었다.[113] 무라카미 규헤이(村上九平)는 에히메현 출신으로, 1912년 조선에 건너와 나주에서 경찰관이 되어, 1917년 순사부장, 1918년 경부, 1926년 경시에까지 승진했으며, 그 해 퇴직하고 1927년 나주우편소장에 임명되었다. 동시에 96정보의

109 『전남사정지』, 889쪽.

110 『조선인사흥신록』, 488쪽; 『朝鮮銀行會社組合要錄』(1941, 1942년판)

111 『조선공로자명감』, 494쪽.

112 『전라남도사정지』, 894쪽.

113 『朝鮮銀行會社組合要錄』(1942년판)

농장 경영을 시작하였으며, 1930년 제사업, 창고업, 금융업을 경영하는 전남제사창고주식회사 사장을 맡았으며, 1934년에 나주학교조합 관리자를 맡았다.[114] 마부치 진키치(馬淵甚吉)는 자동차운수업을 하는 전남자동차주식회사의 이사로 근무하였다.[115] 유자와 세이고로(湯澤政五郎)는 1936년 설립된 나주창고주식회사의 감사를 맡았다.[116] 오쿠무라 반사쿠(奧村伴作)은 농산물의 가공 판매를 담당하는 조선농산가공주식회사의 이사를 맡았다.[117] 이처럼 나주상공회의 일본인들은 죽세공품, 농산물 품종개량, 농산물 가공, 제사업, 창고업 등 다양한 분야의 종사자들이었다. 1925년 나주에서 가장 거래가 많았던 상품은 나락(벼)이 95만 원으로 압도적으로 많았고, 식료품이 5만 3천 원으로 그 뒤를 이었다.[118] 그러나 나주면에는 곡물상이 거의 없었고, 영산포에만 곡물상조합이 있었던 것을 보면, 나주에서의 나락(벼) 거래도 거의 영산포 곡물상들에 의해 주로 이루어지고 있었던 것으로 보인다. 나주의 상인들보다는 영산포 상인들의 세력이 그만큼 컸던 것이다.

한편 나주면의 조선인 상공업자로서는 나주읍에서 조면업과 정미업을 하였고, 전남전기주식회사(사장 杉本恒五郎)에도 투자하고 있던 이기성(李基性), 나주금융조합장을 맡았던 김병두(金炳斗), 제일인쇄주식회사 사장 강병찬(康秉燦), 금융업과 비료농구 판매를 담당하

114 『조선공로자명감』, 182쪽, 『조선총독부시정25주년기념표창자명감, 441쪽

115 『朝鮮銀行會社組合要錄』(1937년핀)

116 『朝鮮銀行會社組合要錄』(1937년판)

117 『朝鮮銀行會社組合要錄』(1942년판)

118 조선총독부, 『市街地の商圈』, 1926, 183~184쪽.

던 나주흥산주식회사의 전무취체역 김한섭(金漢燮) 정도가 상공인으로 꼽힐 수 있는 정도였다.[119] 조선인 상인들의 세력은 일본인 상인들에 비해 상당히 약하였다. 때문에 나주면의 조선인들은 1929년 자본을 모아 '협동상회'를 만들어 이에 대항하고자 했다. 이에 대해서는 다음 장에서 상세히 서술하기로 한다.

5. 소결

조선시대 나주는 '나주목'으로서 2군 8현을 통할하는 상당히 큰 고을이었다. 1895년 을미개혁 때에도 나주는 23부의 하나인 '나주부'가 되어 나주군 이하 16개 군을 관할하였다. 그러나 1896년 나주 의병 사건으로 나주관찰부는 폐지되고 관찰부가 광주로 옮겨갔다. 그리고 그해 8월 다시 관찰부 제도가 폐지되고 13개 도(道)가 설치되면서, 나주는 일개 군의 처지로 전락했다. 그리고 1914년 조선총독부의 지방제도 개편 때 남평군 일원, 함평군 일부 등을 편입받아 42개 면을 거느리게 되었으나, 면 폐합이 이루어져 19개 면을 거느리게 되었다. 1929년에는 나주면과 나신면이 합하여 나주면이 되었고, 1931년에는 나주면이 나주읍으로 승격되었으며, 1937년에는 영산면이 영산포읍으로 승격되어 2읍 16면이 되었다.

일제하 나주의 생활권은 장시를 중심으로 형성되었는데, 나주의 큰 장시로는 나주장, 남평장, 영산포장, 다시장이 있었다. 나주의 주

119 『나주군지』, 411쪽; 『전남사정지』, 884~886쪽

요 성씨를 보면, 나주 오, 나주 나, 나주 정, 금성 나씨, 반남 박씨 등은 조선시대 이전부터 나주에 자리를 잡고 지배층을 이루었던 이들로서, 조선시대에 들어와 사족화하여 세력을 유지해온 성씨들이다. 반면 나주 임씨, 문화 류씨, 풍산 홍씨, 제주 양씨 등은 조선시대에 들어와서 나주에 터를 잡은 객반(客班)들이었다.

1930년에 총독부에서 조사한 자료를 보면, 나주군에는 모두 110개의 동족마을이 있었던 것으로 확인된다. 넓은 평야지대였던 동남부보다 구릉과 평야가 병존하였던 서북부와 동북부 지역에 동족마을이 많았다. 한말 성안에 거주하던 나주의 주요 이족(吏族)으로는 나주 정씨, 경주 최씨, 김해 김씨, 밀양 박씨 등을 들 수 있다. 이들 이족은 모두 조선후기 이래의 대표적인 향리가였다. 나주군은 근대에 들어와서도 다른 여타 지역에 비하여 개화의 물결이 상당히 늦게 들어온 보수적인 지방이었다. 이는 한말 호남학회 참여가 부진했던 데에서도 드러난다.

나주군에는 군청, 면사무소, 경찰서와 같은 관공서가 있었다. 나주군 18개면의 면장은 1919~1941년 사이에 모두 71명의 면장이 있었는데, 그 가운데 14명이 10년 이상 면장 직위에 있었다. 특히 김종언, 이규봉, 정순규는 18년 이상 면장 자리에 있었다. 이들의 해당 면의 최고 실력자였을 것이다. 나주군의 모든 면에 면협의회가 있었다. 면협의회는 면장의 자문에 응하는 기구로서 설치되었으며, 면협의회원의 정원은 8~14인으로 총독이 지정하는 면(이른바 '지정면')에서는 선거를 하고, 그렇지 않은 면에서는 군수가 임명하도록 되어 있었다. 당시 나주군에는 지정면이 없었다. 따라서 모든 면의 면협의회원은 군수에 의해 임명되었다. 당시 어떤 이들이 면협의회원으로 임명되었는지는 1930년의 경우 외에는 기록을 찾기 어렵다. 1931년에는 면협의회원도 선거로 선출하게 되었는데, 영산면의 경우에 면협의회원으로 선출된 일본인들은 대체로 영산포의 유력 상인들이었다. 면협의회원이 임명제에서 선거제로 바뀌면서 영산포의 유력 상인들이 면협의회에 적극 참여한 것으로 보인다. 1931년 나주면 협의원에 선출된 일본인들도 대체로 상공업자들이었고, 조선인들은 지주와 상인들이었던 것으로 보인다. 한편 나주 출신 도평의원으로는 조선인 관선의원과 민선 의원이 있었는데, 대체로 지주층으로서, 금융조합장, 면장, 면협의원 등의 경력을 가진 이들이었다.

나주군에서는 1906, 1907년 일본인학교와 조선인학교의 설립이 각각 시작되어, 1910년대에는 일본인 학교는 5개교에 달했으나, 조선인 학교는 나주와 남평 두 곳에 보통학교가 있었을 뿐이다. 조선인 학교 설립은 1920년대에 각 면 단위로 집중적으로 이루어졌다. 1920년대 말 조선인 학교는 19개 읍면에 공립보통학교 13개교와 농업보습학교 1개교가 있었다. 그러나 인구와 학교 수를 비교해 본다면 나주에 거주하는 일본인은 3,425명에 7개교의 학교가 있었던 반면, 조선인은 14만 3,259명에 14개교의 학교가 있었을 뿐이었다.

따라서 학교교육을 받을 수 없었던 아동들은 서당으로 몰려들 수밖에 없었고, 1920년대 말 나주군에는 모두 180개소의 서당이 있었다. 그러나 이러한 서당교육으로는 근대적인 교육을 받고자하는 교육열을 소화시킬 수 없었고, 이에 따라 교회와 청년회 등 사회단체는 각종 강습소와 야학을 개설하여 이들을 교육하고자 하였던 것이다.

열악한 가운데에서도 1910년대와 1920년대의 신교육의 보급은

1920년대 이후 나주군의 민족, 사회운동을 이끌어간 주역들을 길러낸 밑바탕이 되었다. 1920년대 이후 나주의 민족, 사회운동을 이끈 이들은 모두 나주군에서, 혹은 타 지역으로 유학하여 신교육을 받은 이들이었기 때문이다.

나주군의 일본인 지주 현황을 살피면, 30정보 이상 소유 일본인 회사 농장 3곳과 일본인 지주 16명이 영산면에 거주하고 있었다. 영산포의 지주 가운데 가장 넓은 토지를 소유한 것은 회사 농장이었다. 회사 농장으로서는 동양척식주식회사 목포지점, 동산(東山)농사주식회사 영산포지부, 그리고 전남상사주식회사 등이 있었다. 동척 소유지의 대부분은 이른바 '궁삼면 토지'라 불리는 경선궁과 관련된 토지로서 당시 경선궁과 궁삼면민 사이에 분쟁이 있던 토지였다.

나주군의 조선인 지주 현황을 살피면, 가장 큰 조선인 지주는 허영규(許永奎)였으며, 박정업(朴正業) · 정안민(鄭安民) · 박봉일(朴奉一) · 허국향(許國香)이 그 뒤를 잇고 있었다. 조선인 지주들은 대부분 나주면 거주로 되어 있어 일본인 지주들이 영산면(영산포) 거주로 되어 있었던 것과 대비된다. 이들 조선인 지주 가운데 특히 주목되는 이는 박정업과 김병두이다. 이들은 밀양 박씨, 김해 김씨로서, 나주 읍내의 주요 이족 가문출신이었으며, 1920년대 전반 나주의 유지 중심의 '문화운동'에서 중심적 역할을 하였다. 그리고 김병두는 금융조합장도 맡고 있었고, 두 차례에 걸쳐 도평의원도 맡았다.

1897년 목포 개항 이후 영산포는 일본인들의 식민기지로서 각광을 받았다. 그것은 영산포가 영산강의 중간 지점에 위치하면서 수륙교통이 만나는 교통의 요지라는 점, 그리고 배후에 넓은 평야가 펼쳐져 있고, 영산강변에는 개간되지 않은 황무지가 널려 있었다는 점 때문이었다. 따라서 1905년 러일전쟁을 전후하여 일본인 상인들은 영산포에 본격 진출하여 미곡수집상을 하기 시작했고, 일본인 개인 지주 혹은 회사 자본들이 영산포에 들어와 대거 토지를 매입하거나 혹은 국유지를 불하받아 농장을 경영하기 시작하였다. 이 시기 본국에서 직접 영산포에 진출한 회사 자본은 동척, 미쓰비시 계열의 동산농장, 한국흥농주식회사 등이었고, 개인 지주는 구로즈미 이타로(黑住猪太郎), 도리코에 가즈오(鳥越和夫) 등이었다. 한편 목포 개항 후 상업활동을 하다가 초기에 영산포에 들어온 고노(河野), 이다(飯田), 스기모토(杉本) 등은 상업활동과 고리대를 하면서 영산포 부근에서 많은 토지를 소유할 수 있었다.

영산포에 진출한 상인들 가운데 유력 상인들의 특징을 살펴보자. 첫째, 이들은 대부분 1902년부터 1912년 사이에 영산포에 들어온 이들이었다. 즉 비교적 초기에 영산포에 들어와 자리 잡은 이들이 영산포의 유력 상인이 된 것이다. 둘째, 이들의 상업활동은 주로 미곡수집, 비료판매, 농기구 판매 등 농업과 관련된 것이었다. 즉 영산포의 유력 상인은 곧 미곡수집상이라 해도 과언이 아니었다. 그리고 이들은 대부분 토지에 투자하여 지주가 되고 있었다. 즉 상인 겸 지주의 성격을 띠고 있었던 것이다. 셋째, 이들의 출신지역은 비교적 다양했지만, 대부분 규슈(九州)지역과 중부의 세토나이카이(瀨戶內海) 연안의 현(縣) 출신들이었다. 이들 지역이 조선과 가깝고 또 왕래가 많은 곳이었기 때문에 조선에 적극 진출했을 것이다. 조선 전체를 놓고 보아도 이들 지역 출신 일본인이 가장 많이 조선에 이주해왔으며, 영산포도 여기에서 예외가 아니었다.

영산포 일본인 지주들의 특징을 정리해보면, 다음과 같다. 첫째,

일본인 지주들은 회사형 지주와 개인형 지주로 나뉜다. 회사형 지주로서는 동척을 비롯하여, 동산농장, 전남상사 등이 있었다. 이 가운데 동척은 반국가형(半國家型) 지주, 동산농장은 재벌형 지주, 그리고 전남상사는 현지 상업자본형 지주로 나누어 볼 수 있을 것이다. 둘째, 이들 일본인 지주들 가운데 특히 회사형 지주와 개인 대지주들은 러일전쟁 직후 조선에 진출하여 영산강변의 황무지를 불하받거나 싼 값에 매입하여 대규모 토지를 소유할 수 있었다. 셋째, 소지주들은 초기부터 대부분 고리대금업을 겸하면서 채무자가 빚을 갚지 못할 경우 담보로 잡은 토지를 자기 소유로 할 수 있었다. 고리대금업은 이들이 지주로서 토지를 늘려가는 데 큰 도움을 주었으며, 다카다가(高田家)의 경우를 볼 때 일제 말기까지 지주들의 고리대금업은 계속된 것으로 보인다. 넷째, 소지주들 가운데에는 상인 출신이 많았으며, 상인들이 상업 활동을 하면서 동시에 지주경영을 겸하고 있는 경우도 여럿 있었다.

이처럼 영산포에 들어온 상인과 지주들은 미곡수집, 고리대, 그리고 지주경영을 통해서 짧은 시일 내에 엄청난 부를 축적할 수 있었으며, 영산포라는 식민기지를 확고하게 건설할 수 있었다. 그리고 영산포는 내륙의 식민기지로서 목포라는 항구도시를 매개로 하여 일본의 오사카·고베 등 식민모국의 도시들과 연결되고 있었다. 즉 영산포의 지주·상인들은 식민모국과 식민지간의 네트워크 형성과정에 기여하면서, 동시에 이에 편승하여 커다란 부를 축적할 수 있었다.

제5장

식민지기 나주의 민족운동과 사회운동

1. 서론

제5장은 일제하 나주지방의 민족운동사와 사회운동사를 정리한 것이다.[1] 이 글에서는 나주지방의 민족운동과 사회운동 관련 단체들의 창립과 활동과정에 대하여 자세히 검토해보았다. 지역운동사 연구들이 대부분 어느 한 부문의 운동만을 중점적으로 다루어 서로 밀접하게 연결되어 있는 각 부문 간의 운동을 전체적으로 파악하지 못하는 경향이 있었던 점을 고려하여 여기서는 나주지방의 청년운동, 노동·농민운동, 신간회운동, 산업운동, 야학운동 등을 총체적

1 이에 대한 연구로서는 졸고, 「일제하 나주지역의 민족운동과 사회운동」 『한국근현대지역운동사』2, 여강출판사, 1993; 하원호 외, 『한말 일제하 나주지역의 사회변동 연구』, 성균관대학교 대동문화연구원, 2008; 윤선자 외, 『나주독립운동사』, 나주시, 2015 등이 있다.

으로 검토하였다. 다음에는 나주지방의 민족운동, 사회운동과 관련하여 재판에 회부된 사건들에 대하여 검토하였다. 이 사건들이 당시 이 지역의 민족운동, 사회운동을 전체적으로 보여주는 사건들이라고 하기는 어렵지만 가장 중요한 단면을 보여주는 것이라 생각되어 이를 하나하나 검토하였다. 이에는 1927년의 유림각사건, 1929년의 나주학생시위사건, 1932년의 나주노동조합사건, 1932년의 산포면 적휘노동조합사건, 1934년의 세지면 야학사건, 1934년의 다시면 회진 개혁청년회사건 등이 포함된다. 끝으로 이 글에서는 나주지방의 민족, 사회운동의 각 시기마다 주도적 역할을 한 이들의 신상과 경력에 대하여 검토함으로써 이들 운동이 지닌 역사적, 사회적 성격을 짚어보고자 하였다.[2]

나주지방의 민족운동과 사회운동은 일제하의 시기에 국한하여 살펴서는 그 성격을 완전히 파악할 수 없을 것이다. 적어도 해방 직후까지를 대상으로 하여 살필 때에만 이들 운동의 역사적 성격이 보다 분명히 드러날 것이다. 이 부분에 대해서는 제6장에서 자세히 다루도록 하겠다.

2 제5장의 글은 졸고, 「일제하 나주지역의 민족운동과 사회운동」『한국근현대지역운동사』2, 여강출판사, 1993을 대폭 수정·보완한 것이다.

2. 나주의 각종 민족·사회운동 단체와 활동

청년운동

나주지방에서의 청년운동은 1920년 '나주청년수양회'로부터 시작되었다. 나주청년수양회는 1910년대 초 설립되어 이후 나주학우회, 청년회, 수양구락부 등의 이름으로 바뀌어 온 단체가 1920년에 와서 다시 이름을 바꾼 것이었다. 즉 나주수양구락부는 나주청년수양회의 전신이었던 것이다. 그러면 나주수양구락부는 어떤 성격의 단체였을까. 1910년대 일제는 이른바 '민풍개선'이라는 이름을 내걸고 전국 각지의 유지들을 동원하여 '교풍회(矯風會)'를 조직케 한 바 있었다. 이는 일제가 한국 강제병합 이후 한편으로는 식민지적 수탈을 위해 자본제적 기제를 전 사회적으로 편성하는 가운데 각 지방사회에서도 "구래의 폐풍악습을 제거한다"는 명목으로 새로운 부르주아적 윤리·도덕·관습을 주입하고, 다른 한편으로는 충군애국심의 고취, 납세의무의 충실한 이행 등을 보존해야 할 '미풍양속'으로 강조함으로써 일본천황과 일본제국에 대한 맹목적 복종심을 고취하려는 목적을 갖고 있는 것이었다.[3] 1910년대 초 나주에서 만들어진 나주수양구락부도 "나주청년의 수양방면이나 지방발전 상 다대한 공헌이 있었다"는[4] 평가로 보아 이러한 성격의 단체였을 것으로 짐작된다.

3 박찬승,『한국근대정치사상사연구』, 역사비평사, 1992, 128~131쪽.

4 『동아일보』 1920년 6월 18일 「청년수양회의 활동」

나주수양구락부가 나주청년수양회로 이름을 바꾼 것은 1920년 1월의 일이었다. 당시의 간부진을 보면, 회장에 박봉의(朴鳳儀), 총무에 김홍준(金洪俊), 회계에 승병호(昇秉湖)·김영섭(金暎燮), 서기 양장주(梁長柱) 외 1인, 찬성부장 김병두(金炳斗), 사교부장 김홍준, 교풍부장 김종철(金宗鐵), 문예부장 남계룡(南啓龍), 운동부장 백남윤(白南潤) 등이었다.[5] 이 가운데 박봉의·김홍준·승병호·김병두 등은 지주계급에 속하는 이들이었으며, 김영섭은 군청 직원, 김종철은 전임 나신면 면장이었다.[6] 따라서 이즈음의 나주청년수양회는 아직 나주 유지들의 사교모임이자, 1910년대의 교풍회와 같은 성격을 강하게 띠고 있는 것이었다고 할 수 있다. 이는 부서 가운데 교풍부가 있는 데에서도 확인된다. 한편 나주청년수양회는 독자적인 활동공간을 마련하기 위하여 청년회관 신축을 위한 기금 모집에 주력하였다. 앞의 임원진 가운데 찬성부가 들어 있는 것은 이 때문이었다. 이들은 우선 회관과 운동장 부지로서 남산공원 밑에 1천여 평의 광장을 매수하여 임시회관과 운동장을 마련하고 1920년 6월 6일 부형회(父兄會)를 개최하여 회관 신축을 위한 모금활동을 폈다. 이날 부형회에 참석한 유지들은 기금으로서 3천여 원을 낼 것을 약속하였다.[7] 그 결과 1922년 6월 10일 나주청년회관을 준공하고 사흘 동안 운동회 등

5 『동아일보』 1920년 6월 18일 「청년수양회의 활동」

6 최남구 증언(1992.12.5)

7 『동아일보』 1920년 6월 6일 「청년수양회의 활동」. 이날의 기금약속은 金炳斗가 700원, 金容圭가 100원, 孫鍾達이 500원, 南興七이 300원, 白仁贊이 300원, 鄭安民이 300원, 李基性이 200원, 徐炯規가 400원, 金喜周가 50원, 林喆相이 70원, 吳彩厚가 20원, 姜昌仲이 50원 등이었다.

을 겸한 성대한 낙성식을 가질 수 있었다.[8] 한편 나주청년수양회는 1920년 야학부(夜學部)를 설치하고 영어·일어·조선지리·역사·상업 부기 등을 가르치는 한편, 회칙에 따라 토론회와 강연회를 매달 번갈아 개최하였다.[9] 이러한 야학활동, 강연회·토론회 그리고 각종 운동회의 개최 등은 1920년대 초, '수양'을 위한 '지·덕·체의 함양', 풍기의 개선 곧 '교풍', 실업 장려, 공공사업 지원 등을 설립 목적으로 내걸고 있던 청년회들이 일반적으로 벌이고 있는 활동이었다.[10]

나주청년수양회는 1922년 6월 청년회관의 준공을 기하여, 회세의 확장을 위해 '나주청년회'로 이름을 바꾸는 한편, 조직개편을 단행하여 교풍부, 경리부, 체육부, 지육부, 서무부, 사교부, 산업부를 두었다.[11] 그리고 9월에는 제3회 정기총회를 열고 임원을 개선하여 회장에 이기성, 부회장에 박정업(朴正業), 총무에 박봉의(朴鳳儀), 찬성부장에 김병두, 서무부장에 김홍준, 경리부장에 양장주, 지육부장에 김기윤(金基胤), 체육부장에 승병호(昇秉湖), 교풍부장에 김종언(金鍾彦), 산업부장에 박성하(朴成夏)가 선임되었다.[12] 이 임원개편에서 두

8 『동아일보』 1922년 6월 27일 「나주청년회관 낙성식」. 이날 청년회관 낙성식에는 전남도참여관 石鎭衡, 나주군수 金冕洙, 나주경찰서장 古賀 등과 목포청년회대표, 목포기독교청년회대표, 광주청년회대표, 광주기독교청년회대표, 함평청년회대표, 무안청년회대표, 창평청년회대표 등이 참석하였다.

9 『동아일보』 1920년 7월 23일 「나주청년수양회」. 7월 11일 열린 강연회에서 김홍준은 「청년을 위하야」, 승병호는 「중대한 책임」, 朴鳳英은 「여자해방」이라는 주제로 각각 강연을 하였으며, 동경유학생으로 하기휴가를 이용해 귀성한 金賢準은 「현대사상」이란 주제로 강연을 하였다.

10 박찬승, 앞의 책, 224~229쪽

11 『동아일보』 1922년 7월 31일 「나주청년회 신기운」

12 『동아일보』 1922년 9월 28일 「나주청년회 총회」

드러지는 것은 전임회장이었던 박봉의가 총무로 내려가고 회장과 부회장에 이기성과 박정업이 새로이 영입되었다는 점이다. 이는 당시 나주의 대표적인 조선인 부호였던 이기성과 박정업을 영입하여 회세를 확장하려 한 의도에서 비롯된 것이었다. 따라서 나주청년수양회는 '수양'이란 단어를 빼고 '청년회'로 이름이 바뀌었지만 그 성격이 달라진 것은 결코 아니었다. 즉 '수양'과 '교풍'을 위한 계몽운동을 여전히 그 목적으로 하고 있었던 것이다. 1923년 8월에는 제4회 정기총회를 열고 다시 임원을 개선하였는데, 이때 회장에 박봉의, 부회장에 김기윤, 총무 겸 경리부장에 김영섭, 교풍부장에 정복기(鄭福基), 산업부장에 김홍준, 찬성부장에 박정업 등이 선임되었다.[13] 이는 1922년의 임원진이 자리만 바꾼 것으로서, 따라서 청년회의 성격은 하등 변화가 없었다.

나주청년회는 1923년에는 당시 전국적으로 벌어지고 있던 민립대학기성운동에 참여하였다. 즉 1923년 봄 나주청년회는 민립대학발기인총회에 대표를 파견하였으며,[14] 8월에는 민립대학기성회의 취지를 선전하기 위한 문화선전 강연대를 3대로 나누어 조직, 선전 활동을 펴는 등 이 운동에 어느 정도 참여하였다.[15] 그리고 12월 9일에는 나주청년회원들이 중심이 되어 민립대학 나주군 지방부를 창립하기에 이르렀다. 이날 창립총회에서 선출된 간부진은 회장에 정안민(鄭安民), 부위원장에 이기성·허영규, 회금(會金) 보관위원에 박정업·

13 『동아일보』 1923년 8월 2일 「나주청년회총회」

14 『동아일보』 1923년 4월 19일 「나주청년회 총회」

15 『동아일보』 1923년 8월 21일 「나주청년순회강연」

서형규(徐炯規), 감사위원에 김병두·양장주·김기윤, 상무위원에 김종철·서형규·박봉의·승병호·정성면(鄭性勉)·최남구(崔南九)·박승세(朴勝世)·김예옥(金禮玉)·나(羅)사라 등이었다. 또 이날 창립총회에서는 나주군 지방부의 부담액을 3만 5천 원으로 책정하였으며, 각 면 집행위원을 아울러 선정하여 10일 이내에 각 면 지부를 조직할 것과 각 면 배당액은 나주지방부 위원회에서 배정하여 각 면 집행위원에게 통지할 것 등을 결의하였다.[16] 민립대학 나주군 지방부의 각 면 지부의 전체적인 조직상황은 자세히 알 수 없으나, 1924년 1월 6일 나주군 민립대학 지방부의 상무위원 김종철·서형규·승병호 등은 산포면에 출장하여 각 리 위원 20여 인과 회합을 갖고 면 지부를 조직하였다고 한다.[17] 이후 다른 면에도 상무위원 등이 파견되어 각 면 지부를 조직하는 작업이 진행되었다.[18] 그러나 이 시기는 이미 전국적으로 민립대학기성운동이 침체국면으로 접어들고 있는 시기였고, 따라서 각 면에서의 지부조직도 그리 활발히 진행되지는 못하였고, 회금 모집활동도 부진했던 것으로 보인다. 왜냐하면 이후 나주에서의 민립대학기성운동 관계기사는 신문에서 전혀 찾아볼 수 없기 때문이다.

한편 이 시기 나주지방 청년운동과 관련하여 또 하나 주목할 것은 1923년 3월 전조선청년당대회가 서울에서 열렸을 때 나주청년회

16 『동아일보』 1923년 12월 13일 「民大羅州郡部」

17 『동아일보』 1924년 1월 13일. 「山浦民大支部」. 산포면 지부의 지부장은 韓百彦, 부지부장은 金黃奎, 姜致彦이었다.

18 『동아일보』 1924년 1월 13일 「民大羅州郡部」

도 대표를 파견하였다는 사실이다.[19] 당시 일제의 경찰 정보기록은 나주청년회의 대표로서 승강호(昇康湖)·김종진(金宗鎭)이 참석하였다고 기록하고 있는데,[20] 아마도 이는 승병호(昇秉湖)와 김종철을 잘못 기록한 것으로 보인다. 물산장려운동과 민립대학기성운동 등 부르주아적인 민족운동을 맹렬히 공격했던 전조선청년당대회와 민립대학기성회의 발기인 총회에 동시에 대표를 파견하고 있는 나주청년회의 모습은 당시 중앙에서의 운동의 분화에 당시 각 지방의 청년운동단체들이 얼마나 당혹해하였을까 하는 것을 잘 짐작케 해준다. 이 두 대회에 참여하고 돌아온 이들의 보고가 있었던 4월 8일의 임시총회에서 "본회의 근본문제인 집회의 건에 이르러 의견이 불일치하야 갑론을박으로 장시간을 토의하였으나, 원만한 해결이 없이 폐회하였다"는 기사는 이를 보여주는 것이 아닐까 생각된다.[21] 그리고 1924년 초 이래 1925년까지 나주청년회의 이렇다 할 활동을 신문기사에서 찾아볼 수 없는 것은 1924년 초 이후 나주청년회 내부의 사상적 분화가 시작되었으며, 이로 인해 청년회 활동이 침체상태에 빠졌던 것이 아닌가 짐작케 한다. 이후 지주 등 나주의 부호층은 청년운동에서 서서히 손을 떼게 되는 것으로 보이고, 소장층이 새로이 대두하지만 이들은 1924, 25년경에는 청년단체보다는 노농운동단체에서 더 활발히 활동하게 되는 것으로 보인다. 그리고 1925년 여름에 들어서면서 이들 소장층이 나주청년회를 확실히 장악하여 나

19 『동아일보』 1923년 4월 19일 「나주청년회 총회」

20 김준엽·김창순, 『한국공산주의운동사』2, 청계연구소, 1986, 115쪽.

21 『동아일보』 1923년 4월 19일 「나주청년회 총회」

주청년회는 비로소 그 성격변화의 계기를 마련하게 된다.

1925년 7월 26일 나주청년회는 제8회 정기총회를 열고 회칙을 개정하여 회장제를 폐지하고 집행위원제를 채택하였다. 이때 집행위원에는 김종철·양장주·박관업(朴寬業)·정복기(鄭福基) 외 6인이 선출되었다고 한다.[22] 그 6인이 구체적으로 누구인지는 알 수 없으나, 그해 11월 임시총회에서 김종철·양장주·최남구 등이 집행위원 사임서를 냈다가 수리되지 않은 것을 볼 때 최남구가 포함되었던 것은 확실하며, 의연금 모취위원(募取委員)으로 김홍준·박봉의·김종철·박공근·최상완 등이 선출된 것으로 미루어 이들 중 일부가 아니었을까 여겨진다.[23] 이들 임원진은 전체적으로는 과도기적인 청년회의 모습을 보여주는 것이었다. 여기서 주목해야 할 이름은 최남구와 박공근이다. 최남구는 물론 1923년경부터 청년회 활동에 참여하여 교풍부원으로 활동해왔는데 이때 집행위원으로까지 선출되었으며, 박공근은 이때부터 본격적으로 청년회활동에 참여하는 것으로 보인다. 그런데 이들 최남구와 박공근은 후술하는 바와 같이 이때 이미 사상단체 효종단 단원으로서 활동 중이었다.

한편 1926년 11월 23일 나주청년회는 제9회 정기총회를 열고 회원정리·채무정리 등을 결의하고, 다시 임원을 개선하였다. 이때 회장에는 박준삼(朴準三), 서무위원에는 양장주·김상달(金相達), 경리부원에는 정성면·김형호(金亨浩), 지육부(智育部) 위원에는 박공근(朴恭根)·박영정(朴永程), 체육부위원에는 이민영(李珉英)·이회연(李會衍),

22 『동아일보』 1925년 7월 30일 「나주청년 총회」

23 『동아일보』 1925년 11월 21일 「나주청년 임총」

산업부위원에는 정복기·정창면(鄭昌勉)이 각각 선출되었다.[24] 새로운 임원진 가운데에는 이전의 임원진이었던 양장주·정복기 등이 포함되어 있었으나, 박준삼·김형호·박공근 등이 새로이 참여하였다. 그리고 그동안 청년회를 이끌어 왔던 박봉의·승병호·김병두·박정업 등 지주층과, 김기윤·김영섭 등 군청직원 혹은 대서업자 등이 빠졌다. 이러한 임원진개선은 청년회의 성격에 일정한 변화가 있음을 보여주는 것이었다. 왜냐하면 새로이 등장한 박준삼·박공근·김형호 등은 당시 사회주의의 영향을 받으면서 진보적인 청년운동가로 새로이 등장하고 있는 이들이었기 때문이다. 여기서 이들 청년운동가에게 큰 영향을 준 사상단체 '효종단(曉鐘團)'에 대하여 살펴보자.

효종단은 1925년 2월 8일 최남구·박공근 등이 중심이 되어 만든 것이다. 효종단 창립총회에는 100여 명이 출석하여 선언과 강령을 채택하고 규칙을 제정하였으며, 3인의 전형위원이 위원 10인을 선출하였다. 이때 위원으로는 박관업·박공근·최남구·남상홍(南相洪)·김동선(金東銑) 외 5인이 선출되었다.[25] 그런데 최남구의 증언에 따르면 이 사상단체는 당시 나주출신으로 서울청년회계열이던 이항발(李恒發)이 나주에 내려와 조직한 서울청년회 계열의 사상단체였으며, 따라서 실질적인 지도자는 이항발이었다고 한다.[26] 이항발은 1922년 11월 『신생활』지 필화사건으로 구속되어 징역 2년 반을 언

24 『동아일보』 1926년 12월 1일 「나주청년회 定總」

25 『동아일보』 1925년 2월 6일 「효종단 발기」; 11일 「효종단 창립회」

26 최남구는 효종단의 단장은 이항발이었으며, 상무는 최남구였다고 증언하였다(1992.6.3).

도받고 복역한 뒤[27] 출옥하여 곧 나주에 내려온 것으로 보인다. 나주 지역의 운동과 관련하여 신문기사에서 그의 이름이 확인되는 것은 1925년 2월 11일자 『동아일보』로서, 그는 2월 7일 나주노농공영회 위원으로 선출되었다고 한다.[28] 이로부터 하루 뒤인 2월 8일은 바로 앞의 효종단의 창립총회가 열린 날이었다. 즉 이항발은 1925년 2월경 나주지역의 운동에 본격적으로 뛰어들었고, 이후 나주에서의 사회운동에서 이항발의 영향력은 절대적인 것이 되었다. 이러한 이항발의 활동으로 서울청년회는 나주지역에 강력한 세력 기반을 갖게 되었으며, 이는 그해 3월 22일 서울청년회계인 전남해방운동자동맹 월례회를 나주에서 개최하는 것으로까지 이어졌다.[29] 이후 이항발은 효종단과 노농공영회를 중심으로 활동하면서 특히 박공근·김형호·최남구 등에 큰 영향을 미쳤으며, 이들은 그해 여름부터 나주청년회에 참여하여 활동하기 시작했으며, 마침내는 1926년 11월 청년회를 확실히 장악하게 되었던 것이다.

한편 청년회활동은 나주면에서만 전개된 것은 아니었다. 영산포에서도 1922년 6월 11일 150여 명이 참석하여 영산포청년수양회를 창립하였다. 이날 창립총회에는 전남도참여관 석진형, 나주군수 김면수, 나주경찰서장 고카(古賀) 등이 참석하여 축사를 하였다. 이날 선임된 간부진은 회장에 김태호(金太浩), 총무 백우현(白禹鉉), 간사장 김창익(金昌翼), 교풍부장 윤준태(尹俊泰), 서무부장 김병주(金炳柱), 문

27 김준엽·김창순, 앞의 책, 37쪽.

28 『동아일보』 1925년 2월 11일 「노농 임시총회 -규칙개정과 결의조항-」

29 『동아일보』 1925년 3월 25일 「해방운동동맹 나주에서 월례회」

예부장 이성태(李成泰), 사교부장 이상회(李相繪), 운동부장 김한식(金漢植), 회계 김동준(金東俊) 등이었다.[30] 1년 뒤인 1923년 7월에는 정기총회를 열고 임원을 개선하였는데, 회장 김태호는 유임되었으며, 총무에 김창섭(金昌燮), 간사에 김병주·이상회·김의석(金義錫)·김동준(金東俊) 등이 뽑혔다.[31] 개선된 간부진에 커다란 변화가 없는 것으로 보아 청년회의 성격에도 별다른 변화가 없는 것으로 보인다. 이때 회장을 맡은 김태호는 지주계급에 속하는 이였다고 한다.[32] 영산포청년수양회도 나주청년수양회와 비슷한 야학, 강연회 등의 활동을 하였던 것으로 보인다. 1924년 이후의 영산포지역의 청년회운동에 대해서는 이렇다 할 자료가 없어 더 이상의 자세한 내용은 알기 어렵다. 나주청년회와 영산포청년회 외에 남평 쪽에도 역시 독자적인 청년회가 있었다.[33] 이처럼 나주군 내에서는 나주, 영산포, 남평 등지에 청년회가 각기 따로따로 활동하고 있는 실정이었다.

그런데 1927년 신간회의 창립과 더불어 단일의 중앙집권적 조직을 구성하고자 한 조선청년총동맹의 방침에 따라 각 지방의 청년회는 부군(府郡)에 하나의 청년동맹을 두고 그 아래에 면(面)의 지부, 리(里)의 반(班)을 조직하는 방향으로 개편을 보게 된다.[34] 이러한 방침에 따라 1927년 12월 4일 나주청년회는 나주청년동맹을 조직하기

30 『동아일보』 1922년 6월 19일 「영산포청년수양회」

31 『동아일보』 1923년 7월 29일 「영산포 청년총회」

32 서유채씨 증언(1992.10.9)

33 최남구씨 증언(1992.12.5); 후술하는 1927년의 남평유림각사건과 관련하여 남평청년회의 尹榮周, 崔鎭泰, 徐今德등의 이름이 보인다(『조선일보』 1928년 2월 1일).

34 김준엽·김창순, 앞의 책, 146~148쪽 참조.

로 결의하고, 11일 나주청년동맹 창립대회를 가졌다. 창립 당시 나주청년동맹의 집행위원장으로는 박준삼이 선출되었다.[35] 나주청년동맹 산하에는 나주지부와 영산포지부, 그리고 남평 방면의 산포지부가 있었던 것으로 확인된다.[36] 나주지부는 김형호가 위원장을 맡았으며,[37] 영산포지부는 이재순(李在淳)이 위원장을 맡았다.[38] 그리고 1929년 8월 나주청년동맹은 임원을 개선하여 위원장에 김형호, 검사위원장에 박공근을 각각 선출하였다.[39] 9월 나주지부와 영산포지부도 임원을 개선하여 나주지부는 박동희(朴東熙)를, 영산포지부는 이상회를 각각 위원장에 선출하였다.[40] 나주청년동맹은 곧이어 8월 31일 상무집행위원회를 열고 각 부서의 임원을 개선하여 서무재정부장에 양영하(梁永夏), 문화선전부장에 양계원(梁癸元), 연락조직부장에 최남구, 체육부장에 정창면, 여자소년부장에 서유채(徐有采)를 선임하고, 각 부의 부원도 선임하였다.[41]

나주청년동맹은 도(道) 연맹 대회에 대표를 파견하는 등 도 연맹

35 『동아일보』 1927년 12월 9일 「나주임총」; 14일 「나주청년동맹 11일 설립」

36 山浦지부에 대해서는 『동아일보』 1929년 8월 30일자에 洪世柄이 산포지부 청년회관 건축을 위해 700원을 희사하였다는 기사가 실려 있다.

37 『조선일보』 1928년 1월 8일 「나주청년동맹 나주지회월례회」

38 『동아일보』 1929년 9월 2일 「나주청맹 영산지부」 1929년 8월 16일 나주청년동맹 영산지부는 위원장을 개선하여 새 위원장으로 李相繪를 뽑았다.

39 『동아일보』 1929년 8월 29일 「羅州靑盟 大會」; 『중외일보』 1929년 8월 30일 「나주청맹 정기대회 경과」. 개선위원에는 徐有采·吳世大·李宗采·梁永夏·梁癸元·姜商悅·崔南九·李民五·梁永澤·徐炯洙·鄭昌勉·金容宣이 선출되었고, 검사위원에는 朴鳳德·崔O智가 선출되었다.

40 『동아일보』 1929년 9월 11일 「靑盟 羅州지회 대회」; 9월 1일 「榮山 靑支 例會」

41 『중외일보』 1929년 9월 7일 「나주청맹 집행위원회」

과 유기적 관계를 가졌으며, 자체 활동으로는 맹원 교양, 회관 건축 등에 힘을 기울였고, 각 지부는 야학 활동과 아마추어연극 활동을 전개하였다. 예를 들어 영산포지부는 1929년 9월 17, 18 양일간 연극을 공연하였는데, 경찰당국에 의해 이틀째 공연이 중지당하여 개인이름으로 다시 공연을 재개하는 일이 있었다.[42] 또 영산포지부에서는 1929년 9월 28일 회관 낙성식을 갖고, 운동회와 연극 공연을 하였다.[43]

또 나주지회는 청년회관에 개설한 나주사립유치원과[44] 노동야학원에 대한 지원이 가장 중요한 사업 중의 하나였고, 또 아편중독자들을 청년회관에 수용하여 갱생의 길을 모색하도록 도와주는 것도 중요한 사업의 하나였다. 그리고 나주청년회는 문화부에서 예술단을 만들어 남평, 영산포, 영암 등지를 순회하면서 신극공연을 펼쳤는데 그 내용은 대부분 권선징악을 주제로 한 것이었다.[45]

한편 나주에서는 나주여자청년회가 설립되었던 것이 확인된다. 즉 1929년 7월 30일 나주여자청년회는 제2회 정기대회를 가졌는

42 『중외일보』 1929년 9월 28일 「소인극도 청맹명의론 불가」

43 『중외일보』 1929년 10월 5일 「나주청맹 영산지부 회관 낙성식」

44 사립나주유치원은 나주유지들의 기부금을 모아 설립하였으며, 초대 원장은 梁長柱였는데 설립 이후 경영난을 겪던 중 당국에서 경영자의 사상이 불온하다는 이유로 폐쇄명령을 받았다. 그 뒤 부호 허영규의 아들 허봉길(박공근의 친구)이 이를 인수하여 다시 문을 열었다(서유채 증언(1992. 10. 9).

45 최남구씨의 증언에 의하면, 이 예술단은 경성에서 초빙한 남녀 배우 각 1인과 박공근·박동희·최남구 등 나주청년회원 15명 정도로 구성되어 있었으며, 단장은 이재원이었다고 한다. 이들은 남평청년회의 지원을 받아 남평에서 3일간 공연하였으며, 영산포에서도 3일간 공연하였고, 영암에서는 공연도중 청년들의 습격을 받아 공연을 중단하고 나주로 돌아왔다고 한다. 당시 그들이 공연한 것은 장화홍련전, 놀부전 들이었다(최남구 증언(1992.12.5)).

데, 이는 여자청년회가 1927년경에 창립되었음을 말해준다. 여자청년회 회장은 박공근의 처 서형민(徐炯珉)이 맡았으며, 그 외에 주도적인 인물은 박영민·박진순·오순희·박인애·박영신·문처경·김준 등이었다.[46] 나주여자청년회는 나주청년동맹과는 별도로 도 연맹 대회에 대의원을 파견했던 것으로 보아[47] 나주청년동맹 산하 단체는 아니었던 것으로 보인다. 여자청년회는 경북지방의 기근을 구원하기 위해 각 가정을 방문하여 가정부인들로부터 백미와 현금으로 의연금을 모집하는 등의 활동을 벌였는데, 부녀야학의 설치는 역량 부족으로 인하여 실행하지 못하였다.[48]

이상 나주지역의 청년운동에 대하여 정리해보았는데, 나주의 청년운동은 다른 지방의 청년운동과 마찬가지로 1920년대 초반에는 지주·부르주아층에 의한 부르주아적인 계몽운동의 차원에서 진행되었다가, 1925년경부터 서울청년회계의 사상단체인 효종단의 단원들에 의해 장악되면서 사회주의적인 청년운동 단체로 변모하였음을 확인할 수 있었다. 그리고 1927년에는 조선청년총동맹의 운동방침에 따라 군단위에 단일의 청년운동조직인 나주청년동맹을 조직하고 면단위의 청년회는 그 산하의 지부로 개편하는 모습도 확인할 수 있었다. 나주청년동맹은 1930년 9월 집행위원장 김형호가 나주경찰서 고등계에 체포되어 경성으로 압송되었다는 기사가 있은 이

46 『동아일보』 1929년 8월 2일 「羅州女靑大會」; 徐炯珉 증언(1992.12.8)

47 위와 같음

48 위와 같음

후[49] 활동 내용이 자료에 전해지지 않는 것으로 보아 이후 활동이 사실상 정지되고, 1931년 각 지역의 청년동맹 해소운동 속에서 해소된 것으로 보인다.

노동·농민운동

나주에서는 1922년 송병준이 만든 조선소작인상조회의 나주지회가 만들어졌다. 3월 26일 창립총회에는 동회의 간부 정응설(鄭應卨)·채기두(蔡基斗)·윤선익(尹益善) 등과 나주군의 지주 및 소작인, 그리고 군수와 각 면장이 참석하였다. 이날 나주지회의 임원으로는 고문에 군수 김면수(金冕秀), 지회장에 김용규(金容圭), 부회장에 손종달(孫鍾達), 이사에 정안민(鄭安民)·최기림(崔基林)·박봉의(朴鳳儀)·김종철(金宗鐵)·김기윤(金基胤)·나한석(羅漢錫)·박정업(朴正業)이 선출되었다.[50] 이때 김용규·정안민·박봉의·박정업은 지주층이었으며, 김종철은 전 나신면 면장이었다. 이처럼 지주층이 주도한 조선소작인상조회는 결코 농민운동단체라고는 볼 수 없는, 송병준의 사적인 지방조직의 성격이 강한 것이었으며, 이후 이렇다 할 활동도 없었다.

나주에서 본격적인 노농운동이 시작된 것은 1923년경 면 단위의 소작인조합이 결성되면서부터라고 할 수 있다. 이때 가장 먼저 설립된 소작인조합으로 확인되는 것은 반남소작인회이다. 반남소작인회는 1923년 10월 18일 소작인 수백 명이 반남학원에 집결하여 창

49 『중외일보』 1930년 9월 12일 「나주 청맹위원장 경성으로 압송」
50 『동아일보』 1922년 4월 3일 「소작인상조회지회」

립한 것으로 ①소작료는 5할 이내로 할 것, ②소작권은 일반이 공인할만한 과실이 있는 경우 외에는 빼앗지 말 것, ③소작료 운반은 1리(里) 이내의 경우만 응할 것, ④소작료의 두량(斗量)에는 반드시 평목(平木)을 사용케 할 것 등을 결의하였다. 그리고 간부진으로서는 회장에 나준집(羅駿集), 부회장에 정동석(鄭棟錫), 총무에 박승주(朴勝周) 등을 뽑았다.[51] 나주군의 다른 면에서 소작인회가 설립되었는지는 자료상에서 더 이상 확인되지 않는다.

나주지역에서 노농운동을 본격적적으로 전개하기 시작한 것은 나주노농공영회라고 할 수 있다. 창립일시를 정확히 확인할 수 없지만 1924년경 창립된 것으로 보이는 나주노농공영회는 1925년 들어 이항발의 영향 아래에 들어가면서 2월 7일 임시총회를 갖고 회장제에서 위원제로 회칙을 개정하는 등 조직개편을 단행하고, 임원을 개선하여 이항발·박공근·최남구 등 16명이 새로이 위원직을 맡게 되었다. 이날 임시총회에는 서울청년회계의 전도(全濤)·유용의(柳龍義, 일명 유혁) 등이 참석하여 축사를 함으로써 나주지방 노농운동이 서울청년회계의 영향력 아래 있었음을 확인할 수 있다. 이 임시총회에서 조선노농총동맹에의 가맹을 결의한 것으로 보아 나주노농공영회는 이 시기까지 노농총동맹에 가입하지 않았던 사실을 확인할 수 있다.[52]

나주노농공영회는 1925년 5월 6일 제2회 정기총회를 갖고 250여 명의 회원이 출석한 가운데 여러 사항을 토의하고 임원을 개선하였는데, 이때 중앙집행위원에는 이항발·박공근·김송안(金松安)·임이

51 『조선일보』 1923년 10월 24일 「반남소작인회 창립」

52 『동아일보』 1925년 2월 11일 「노농 임시총회」

석·최남구·김건호(金健浩) 외 20인이, 구역위원에는 장성만(張成萬)·김홍근(金洪根)·김두천(金斗天)·최상준(崔相俊) 외 70인이 선임되었다. 그리고 이날 김송안·임이석은 회관건립을 위한 부지를 제공하였으며, 회관건축비를 위해서 회원들은 1원씩 부담하기로 결의하였다.[53]

노농공영회는 이후 여러 활동을 펴나갔다. 우선 1925년 5월 1일에는 메이데이 기념행사를 준비하였으나, 당국에 의해 중지당하자 3일 나주노동자운동대회를 나주청년회 운동장에서 개최하였다.[54] 나주노농공영회는 나주청년회에서 경영하던 노동야학을 인수하여 이를 경영하였던 것으로 보인다.[55]

나주노농공영회는 나신면 석현리에 있는 일본인 츠즈키 세이고로(都築政五郎)의 양잠노동자에 대한 횡포에 노동자들이 파업을 일으키자, 이들 노농공영회 회원인 노동자들을 위하여 중재에 나서서 임금인상을 관철시켰다.[56] 나주노농공영회는 후술하는 바와 같이 궁삼면 농민들의 동척을 상대로 한 토지회수투쟁을 지원하기도 하였다. 노농공영회는 또 소작인들의 소작조건문제에도 관심을 갖고 소작조건을 논 5할, 밭 4할로 정하고, 영년(永年)소작제로 하며, 지세 및 공과금은 모두 지주의 부담으로 한다는 등의 결의를 하였다.[57] 또 후

53 『동아일보』 1925년 5월 11일 「노농공영총회」

54 『조선일보』 1925년 5월 6일 「나주에서는 연기하야 성황 - 메이데이 기념」

55 『동아일보』 1925년 11월 14일 「나주노농 례회」

56 『조선일보』 1925년 5월 10일 「석현에서 동맹파업」; 5월 12일 「패악한 日農」; 5월 15일 「석현리 파업 해결 - 노동자 측에서 승리를 엇고」

57 『동아일보』 1925년 11월 14일 「나주노농 례회」. 이날 월례회의 결의는 다음과 같다.
1. 소작조건 개정의 건
一. 소작조건 개정에 대하야 소작료는 5할로(畓에 한하야, 田은 4할) 하되 稻藁는

술하는 바와 같이 노농공영회는 노동야학원을 인수하여 이를 경영하기도 하였다.[58]

나주노농공영회는 효종단, 나주청년회와 마찬가지로 운동 노선상으로는 서울청년회계의 입장을 지지하였다. 예를 들어 1925년 9월 16일 노농공영회는 집행위원회를 열고 8월 31일의 노농총동맹 제4회 중앙집행위원회에서 신임 상무집행위원을 화요계 일색으로 선출한 데 대해 이날의 중앙집행위원회가 불법회의이며, 따라서 상무집행위원을 다시 선출해야 한다는 결의를 하였다. 이는 당시 노농총동맹을 둘러싼 화요파와 서울청년회파간의 세력 다툼에 나주의 노농운동진영까지도 휘말려 있음을 보여주는 것이다.[59]

나주노농공영회는 노농총동맹의 노동운동과 농민운동의 분리방침에 의거하여 1926년 2월 1일 정기총회를 열고 노농공영회를 해체하고 복수의 노동조합과 농민조합을 각각 조직하여 이를 다시 나주노동연맹과 나주농민연맹으로 조직화하였다. 노동조합은 직업별로 운수노동조합, 임금노동조합, 기공(技工)노동조합, 정미노동조합, 자유노동조합을 각각 구성하여 이를 나주노동연맹으로 묶었으며, 농

소작인의 소득으로 하며, 이모작은 전부 소작인의 소득으로 할 것
一. 소작제는 永年 소작제로 하되 5년간의 수확고를 계량하야 5할로, 田은 4할의 定賭租로 하며, 그러나 풍우 및 한발, 충해 기타 재해로써 예년에 비하야 소작물의 감소가 발생할 시는 當年의 수확고를 檢見하야 新 調整을 행할지며, 만약 그 수확고가 소작인 경작중 소비액 및 노력에 해당할 시에는 소작료를 면제할 것.
一. 지세 및 제반 공과금을 전부 地主의 부담으로 할지며 소작전답에 사태 및 기타 붕괴로 인하야 成築케 될 시는 전부 지주의 부담으로 할 것
一. 소작인은 지주 및 農監, 사음에게 뇌물을 급여치 말 것

58 위와 같음

59 노농총동맹을 둘러싼 화요파와 서울청년회파간의 세력다툼에 대해서는 김준엽·김창순, 앞의 책, 251~255쪽 참조

민조합은 지역별로 나주면농민조합, 나신면노동조합, 금천면노동조합을 구성하여 이를 나주농민연맹으로 묶었다. 이때 나주노동연맹의 위원으로는 김종철·강재천·김석근·최남구·박공근·양광수·이항발 등이 선출되었고, 나주농민연맹의 위원으로는 송상기·정달선·김암윤·김형호·김홍근·김축월·이항발 등이 선출되었다. 이항발이 노동연맹과 농민연맹의 위원 가운데에 모두 포함되어 있는 것은 나주지방의 노동, 농민운동에 대한 그의 영향력이 그만큼 컸음을 보여주는 것이다.[60]

나주노동연맹은 창립 직후인 2월 20일 나주청년회관에서 '인생노피(人生老疲)는 과학이냐 종교냐'라는 주제로 토론회를 갖는 등 노동자들의 의식계몽에 힘썼다.[61] 나주노농연맹은 나주노농공영회의 노동야학원을 이어받아 이를 운영하였으며, 노동야학은 나주청년회 운동장에서 야학생들의 운동회를 개최하기도 하였다.[62] 그런데 나주노동연맹과 농민연맹은 1927년 신간회가 창립된 이후 이렇다 할 활동을 찾아보기 어렵다. 이는 나주청년동맹이 신간회 창립 이후에도 일정한 활동을 지속했던 것과 대비된다. 이는 나주지방 사회운동가들이 주로 지식청년층이었던 것, 그리고 신간회 창립 이후 운동의 중심이 신간회로 옮겨진 것과 관련된다고 보인다.

한편 영산포에서는 1926년 4월 20일 김익두(金益斗)의 주도로 자유노동조합이 창립되었다. 자유노조란 주로 지게꾼들의 노동조합

60 『동아일보』 1926년 2월 5일 「노동 농민의 양연맹 분립」

61 『동아일보』 1926년 2월 27일 「羅州勞聯討論會」

62 『동아일보』 1926년 5월 28일 「羅州勞夜運動」

을 가리키는 것이었다. 이들은 노동자차별의 철폐, 8시간 노동시간제 실시, 최저임금 1일 1엔 실시, 노동자교육을 위한 노동독본의 구독, 직업별 노동단체의 조직, 군(郡) 연합회 조직의 촉성, 전남노련과 조선노총에의 가맹 등을 결의하였다. 그리고 위원으로는 최용운(崔用云)·최삼종(崔三宗)·박장오(朴長五)·박상대(朴尙大)·김만보(金萬甫)·권재중(權在仲) 등을 선출하였다.[63] 그리고 같은 날 위원회에서는 상무집행위원으로 최용운·최삼종·박장오를 뽑았으며, 서무부는 최용운, 조사부는 박장오, 교양부는 최용운이 각각 맡기로 결정하였다.[64] 그런데 나주자유노조가 창립된 지 보름여가 지난 뒤인 5월 7일 돌연 나주경찰서에서는 조합의 선언과 강령이 불온하고 규약에 '계급쟁투'라는 문구가 들어 있다는 이유로 자유노동조합을 해산 조치하였다.[65]

나주지역에서 있었던 농민운동과 노동운동의 대표적인 것으로는 한말부터 시작되어 1930년대까지 계속된 나주 궁삼면민들의 토지회수투쟁, 1930년대 초의 다시면 수리조합반대투쟁, 1926년의 나주인쇄공 파업[66] 등을 들 수 있다. 여기서는 이 가운데 앞의 두 사건에 대하여 살펴보자.

63 『동아일보』 1926년 4월 24일 「자유노조 창립 -去20日 영산포에서-」

64 『동아일보』 1926년 4월 25일 「노동조합위원회」

65 『동아일보』 1926년 5월 11일 「계급투쟁은 질색 -자유노동조합 해산」

66 『동아일보』 1926년 5월 25일 「나주인쇄소 職工盟罷」 1926년의 나주인쇄공 파업은 임금문제를 둘러싼 노동쟁의였다. 그것은 일부 노동자들에 대한 임금의 인하와 또 다른 일부 노동자들에 대한 임금 체불, 그리고 일부 노동자들에 대한 무단해고조치 등에 대해 노동자들은 이에 항의하였으나 사용자측에서 아무런 반응이 없자 파업으로써 대응한 것이다. 이 파업이 어떻게 끝났는지는 기록이 없어 자세히 알 수 없다.

궁삼면 토지회수투쟁에 대해서는 이미 자세한 연구들이 있으므로[67] 여기서는 자세한 언급을 피하고, 그 개요만 간단히 정리하기로 한다. 1890년 경저리 전성창(全聖暢)이 상곡, 욱곡, 지죽 등 3개 면의[68] 한발을 입은 땅들의 조세를 대납해주면서 기만적으로 1,400여 두락의 토지의 소유권을 빼앗아버렸다. 이때부터 3면의 농민들과 전성창 사이에는 토지소유권을 둘러싼 분쟁이 계속되었는데, 전성창은 1898년 이 토지를 경선궁(慶善宮: 嚴妃의 宮)에 팔아넘겨 버렸다. 이후 소유권분쟁은 경선궁과 3면민 사이로 옮겨지게 되었고, 1909년 동척이 경선궁으로부터 토지를 매수함으로써 이후에는 동척과 3면민 간의 분쟁으로 바뀌게 되었던 것이다. 이에 농민들은 1910년대에는 광주지방법원에 소송을 제기하는 등 토지소유권을 되찾기 위한 운동을 계속하였으나 돌아온 것은 동척의 탄압과 재판의 패소뿐이었다. 그러나 농민들은 굴하지 않고 1925년 궁삼면 농민조합(농민회라고도 함)과 토지회수운동부를 조직하고, 면민대회 개최와 소작료불납운동 등을 통하여 결속력을 강화하고 여론을 환기시키는 방향으로 투쟁을 전개하였다.[69] 이런 가운데 이 문제를 해결해주겠다

67 李圭洙, 「全羅南道羅州宮三面土地回收運動の展開過程」(一橋大 석사논문) ; 함한희, 「해방이후 농지개혁과 궁삼면 농민의 사회경제적 지위 및 변화」 『한국문화인류학』 23집, 1991 ; 함한희, 「조선말,일제시대 궁삼면 농민의 사회경제적 지위와 그 변화」 『한국학보』 66집, 1992 ; 박이준, 『한국근현대시기 토지탈환운동 연구』, 선인, 2007.

68 이곳의 토지가 대부분 경선궁과의 소유권 분쟁에 휘말리게 되었기 때문에 이를 흔히 '궁삼면'이라 부른다.

69 『조선일보』 1925년 10월 20일 「억울하게 피탈한 토지를 회수코자」 ; 『동아일보』 1925년 10월 22일 「농민대회 창립, 삼면민 연합으로」 ; 『동아일보』 1925년 10월 31일 「토지회수동맹 조직하고 무상반환을 운동」 ; 『조선일보』 1925년 10월 31일 「나주삼면민의 토지 무상반환운동을 전개」 등

고 목포의 정병조(鄭昞朝) 등 브로커가 개입하기도 하였다. 동척과 총독부당국은 1926년 4월 '분양'이라는 기만적 방법을 농민들에게 제시하여 문제를 해결하려 하였다. '분양'이란 계쟁지 2,500정보 가운데 묘(墓)·밭·대지(垈地) 100정보는 무상양여, 논 2,000정보 가운데 1,000정보는 동척이 계속 소유하고 1,000정보는 법정지가의 2배로서 분양하며, 지가(地價)는 년(年) 1할 이자를 붙여 10년 이내에 연부균등 상환하도록 한다는 것이었다. 세가 불리했던 농민들은 본래 무상반환을 주장해왔으나 일단 이 조건을 받아들이지 않을 수 없었다. 그러나 가혹한 분양조건과 논의 절반에 달하는 1,000정보가 여전히 소작지로 남게 되었기 때문에 문제의 불씨가 꺼진 것은 아니었다.[70] 농민들은 1930년대에 들어서도 계속하여 상환조건의 완화, 소작료의 감하 등을 요구하는 진정서를 제출하였다.[71]

이 운동은 소작쟁의라기보다는 불법적으로 빼앗긴 토지의 회수투쟁이라 할 수 있다. 그러면 이 운동과 당시 나주지방의 사회운동단체들은 어떤 연관이 있었을까. 3면민의 토지회수투쟁이 가열되던 1925년경은 앞서 본 것처럼 나주노농공영회가 본격적인 활동을 개시한 시기이다. 따라서 노농공영회는 1925년 7월 14일 상무집행위원회를 열어 궁삼면민의 토지회수투쟁을 적극 투쟁할 것을 결의하고, 이를 위해 궁삼면 농민들과 노농공영회, 효종단, 나주청년회가 연합대회를 개최하고 토지환수투쟁의 선후책을 논의할 것, 이 쟁

70 이규수, 앞의 글 참조

71 『조선일보』 1930년 7월 31일 「궁삼토지사건」; 『중외일보』 1930년 8월 23일 「나주궁삼면사건」; 『동아일보』 1930년 8월 25일 「나주궁삼면 사건 또 진정서제출」

의에 대한 전남해방운동자동맹의 후원을 요청할 것 등을 결정하였다.[72] 이에 따라 궁삼면 농민들이 10월 24일 개최한 농민대회에는 경성노동회 간부 이광(李珖), 전남해방운동자동맹의 강석봉(姜錫奉), 광주청년회의 김재명(金在明), 영산포청년회 회장 김태호, 노동운동사 상무 이항발 등이 지원을 위해 참석하였다. 그러나 경찰의 금지로 축사 한마디 못한 가운데 대회는 강제 해산당하고 말았다.[73] 이후 이 문제에 대한 노농공영회측의 개입은 신문기사에서 보이지 않는다. 이는 이후 농민들이 스스로 토지회수운동본부를 중심으로 토지회수투쟁을 벌여나갔고, 1926년 4월에 이르러 이른바 '분양'조치가 발표되고 농민들이 일단 이를 수용하였기 때문이다. 이 과정에서 농민들은 사회운동단체들의 직접적인 개입은 오히려 꺼렸던 것으로 보인다. 왜냐하면 그들은 이 운동을 어디까지나 생존권투쟁의 차원에서 펼쳐 나가려 하였고, 이 운동에 사회운동단체들이 개입하는 것은 자칫하면 당국에게 이 운동을 사상운동으로 몰 수 있는 빌미를 제공할 수도 있다고 보았기 때문이다.[74] 이러한 상황이었기 때문에 당시 조선공산당 전남지부에서도 궁삼면사건에 대한 더 이상의 지도는 불가능하다는 보고를 올렸던 것이다.[75]

한편 1931년 다시면 수리조합반대투쟁은 일제 지배당국과 나주의 가장 큰 일본인 지주 구로즈미 이타로(黑住猪太郎)가 다시면에 수

72 『조선일보』 1925년 7월 17일 「나주노농공영, 동척과 면민쟁의에 대하야」

73 『동아일보』 1925년 10월 31일 「토지회수동맹을 조직하고 무상반환을 운동」

74 나순조 증언(1992.11.18)

75 梶村秀樹 · 姜德相編, 『現代史資料』29(朝鮮篇 5), みすず書房, 東京, 1972, 105쪽

리조합을 만들고자 기도한 데에서부터 비롯되었다. 구로즈미는 당시 다시면 면장 임병원(林炳元)을 앞장세워 한해와 수해 피해를 막는다는 명분을 내걸고 전라남도 당국으로부터 수리조합 설립인가를 받아 1930년 4월 12일 수리조합을 결성하고 스스로 위원장이 되었다.[76] 그러나 1931년 1월 나주군청 회의실에서 열린 다시수리조합 총회에서 일반 조합원들이 3년째 한해가 계속된 다시면에서 앞으로 매두락 6원씩 수세(水稅)를 내게 된다면 너무 부담이 크므로 당분간 수리조합건설공사를 연기하자고 들고 나옴으로써 수리조합 반대투쟁은 시작되었다. 이날 농민들은 조합장에게 자신들의 의견을 관계 당국에 전달하여 공사착수를 연기하도록 해줄 것을 당부하였다.[77] 그러나 구로즈미 등은 이 공사를 강행하려 하였고, 마침내 2월 20일 구로즈미와 나주경찰서 보안계장 등이 공사구역 시찰을 위해 다시면 현장에 나타나자 부근 동리 주민들이 산에 올라가 나팔을 불어 수백 군중이 집결, 구로즈미 일행을 둘러싸고 위협적으로 자신들의 요구를 전달하였다. 이에 나주경찰서는 30여 명의 경찰을 출동시켜 군중들을 가까스로 해산시켰다. 이날 모인 군중 가운데에는 특히 수리조합의 저수지를 건설함으로써 전답과 가옥이 수몰될 처지에 놓인 이들이 많았다.[78] 25일에는 특히 이들 수몰전답 관계 농민 100여 명이 무리를 지어 나주군수와 면담을 위해 무리를 지어 읍내로 행진해왔다. 경찰은 이 행렬을 막으려 하였으나 농민들이 워낙 강경하

76 『조선일보』 1930년 4월 16일 「다시수조창립」

77 『동아일보』 1931년 1월 20일 「다시수조 반대」

78 『동아일보』 1931년 2월 24일 「나팔 일성에 수백 군집」; 『조선일보』 1925년 2월 25일 「다시수조 설치 산측에 5백 주민 대소동」

여 끝내 막을 수 없었고, 마침내 군수가 읍 입구까지 나와 피해자들에 대한 보상을 약속하였으나 농민들은 액수를 명시한 계약서를 써줄 것을 요구하였다. 이에 군수가 불응하자 농민들은 다시 읍내까지 행진해 들어가 도 경찰부에서 출동한 사와이(澤井) 경부로부터 훗날 농민들에게 유리하게 처리하겠다는 약속을 듣고 돌아갔다.[79] 농민들은 3월 4일 다시 대표자 6, 7인을 뽑아 나주군청으로 나주군수를 방문하여 20개조의 피해자 생계보장 요구안을 제시하였다. 이에 나주군수는 도 당국과 협의하여 3월 16일 이내로 회답해주겠다고 약속하였다.[80] 3월 16일 나주군수는 대표자 11인을 군청으로 초청하여 피해 농가 140여 호 가운데 70호에 한하여 1호당 60원의 이전료와 논 매 평당 2전 8리, 밭 매 평당 1전 6리의 소작료 피해보상금, 그리고 그밖에 수개 조를 제시하였다. 이에 대표들은 그런 정도의 보상으로는 140여 호의 피해농민이 도저히 살아갈 수 없다면서 이를 거부하였다.[81] 이로써 협상은 결렬되고 수리조합측은 공사를 강행하기 위하여 18일 군수실에서 평의원회를 개최하였는데, 이 소식을 들은 농민들이 군수실에 쇄도하여 회의를 방해하고 소란을 피우는 소동이 일어났다.[82] 또 분함을 이기지 못한 농민들은 20일 경찰의 제지를 뚫고 영산포의 구로즈미의 집으로 달려가 문전에서 항의농성을 하기도 하였다.[83] 결국 농민들의 반대투쟁은 역부족으로 끝나고 관측

79 『동아일보』 1931년 2월 28일 「多侍 水組長 습격 後聞」

80 『동아일보』 1931년 3월 7일 「다시수조대표 또 진정」

81 『동아일보』 1931년 3월 19일 「다시수리조합 피해문제, 군수제시안에 대표는 반대」

82 『동아일보』 1931년 3월 21일 「조합평의원회에 被害地民의 惹鬧」

83 『동아일보』 1931년 3월 23일 「다시수조의 관계자 소동」

의 의도는 관철되어 수리조합 저수지공사는 시작되고 말았다.

다시수리조합투쟁은 농민들의 입장에서는 수세(水稅) 문제와 수몰지 문제가 걸린 것이었다. 그러나 시간이 경과하면서 투쟁의 쟁점은 전자보다는 후자로 옮겨갔고, 결국은 당국과 지주측에 밀리고 말았다. 그런데 주목할 것은 이 수리조합반대투쟁에 당시 나주지방 사회운동가들이 개입한 흔적이 거의 보이지 않는다는 점이다. 당시까지는 신간회나주지회나 나주농민조합연맹, 노동조합연맹 등이 형식적으로나마 존재하고 있던 시기였다. 하지만 이 단체들은 당시 주도층이 여러 사건에 연루되어 검속된다든가 하여 그 활동력이 크게 떨어져 있는 상태였고, 이것이 이들 사회단체로 하여금 이 문제에 개입할 수 없게 만든 것으로 보인다.

신간회

신간회 나주지회가 창립된 것은 1927년 9월 25일의 일이었다. 이날 나주청년회관에서는 200여 방청객과 53명의 회원이 출석하여 김창용(金昌容)의 사회로 발회식을 가졌다. 이날 발회식에서는 박준삼의 개회사에 이어 신간회 본부 총무간사 안재홍(安在鴻)의 신간회 취지 설명과 각 단체에서 보내온 축사, 축전 낭독이 있었다. 그리고 발회식에 앞서서는 안재홍의 「조선인의 금후 운동」이라는 주제의 강연과 노동운동사 상무이사 이항발의 「우리의 과업은 무엇인가」라는 주제의 강연이 있었다고 한다.[84] 그런데 이날 선출된 나주지회의

84 『동아일보』 1927년 9월 30일 「신간나주지회 25일 설립」

신간회 나주지회 창립 기념 사진. 민세 안재홍이 나주에 내려와 창립식에 참석했다(사진은 박준삼의 후손 박경중 씨가 소장).

간부진 명단은 신문에 실리지 않아 그 자세한 내용은 알 수 없다. 다만 회장과 부회장에 김병두(金炳斗), 김창용(金昌容)이 각각 선출된 것은 뒤의 기사들을 통해 확인할 수 있다. 그러나 김병두는 회장으로 선출되긴 하였지만 실제로 이렇다 할 활동을 한 것은 아니었던 듯하고, 오히려 부회장인 김창용이 회장의 역할을 대행한 것으로 보인다. 그리고 김병두는 곧 회장직을 사임하여 부회장인 김창용이 회장으로 다시 선임된 것으로 보인다. 왜냐하면 1927년 12월까지는 김창용이 부회장으로 신문기사에 나오고 있지만, 1928년 1월부터는 나주지회장으로 일컬어지고 있기 때문이다.[85] 김병두는 1924년 3월부터

85 『조선일보』 1928년 1월 28일 「나주강연 연기」

1927년 3월까지 도평의원을 지낸 적이 있기 때문에[86] 신간회 회장을 맡는 것은 적절치 않은 일이었다.

나주지회는 10월 5일 동 지회 사무소에서 부회장 김창용의 사회로 제1회 간사회를 열고 각 부서를 결정하였는데, 이 때 총무간사·상무간사 각 1인씩을 총무부에 속하게 하여 각 부 사무를 관장케 하고, 각 부에서는 간사로만 사무를 처리하기로 결정하였다. 즉 각 부마다 총무간사를 두었던 본부와는 다른 편제를 갖추었던 것이다.[87]

신간회 나주지회는 12월 11일 제1회 정기총회를 부회장 김창용의 주재 하에 열고 현안에 관한 토의를 가졌다. 이 날 회의에서는 ① 회세(會勢) 확장 문제, ② 예산 편성 문제, ③지방열 고취단체 박멸문제, ④산업운동 문제, ⑤지방조사 문제 등을 토의하였으며, 전체대회에 출석할 대의원을 선출하고, 전체대회에 건의할 건의안을 작성하였는데 건의안의 내용은 아래와 같다.[88]

건의안

一. 본회 회원임을 표증(表證)하기 위하야 회원 휘장(徽章)을 제정할 것.

一. 현하의 사정에 의하야 회장제로 하되 총무간사제를 폐지

86 동선희, 『식민권력과 조선인유력자』, 선인, 2011, 400쪽.

87 『동아일보』 1927년 10월 11일 「신간나주지회 간사회」. 이 날의 토의사항은 다음과 같다.
一. 각부 幹事 査定의 건, 一. 會員 심사의 건, 一. 규약수정의 건, 一. 회원모집의 건, 一. 市內간부 매일 출근의 건, 一. 전등 가설의 건, 一. 부서 결정의 건.

88 『동아일보』 1927년 12월 14일 「신간지회 정총」

할 것.

一. 본회의 취지를 선전하며 회무(會務) 및 사회사정을 일반에게 보도하며 운동을 일률적으로 촉진케 하기 위하야 기관지를 속히 발간할 것.

一. 당(黨)은 당의 조직요소와 강령 여하에 의하야 구분된다. 그럼으로 민족적 유일당전선을 형성하기 위하야 행동강령을 제정하야 당의 표현(表顯)이 되게 할 것.

一. 본회의 강령을 실행하며 대중을 지도 획득하기 위하야 노동·농민·형평부의 부문을 증가할 것.

一. 본회의 체면을 유지하며 회세(會勢)를 확장키 위하야 회관 건축을 촉진할 것.

一. 정치적 운동을 구체적으로 전개키 위하야 정치의식의 각층과 문화발전의 각층을 망라하는 운동방침 및 정책을 제정할 것.

위의 건의안은 당시 신간회 지부들이 신간회본부의 활동부진에 대해 상당한 불만을 갖고 있었으며, 그 운동이 어떤 방향으로 활성화되어야 한다는 인식을 갖고 있었는가 하는 것을 잘 보여준다. 그것은 기관지의 발간 등 선전활동의 강화, 행동강령의 제정, 노동·농민·형평운동 등 대중운동의 지도 강화, 구체적인 정치운동 전개를 위한 운동방침 및 정책의 마련 등으로 요약될 수 있다.

신간회 나주지회는 1928년 1월 20일 신간회 나주지회 사무소에서 총무간사 양장주의 사회로 성기 간사회의를 열고 나음과 같은 사항을 결의하였다.

결의사항

一. 취지 선전일 확정의 건

一. 분담구역 및 분담인원 확정의 건

一. 선전일시 통지 결정의 건

一. 회원분담금 수입의 건

一. 본부대회 출석준비에 관한 건

一. 신간회 목포지회 분규사건 대책토의의 건

一. 재만동포옹호동맹 조직 촉성에 관한 건[89]

즉 신간회 나주지회에서는 1928년 들어 음력 정월을 기하여 신간회 취지를 선전하기 위하여 나주군 전체를 4구역으로 나누어 각 구역별로 4명씩 구성된 선전대를 파견, 강연회를 갖기로 하였던 것이다.[90] 그런데 이러한 활동 계획은 이즈음에 발생한 이른바 「유림각(儒林閣)사건」으로 인하여 중지되고 말았다. 그 사건의 자세한 내용에 대해서는 후술하겠지만, 그 기본적인 성격은 신간회와 청년동맹을 중심으로 모여 있던 나주읍내의 진보적인 청년들과 읍밖의 보수적인 유림들 간의 갈등이 폭발한 것이었다. 이 사건으로 인하여 신간회 나주지회의 대들보라고 할 수 있는 회장 김창용, 총무간사 양

89 『조선일보』 1928년 1월 24일 「나주지회 간사회」

90 『조선일보』 1928년 1월 24일. 「나주지회 신춘선전」. 각 구역별 선전요원은 아래와 같다.
제1구: 노안, 평동, 삼도, 본량 – 徐炯規, 鄭福基, 金龍珠, 朴永穆
제2구: 금천, 산포, 다도, 남평, 봉황 – 金昌容, 李在淳, 徐炯達, 金昌翼
제3구: 세지, 영산, 반남, 왕곡 – 梁長柱, 尹榮周, 李珉英, 朴恭根
제4구: 공산, 동강, 다시, 문평 – 朴準三, 宋太基, 金亨浩, 李鉉洙

장주, 나주청년동맹 집행위원장이자 신간회 상무간사인 박준삼, 윤영주, 김상달 등이 1928년 1월부터 2월 사이에 검속되었고, 윤영주를 제외한 나머지 4인은 모두 기소되었다. 이들은 대구복심법원까지 가는 법정투쟁 끝에 김창용만 벌금형을 받고 나머지는 모두 무죄를 선고받았다. 그러나 이 재판은 1928년 5월 말까지 계속됨으로써 이 기간에 신간회 활동은 사실상 정지 상태에 놓였다. 우선 앞의 신간회 취지 선전 강연은 회장 이하 간사 4인이 검속됨으로써 부득이 연기되지 않을 수 없었다.[91] 그리고 회장 김창용 등이 재판 끝에 풀려 나오긴 하였으나, 이 사건으로 인하여 신간회 나주지회는 큰 타격을 받아 활동이 극히 부진하였던 것 같다. 1928년 하반기부터 1929년 상반기 사이의 신간회 나주지회의 활동기록이 신문기사에서 전혀 보이지 않는 것은 이 때문으로 보인다. 즉 신간회 나주지회는 창립되어 본격적인 활동을 전개하기도 전에 뜻하지 않은 사건으로 타격을 받고 그 활동이 침체상태에 들어가고 말았던 것이다.

나주지회의 활동이 다시 시작되는 것은 1929년 여름부터로 보인다. 1929년 6월 김창용은 신간회 복대표대회에서 중앙집행위원으로 선출되었다.[92] 8월 13일 나주청년회관에서는 신간회 나주지회 임시대회가 김창용의 사회로 열려 임원을 개선하였다. 이는 신간회 본부의 회장제에서 집행위원장체제로의 개편에 보조를 같이하고, 신간회 나주지회의 활동을 보다 활성화하기 위한 것이었다. 이날 개선된 간부진을 보면, 위원장에 김창용, 집행위원에 박준삼·정봉호(鄭

91 『조선일보』 1928년 1월 28일 「나주강연 연기」

92 김준엽·김창순, 앞의 책, 58쪽

鳳鎬)·서유채·윤영주(尹榮周)·송상기(宋相基) 외 12인, 검사위원이 이민영·양장주·서형규 등이었다. 그리고 이날 임시대회에 이어서 열린 집행위원회에서는 각 부서를 정하였는데, 서기장에는 박공근, 재정부장에 정봉호, 조사부장에 박준삼, 선전조직부장에 윤영근(尹榮根), 검사위원장에 서형규, 상무위원에 박준삼·정봉호·송상기·박봉덕(朴鳳德) 외 5인이 선임되었다.[93]

이후 신간회 나주지회의 활동에 관한 신문기사는 8월 31일 열린 상무집행위원회에 관한 것이 유일한 것이다. 이날 위원회에서는 ① 도(道) 지회연합회(支會聯合會) 조직 촉성의 건, ② 분회(分會) 및 반(班) 조직의 건, ③ 회비징수 및 회원모집의 건, ④ 본부 회관건축의 건, ⑤ 회보 발행 조력의 건 등을 토의하였다고 한다.[94] 이와 관련된 활동들이 이후 어떻게 이루어졌는가 하는 것은 자세히 알 수 없다. 다만 관련자들의 증언에 의하면 이즈음 신간회는 '소비부'라는 것을 두어 나주협동상회를 경영하면서 일본상인들과 상권경쟁을 하였으며(이에 대해서는 후술), 또 각 부락을 순회하면서 조선물산의 장려와 금주·금연 등의 생활개신에 관한 계몽강연활동 등을 펼쳤다고 한다.[95]

그런데 신간회 나주지회는 그해 11월 3일 광주에서 발생한 학생독립운동의 소용돌이에 휘말리게 된다. 우선 11·3학생사건의 발발 요인이 되었던 광주고보생 박준채가 나주지방의 학생이었고,[96] 또 광

93 『동아일보』 1929년 8월 18일 「나주신간대회 임원을 개선」
94 『동아일보』 1929년 9월 3일
95 최남구 증언(1992.12.5) ; 서유채 증언(1993.2.12)
96 박준채는 박준삼의 친동생이다.

주학생사건에 자극받은 나주농업보습학교 학생 류찬옥이 나주학생들의 시위운동을 계획하고 신간회 사무소로 서기장 박공근을 찾아와 지도를 요청, 박공근은 이에 쾌히 응락하고 이 운동을 지도하였던 것이다. 이 사건의 상세한 내용에 대해서는 후술하겠지만 결국 이 사건으로 인하여 박공근은 구속, 기소되었다.[97]

한편 서울에서는 이항발이 청년총동맹이 광주학생사건과 관련한 격문을 유포한 사건과 관련하여 검속되었는데,[98] 이와 관련하여 신간회 나주지회 집행위원장 김창용은 이항발에게 자금을 교부하였다는 혐의로 검속되어 서울로 압송되었다.[99] 김창용은 조사를 받고 특별한 혐의가 없어 곧 석방된 것으로 보인다. 그러나 이처럼 간부진의 연이은 검속사태로 인해 나주지회의 활동은 다시 침체상태에 들어간 것으로 보인다. 다만 1930년 11월 김창용이 신간회 전체대회 대행의 중앙집행위원회에서 중앙집행위원으로 선출되었다는 기록이 나온다.[100] 이는 당시 중앙위원 이항발의 영향력에 의한 것일 것이다.

이후 신간회 나주지회에 관한 기사는 1931년 해소대회와 관련된 것이었다. 1931년 5월 8일 나주지회에서는 집행위원회를 열고 '신

97 「박공근 등 사건에 관한 판결문」(광주지방법원)

98 이 사건은 車載貞 등 조선청년총동맹 간부들이 광주학생사건을 선전하기 위하여 격문을 만들어 유포한 사건으로 1930년 1월 30일 43명이 送局되었으며, 그 안에 이항발도 포함되어 있었다(『동아일보』 1월 30일). 그는 9월 15일에야 예심이 끝나 면소처분을 받고 석방되었다(『동아일보』 1930년 9월 15일).

99 『중외일보』 1930년 1월 17일 「전남 신간회장 경찰에 검속」; 1월 25일 「김창용씨 석방」; 1월 30일 「나주 신지 김씨 경성에 호송」; 『동아일보』 1930년 2월 1일 「김창용씨 또 검거, 종로서로 압송」; 「나주신간지회 김창용 送局」. 이항발 관계 사건에 대해서는『동아일보』 1930년 1월 30일 「昨冬 檄文事件關係 43名 今日 送局」

100 김준엽·김창순, 앞의 책, 65쪽

간회를 해소할 것'을 결의하고, 해소위원으로 양장주·박공근·김형호를 선정하였으며, 본부대회에 파견할 대표로 박공근을 선정하였다.[101] 당시 각 지회가 해소 찬반 논의에 휩싸여 있을 때 나주지회는 어떻게 이처럼 쉽게 해소를 결의할 수 있었을까. 아마도 나주지회는 위에서 살핀 바와 같이 연이은 사건들로 인하여 간부진이 계속적으로 검속됨으로써 이렇다 할 활동을 제대로 펼칠 수 없었고, 따라서 신간회의 유지가 특별한 의미를 가질 수 없었다는 사정이 크게 작용했다고 볼 수 있을 것이다. 또 최남구는 당시 신간회에 모든 부문의 운동이 집중되어 있는 상황에서 신간회가 제 기능을 못함으로써 모든 부문 운동도 침체상태에 빠졌고, 따라서 차라리 신간회를 해소하는 것이 더 낫다는 의견들이 있었다고 전한다.[102] 이는 신간회 출범 이후 노농운동의 인력까지 모두 신간회에 집중된 상태에서 신간회가 침체상태에 빠짐으로써 노농운동까지 침체상태에 빠져버리자, 나주지역 사회운동가들이 사회운동과 신간회의 관계에 대해 고민하고 있었음을 전해주는 중요한 증언이다. 신간회 출범 이후 노농운동이 침체 상태에 빠진 상황은 다른 지역에서도 비슷하였기 때문에, 1931년 각 지방의 신간회 지회들이 신간회 해소 문제에 적극 찬성하고 나선 데에는 이와 같은 배경도 작용했던 것이 아닐까 생각된다. 한편 여전히 나주지회에 큰 영향력을 미치고 있던 이항발의 노선 전환도 신간회 나주지회의 해소결의를 쉽게 하였을 것으로 보인다. 후술하는 바와 같이 이항발은 1931년 들어 자신의 운동의 방향

101 『동아일보』 1931년 5월 12일 「해소를 결의, 나주 신간지회」

102 최남구 증언(1992.12.5)

을 혁명적 노동, 농민조합운동으로 전환하여, 나주에 내려와 직접 나주노동조합 결성을 주도하고 있었던 것이다.

산업운동

앞서 서술한 바 있는 것처럼 신간회 나주지회에서는 민족산업운동의 일환으로 나주협동상회(羅州協同商會)를 개설하였다. 1929년 당시 신간회의 김창용 위원장을 비롯하여, 박준삼·양장주 등은 나주민들로부터 약 7천 원의 고금(股金:주식)을 모아 협동상회라는 상점을 나주읍내에 개설하기에 이르렀다. 협동상회의 진용은 회장에 김창용, 상무이사에 양장주(2대는 박준삼), 감사에 정복기(鄭福基)·이창수(李昌洙), 회계에 양상하(梁相夏) 등이었다. 협동상회에서는 각종 옷감, 내의, 셔츠, 그릇, 도자기, 문방구, 완구, 화장품, 기타 일용잡화를 취급하였는데, 이들 물건은 경성의 동아부인상회에서 구입한 것이었다. 나주협동상회의 개설은 결국 일본인 상점들과의 가격 경쟁과 고객유치 경쟁을 불가피하게 하였다. 그리고 협동상회가 신간회와 관련이 있고, 또 신간회 해소 이후에도 협동상회만은 이전의 민족, 사회운동가들과 깊은 관련을 갖고 운영되었기 때문에 일본경찰은 어떻게든 이를 폐쇄시키려고 벼르게 되었다. 마침내 1938년 일본경찰은 점원 양상하의 집을 가택 수색하여 그를 절도혐의로 구속하였고, 협동상회의 폐쇄를 강요함으로써 약 10년 만에 그 문을 닫고 말았다.[103]

103 『나주군지』(1980), 181-182쪽; 최남구 증언(1992.12.5)

신간회와는 직접 관련이 없었으나, 또 하나 나주지방의 유지들이 전개한 산업운동으로서 나주흥농회사(羅州興農會社)를 들 수 있다. 나주흥농회사는 일본자본이 만들어내는 금비(金肥)의 판매권을 일본 상인들이 독점하여 가격조작으로 폭리를 취하고 있는 것을 막기 위해 설립한 것이었다. 당시 이 회사의 발기인은 남흥칠(南興七)·김병두(金炳斗)·이기성(李基性)·백남선(白南善)·이형환(李亨煥)·이창수(李昌洙)·이기순(李奇順)·최승태(崔昇台)·박성주(朴成柱)·허국향(許國香)·송상기(宋相基)·최남구 등으로 주로 나주의 부호들이었다. 이들은 생산 공장에서 직접 수입한 금비를 성수기인 봄에 농민들에게 외상판매를 하고, 추수기인 가을에 저리의 이자와 함께 갚도록 함으로써 농민들의 희생을 줄여보고자 한 것이었다. 그러나 봄에 금비를 사간 농민들이 가을에 제대로 빚을 갚지 못함으로써 이 사업은 3년 만에 그만둘 수밖에 없었다.[104]

야학과 강습소 운동

앞서 서술한 것처럼 나주지방에는 1면 1보통학교도 제대로 세워져 있지 않았고, 따라서 높아가는 교육열을 학교교육만으로는 도저히 감당할 수 없었다. 따라서 1920년대 초반 '문화운동'을 전개한 이들은 이를 혹은 서당의 개량을 통하여, 혹은 주간의 강습소교육과 야간의 야학교육을 통하여 해결하려 하였다.[105] 여기서 특히 주목할

104 『나주군지』(1980), 183~184쪽; 최남구 증언(1992.12.5)

105 이에 대해서는 박찬승, 앞의 책, 257~260쪽 참조

것은 1920년대 중반에 들어서면서 각지의 청년회를 비롯한 사회운동가들이 개설한 노동야학, 혹은 농민야학 등이다. 주간의 강습소가 주로 입학난 혹은 가정형편 등으로 인해 학교교육을 받기 어렵게 된 아동들을 상대로 한 것임에 반하여, 노동야학과 농민야학은 노동자와 농민을 상대로 개설한 것이었다.

나주지방에도 1920년대에 여러 야학과 주간강습소가 개설되었던 것이 확인된다. 가장 대표적인 것은 나주면내에 세워진 노동야학원으로, 원래 제칠안식일 예수재림교회에서 세웠던 것을 1923년 5월 나주청년회에서 인수한 것이었다. 나주청년회는 청년회관내에서 야학을 열었는데, 당시 학생은 약 30명, 교사는 양장주 외 2인이었다.[106] 이 야학은 이후 나주노농공영회의 활동이 활발해지면서 노동자에 대한 교육이라는 점을 고려하여 나주노농공영회로 이관되었다.[107] 그리고 이는 1926년 나주노농공영회가 나주농민연맹과 노동연맹으로 확대 발전하게 됨에 따라 다시 나주노동연맹으로 이관되었다.[108] 이후 노동야학원은 나주지방의 사회운동과 함께 우여곡절을 겪으면서 한때 문을 닫았다가 1929년 다시 문을 열었다.[109] 그러나 나주노동야학원은 1931년 11월 당국에 의해 돌연 폐쇄명령을 받았다. 나주노동야학원은 400명에 달하는 학생들을 수용하고 있었는데, 이에 대해 나주군수는 당시 야학책임자인 송상기를 불러 노

106 『동아일보』 1923년 5월 10일 「나주노동야학회」
107 『동아일보』 1925년 11월 14일 「나주노농례회」
108 『동아일보』 1926년 5월 28일 「나주 勞夜운동」
109 『나주군지』(1980), 189쪽

동야학원을 각종학교령에 의한 사립학교로 개편할 것과 이를 위해 학교기금을 적립할 것, 그리고 독립적인 교사(校舍)를 갖출 것을 지시하였다. 이에 야학 관계자들은 나주의 유지 정봉호로부터 사립학교 적립기금과 유지비 전체를 부담하겠다는 약속을 받아내고, 박봉일(朴奉一)로부터는 교사건축을 부담하고 운동장을 제공하겠다는 약속을 받아 공사에 돌입하려는 시점에 갑자기 폐쇄명령이 나온 것이었다.[110] 당국이 이처럼 노동야학을 갑자기 폐쇄한 것은 노동야학이 사립학교로 발전하게 될 경우 이 학교가 나주지방 민족교육의 요람이 될 것을 우려했기 때문일 것이다. 일제 당국은 이미 소안도에서 사립학교가 학생들과 주민들에게 어떤 영향을 미칠 수 있는가를 경험으로 잘 알고 있는 터였기 때문이다.

당시 노동야학원은 나주공립보통학교의 교육과정에 준하여 학생들을 가르치고 있었다. 수업과목은 국어·산술·역사를 주로 하였다. 경찰은 수업내용을 엿듣는 등 감시를 게을리 하지 않았다.[111] 노동야학원은 1년에 한 번씩 운동회를 개최하였는데, 1926년에는 5월 20일의 운동회에는 남녀 학생 150명과 학부형 등 1천여 명이 참석하였으며,[112] 1927년 5월 15일 나주청년회 운동장에서 열린 운동회에도 역시 학부형 등 1천여 명이 모여 성황을 이루었다고 한다.[113]

나주면 내의 야학과 강습소는 노동야학원 외에도 제칠안식일 예

110 『동아일보』 1931년 11월 25일 「건축도중의 勞夜에 돌연 폐쇄명령」

111 『나주군지』(1980), 189쪽

112 『동아일보』 1926년 6월 5일 「노동학원 운동」

113 『동아일보』 1927년 5월 20일

수재림교회가 개설한 금명학원의 주간강습소와 부인야학,[114] 장로교회가 개설한 영생의숙(永生義塾)의 주간강습회와 야학 등이 있었다.[115] 나주면뿐만 아니라 타면에서도 야학이 개설되었다. 문평면에서는 1923년 10월 나종환(羅宗煥)에 의하여 동원리에 노동야학회가 개설되었고,[116] 1928년에는 반남면에서도 주로 부인들을 위한 야학이 개설되었으며,[117] 같은 해 12월 본량면 산수리에서도 오정근(吳正根)에 의해 야학이 개설되었고,[118] 같은 시기 세지면 발산리에서도 이대기에 의해 노동야학이 개설되었다.[119] 또 같은 해 영산포에서도 영산포청년회에 의해 노동야학이 개설되었다.[120]

1930년대에 들어서도 각지에서 노동야학이 개설되었던 것으로 확인된다. 1932년 세지면 죽동리에서 나순조가 야학을 개설하여 농민들에게 의식화교육을 하다가 검거된 사건이 발생하였으며,[121] 1934년 삼도면 송산리에도 비슷한 사건이 일어나 야학교사와 학생 8명이 연행되어 조사받은 일이 있었다.[122]

114 『동아일보』 1923년 5월 11일. 「나주부인야학회」; 금명학원은 주간에 남자 120명, 야간에 여자 80명을 모아 보통교육과정을 가르쳤으며, 초과된 여자는 밤에 따로 야학을 개설하여 교육하였다고 한다(『나주군지』(1980), 186~187쪽).

115 永生義塾은 주간부에 남자 150명, 여자 80명, 그리고 야간부에 부인 80명을 수용하여 교육하였다 한다(『나주군지』(1980), 187쪽).

116 『조선일보』 1924년 6월 14일 「노동야학근황」

117 『조선일보』 1928년 3월 30일 「반남 勞女夜學」

118 『조선일보』 1928년 12월 15일 「나주 산수리 야학원 설립」

119 『조선일보』 1928년 12월 16일 「나주군 발산리 노동야학 유망」

120 『중외일보』 1928년 5월 8일 「노동야학 성황」

121 『동아일보』 1933년 8월 10일 「나주서 대긴장, 다수 야학생 피검」

122 『조선중앙일보』 1934년 3월 27일 「주의선전혐의로 師弟 8명을 검거」

이상 나주지방의 야학과 주간강습소에 대하여 살펴보았는데, 주간강습소는 여러 사정으로 학교에 진학하지 못한 남녀 아동들을 대상으로 하여 학교교육에 준하는 교육을 펴고 있었으며, 야학은 주로 노동자와 농민, 그리고 부인들을 상대로 한 것이었는데, 일부 사회운동가들은 이 야학을 이용하여 사회의식을 불어넣으려 한 경우가 많았다.

3. 나주 민족운동과 사회운동 관련 사건

다음은 나주지방에서 1920·30년대에 민족운동, 사회운동과 관련하여 발생하여 재판에 부쳐진 사건에 대하여 살펴보자.

남평(南平) 유림각(儒林閣) 사건

1927년 발생한 남평 유림각사건은 보다 정확히 말하면 나주 산포면 등정리(山浦面 燈亭里) 정각(亭閣) 건립 반대투쟁 사건이라 말할 수 있다.[123] 이 사건은 1927년 봄 금천면 석전리(金川面 石田里) 임언재(任焉宰) 등 십수 명의 유림들이 유림 상호의 친목을 위해 서로 만날 장소를 만든다는 명목으로 비용을 거두어 산포면 등정리 산위에 정각을 세우기로 계획을 한 것에서 발단되었다. 당시 같은 산포면 출신인

123 「나주군 산포면 등정리 정각건립반대투쟁사건 대구복심법원 판결문」(昭和3年 刑公 제205호) 참조

김창용은 이러한 계획에 반대하여 임언재 등에 대하여 유림 일부의 오락장소에 불과한 정각 건립을 중지할 것을 요구한 바 있었다. 그러던 중 같은 해 8월 4일(음력) 산포면의 보통학교 증축자금을 모금하기 위하여 김창용은 산포청년회 간부 윤영주(尹榮周)와 함께 위 정각 건축 발기인의 한 사람인 산포면 매성리(梅城里) 이윤홍(李允洪)을 정각 건립 장소인 등정리 산위로 찾아갔는데, 김창용은 이윤홍이 모금에 순순히 응하지 않자 정각건립을 꾸짖으면서 그의 가슴과 왼쪽 뺨을 때리고 "정각건립을 중지하지 않으면 가만두지 않겠다"고 폭언을 하였다는 것이다.

그리고 다음 날인 5일 김창용은 다시 산포 및 나주의 청년 약 30여 명을 이끌고 남평면 교원리(南平面 校院里) 향교(鄕校)로 몰려가 때마침 석전(釋奠) 집행을 위해 모여 있던 임언재 등 유림들에 대하여 정각건립과 관련하여 말다툼을 한 끝에 흥분하여 임언재의 얼굴을 때렸으며, 이를 제지하는 송해초(宋海初)·홍광희(洪光熹)·김기정(金基政) 등도 함께 구타하는 사건이 발생하였다.

그런데 이 사건에는 나주청년회가 깊이 관련되어 있었다. 이미 8월 이전부터 박준삼·양장주·김상달(金相達) 등은 정각 건축파 유림에게 위협을 가하여 정각 건축을 중지시키자는 논의를 한 바 있었다. 이에 따라 그들은 8월 2일경 양장주의 집에 모여 박준삼이 나주청년회 명의의 경고문을 작성하였는데, 그 내용은 "우리가 현대의 생존경쟁에서 참패한 것은 과거 양반들이 그 방책을 잘못해온 데 있다. 고로 저들이 인면수심(人面獸心)이 아닌 한 공중(公衆)의 희생이 되어 분골쇄신함으로써 그 죄악의 만분의 일이라고 갚아야 함에도 불구하고 우리 동포가 멀리 만주로 유랑하고 비참한 생활을 하고 있는 이 때 저들은 이를 전혀 돌아보지 않고 한담의 장소인 정각을 건설하고 그 자금조달을 위해서 우민(愚民)들에 대하여 감언(甘言)을 농(弄)하고 금품을 편취하였다. 이 어찌 천인공주(天人共誅)할 죄악이 아닌가. 본회는 이러한 망거(妄擧)를 방지하고 또 그 잘못됨을 알게 하기 위하여 이에 경고한다"고 되어 있었다. 박준삼 등은 이 경고문을 여러 통 작성하여 즉시 임언재 외 13명의 정각 건축파 유림에게 우송하였던 것이다.

1927년 8월에 있었던 이 사건에 대해 임언재 등 유림 4인은 김창용 등 6인을 폭력행위로 경찰에 고발하였다. 나주경찰서에서는 몇 개월을 두고 이 사건을 끌어오다가 1928년 1월 21일 갑자기 광주지방법원 검사국이 나서서 고발된 신간회 나주지회장 김창용과 회원 박경수(朴京洙), 산포청년회 간부 윤영주 · 최진태(崔鎭泰) · 서금덕(徐今德) 등 5인을 검속하고, 신간회 나주지회 사무소 등을 수색하였다.[124] 이에 나주신간지회 총무간사 양장주는 그날 밤 신간회 지회 사무소에서 나주사회단체연합간부회를 소집하고 대책을 협의하였다.[125]

또 23일에는 김창용 등과 함께 고발되었던 산포면장 윤영진(尹榮振)도 검속되어 광주지검으로 송국되었다. 이에 산포면민들은 26일 동면 화지리(花池里)에서 면민대회를 열고 대책을 강구하는 동시에 한편으로 진정서를 작성하여 나주경찰서와 광주지방법원검사국에 제출하였다.[126]

124 『조선일보』 1928년 2월 1일 「돌연 광주검사활동, 나주 각 단체를 수색」
125 『조선일보』 1928년 1월 25일 「나주 남평 유림각사건에 각 단체간부회」
126 『조선일보』 1928년 2월 3일 「나주유림사건 피고 6명 송국」

그런데 사태는 엉뚱하게 전개되어 1월에 검속되었던 6인 가운데 김창용을 제외한 나머지 사람들은 2월 들어 모두 무죄로 방면되었으나, 대신 앞의 경고문을 만든 박준삼·양장주·김상달, 그리고 김형호가 광주지방법원 검사국에 검속되었던 것이다. 검사국이 피고발인도 아닌 이들을 검속한 이유로서 이들이 경고문으로써 유림들의 생명, 신체자유, 명예, 재산 등에 대하여 위해를 가할 뜻이 있었으며, 아울러 단체 또는 다중의 위력으로 유림들을 협박하려고 하였다는 것 등을 들었다. 그리하여 김창용과 이들 4인은 광주지방법원 예심에 회부되었다. 사태가 이처럼 엉뚱하게 비화되자 남평의 정각 건축파 유림들은 김창용 외의 다른 이들, 즉 박준삼 등 4인은 사실 전부가 애매하다는 진정서를 작성하여 검사와 예심판사에게 제출하기도 하였다.[127]

그러면 당시 광주지방법원 검사국에서는 왜 유림들이 고발한 사건을 오랫동안 끌다가 1928년 초에 들어 갑자기 김창용 등을 검속하고, 또 고발되지도 않은 박준삼 등을 검속하였을까. 그것은 김창용이 1928년 1월 신간회 나주지회 회장을 맡으면서 신간회운동이 보다 조직적인 모습을 띠기 시작했다는 점, 또 1927년 12월 나주청년동맹이 조직되면서 역시 청년운동도 보다 조직적인 모습을 띠기 시작했다는 점과 관련이 있을 것이다. 당시 검속된 이들은 신간회 지회장 김창용뿐만 아니라 신간지회 총무간사 양장주, 나주청년동맹 집행위원장이자 신간회 상무간사 박준삼, 나주청년동맹 나주지부 위원장 김형호, 신간지회 상무간사 김상달 등 사실상 나주지방 민족운

127 『조선일보』 1928년 2월 22일 「나주유림각사건 검속자중 5인 석방후 또 구인」

동과 사회운동을 이끌어오던 주역들이었던 것이다. 따라서 광주지 검측이 노린 것은 이 사건을 이용하여 나주지방의 민족, 사회운동을 마비시키려는 것이었다고 볼 수 있고, 또 실제로 이 지역의 신간회, 청년운동은 이 사건으로 인해 일시 정지되지 않을 수 없었다.

이 사건은 계속하여 조선일보 등 중앙일간지에 보도되어 전국적인 관심사가 되었고, 검속된 이들이 기소되어 공판에 부쳐지자 이들을 위한 10인의 변호인단이 구성되었는데, 그 가운데에는 경성의 김병로, 허헌 등도 들어 있었다.[128] 광주지방법원에서의 제1회 공판은 3월 16일 열렸는데, 여기서 검사는 김창용에게는 징역 10개월, 박준삼·양장주·김상달·김형호에게는 징역 6개월을 구형하였으며, 변호사 김병로·김명진·허헌 등은 무죄를 주장하였다.[129] 그러나 23일 열린 선고공판에서 김창용은 징역 6개월, 박준삼·양장주·김형호 등 3인은 징역 6개월에 집행유예 5년을 선고받았다. 이에 김창용 등은 모두 불복하여 대구복심법원에 공소를 제기하였다.[130] 그리고 대구복심법원에서는 5월 29일 김창용에게 벌금 200원, 박준삼·양장주·김상달 등 3인에게 무죄가 선고되었다.[131]

남평 유림각사건은 두 가지 의미를 갖고 있다. 하나는 유림각을 세우려고 한 옛 남평현 유림들과 나주읍내와 남평읍내의 진보적인 청년층과의 대립이 이 사건으로 표출되었다고 볼 수 있다. 특히 나주

128 『조선일보』 1928년 3월 10일 「나주청년공판 16일로 연기」
129 『조선일보』 1928년 3월 19일 「나주청년의 공판」
130 『조선일보』 1928년 4월 26일 「나주신간간부 일심불복 공소」
131 대구복심법원 판결문

읍내의 청년회에서 만들었던 경고문을 보면 그들이 구래의 양반계급에 대하여 갖고 있던 반감이 어느 정도였는가를 잘 알 수 있다. 후술하겠지만 이들 나주읍내의 청년회 간부들은 대부분 양반가문 출신이라기보다는 향리가문 내지 평민 출신들이 많았다. 따라서 유림과 청년회 사이의 충돌은 이러한 신분적 차이에서 오는 오랜 감정이 바탕에 깔려 있었다고도 할 수 있다. 이 사건의 또 하나의 의미는 김창용 등 나주지방 민족, 사회운동의 일부 간부가 남평유림들에 의해 고발되자 일제당국이 이를 이용하여 나주지방의 민족, 사회운동의 주요 간부진을 검거하여 이 지역의 운동을 마비시키려 하였다는 점이다. 당시 나주지방의 각 사회단체는 이러한 사태에 대해 효과적으로 대응하지 못한 것으로 보인다. 즉 이 지역운동을 이끌어왔던 김창용·박준삼·양장주·김형호 등 핵심멤버가 검속됨으로써 지도부를 잃어버린 각 단체는 일시적이지만 그 활동이 정지상태에 들어가지 않을 수 없었고, 그들이 석방된 이후에도 신간회활등 등은 상당기간 침체상태를 벗어나지 못했던 것이다.

나주학생항일시위운동 사건

1929년 11월 3일 광주에서 발생한 학생독립운동은 주지하듯이 나주에서 광주로 통학하는 조선인 학생들과 일본인 학생들 간의 충돌이 직접적인 발단이 되었다. 따라서 11·3광주학생시위가 발발한 뒤 나주지방의 학생들도 이에 호응해야 한다는 분위기가 고조되었고, 이에 따라 일어난 것이 1929년과 1930년 초 나주학생들의 항일

광주학생운동의 도화선이 된 나주역 사건이 일어난 나주역 건물의 모습.

시위사건이었다.[132]

나주학생 항일시위사건은 광주학생시위의 도화선을 만들었던 박준채(朴準埰)의 고종사촌 류찬옥(柳贊玉, 당시 나이 만 16세)으로부터 발단되었다. 나주농업보습학교 2년생이던 류찬옥은 당시 박준채의 집(실은 박준채의 형 박준삼의 집)에서 함께 기거를 하고 있으면서 박준채를 통하여 광주학생사건의 경과를 잘 들어 알고 있었고, 따라서 나주학생들도 가만히 있어서는 안 된다는 생각을 갖게 되었다. 이에 그는 당시 신간회 나주지회 회원이자 나주청년회 회원들이던 박공근·

132 이하 나주항일학생시위사건에 대해서는 특별한 각주가 없는 한 광주지방법원의 판결문을 참조하여 서술한다.

박동희·양영택(梁永澤)[133] 등을 11월 11일 신간회 나주지회 사무소로 찾아가 광주고보 학생들이 다수 경찰에 수감되어 있는 상황에서 사건의 발단지인 나주의 조선인 학생들이 묵시하고 있어서는 안 되며 석방을 위해 선전 삐라를 만들어 살포하고 시위운동을 해야 하겠다는 자신들의 생각을 말하고 운동의 지도를 부탁하였다. 박공근 등은 이를 쾌히 승낙하고, 그날 밤 박준삼이 경영하는 정미소에서 박공근·박동희·양영택·류찬옥 등은 다시 모였다. 이 때 류찬옥을 시켜 홍민후(洪敏厚)를 비롯하여 이창신(李昌信)·이채후(李采厚)·김성남(金成男) 등 농업보습학교 학생들과, 이성환(李性煥)·원복준(元福準) 등 나주공립학교 학생들도 함께 불러 시위에 대한 협의를 가졌다. 이들은 이날 밤 농업보습학교 학생 및 나주보통학교 학생들을 규합하여 11월 17일 나주면의 장이 서는 날을 기하여 시위운동을 하기로 결정하였다. 그런데 그 사이 농업보습학교가 17일부터 5, 6일간 농번기를 맞아 마침 임시휴교키로 하였다는 소식이 있었기 때문에 14일 밤 이들은 정미소에서 다시 모임을 갖고 17일 실행하기로 하였던 시위운동을 일단 중지키로 하였다.

박공근·박동희·양영택 등과 류찬옥·홍민후·이성환·원복준 등 학생들은 25일 밤 박공근의 집에서 다시 모여 지난 11일 정미소에서의 결의를 다시 확인하고 27일 장날을 기하여 시위운동을 결행키로 뜻을 모으고, 살포할 선전 삐라는 류찬옥이 광주 및 목포의 시위운

133 당시 박공근은 나주보통학교를 졸업하고 만 28세로 무직이었으며, 박동희는 만 23세로 광주농업학교를 중퇴하고 박준삼의 부친 朴正業의 집에서 기거하고 있었으며 직업은 농업이었고, 양영택은 만 22세로 나주농업보습학교를 졸업하고 역시 나주면내에 거주하였고 직업은 농업으로 되어 있었다.

동에서 뿌려진 삐라를 참고하여 원고를 작성해오기로 하였다. 다음날 26일 이들은 다시 박공근의 집에서 모임을 갖고 27일 정오 양교의 휴게시간을 기하여 학생들을 선동 규합하여 조선민족 및 학생대중 만세를 고창하고 나주면의 중심 가로를 돌면서 시위운동을 하기로 결정하였다. 또 이들은 류찬옥이 가져온 삐라의 원고를 박공근이 정정한 뒤 류찬옥이 다시 집필하여 「대중이여! 학생 제군이여! 아는가? 우리들이 얼마나 강압과 폭압을 받고 있는가를」이라는 제하에 다음과 같은 격문을 만들었다.

> 보라. 광주학생충돌사건을. 저들의 편협한 행동과 추악한 행동이 얼마나 많으가. 사태가 학생사건이므로 학교당국에 맡겨 해결하는 것이 당연함에도 불구하고 사법관이 출동하고 경찰관이 출동한 것은 무슨 망동인가. 특히 우리 학생들만 다수 구속함은 얼마나 통분할 일인가. 우리들도 인간으로서 자유가 있다. 오늘 무엇 때문에 이러한 압박을 받아야 하는가. 우리들은 힘으로써 싸워 자유를 획득하자. 우리들의 무기는 단결이다. 그리고 우리들은 힘으로써 우리 학생들의 석방을 요구함과 동시에 시위로써 대중의 각성을 촉진하자. 조선학생대중만세! 피압박민족해방만세!

또 '격(檄)'이란 표제 아래 "一. 식민지탄압정치에 절대 반대 반항하라. 一. 언론 집회 출판 결사의 자유 획득. 一. 관료적 교관의 배격. 一. 조선인 본위의 교육제도 시설. 一. 치안유지법에 절대 반항하라"라는 행동강령을 적은 삐라 원고를 만들었다. 이들은 이러한 원고를 만들어 박공근이 신간회 사무소에서 가져온 노판, 이창신이 농업보습학교 사무실에서 가져온 등사판 및 류찬옥이 구입해 온 원지 잉크 및 용지를 사용하여 삐라 2천 부를 인쇄하였다.

27일 아침 이창신·이채후·김성남 등은 농업보습학교 학생들에 대하여, 그리고 이성환·원복준 등은 보통학교 5, 6학년 학생들에 대하여 시위운동에 참가하도록 권유하였고, 이에 따라 농업보습학교 학생 47명 및 보통학교 5·6학년 학생 130여 명은 정오에 각 학교 휴게시간이 되자마자 교문을 나와 시위운동에 들어갔다. 학생들은 주동 학생들이 교문 앞에서 건네준 삐라를 받아들고 홍민후, 이창신 등이 선두에 서서 농업보습학교 학생이 앞에 서고 보통학교 학생들이 뒤에 서서 이열종대의 대오를 짓고 후미는 이채후가 맡아 달려서 남문정(南門町)으로 나왔다. 여기에서 학생들은 조별로 나누어 각각 본정(本町) 구본정(舊本町)으로 행진하였고, 다시 본정 나주협동상회 앞에서 다시 집결하여 나주군청 앞을 통과하여 나주시장에 당도하였다. 학생들은 그 사이에 곳곳에서 앞의 삐라를 살포하였고, 또 '조선민중만세' '조선학생만세'를 고창하였다. 학생들은 시장에 모여 있던 다수의 군중들에게 삐라를 살포하고 또 만세를 고창하였다. 이들은 다시 과원정(果院町) 방면으로 우회하여 그곳에서 경찰의 제지를 받고 해산하였다.

이 사건으로 인하여 박공근·박동희·양영택·류찬옥·홍민후 등은 체포 기소되어, 1930년 3월 5일 광주지방법원에서 검사의 구형대로 박공근은 징역 1년, 류찬옥·박동희·양영택은 징역 10월, 홍민후는 징역 8월을 선고받았다.[134]

134 앞의 판결문 및 『동아일보』 1930년 3월 6일 「나주만세학생 구형대로 언도」

한편 이들이 기소되어 재판을 받는 동안에 이창신 등 나주보습학교 학생들과 원복준 등 보통학교 학생들은 1930년 2월 10일 정오 제2차로 시위를 벌여 50여 명의 학생들이 한때 검거되었으나 17일경 모두 석방되었다.[135]

나주노동조합사건

류찬옥, 박공근 등은 형기를 마치고 석방된 이후에도 광주학생운동이 발발하였던 11월 3일 전후가 되면 경찰에 의해 예비검속을 당하거나 가택수색을 당하는 것이 연례행사가 되다시피 하였다.[136] 그런데 1932년 11월에는 전남노동협의회 재건운동 사건 관계로 류찬옥의 가택수색을 하는 과정에서 나주경찰서는 뜻밖의 사건을 탐지하고 대대적인 수사에 나서게 되었다. 경찰은 12월 20일을 전후하여 송상기·양장주·손동출·서형윤 등 나주지방 사회운동가들과 5, 6명의 노동자를 검거하였다.[137] 그리고 19일에는 경성에 있던 이항발까지 체포하여 나주서로 압송해왔다. 이로써 이들이 관계된 사건이 세상에 드러났으니 그것이 바로 나주노동조합사건이었다. 이 사건으로 나주노동조합 간부를 비롯하여 30여 명의 청년들이 검거되어 이항발·박세공·손동출 등이 기소되었고, 류찬옥·오쾌일 등 7, 8명

135 『중외일보』 1930년 2월 12일 「나주실업과 보교생, 제2차로 시위」; 2월 16일 「나주 만세학생 7명은 취조중, 삼십오명은 석방」; 2월 22일 「나주학생들 전부를 석방」

136 『동아일보』 1932년 11월 6일자에 의하면 류찬옥, 박공근, 김형호 등이 3일과 4일에 걸쳐 예비검속되었으며, 가택수색도 당하였다 한다.

137 『동아일보』 1932년 12월 20일 「나주사건 확대」

은 기소유예되었다.[138]

이 사건의 내용을 광주지방법원 판결문을 통해 정리해보면 다음과 같다.[139] 이항발과 박세공, 손동출 등은 1931년 3월 중순 나주읍 과원정 김형호의 집에서 회합을 가졌는데, 이 때 이항발이 "과거 조선의 공산주의운동은 일부 지식계급의 운동에 그쳤기 때문에 실패로 끝났으므로 금후 우리가 참으로 공산제사회의 실현을 희망한다면 우리 운동자 스스로 일반 노동자 농민 중에 진출하여 그들에게 공산주의사상을 주입하여 그들 가운데에서 혁명적 분자를 양성하고 그들을 결합하여 순차적으로 일반 농민을 공산주의화하고 그런 후에 그들로 하여금 혁명을 일으키도록 하는 길밖에 없다. 때문에 우리는 먼저 합법적인 나주노동조합을 조직하고 점차 조합원을 공산주의적으로 교양 훈련하여 혁명적 분자를 양성하고, 그런 후에 그들을 결합하여 혁명을 일으키자"고 제의하자 박세공, 손동출은 이에 찬동하였다고 한다.

이들은 위의 협의에 따라 같은 해 4월 상순경 조합원 약 200명으로 이루어진 나주노동조합을 조직하였는데, 그 조합원 모집 때와 조합 조직 후 조합원 교양 시 위 모의에 따라 공산주의사상을 선전하였다고 한다. 즉 1931년 3월 하순 이항발, 손동출은 나주읍 남문정 인력거 집합장소에서 한금성(韓錦成) 외 약 20명을 권유하여 나주노동조합에 입회시켰는데, 그 때 한금성 등에 대하여 "우리 노동자는

138 『동아일보』 1933년 2월 26일 「나주 共黨사건 12명 송국」; 3월 9일 「나주노조사건 3명만 공판에」

139 「나주노동조합사건 광주지방법원 판결문」(昭和 8年 刑公 제247호) 참조. 박세공·손동출의 경력에 대해서는 후술한다.

아무리 노동해도 자본가의 착취를 받기 때문에 항상 가난하다. 그러나 러시아에서는 자본가 노동자 등의 구별이 없고 만민평등의 생활을 하고 있다. 우리 조선에서도 노동자가 단결하면 러시아같은 사회를 실현할 수 있으므로 제군은 단결하여 그 사회의 실현을 위해 노력해야 한다"고 말하였다는 것이다. 또 4월 중 나주읍 향교리 손사문(孫士文)의 집 및 송월리 신덕만(辛德萬)의 집에서 수십 명의 조합원을 모집하였는데 그 때에도 이들은 같은 취지의 말을 하였다고 한다.

또 손동출은 노동조합의 청년부 책임자로서 1931년 4월 중 나주읍 금정(錦町) 김철두(金喆斗)의 집 등지에서 전후 여러 차례에 걸쳐 김철두 외 20여 명에 대하여 사회주의관계 서적의 내용을 강의하였는데, 그 때마다 그들에 대해 "현재사회는 불공평하므로 우리는 단결하여 현 사회조직을 타파하고 공산제사회를 실현해야 한다"는 뜻으로 말하였다는 것이다.

박세공과 손동출은 1931년 5월 1일 나주읍 금성산에서 나주노동조합 조합원 안기순(安基淳) 외 약 20명에 대하여 각국의 메이데이의 상황을 설명하고 "우리의 공산주의이론의 연구는 상당히 진보하고 있으므로 금후는 그 실행운동을 하지 않으면 안 된다. 공산제사회의 실현은 물론 용이한 일이 아니지만, 함께 일치단결하여 일을 한다면 반드시 그 목적은 달성될 것이므로 제군은 제군의 사명을 망각하지 말고 한 마음으로 전심하여 공산제사회의 실현에 노력해야 한다"고 말하였다고 한다.

이러한 혐의에 따라 1933년 4월 광주지방법원에서 이항발과 박세공은 각 징역 2년, 손동출은 징역 1년 6월을 선고받았다. 판결문에 적혀 있는 위와 같은 혐의사실이 얼마나 진실에 가까운가는 분명치

않지만, 대체로 보아 이들은 합법적인 노동조합을 조직하여 이를 점차 혁명적 노동조합으로 변화시켜나가려 하는 운동을 펼치고 있었다고 볼 수 있다. 당시 노동조합의 각 부는 자유노동부, 농민부, 청년부, 정미부, 투쟁부, 운수부, 교양부, 재정부 등 8부로 구성되어 있었다. 그리고 그들은 또한 다시수리조합공사장의 임금인상운동에 간여하기도 하였고, 또 이른바 '우수분자'의 양성에 역점을 두고 농민야학을 개설하기도 하였으나 성과는 그리 좋지 않았다고 한다.[140]

나주 산포면 적휘농민조합사건(赤輝農民組合事件)

1932년 12월 앞의 나주노동조합사건 관련자들이 대거 검거되는 과정에서 또 다른 사건이 드러났으니 그것은 산포면 적휘농민조합사건이었다.

1932년 12월 7일 산포면 덕례리에 사는 한홍택 등 5명이 농민조합사건 관계로 검거되었다.[141] 이후 이들 가운데 치안유지법 위반, 출판법위반 등의 혐의로 한홍택(韓洪澤)이 기소되고, 장순(張淳)·공재원(孔在瑗)은 불기소 처분되었다.[142]

그러면 이 사건의 전모를 광주지방법원 판결문을 통해 살펴보자.[143] 이 사건의 주모자는 한홍택으로서 그는 경성의 경신학교에서

140 『동아일보』 1933년 2월 25일 「나주노동조합사건」; 『조선중앙일보』 1933년 2월 26일 「羅州共黨사건 12명 송국」

141 『동아일보』 1932년 12월 21일 「산포서도 검거」

142 『동아일보』 1933년 2월 22일 「취조 3개월, 나주사건 송국」

143 「산포면 赤輝農民組合事件 광주지방법원 판결문」(昭和8년 刑公제174호)

동맹휴학사건으로 제명된 뒤, 배재고보를 거쳐 일본에 유학, 리츠메이칸(立命館)대학 등지에서 공부하다가 병으로 인해 고향인 나주에 돌아왔다. 그는 배재고보시부터 사회주의사상에 관심을 갖고 있었다. 그는 고향에 돌아와 있으면서 1932년 음력 5월부터 장순에게 사회주의사상을 주입하고 운동방향을 논의하여, 우선 표면상 조합원의 융화, 친목 등을 목적으로 하는 농민조합을 조직한 뒤 동 조합원에 대해 점차 사회주의사상을 주입한다고 하는 방침에 합의하였다고 한다.

이에 따라 그들은 표면상 조합원의 융화, 친목 등을 내걸고 김백수(金伯洙) 등 조합원 50여 명을 모아 1932년 10월 8일 적휘농민조합을 결성하기에 이르렀던 것이다. 그리고 11월 29일에는 조합원 수십 명을 한홍택의 집에 모아 제2회 임시총회를 개최하였는데, 이때 한홍택은 「문화란 무엇인가」라는 주제로 강연을 갖고, "문화의 발생에는 우리 무산농민의 힘도 기여하여 힘이 있음에도 불구하고 문화의 혜택은 자본가들이 독점하고 자본가들은 우리 무산대중을 무시하며 우리에 대하여 착취만을 일삼고 있는데, 이는 모두 사유재산제도의 결함에 기인하는 것이다. 때문에 사유재산제도를 파괴하고 공산주의사회를 건설한다면 우리 무산자는 이러한 고경(苦境)에서 벗어나 공평안락한 생활을 할 수 있을 것이다. 따라서 우리는 극력 공산주의사회의 실현을 위하여 노력하지 않으면 안 된다"고 말하였다는 것이다.

한홍택은 농민들에 대한 이러한 강연내용이 곧 문제가 되어 경찰에 연행되었고, 결국 재판에 회부되었던 것이다. 이렇게 본다면 이 사건은 앞의 노동조합사건과 마찬가지로 농민조합을 조직하여 이를 점차 적색농민조합으로 개변시켜 나가려한 사건이었던 것이다. 한홍택은 이 사건으로 광주지방법원에서 징역 1년 6월에 4년간 집행유예를 언도받았다.

세지면 독서회·야학사건

나주군 세지면에서는 1934년 독서회조직과 야학에서의 사회주의전파와 관련하여 나석현, 나순조 등 다수의 청년들이 검거된 사건이 일어났다. 이 사건의 주동 인물은 나석현과 나순조인데, 나석현은 1929년 광주농업학교 맹휴사건과 관련하여 옥고를 치른 적이 있는 인물로 이후 중동학교, 일본 동경 성봉(聖峯)중학교에서 공부하였으나 학비가 모자라 중도에 귀향하였다. 나순조는 1930년 경성의 중동학교에서 역시 맹휴사건과 관련하여 퇴학처분을 당한 인물이었다.

재판기록에 의하면 나순조는 1932년 1월부터 1933년 8월경까지 자신이 거주하는 세지면 죽동리에 야학당을 개설하고 빈농의 자제 40명을 모아 매일 밤 2~3시간씩 국어, 산술 등을 가르치는 한편, 누누이 그들에게 자본주의사회의 문제점을 설명하고 사유재산제도를 부인하고 공산주의사회의 건설을 위해 투쟁하자고 선동하였다는 것이다.[144] 그는 또 1932년 5월 이한기(李漢基), 쓰시마 요시로(津島義郎)와 회합하고 독서회를 조직, 사회주의관계 서적을 읽어 사상적 무장을 강화하기 위하여 나부접(羅富接)·나병환(羅炳煥)·나기순(羅基順)·박열석(朴烈錫)·김병옥(金秉玉)·박흥실(朴興實) 등과 함께 독서회를

144 「나주군 세지면 죽동야학사건 판결문」(대구복심법원, 소화 9년 刑公 제63호)

조직, 약 2년 가까이 회합을 계속하였다는 것이다.[145]

한편 나석현은 1932년 4월 일본 동경에서 공산당원 정선세(鄭先世)를 만나 일본공산당 가입권유를 받고 5월 일본공산당에 가입하였다고 한다. 1933년 1월 나주에 돌아와 2월 자신이 거주하는 송제리에서 강길만(姜吉萬) 외 10여 명에 대하여 사회주의사상을 전파하였으며, 같은 시기 나순조를 만나 조선에서의 공산주의운동은 농민대중의 의식 강화를 급무로 하고, 또 지하공작을 위하여는 각 층에 침투하는 것이 필요하므로 우선은 무산자 자제들의 독서력을 기르는 것이 급선무라는 데 의견의 일치를 보았다고 한다. 이러한 협의에 따라 그들은 1933년 3월 26일부터 5일간 매일 밤 약 2시간씩 죽동리 야학에서 농민자제 약 30명에 국어, 산술 등을 가르치고 누누히 공산주의사상을 교양하였다는 것이다.[146]

나순조의 증언에 의하면, 이 사건은 당시 일본인 다케도모 기치(武友吉)가 야학당에 주간에 강습소를 열면서 야학당을 주관하고 있던 자신들을 감시하다가 마침내 경찰에 고발하여 사건이 터지게 되었다고 한다. 그리고 당시 독서회에서 읽던 사회주의관계 서적들은 경성 회동서관의 고병규가 직접 영산포까지 내려와 자신들에게 전달해주곤 하였다고 한다.[147]

145 나순조에 의하면, 이한기는 왕곡면 양산리 출신이고 津島義郎은 영산포에 거주하던 이로서 광주중학교를 다녔고 부친이 농업에 종사하였다고 한다. 박홍실은 영암 신북면, 나부집·나병환·나기순은 세지면 죽동리, 박열석은 영산포 운곡리, 김병옥은 왕곡면 양산리 사람이었다고 한다(나순조 증언, 1992.11.18.).

146 「나주군 세지면 죽동야학사건 판결문」(대구복심법원, 소화 9년 刑公 제63호)

147 나순조 증언(1992. 11.18)

회진 개혁청년회 사건

흔히 회진(會津)이라 불리는 나주군 다시면 신풍리(新楓里)는 앞서 본 것처럼 나주 임씨들의 동족부락으로서 나주일원에서도 가장 큰 동족마을 중의 하나였다. 1934년 9월 23일 임씨 집안의 제각인 영모정(永慕亭)에서 이 마을의 개혁청년회가 주최한 아마추어연극이 열리고 있는 가운데, 임우택 이하 16명의 청년들이 나주경찰서에서 출동한 경찰들에 의해 연행되는 사건이 발생했다.[148]

당시 신풍리의 개혁청년회는 1931년경에 결성되어 회장 임은택 이하 임종술·임종준·임홍채·임종대·임경택·임종국·임종태·임광택·임우택·임준택·임병률·임세규·임원택·임윤택·박훈서 등의 회원이 있었는데, 이들은 독서회, 웅변회, 토론회, 연극 등의 활동을 하였다고 한다.[149]

광주지방법원 판결문에 의하면,[150] 이들 가운데 임우택(林禹澤)은 1934년 3월 29일 신풍리 임종대의 집에서 임종대 등 4인의 청년회원에 대하여 "자본주의사회는 제3기에 들어서 장래 필연적으로 공산주의사회가 도래하게 될 것"이라고 말하고, "그 실현을 앞당기기 위해 우리는 일치단결하여 자본가 및 지주에 대항하여 계급투쟁을 감행해야 하며, 이를 위해서는 먼저 스스로 투사가 되고 또 투사를 교양할 수 있는 자격을 갖기 위해 사회주의사상에 대한 연구를 해야

148 『동아일보』 1935년 1월 18일 「나주 秘社 사건」; 『조선중앙일보』 1934년 12월 15일

149 임윤택(1918년생) 증언(1992.5.6)

150 이상 「다시면 신풍리 개혁청년회 사건 광주지방법원 판결문」(昭和 9年 刑公 제1752호) 참조

한다"고 제의하였다고 한다. 또 같은 해 7월 26일에는 영모정에서 청년회원 좌담회를 갖고 임우택이 역시 같은 취지의 내용을 역설하였으며, 임경택과 임광택은 "조선민족을 현재의 불행으로부터 구하는 길은 우리가 일치단결하여 조선의 회복 독립을 도모하는 길밖에 없다"는 뜻을 역설하였다고 한다.

또 같은 해 8월 13일 개혁청년회는 영모정에서 부락민 수십 명을 모아놓고 웅변대회를 열었는데, 이때 임우택은 「세상은 움직인다」라는 제하에, 그리고 임광택은 「오늘을 알자」라는 제하에 사유재산제도를 부정하는 연설을 하였으며, 임경택은 「희생적 정신을 기르자」라는 제하에 무산자의 정권획득 및 조선독립을 위하여 일치단결, 일신을 희생할 각오를 하지 않으면 안 된다고 역설하였다고 한다.

이러한 판결문의 내용을 어느 정도 믿을 수 있느냐의 문제가 있겠지만, 대체로 이들은 당시 사회주의운동계의 일반적인 현실인식 하에 농민과 청년들을 교양하려 하였다는 것을 알 수 있다. 여기서 한 가지 눈에 띄는 것은 이들이 단순히 무산계급혁명만이 아니라 '조선독립'을 유난히 강조하고 있다는 점이다. 이에는 아마도 조선시대 백호 임제(林悌) 이래 내려오는 임씨 가문의 자주독립사상이 영향을 끼쳤을 것이다.

4. 나주 민족·사회운동의 주체

1920년대 전반 청년운동의 주체

나주지방에서의 부르주아적 청년운동은 1920년부터 1925년경까지의 나주청년수양회 - 나주청년회의 활동을 들 수 있다. 나주청년수양회와 나주청년회 초기의 간부진으로 등장하는 인물들에 관하여 살펴보면 다음과 같다.[151]

朴鳳儀: 밀양 박씨, 朴基彩의 子, 지주, 明治大에서 수학, 1920년 나주청년수양회 회장, 1923년 나주청년회 회장

朴正業: 밀양 박씨, 한말 영친왕 궁장토 도마름과 장흥군수를 지낸 朴在圭의 子, 나주보통학교졸업, 朴準三의 父, 대지주(5천석군), 이기성의 재정보증을 섰다가 큰 손해를 봄, 1922년 나주청년회 부회장, 1923년 나주청년회 찬성부장, 1931년 나주면협의원으로 선출됨.

李基性: 나주읍내의 대상인(미곡상), 평민출신, 1920년대 중반 米豆투기로 망함, 1922년 나주청년회 회장, 1929년 광주학생운동의 빌미가 된 여학생 李光春의 父, 1931년 나주면협의원으로 선출됨.

金炳斗: 김해 김씨, 지주(천석군), 1920년 나주청년수양회 찬성

151 이하 최남구 증언(1992.12.5.), 서유채 증언(1992.10.9)과 신문기사를 참조하여 정리. 최남구는 1903년생이며, 서유채는 1905년생이다.

부장, 1922년 나주청년회 찬성부장. 1924년 도평의원(민선), 1930년 도평의원(관선), 1925년 나주금융조합장.

梁長柱: 1898년경 출생, 사법서사, 일찍 부친을 여의고 편모슬하에서 어렵게 성장, 1920년 나주청년수양회 서기, 1925년 나주청년회 집행위원

金洪俊: 소지주, 1920년 나주청년수양회 사교부장, 1922년 나주청년회 서무부장, 1923년 나주청년회 산업부장

金宗鐵: 1910년대 나신면 면장 역임, 민족주의자로 알려짐, 1920년 나주청년수양회 교풍부장, 1923년 전조선청년당대회 나주청년회 대표, 1925년 나주청년회 집행위원

金太浩: 경상도 사람으로 영산포에 와서 거주, 지주층, 1922년 영산포 청년회 회장.[152]

昇秉湖: 소지주, 1920년 나주청년수양회 회계, 1922년 나주청년회 체육부장, 1923년 전조선청년당대회 나주청년회 대표

金暎燮: 나주군청 서기, 1920년 나주청년수양회 회계, 1923년 나주청년회 총무 겸 경리부장

南啓龍: 1920년 나주청년수양회 문예부장

白南潤: 1920년 나주청년수양회 운동부장

金基胤: 사법대서, 1922년 나주청년회 지육부장

金鍾彦: 1922년 나주청년회 교풍부장

朴成夏: 나주군청 직원, 1922년 나주청년회 산업부장

152 서유채 증언(1992.10.9); 이상만(1925년생, 전 영산포읍장) 증언(1993.3.2)

鄭福基: 상업, 여관업, 1925년 나주청년회 집행위원

朴寬業: 1925년 나주청년회 집행위원

이상 1920년대 전반 나주지방의 부르주아민족운동을 이끈 이들을 살펴보았다. 여기서 우선 눈에 띄는 것은 나주청년수양회와 초기 나주청년회 회장단을 맡았던 이들, 즉 박봉의·박정업·이기성은 모두 지주 내지 부르주아계층이었다는 점이다. 그리고 박봉의와 박정업은 모두 밀양 박씨로 당시 나주읍의 대표적인 향리 가문이며, 특히 한말 이후 대지주로 등장한 가문이었다는 점이다. 또 그밖에도 김병두·김홍준·승병호 등 지주계급이 간부진으로 참여하고 있고, 양장주·김기윤·김영섭·김종철 등 1910년대 보통학교 정도의 신교육을 받고 사법서사, 군청직원, 면장 등을 지낸 이들이 역시 간부진으로 참여하였다. 즉 이 시기 나주군에서는 먼저 개화한 이들과 부호층이 초기 부르주아적인 문화운동에 참여하였던 것이다. 그리고 이들은 신분상으로는 대체로 향리층의 후예, 혹은 평민출신들이었다. 이는 이 청년운동이 주로 읍치 지역—양반들은 거주하지 않던 곳—을 중심으로 전개되었기 때문에 당연한 현상이었다고 할 수 있다.

1920년대 후반 나주 민족·사회운동의 주체

1920년대 후반 나주지방의 사회운동과 민족운동은 나주청년회, 나주청년동맹, 나주여자청년회, 나주노농공영회, 나주노동조합연맹, 나주농민조합연맹, 신간회 등을 중심으로 전개되었다. 이하 여기에 참여한 인물들에 대하여 살펴보자.

李恒發: 1891년 영산면 갱갱굴(현 부덕동)출생, 경주 이씨, 어려서 부친을 여의고 편모슬하에 성장, 가계는 넉넉한 편, 외숙 박윤동(朴潤東)은 한말 군수를 지냄, 경성고등보통학교 중퇴, 사립연희전문학교 중퇴, 1920년대 초 송내호 등과 비밀결사 守義爲親契를 조직, 1921년 군자금모금을 준비하다 강도예비죄로 1년간 옥고, 1922년 서울청년회 참여, 1923년 1월 자유노동조합 결성취지문이 문제가 되어 제령7호 위반 등의 혐의로 징역 2년 6월, 1925년 고향인 나주에 내려와 사상단체 효종단 결성을 주도, 1925년 나주노농공영회 참여, 1926년 나주노동연맹과 나주농민연맹 위원, 1927년 서울청년회계의 조선사회단체 중앙협의회 창립대회 주도, 1927년 신간회 나주지회 창립 시 내빈축사, 1927년 4월부터 1929년 4월까지 잡지 『노동운동』 상무이사, 1929년 6월 신간회 복대표대회에서 상무위원으로 선출됨, 1930년 1월 조선청년총동맹의 광주학생사건 격문유포 관계로 구속, 9월 석방, 1930년 11월 신간회 중앙집행위원으로 선출, 조사부장을 맡음.[153]

金昌容: 1893년 나주군 산포면 출생, 商山 김씨, 부친 仁植은 농업경영(400두락 정도를 지주경영, 20두락 정도는 자작), 한말 호남학회 회원, 1910년 경성 융희학교 졸업(3년제),

153 「신생활지 필화사건 서울지방법원 판결문」(大正 11년 刑公 제 1200, 1201호); 「나주노동조합 사건 광주지방법원 판결문」(昭和 8년 刑公 제247호); 이원통(94세, 이항발의 친척) 증언(1992.10.9) 등

1920~1927년 산포면장을 지냄, 1927년 신간회 나주지회 부회장, 1928년 회장, 1928년 1월 산포면 유림각사건으로 구속되어 1929년 5월 대구복심법원에서 벌금 200원을 선고받음, 1929년 6월 신간회 복대표대회에서 중앙집행위원으로 선출됨, 1929년 8월 신간회 나주지회 위원장, 1930년 1월 조선청년총동맹의 광주학생운동 관계 격문유포와 관련, 이항발이 검속된 뒤 이항발에게 자금을 지원했다는 혐의로 연행되어 조사받음. 1930년 11월 신간회 전체대회대행의 중앙집행위원회에서 중앙집행위원으로 선출됨.[154]

朴準三: 1898년 나주읍 출생, 밀양 박씨, 박정업의 자, 중앙학교 재학당시 3·1운동에 참여, 퇴학당함, 立教大 영문과 중퇴, 1926년 나주청년회 회장, 1927년 나주청년동맹 집행위원장, 1927년 9월 신간회 나주지회 상무간사, 1928년 1월 「유림각사건」으로 구속되어 광주지법에서 징역 6월에 집행유예 5년, 1928년 5월 대구복심법원에서 무죄를 선고받고 석방, 1929년 8월 신간회 나주지회 집행위원(조사부장). 1930년대 나주협동상회 2대 상무이사.[155]

154 「나주군 산포면 등정리 정각건립반대투쟁사건 대구복심법원 판결문」(昭和3年 刑公 제205호); 『호남학보』 제6호, 59쪽; 중앙교우회, 『會員名簿』 58쪽 제2회 졸업생 명단; 김준엽·김창순, 앞의 책, 58, 65쪽; 金南基(김창용 일가, 나주군 다도면 송학2구) 증언(1992.5.6) 등

155 「나주군 산포면 등정리 정각건립반대투쟁사건 대구복심법원 판결문」(昭和3年 刑公 제205호); 『密陽朴氏 清齊公派 家乘譜』; 朴準禮씨(82세, 박준삼의 누이동생) 증언(1992.12.8); 朴炅重(박준삼의 孫) 증언(1992.5.6) 등

朴恭根: 1901년 나주읍 출생, 밀양 박씨, 조선말기 나주 戶長을 지낸 朴次殷(號 尙郁)의 孫, 가계는 유족한 편, 나주보통학교 수학, 1925년 2월 효종단 참여, 5월 나주노농공영회 중앙집행위원, 7월 나주청년회 집행위원, 1926년 2월 나주노동연맹 위원, 1926년 11월 나주청년회 지육부 위원, 『중외일보』 나주지국장, 1929년 8월 나주청년동맹 검사위원장, 1929년 8월 신간회 나주지회 서기장, 1929년 11월 박동희, 양영택, 류찬옥 등과 함께 나주에서 광주학생사건 동정 만세시위 주동, 이 사건으로 광주지방법원에서 징역 1년을 언도받음. 출옥 후에도 계속하여 예비검속 대상자.[156]

金亨浩: 1904년 나주읍 출생, 김해 김씨, 가세 빈한, 일본에 건너가 유학하려 하였으나 학자금 부족으로 도중에 귀국, 1926년 나주청년회 경리부원, 1926년 나주농민연맹 위원장, 1927년 나주청년동맹 나주지부 위원장, 1928년 1월 「유림각사건」으로 구속, 광주지방법원에서 징역 6월에 집행유예 5년을 선고받음, 1929년 나주청년동맹 위원장.[157]

梁長柱: 1898년경 나주읍 출생, 『동아일보』 나주지국장, 나주유치원 초대 원장, 1927년 신간회 나주지회 총무간사,

156 「나주학생만세시위사건 광주지방법원 판결문」(昭和5年 刑合公 제7호) ; 『密陽朴氏 淸齊公派 家乘譜』; 徐有采(1905년생) 증언(1992.10.9); 崔南九(1903년생) 증언(1992.6.3); 徐炯珉(1903년생, 박공근의 처)과 박정현(1923년생, 박공근의 딸) 증언(1992.12.8); 박화옥 증언(1993.6.25)

157 『조선일보』 1928년 4월 26일; 최남구 증언(1992.12.5)

1928년 1월 「유림각사건」으로 구속되어 광주지법에서 징역 6월에 집행유예 5년, 대구복심에서 무죄를 선고받음, 1929년 8월 신간회 검사위원, 1931년 신간회 해소위원, 나주협동상회 초대 상무이사.[158]

崔南九: 1903년 나주읍 출생, 100두락 정도의 토지 소유, 읍내 錦明私立中學講習所 2년 수학, 1925년 2월 사상단체 효종단 참여, 1925년 5월 나주노농공영회 중앙집행위원, 1925년 7월 나주청년회 집행위원, 1926년 2월 나주노동연맹 위원, 나주흥농주식회사 상무취체역, 나주협동상회 청산위원장. 1930년대 『조선중앙일보』 지국장.[159]

宋相基: 1900년경 금천면 출생, 가세 빈한, 한문수학, 『조선일보』 지국장, 1926년 나주농민연맹 위원, 1929년 신간회 나주지회 상무위원.[160]

徐有采: 1905년 나주읍 출생, 나주보통학교 졸업, 1929년 나주청년동맹 위원, 1929년 신간회 나주지회 집행위원, 1930년대 나주사립유치원 원감.[161]

이상 1920년대 후반 대표적인 민족, 사회운동가들에 대하여 살펴보았다. 나주지방의 운동에 가장 큰 영향을 미친 것은 물론 이항발

158 「나주군 산포면 등정리 정각건립반대투쟁사건 대구복심법원 판결문」; 최남구 증언(1992.12.5), 서유채 증언(1993.2.12) 등

159 최남구증언(1992.6.3.)(1992.12.5.); 『나주군지』(1980), 181~184쪽

160 최남구 증언(1992.12.5)

161 서유채 증언(1992.10.9)

이다. 그는 영산면 부덕동 경주 이씨 동족마을 출신으로 신분적으로 본다면 양반가문에 속한다고 볼 수 있으나 그리 유력한 가문은 아니었다. 한편 나주지방의 사회운동에서 가장 뛰어난 활약을 보인 박공근, 박준삼, 김형호는 각각 밀양 박씨와 김해 김씨로서 한말 나주에서 향리를 지낸 가문의 후예였다. 이들 밀양 박씨와 김해 김씨는 19세기 중엽 이후 향리직을 거쳐 군수직에까지 오른 이를 배출한 집안이다. 이들 두 가문의 후예들이 이같이 나주지방 민족, 사회운동의 주역으로 등장한 데에는 몇 가지 배경을 생각해볼 수 있다. 즉 김해 김씨가의 경우 한말 단발령에 대항하여 일어난 나주관민봉기를 주도했던 김창곤, 3·1운동을 주도하고, 국외로 나가 독립운동에 참여한 김복현(김철) – 김재호 부자 등의 영향이 있었을 것으로 보인다. 또 밀양 박씨가의 경우에도 한말 이래 일본에 대한 저항의식이 상당하였던 것으로 보인다. 밀양 박씨 가운데에는 의병장으로서 1909년경 나주와 영암 등지에서 활동하다가 전사한 박민홍(朴珉洪)이 있었다. 또 박공근의 처 서형민의 증언에 의하면, 박공근은 을사년 한국이 보호국으로 전락한 이후, 어느 날 혼자서 나주에서부터 영산포까지 걸어나가 포구에 앉아 있는 것을 가족들이 발견하였는데, 이때 그는 훗날 자신이 어른이 되면 배를 타고 일본에 가서 복수하겠다고 말하여 가족들을 놀라게 하였다고 한다. 이 때 그의 나이는 불과 5~6살 정도였다. 서형민은 그가 그러한 생각을 갖게 된 것은 아마도 집안의 전체적인 분위기가 그러하였기 때문일 것이라고 말하였다.[162] 또 이들 가문의 후예들은 읍내에 거주하면서 1910년대 나

162 서형민 증언(1992.12.8)

주읍내의 나주보통학교에서 신교육을 받아 읍밖의 다른 양반가문의 자제들보다 일찍 개화할 수 있었다는 점도 그들이 1920년대 이후 민족, 사회운동의 주역으로 등장하게 되는 배경이 되었을 것이다. 그 외에 다른 이들은 대체로 평민출신이라고 보인다. 따라서 나주지방의 1920년대 후반 민족, 사회운동은 대체로 한말의 읍내 향리가문의 후예 혹은 평민층이 주도하였다고 볼 수 있다.

그리고 위의 각 주도적 인물들의 경력을 통하여 이들 사이에서는 일정한 역할분담이 이루어지고 있었음을 알 수 있다. 즉 김창용은 신간회의 회장-위원장직을 맡으면서 처음부터 끝까지 신간회를 이끌었고, 박준삼은 청년운동과 신간회운동에 깊이 관여했으며,[163] 박공근은 노동운동과 청년운동을 중심으로 활동을 하였고, 김형호는 청년운동과 농민운동에 깊이 관여했던 것이다.

위의 주도적인 인물들 외에도 1920년대 후반 사회운동에서 활동하였던 주목할 이들로는 신간회에서 활동한 김상달·서형규·정봉호·윤영주, 나주청년동맹에서 활동하다 나주학생만세시위운동을 주도해 구속된 박동희·양영택, 여자청년회에서 활동한 서형민·박영민, 영산포에서 청년회운동, 노동운동을 주도한 이재순·이상회·김익두,[164] 그리고 아나키스트 승흑룡(昇黑龍)[165] 등을 들 수 있다.

163 박준삼은 지주 출신인 관계로 노농운동에는 거의 관여치 않았던 것으로 보인다.

164 이재순과 이상회는 이항발과 경주 이씨 같은 집안으로, 이재순은 연희전문을 다녔으며, 이상회는 양산보통학교를 졸업하였다고 한다(이싱민(1925년생, 전 영산포읍장) 증언(1993.3.2)). 金益斗는 신문기자였다(『동아일보』 1926년 6월 4일 「나주기자단 去月 末日 창립」. 당시 나주에는 동아, 조선, 시대일보와 잡지 『개벽』의 지국이 있었는데, 김익두가 어느 신문지국의 기자였는지는 알 수 없다).

165 나주지방의 아나키스트는 昇黑龍 한 사람뿐이었다고 한다(서유채 증언(1993.

이 시기 사회운동가들 간에는 인척관계가 있는 경우가 많았다. 예를 들어 박공근과 박준삼은 같은 밀양 박씨 청제공파로 비록 6대조에서 갈라져 나간 이들이었지만 상당히 가까운 관계에 있었다(박공근이 한 항렬 위). 또 양장주는 박공근의 외사촌 형이었으며, 박동희도 박준삼의 친척으로(7촌간) 그의 집에 기거하고 있었다. 박공근의 형수는 최남구의 누이로 박과 최는 사돈관계에 있었다. 또 박공근은 서유채의 5촌 당숙이었다. 이러한 인척관계가 가장 잘 나타난 것은 여자청년회에서였다. 여자청년회의 회장 서형민은 박공근의 처였고, 주도적인 인물이었던 박영민은 박공근의 친척동생이었으며, 박진순은 박공근의 친동생, 박인애는 박영민의 언니, 박영신은 박인애의 조카, 문처경은 양장주의 처, 김준은 김병두의 딸이었다.[166] 읍치라는 좁은 공간에서 대부분 향리층의 후예였던 이들이 혼인관계를 통해 서로 긴밀하게 얽혀 있는 관계에 있었던 것은 당연한 일이었다.

1930년대 전반 나주 사회운동의 주체

1930년대 전반 나주지방의 사회운동은 나주노동조합사건, 산포면 적휘농민조합사건, 회진 개혁청년회사건 등으로 대표된다. 이들 사건의 주역에 대하여 살펴보자.

2.12)). 1929년 당시 승흑룡은 중외일보 기자로서 나주에서 전남무정부주의자동맹 창립대회를 열려다 경찰의 대회 금지로 뜻을 이루지 못하였다(『중외일보』 1929년 4월 27일).

166 이상 박준례 증언(1992.12.8)

이항발: 1931년 4월 나주에 내려와 박세공, 손동출과 나주노동조합 결성을 주도, 점차 혁명적 노동조합으로 전환시켜 가려 함, 1932년 12월 나주노동조합사건으로 검거되어 징역 2년을 선고받고 복역.

박세공: 1906년 나주읍 출생. 1924년 4월 나고야시 私立中京商業學校에 입학하여 1925년 3월 이 학교를 퇴학. 조선에 돌아온 뒤, 1928년 3월 중국 광동지방으로 유학할 목적으로 경성까지 갔을 때 당시 경성에서 『노동운동』이라는 잡지 발행을 하던 이항발을 만나 알게 됨. 이때 이항발로부터 중국보다는 러시아 쪽으로 가서 공산주의이론을 연구하라는 권유를 받았으며, 그의 소개로 韓鍾洙·金昌烈·尹星宇·鄭아무개 등을 만나 알게 됨. 1928년 4월 하순 윤성우·정아무개와 협의한 결과 그들과 함께 러시아로 들어가기로 하고 함께 웅기까지 가서, 거기서 일단 헤어진 뒤 각기 해산. 단신 만주국 길림성 琿春, 磨刀石 등을 거쳐 1929년 4월경 러시아 블라디보스토크의 신한촌에 당도. 그곳에서 먼저 와 있던 한종수와 해후하고, 海蔘威縣立 목공강습소 공장 기타에서 노동에 종사하는 한편, 야학에 다니면서 그 사이 경기도 양주군 출신 李在浩 및 전라남도 구례군 출신 金圭烈 등과 서로 알게 되었으며, 그들로부터 소위 프로핀테른 제5회 테제에 기초한 공산주의운동의 실행방법에 관하여 지도 교양을 받고, 또 조선에 돌아간 후 조선 내에서 그러한 운동을 벌일 것을 결심함. 1930년 8월경 혼춘, 경성을 거쳐 귀향. 1931년 4월 이항발과 나주

노동조합을 조직, 이를 점차 혁명적 노동조합으로 발전시켜 나가려다 1932년 12월 검거되어 1933년 4월 광주지법에서 징역 2년을 선고받음.[167]

孫東出: 1911년 나주읍 출생. 1927년 3월 나주공립보통학교 5학년 수학 후에 같은 해 4월 광주공립보통학교에 입학하여 1930년 1월 동교의 맹휴사건에 관여하여 퇴학처분을 받음. 일본으로 건너가 같은 해 2월 私立正則英語學校에 입학하여, 6월 다시 퇴교하여 같은 달 오사카시 청년학원 예과 2년에 편입, 1931년 2월 이 학교를 퇴학하고 조선에 돌아옴. 1929년 10월경 광주고등보통학교 재학 중 학우 金普燮등의 영향에 의하여 사회주의관계 서적을 탐독하고 공산주의사상에 공명하게 됨. 이항발·박세공과 함께 나주노동조합을 조직, 활동하다 검거되어 광주지방법원에서 징역 1년 6월을 선고받음.[168]

柳贊玉: 1912년 문평면 출생. 박준삼 누이의 아들. 1929년 11월 광주농업보습학교 2학년 재학 중 나주학생만세시위사건을 주동, 대구복심법원에서 징역 10월을 선고받음. 출옥 후에도 계속하여 예비검속 대상자.[169]

韓洪澤: 1911년 산포면 출생, 1933년 현재 지주이면서 산포면 면장이던 韓百彦의 서자. 1927년 3월 남평공립보통학교 졸

167 「나주노동조합사건 광주지방법원 판결문」(昭和 8年 刑公 제247호)

168 위와 같음

169 「나주학생만세시위사건 대구복심법원 판결문」(昭和5년 刑公제178호)

업, 1927년 4월 경성 사립 경신학교 입학, 1929년 11월 동교 맹휴사건에 관계하여 제명 처분됨. 1930년 3월 사립 배재학교 4학년에 편입, 9월 동교 퇴학, 1931년 4월 京都 聖峯中學校 4학년 편입, 9월 중퇴, 京都 私立 立命館大學에 입학, 10월 병으로 인해 중퇴, 귀향. 배재고보 재학 시부터 사회주의사상을 품게 됨, 1932년 5월 산포면에서 赤輝農民組合을 조직, 농민들에게 사회주의사상을 교육하다가 11월 검거되어 광주지방법원에서 징역 1년 6월에 집행유예 4년을 선고받음.[170]

羅順祚: 1911년 세지면 죽동리 출생, 금성 羅씨, 중농(자작 30두락, 소작 동척땅 100두락), 1927년 양산보통학교 졸업, 1927년 경성 사립중동학교 입학, 1930년 7월 동교 맹휴사건에 관련되어 퇴학처분, 나석현과 함께 일본으로 건너가 1930년 11월 京都 聖峯中學校 4학년에 편입, 학자금 결핍으로 1931년 1월 중퇴하고 귀향, 중동학교 재학 시부터 사회주의사상에 공명, 1932년 1월 죽동리에서 야학당을 개설, 3월 비밀 독서회를 조직 운영하다 1933년 8월 검거되어 대구복심법원에서 징역 2년 집행유예 5년을 선고받음.[171]

羅碩鉉: 1911년 세지면 송제리 출생, 금성 羅씨, 1927년 나주공립

170 「산포면 赤輝農民組合事件 광주지방법원 판결문」(昭和8년 刑公제174호)

171 「세지면 죽동리 야학사건 광주지방법원 판결문」(昭和9년 刑公제63호); 「대구복심법원 판결문」(昭和9년 刑公제63호); 나순조 증언(1992.11.18)

보통학교 졸업, 4월 광주공립농업학교 입학, 1928년 6월 동교 맹휴 시 관련되어 검거, 11월 대구복심법원에서 징역 6월 집행유예 4년을 선고받음, 1929년 1월 경성 사립 중동학교 1학년에 입학, 1930년 7월 동교 맹휴사건에 관련되어 퇴학처분, 일본에 건너가 11월 京都 聖峯中學校에 편입, 12월 학자금 결핍으로 중퇴, 동경에 가서 자유노동에 종사. 광주농업학교 재학 시 사회주의사상에 공명, 1932년 동경에서 일본공산당원 鄭先世의 권유에 의해 5월 일본공산당에 가입. 1933년 1월 귀향, 나순조가 경영하는 야학당에서 농민들에게 사회주의사상을 교양하다가 1933년 8월 검거되어 대구복심법원에서 징역 2년 집행유예 5년을 선고받음.[172]

林禹澤: 1914년 다시면 신풍리 출생, 林鵬의 14대 종손, 1929년 3월 다시공립보통학교 졸업, 그후 수년간 한문수학, 농업에 종사하면서 1931년경부터 사회주의관계 서적을 탐독. 1934년 12월 신풍리 개혁청년회사건으로 검거되어 광주지방법원에서 징역 1년 집행유예 4년을 선고받음.[173]

林敬澤: 1913년 다시면 신풍리 출생, 林悌의 13대손, 1929년 3월 다시공립보통학교 졸업, 1930년 4월 전북 고창고등보통학교에 입학, 1932년 4월 전주신흥학교 3학년

172 위와 같음

173 「다시면 신풍리 개혁청년회사건 광주지방법원 판결문」(昭和9년 刑公 제1752호)

으로 전학, 이 사이 사회주의관계 서적 탐독. 신풍리 개혁청년회사건으로 징역 10월에 집행유예 4년을 선고 받음.[174]

林光澤: 1914년 다시면 신풍리 출생, 林悌의 13대손, 1931년 다시공립보통학교 졸업, 1932년 4월 전주신흥학교에 입학, 이후 임경택의 영향에 의해 사회주의사상을 접함. 신풍리 개혁청년회사건으로 징역 10월에 집행유예 4년을 선고 받음.[175]

위에서 살펴본 바와 같이 1930년대 사회운동의 주역이 된 이들은 대체로 1920년대에 보통학교 혹은 그 이상의 교육을 받은 이들로서, 1920년대 말 학생운동의 전체적인 분위기 속에서 사회주의사상을 접하게 되었으며, 그 가운데에는 맹휴에 관련되어 제적을 당한 이들이 많았다. 따라서 이들은 1920년대에 주로 활동했던 이들과는 분명히 다른 세대로서, 사상적으로도 훨씬 무장된 이들이었다고 볼 수 있다.

그런데 특기할 것은 이들의 출신지역을 살펴보면 이들은 대부분 나주읍내가 아닌 타면 출신이었다는 점이다. 이는 이들이 1920년대 읍 밖의 면들에 세워진 각 면의 보통학교에서 처음 신교육을 받은 이들임을 뜻한다. 그리고 이들 사건에 관련된 이들은 그러한 면들에서 가장 수준 높은 지식인들이었을 것이다. 예를 들어 나순조, 나석현

174 위와 같음

175 위와 같음

은 세지면에서는 보통학교를 졸업하고 처음 타지에 유학하여 광주농업학교, 중동학교 등 상급학교로 진학했던 이들이었으며, 회진의 임경택, 임광택도 마찬가지였다. 그리고 이들은 비록 실패는 했지만 일본, 혹은 블라디보스토크 등으로 유학을 시도했던 경험이 있는 이들이었다는 점도 주목된다.

그리고 또 하나 주목할 것은 1920년대의 운동가들과는 달리 이들 가운데에 읍 밖의 동족마을, 즉 유수한 양반가문의 자제들이 많다는 점이다. 이는 이들 가문의 자제들이 1910년대까지만 해도 신교육의 세례를 받지 못하다가 1920년대에 들어와 보수적인 양반층의 신교육에 대한 인식이 달라지고, 각 면에 보통학교가 세워지면서 신교육을 받을 수 있게 된 것과 관련이 있는 것으로 보인다.

5. 소결

일제하 나주지역에서의 민족운동과 사회운동의 경과는 크게 세 시기로 나누어 볼 수 있다. 첫째 시기는 1920년대 전반으로서 나주지역의 지주, 부르주아계층이 중심이 되어 부르주아적 '문화운동'을 전개한 시기이다. 당시 그들은 나주청년회를 중심으로 수양과 교풍을 위한 계몽운동을 전개하였으며, 민립대학기성운동 나주지방부를 조직하여 모금운동을 전개하기도 하였다. 둘째 시기는 1920년대 후반으로서 새로이 등장한 나주지역의 진보적 지식층이 중심이 되어 청년운동, 노동·농민운동, 신간회운동 등을 전개한 시기이다. 당시 이들은 사상단체 효종단, 나주청년동맹, 나주노농공영회·나주노동조합연맹·나주농민조합연맹, 신간회 등을 중심으로 대중들에 대한 진보적 사상의 보급, 노동·농민운동 지원, 광주학생운동 지원 등의 운동을 펼쳤으며, 1927년 신간회 결성이후 대부분의 역량은 신간회에 집중되었다. 셋째 시기는 1930년대 전반기로서 주로 1920년대 후반에 학생운동에 참여하여 사상적으로 무장된 신진 사회주의적 청년들에 의해, 변화된 정세 속에서 신간회를 해소하고 대신 혁명적 노동조합·농민조합을 건설하려는 운동이 전개된 시기였다.

이처럼 나주지역의 민족운동과 사회운동은 전체적으로 대중들의 봉건적인 의식과 관습을 타파하고, 민족의식을 고취시키는 계몽운동을 중심으로 전개되었으며, 부분적으로 상당한 성과를 거두었다고 할 수 있다. 그리고 노동야학원의 운영은 1931년 일제에 의해 강제 폐쇄될 당시 학생수가 400명에 달하는 등 상당한 성과를 거두었다. 또 나주청년회의 계몽운동 등은 보수적이었던 나주지역에 새로운 분위기를 만드는 데 크게 기여하였던 것으로 보인다.

그러나 나주지역의 민족운동과 사회운동은 어려운 여건 하에서 전개될 수밖에 없었다. 1920년대 후반의 민족운동과 사회운동은 우선 객관적으로는 일제의 유림각사건을 빙자한 신간회와 나주청년동맹 간부의 검속, 나주청년동맹 간부의 나주학생만세시위 주동 등으로 인하여 제대로 펼쳐질 수가 없었다. 또 주체적 측면에서는 나주지역의 운동은 대체로 읍내 출신의 지식 청년이 중심이 되어 이루어지고 있었기 때문에 그들이 노동운동이나 농민운동에 직접 참여하여 이를 지도하기는 어려운 조건 아래 있었던 것이다.

나주지역의 민족운동과 사회운동에서 찾을 수 있는 큰 특징 중의 하나는 이 지역의 운동이 서울청년회계 이항발의 절대적인 영향 아래 놓여 있었다는 점이다. 따라서 이 지역에서는 다른 계파가 등장할 수 없었다. 또 이들의 사상적 성향은 민족적 성향이 강했고, 진보적이면서도 급진적이지 않았으며, 지주·부르주아계층과도 어느 정도 협조를 계속하면서 나주협동상회 등의 활동에서 그들의 지원을 받기도 하였다. 이는 아마도 이들의 사회적 출신배경과도 밀접한 관련이 있는 것으로 보인다. 즉 1920년대 후반에 등장한 운동가들 가운데에는 사회적으로는 한말 읍내의 향리 가문 출신이 많았고, 또 경제적으로는 지주나 중산층이라고 부를 수 있는 계층 출신이 많았던 것이다. 1930년대에 들어서는 읍 밖의 지역에서 신진 사회주의자들이 대두하였는데, 그들 가운데에는 유력한 양반가문의 후예들이 많았다.

1920년대 후반 이후 나주지역의 민족운동과 사회운동을 주도한 이들이 나주에서 가졌던 권위는 해방 직후 세워진 건준과 인민위원회에서의 이들의 위상에 의해 잘 드러난다. 즉 건준의 경우 김창용이 위원장을, 박준삼이 부위원장을, 박공근이 치안대장, 임우택이 치안부대장을 각각 맡았던 것이다. 또 건준이 개편된 인민위원회의 경우 역시 김창용이 나주군 인민위원장, 박준삼이 나주읍 인민위원장을 각각 맡았던 것이다. 따라서 나주에서는 미군이 진주하기 전까지 지역 내부 세력 간에 특별한 갈등이 존재하지 않았다.

제6장

해방 전후 나주의 정치 사회적 혼란

1. 서론

1980년대 이후 해방전후사가 본격 조명되기 시작하면서 그 초점은 주로 중앙의 정치사에 맞추어졌다. 그러나 연구가 진척되면서 점점 해방 전후 지역사회에 관한 연구들도 나오기 시작했다. 브루스 커밍스는 미군점령하의 지역정치에 대해, 정해구는 해방 직후 대구지역의 정치와 10월 항쟁에 대해, 김창진은 해방 직후 광주지역의 정치에 대해, 그리고 심지연은 대구 10월 항쟁에 대해 개괄적인 정리를 했다.[1] 그러나 이들 연구는 아직 중앙정치가 지역에서는 어떻게 전개

1 Bruce Cumings, The Origins of the Korean War, Vol.1, Princeton University Press, 1981, 제2부 「미군점령하의 중앙정치」; 정해구, 「해방 직후 대구지방의 정치과정」 『역사비평』 1집, 1987; 정해구, 『10월인민항쟁연구』, 열음사, 1988; 김창진, 「8·15직후 광주지방에서의 정치투쟁」 『역사비평』 1집, 1987; 심지연, 『대구10월항쟁

되었나 하는 정도의 관심에서 벗어나지 못했다. 즉 아직 지역 나름의 역사 위에서 당시 상황을 살핀다는 지역사적인 관점에 서 있지는 못했다.

그런 가운데 1990년대 들어 중앙사의 축소판이 아닌 지역 나름의 역사 위에서, 즉 지방사적인 관점에서 해방 전후사를 보려고 한 연구들이 나타났다. 안종철의 전남지역 건준과 인민위원회에 대한 연구는 그 대표적인 연구였다.[2] 그는 전남지역의 건준과 인민위원회를 일제시기 이 지역의 민족운동사의 연장선상에서 파악하고자 했다. 한편 정근식·손형부도 같은 관점에서 해방 직후 전남지역의 노동운동과 농민운동을 연구하였다.[3]

영남지역의 정치상황에 대한 연구도 활발하였다. 안소영은 1993년 경북지역 인민위원회에 대해 보다 심도있는 연구를 내놓았으며,[4] 신종대와 박철규는 부산·경남지역의 변혁운동에 대해 다루었다.[5] 허은

연구』, 청계연구소, 1991.

2 안종철, 『광주·전남지방현대사연구-건준 및 인민위원회를 중심으로-』, 한울, 1991;「미군정기 지역사회의 정치지형과 갈등구조」『전남사회운동사연구』, 한울, 1992;「해방직후 전남지방의 세력구도와 남로당」『한국근현대지역운동사』 2, 여강, 1993.

3 정근식, 「해방직후 전남지역의 노동운동」『한국근현대의 민족문제』(한국사회사연구회논문집 23집), 문학과지성사, 1990; 손형부, 「해방직후 전남지역의 농민운동」『전남사회운동사연구』, 한울, 1992.

4 안소영, 「8·15 직후 경북지방 인민위원회의 조직과 활동」(영남대 정치학과 박사논문), 1995.

5 역사문제연구소는 1991년부터 지역운동사연구 팀을 조직하여 공동연구를 진행하였다. 그 결과가 『한국근현대지역운동사』1, 2권(여강출판사, 1993)으로 묶여져 나왔는데, 해방 직후의 지역운동은 주로 2권, 「영남편」에서 많이 다루어졌다. 여기에 실린 논문들은 다음과 같다. 신종대, 「해방직후 부산·경남지방의 변혁운동」; 박철규, 「미군정기 부산지역의 대중운동」;「해방직후 경북지역 인민위원회의 조직과 활동」

은 경상북도 지방 인민위원회에 대한 연구를 내놓았다.[6]

2000년 이후 연구는 더욱 활발해졌다. 허종은 미군정기 대구지역 좌파의 조직 및 활동과 10월항쟁에 대해 정리한 두 편의 논문을 내놓았다.[7] 이윤갑은 해방 직후 성주지역의 정치적 동향과 국민보도연맹의 결성에 대해 정리하였다.[8] 김상숙은 대구와 경북지역의 10월항쟁에 대한 일련의 연구를 진행하여, 2016년에 『10월항쟁 - 1947년 10월 대구, 봉인된 시간속으로』라는 책을 내놓았다.[9]

이러한 사례연구의 축적으로 해방 직후 각 지역의 정치 사회적 동향은 그 얼개가 서서히 드러나고 있다. 그러나 사례연구가 아직은 많다고 할 수 없기 때문에 어떤 일반화를 시도하기는 어렵다. 다만 대체로 볼 때, 해방 직후 건준, 인민위 등이 각 지역(군 단위)에 만들어졌으나, 이는 10월 이후에 들어온 미군정이라는 외삽권력에 의해 사실상 강제로 해체되었다. 이후 미군정은 민주주의민족전선과 좌익 청년·노농단체를 탄압하고, 대신 우익 정당과 청년단을 육성했

6 허은, 「경상북도 지역 지방인민위원회의 역사적 배경과 활동」 『역사연구』 3호, 1994.

7 허종, 「1945~1946년 대구지역 좌파세력의 국가건설운동과 '10월인민항쟁'」 『대구사학』 75집, 2004 ; 허종, 「미군정기 후반 대구지역 좌파세력의 조직과 국가건설운동」 『대구사학』 79집, 2005.

8 이윤갑, 「해방 후 경상도 성주지역의 건국운동과 국민보도연맹」 『한국학논집』 42, 2011. 이후 이윤갑은 해방 이후부터 한국전쟁기까지의 연구를 더 진행하여, 1862년 임술농민항쟁부터 1960년 4·19혁명기까지의 성주군의 사회사를 정리한 『한국 근대 지역사회 변동과 민족운동: 경상도 성주의 근대전환기 100년사』, 지식산업사, 2019를 출간하였다. 지역 사회사 연구의 모범이 될 수 있는 중요한 저서이다.

9 김상숙, 「농민항쟁의 측면에서 본 1946년 10월 사건: 경북 영천의 사례연구」 『기억과 전망』 25호, 2011 ; 「1946년 10월항쟁의 지역적 전개양상」 『통일문제연구』 30집, 2011 ; 「1948~1949년 지역 내전과 마을청년들의 경험: 경북 영천의 사례를 중심으로」 『경제와 사회』 101호, 2014 ; 『10월항쟁 - 1947년 10월 대구, 봉인된 시간 속으로』, 돌베개, 2016.

다. 이러한 상황은 이 글에서 살펴보고자 하는 나주에서도 거의 동일하게 나타난다. 지역사에서 이러한 상황 전개가 갖는 의미는 도대체 무엇일까.

또 하나 해방 이후 1948년경까지 영남과 호남지역의 좌익은 농촌에 그 조직기반을 두고 상당한 세력을 갖고 있었다. 1946년 10월항쟁은 영남과 호남을 중심으로 일어났는데, 이에는 광범위한 농민층이 참여하였다. 이는 나주의 경우도 마찬가지였다. 1946년 11월 1일 나주에서는 수천 명의 농민들이 참여한 봉기가 일어났다. 그리고 1948년경까지 농촌에서의 좌익세력의 뿌리는 상당히 깊었다. 이와 같이 농촌에서 농민들이 상당히 급진적인 성향을 띠고, 인민위나 민전과 같은 좌익세력을 지지하였던 이유는 무엇이었을까.

제6장에서는 해방 전후 나주지역의 정치·사회적 동향에 대해 정리하면서 위와 같은 문제들을 풀어보고자 한다.[10]

2. 일제 말기 나주의 정세

민족운동 역량의 확대

1930년대 이후 나주지역의 민족해방운동은 농민조합운동을 중심으로 전개되었다. 전국적으로도 1931년 신간회의 해소 이후, 민족

10 제6장의 글은 졸고, 「해방전후 나주지방의 정치사회적 동향」 『지방사와 지방문화』 1, 역사문화학회, 1999를 수정·보완한 것이다.

해방운동의 중심은 혁명적 농민조합운동과 노동조합운동으로 옮겨졌다. 나주에서는 1931년 4월 이항발·손동출·박세공 등이 중심이 되어 합법적인 나주노동조합을 조직하고, 조합원 약 200명의 사상교육을 통해 이를 점차 혁명적 노동조합으로 만들어 나가던 중 검거되었다. 또 1932년 10월에는 산포면에서 한홍택·장순·공재원 등이 조합원 50명을 모아 적휘농민조합을 구성하여, 조합원들에 대한 사상교육을 통해 역시 혁명적 농민조합으로 만들어 가던 중 경찰에 검거되었다. 또 1933년에는 공산면과 농민조합을 지도하던 이형범(李亨範)·이현수(李鉉洙) 등과, 본량면에서 농민조합을 지도하던 오정근(吳正根) 등이 체포되었다가 5개월 만에 풀려나기도 했다.[11] 이후 나주에서는 이렇다 할 혁명적 농민조합, 노동조합 사건은 없었다.

1930년대 민족운동가들이 또 하나 역점을 두고 있었던 것은 독서회, 야학, 청년회를 통한 농민의 의식화였다. 1932년 세지면 죽동리에서는 나석현과 나순조가 야학을 개설하고, 매일 밤 농민 자제 30명에게 국어·산술 외에 공산주의사상을 교육하였다는 혐의로 체포되었다. 또 1934년 3월에는 삼도면 송산리에서도 오갑수·오효근 등이 야학을 개설하고, 학생들에게 공산주의사상을 주입하였다는 혐의로 체포되었다. 1934년 다시면 회진(신풍리)에서는 임씨 동족마을의 청년들로 구성된 개혁청년회에서 임우택·임광택·임경택 등이 사회주의사상과 독립사상을 교육하였다는 이유로 체포되었다. 이밖에도 많은 야학들이 각 마을에 개설되어 학교에 취학하지 못하

11 『동아일보』 1933년 3월 30일 「청년 1명 검거, 나주서에서」; 5월 1일, 5월 3일 「吳正根씨 석방」

고 있던 아동들을 가르치고 있었을 것으로 여겨지며, 교사들은 은연중에 독립사상, 혹은 사회주의사상을 교육하고 있었다고 보인다.

여기서 주목할 것은 앞서 본 농민조합운동과, 야학과 청년회 등의 활동이 나주나 영산포 읍내가 아닌 외곽 면에서 주로 이루어지고 있다는 사실이다. 그것은 이들 지역의 거주자들 가운데에서도 서서히 신지식층이 늘어가고 있었던 현실을 반영하는 것이다. 나주지역의 보통학교 설립과정을 보면, 1910년대까지 나주와 남평에 세워졌고, 1920년대에는 삼도, 공산, 왕곡, 봉황, 금천, 노안, 반남, 다도, 영산포, 동강면 등에 세워졌다. 그리고 1930년대에 들어와서는 세지, 문평, 평동면에 보통학교가 세워졌다. 본량면과 산포면에는 1936년 이후에야 보통학교가 세워졌다.[12] 이로써 간신히 1개 면에 하나의 보통학교가 세워진 셈이었다. 물론 이는 당시 학령 아동에 비해서는 터무니없이 작은 숫자였다. 따라서 많은 학생들은 서당과 야학 등을 통해 교육을 받을 수밖에 없었다. 1930년경 나주군 내의 서당은 무려 180개소에 달하였고, 여기서 배우는 학생은 2천여 명에 달하였다.[13]

위와 같은 교육시설들은 비록 더디긴 하였으나 나주읍 외곽 면 지역에서도 신교육을 받은 이들의 수를 점차 늘려놓았다. 또 이들 지역에서 보통학교를 마친 이들은 광주나 경성, 그리고 일본지역까지 유학을 가는 경우도 점차 늘어났다. 이들 외지에서 유학을 하고 돌아온 이들은 나주지역의 민족운동의 잠재적인 역량을 크게 확대시켰다. 특히 1929년에 있었던 광주학생독립운동에 관련되었던 학생

12 『조선교육연감』(1936), 363쪽

13 『전남사정지』, 879쪽

들은 이후 나주지역 민족운동의 주축을 형성하게 된다고 할 수 있다. 광주학생독립운동에 관련되어 재판에 회부되었던 학생들과 청년들은 〈표 1〉과 같다.

〈표 1〉 나주출신 광주학생독립운동 관련자들

이름	학교 또는 단체	본적	관련 사건
金匡溶	광주고등보통학교	나주군 본량면 동림리	성진회 사건
金普燮	광주고등보통학교	나주군 나주면 금정	독서회 사건, 11·3 시위사건
金鍾燮	광주고등보통학교	나주군 영산면 동수리	독서회 사건
吳快一	광주고등보통학교	나주군 나주면 본정	독서회 사건
姜達模	광주사범학교	나주군 남평면 동사리	독서회 사건
李翎範	광주농업학교	나주군 다시면 죽산리	독서회 사건
李龍根	광주농업학교	나주군 평동면 용동리	독서회 사건
李啓春	광주농업학교	나주군 문평면 운봉리	독서회 사건
李榮範	광주고등보통학교	나주군 공산면 금곡리	독서회 사건
岩城錦子	광주여자고보	나주군 나주면 대정정	광주여고보 소녀회사건
朴郚夏	광주고등보통학교	나주군 영산면 산정리	이경채사건
李萬童	광주고등보통학교	나주군 봉황면 용곡리	광주고보 맹휴사건
羅碩鉉	광주농업학교	나주군 세지면 송제리	광주농업학교 맹휴사건
朴恭根	나주청년동맹	나주군 나주면 경현리	나주학생시위사건
梁永澤	나주청년동맹	나주군 나주면 북문정	나주학생시위사건
朴東熙	나주청년동맹	나주군 나주면 남문정	나주학생시위사건
柳贊玉	나주농업보습학교	나주군 문평면 국동리	나주학생시위사건
洪敏厚	나주농업보습학교	나주군 봉황면 죽석리	나주학생시위사건
金亨浩	나주청년동맹	나주군 나주면 남문정	나주학생시위사건

자료 : 광주학생독립운동동지회편, 『광주학생독립운동사』 1996에 실린 재판기록

이들의 출신지역을 보면, 나주면, 영산포면만이 아니라 외곽의 남평, 다시, 본량, 공산, 평동, 세지, 봉황, 문평 등 다양하게 나타나고 있다. 이들은 출신지에서 보통학교를 졸업하고, 광주나 나주읍으로 유학을 하였던 것이다. 이들은 광주고보, 광주농업학교, 광주사범학교, 나주보습학교 등에 재학 중에 독서회 등을 통해 민족의식, 사회의식을 갖게 되었고, 맹휴나 학생시위 사건에 관련되어 구속되었다.

이들은 대부분 학교에서도 퇴학을 당하여 다시 경성 혹은 일본으로 학교를 찾아가거나, 아니면 귀향하여 생업에 종사하면서 민족운동에 뛰어들기도 하였다. 예를 들어 류찬옥은 1933년 이항발 등의 노동조합 사건과 관련하여 구속되었다가 기소유예로 석방되었다.[14] 이때에는 김보섭·김형호·박공근·오쾌일·이영범 등도 함께 체포되었다가 풀려났다.[15] 김광용은 광주군 임곡면에서 동아일보 임곡분국장을 하고 있었는데, 1934년 모종의 사건과 관련되어 경찰에 체포되었다.[16] 나석현은 앞서 본 바와 같이 세지면 죽동리 야학사건과 관련되어 구속되었다. 오쾌일도 1933년 나주에서 조선일보 지국장을 하던 중 모종의 사건으로 손동출 등 5명과 함께 검거되었다가 풀려나기도 했다.[17] 강달모는 1937년경 동아일보 나주지국 남평분국장을 맡고 있었다.[18] 이처럼 광주학생독립운동 관련자들은 1930년

14 『중앙일보』 1933년 2월 26일 「나주 共黨사건, 12명 송국, 4명 구속, 8명 불구속」; 『동아일보』 1933년 3월 8일 「나주노조사건, 3명만 공판에, 1명은 기소유예」

15 『동아일보』 1932년 11월 6일, 11월 22일, 11월 30일, 12월 2일

16 『동아일보』 1934년 3월 23일, 24일 「임곡 김광용씨 나주서에 피체, 사건은 비밀에」

17 『조선일보』 1933년 10월 20일 「나주에서도 청년 다수 검거」; 『동아일보』 1933년 10월 24일 「광주·나주·영암에서 20여 청년을 검거, 모종의 비밀결사가 탄로된 듯」

18 『동아일보』 1938년 2월 4일

대 이후 나주지방의 민족운동의 주역으로 부상하였던 것이다. 그리고 이들은 각기 출신지역에서 농민운동, 야학 등을 통하여 더 많은 세력을 확보하고자 노력하였다. 그들의 노력은 1945년 해방 이후 읍, 면 단위의 인민위원회와 농민조합, 청년동맹 등의 광범위한 조직을 갖출 수 있었던 기반을 마련하였다.

나주의 사회경제적 상황

나주는 영산강을 끼고 있는 농촌 지역으로서 농업이 가장 중요한 산업이었다. 1930년 당시 농가호수는 전체 호수 2만 9,865호의 8.4할을 차지하고 있었다. 나주군의 총 경지면적은 2만 7,683정보로서, 이 가운데 논이 6.7할, 밭이 3.3할을 차지하였다. 이 가운데 자소작 면적을 보면, 자작지가 3.5할, 소작지가 6.5할을 차지하였다. 1927년 농가의 경우 소작농이 55.2%, 자작겸 소작농이 38.3%, 순자작농이 5.2%, 지주가 1.3%를 차지하여, 소작 내지 자소작농이 전체의 93.5%를 점하고 있는 실정이었다.[19] 이는 나주군 농가경제의 열악성을 보여주는 수치라 할 것이다. 당시 한 신문에 의하면, 나주군 전체의 인구는 15만 9천여 명인데, 이 가운데 세궁민(細窮民)이 6만 5천여 명, 결식자가 1,400여 명이라고 보도하였다.[20] 세궁민이 전체 인구의 40%를 넘었던 것이다.

19 『전남사정지』, 867쪽

20 『동아일보』 1933년 5월 28일 「15만 인구에 6만이 窮民, 결식자가 1천 4백여 명, 나주군 3월 말 통계」

나주군에는 영산포를 중심으로 특히 일본인 농장들이 다수 들어와 있었다. 1930년 현재 조선인의 소유 토지는 5,127만 5,950평이었고, 일본인의 소유 토지는 373만 2,905평이었다. 전체 5,500만 8,855평 가운데 일본인의 토지는 6.8%를 차지하였다. 영산면의 경우는 전체 토지면적 5,880정보 가운데 조선인의 토지소유는 1,507정보(25.6%)에 지나지 않았고, 일본인의 토지소유는 4,373정보(74.3%)에 달하였다.[21] 나주에 들어와 있던 일본인 대농장들은 동양척식주식회사 목포지점을 비롯하여, 동산(東山)농장 전남출장소, 가마다(鎌田)산업주식회사 목포지점, 조선실업주식회사 목포지점 등이 있었다. 그밖에도 나주에 1천여 정보의 땅을 소유한 구로즈미(黑住猪太郎)를 비롯하여, 수십 명의 대소 일본인 지주들이 있었다.[22]

나주군에는 조선인 지주들도 상당히 많았다. 370정보를 소유한 허영규(許永奎)를 비롯하여, 200여 정보를 소유한 박정업(朴正業), 100여 정보를 소유한 박봉일(朴奉一) 등 이들 조선인 지주들이 소유한 땅도 상당히 넓었다.[23]

1930년대 일제는 농가경제의 피폐화와 혁명적 농민조합운동의 고양 등 농촌사회의 위기에 대응하여, 그동안의 식량증산 위주의 농정, 지주중심적 농정의 기조를 수정하여 농민도 시야에 넣는 체제안정화 정책을 수립하였다. 1932년의 자작농 창정계획, 같은 해의 「소

21 『동아일보』 1931년 5월 8일 「7할 4분이 일본인 소유」

22 이에 대해서는 한국농촌진흥연구원편, 『농지개혁시 피분배지주 및 일제하 대지주 명부』 「전라북도, 전라남도 지주조(1930년)」 193~194쪽 참조.

23 같은 책, 207~208쪽.

작조정령」과 1934년의 「조선농지령」 등은 그 대표적인 것이었다.[24]

1932년 자작농 창정계획의 실시에 따라 나주군에서도 매년 15호씩 자작농 창정이 이루어졌다. 1934년의 경우 대상 지역은 영산면, 왕곡면, 노안면으로서 매호당 논 4반보, 밭 1반보를 지급하였다고 한다.[25] 1년에 1군당 겨우 15호씩 이루어지는 자작농 창정사업은 이 사업이 생색내기에 불과하였다는 사실을 잘 보여준다.

1934년 10월의 농지령 실시가 다가오자, 지주들은 그동안 미루어 왔던 이작(移作: 소작권의 이동)을 마음대로 할 수 있는 마지막 기회라고 생각하고 이작을 빈번히 행하였다. 나주의 경우 1934년 1월부터 3월까지 3개월 동안 소작권이동이 1천 수백 건에 달하여, 이 가운데 소작위원회에 조정을 신청한 것이 810건에 달하였다.[26]

나주군은 1934년 10월 15일 농지령 실시를 앞두고 이를 준비하기 위한 지주간담회를 열었다. 이 자리에는 10정보 이상 소유 지주 70여 명과 지방교화단체, 각 지방 금융조합이사 등 100여 명이 참석하였다. 이 자리에는 나주군 내무부장, 소작관이 임석하였다. 이 자리에서 나주군 당국은 지주들에게 ①농지령 시행 전에 소작지 관리자를 둔 임대인 또는 소작지 관리자에 대해서는 조사의 정밀을 기하

24 이에 대해서는 정연태, 「1930년대 '조선농지령'과 일제의 농촌통제」 『역사와 현실』 제4호, 1991; 「1930년대 '자작농지설정사업'에 대한 연구」 『한국사론』 26, 1990; 정연태, 『식민권력과 한국농업: 일제 식민농정의 동역학-』, 서울대 출판문화원, 2014; 최은진, 「1930년대 조선농지령의 제정과정과 시행결과」, 한양대사학과 박사논문, 2020 참조.

25 『매일신보』 1934년 9월 23일 「나주군 自作會, 15戶 創定」

26 『조선중앙일보』 1934년 5월 10일 「3개월 작권이동, 물경 천여건, 그중 조사신청은 8백여건, 나주군하의 통계」

여 본령 시행 후에 소작지 관리자 계출의 의무를 다할 것, ②농지령에 소작기간을 보통작물의 경우 3년, 영년작물(永年作物)의 경우 7년으로 한 것은 소작의 최단기간을 정한 데에 불과한 것으로, 법정기간보다 장기에 걸친 당사자의 소작계약을 배제하려고 하는 것이 결코 아니며, 보통작물 5년, 영년작물 10년의 장기 소작기간의 설정을 장려하여 온 취지에 오해가 없도록 할 것, ③농지령 제18조에 규정한 소작 임대차와 경신을 거절하는 것은 임차인이 배신행위가 있어서 도저히 개선의 여지가 없는 자에 한하도록 하고 극력 지도 훈련에 진력하여 자력갱생하게 할 것, ④농지령 실시에 대한 임차인 사이에 소작관계에 대하여 쟁의가 일어날 때에는 가능한 한 군(郡) 소작위원회에 판정 청구를 하는 동시에, 다른 일방에 재판 청구를 하고자 할 때에는 가능한 한 문의를 할 것 등을 주지시켰다고 한다.[27]

『동아일보』 1935년 5월 26일자는 나주지역의 소작쟁의 조정 현황에 대한 취재기를 실었다. 이에 따르면, 지주와 소작인 간의 소작계약이 협정이 잘 되지 않을 때에는 소작위원회에 조정 신립을 하여 판정을 요구하고, 조정이 잘 되지 않아 쟁의로 발전하면 법원에 재판을 요구하도록 되어 있었다. 그런데 1935년 1~5월 사이 나주군 내의 조정 신립은 120건에 달하였으며, 그 대부분은 소작권의 이동과 관련된 문제였다고 한다. 나주군수는 조정 신립이 들어온 경우, 소작인에게 가능한 한 유리하게 판정해주고 있다고 말하였다. 하지만 소작인의 입장에서 볼 때, 조정 신립이나 재판 청구의 경우, 그 비용이 여비를 제외하고도 4원 이상이 들어 부담이 적지 않은 것이 사실이

27 『매일신보』 1934년 10월 15일 「나주 地主懇談會 개최」

었다.[28]

1930년대 전반 일제의 소작정책은 농민들의 불만을 가능한 한 줄여보고자 한 것이었으나, 지주-소작관계나 고율소작료가 그대로 존재하는 한 농촌경제는 어려울 수밖에 없었다.

1930년대 중반 나주지역의 농촌 경제는 더욱 피폐한 상황에 빠져들었다. 그것은 거듭되는 자연재해로 인한 것이었다. 1934년 모내기철을 맞이하여 나주지방에는 한발이 들어 7월 중순까지 모내기를 겨우 5~6할밖에 하지 못할 정도였다. 이에 나주군에서는 각 마을의 산 위에 불을 놓고 기우제를 지내기도 하였다.[29] 그러다가 7월 17일경부터 비가 오기 시작했는데, 이 비는 엄청난 호우로 변하였다. 이 대호우로 인하여 20일 저녁에는 영산강의 수위가 7미터에 달했으며, 이튿날 오전에는 8.7미터의 신기록을 세웠다.[30] 비는 계속 내려서 22일에는 10.4미터를 넘었다. 이에 따라 영산강 유역의 엄청난 가옥과 논밭이 물에 잠기었는데, 영산포의 경우 22일 침수가옥이 6백호에 달하였다.[31] 이 대홍수로 교통과 통신이 두절된 것은 말할 것도 없었다. 비는 24일에 이르러서야 그쳤다.

나주군 가운데 가장 피해가 심한 곳은 나주·영산·금천·왕곡 4개 면으로, 그 중에서도 영산면이 가장 심하였다. 영산포의 경우 시가지의 1,700호 가운데 침수되지 않은 것은 겨우 30호에 불과하였

28 『동아일보』 1935년 5월 26일 「소작쟁의 진원 답사기 ⑦, 나주에서 양재하 발신」

29 『동아일보』 1934년 7월 6일 「나주지방 한발」; 『조선중앙일보』 1934년 7월 17일 「음료수 고갈로 나주인심 極恟恟」

30 『매일신보』 1934년 7월 22일 「영산강 범람」

31 『조선중앙일보』 1934년 7월 23일 「유실 도괴 37호, 침수가옥 2천여」

다.[32] 이재민은 나주 2,500명, 영산면 8,500명 등이었다. 이재민들은 영산포 보통학교와 동산농장에 수용되었다.[33] 나주군 전체로 보면, 논 6,240정보, 밭 1,206정보가 침수되었다. 논의 경우, 나주군 전체의 논 1만 8천여 정보 가운데 약 3분의 1이 침수된 셈이었다. 피해가 가장 큰 영산면의 경우, 영산면 소재 전답 1,600정보 가운데 1,000여 정보가 침수된 것으로 확인되었다. 영산면의 농지는 동척과 동산농장의 땅이 대부분이었지만, 그 소작인은 대부분 조선 농민이었기 때문에 이들에게 미친 영향은 대단히 컸다. 특히 전해인 1933년에도 홍수로 영산강이 범람하여 수확이 3~4할 감소한 바 있었기 때문에 2년 연속 홍수로 인한 피해를 입게 된 셈이었다.[34] 영산면과 함께 큰 피해를 입은 곳은 다시면이었다. 다시면의 경우, 유실 전궤된 가옥이 117호에 달하는 등 이재민이 559호, 3천여 명에 달하였다.[35]

이와 같은 영산강 대홍수로 인한 이재민 발생은 나주군 전체로 볼 때 수만 명에 달하였다. 이는 결국 농민들로 하여금 보금자리를 떠나 방황의 길로 나서게 만들었다. 그해 가을, 나주군에서는 이들 이재민을 구호할 방도가 없어 그들 가운데 궁민을 택하여 만주의 영구(營口)로 농업 이민을 보내게 되었다. 11월 5일 1차로 출발한 인원

32 『동아일보』 1934년 7월 25일 「천칠백호 중에 30호만 구출, 이재민 8천 명」

33 『동아일보』 1934년 7월 26일 「전남 피해」

34 『조선중앙일보』 1934년 7월 31일 「災地를 차저(3) 황무지된 경작지, 소작농 새계 여하, 나주 영산포 대농장 등의 水魔의 극심한 참화」

35 『조선중앙일보』 1934년 8월 12일 「郡, 道의 구제 아니면 3千 生靈은 餓死, 면당국의 구제는 계속 불능, 多侍面 災民 慘情」

은 40호, 241명으로서 이들은 영산포역 등에서 임시열차를 타고 만주로 출발하였다. 1935년 3월 22일에는 왕곡면 주민 가운데 궁민 118명을 뽑아 평남 강서군 신정면 동척농장으로 이주시키는 조치가 취해졌다. 이밖에도 많은 농민들이 가을과 봄 사이에 개별적으로 남북 만주, 혹은 북한 지방으로 떠나갔다고 한다.[36]

나주 농민들의 시련은 이로써 끝난 것이 아니었다. 1935년 봄과 여름에는 큰 가뭄이 찾아왔다. 이는 나주에만 해당되는 것은 아니고 남한 지역 전체에 걸치는 것이었지만, 나주지역은 전해에 큰 흉년을 겪었기 때문에 인심이 더욱 흉흉해지지 않을 수 없었다. 그런 가운데 7월 16일에는 나주군 노안면 일대의 부인들과 나주읍 송월·대호리 부인 500여 명이 모여서 금성산에 일제히 올라가 나팔을 불고 군물을 치고 고함을 지르는 등 일대 소란을 피우면서, 금성산 산정에 있는 묘소 여러 곳을 파헤치는 일이 있었다. 이는 명산에 묘를 쓰면 가뭄이 든다는 속설로 말미암은 것이었다.[37] 이 소동은 다른 면으로 확대되어, 7월 26일에는 영산포 지역의 조선인 부녀자 600여 명이 영산포 뒷산인 노봉(鷺峰)에 올라가 역시 풍물을 치면서 10여개 소의 분묘를 파헤쳤다.[38]

이 가뭄은 8월 초순까지 계속되어 실로 60년 만에 보는 한발이라고 일컬어졌고, 나주지역이 그 가운데에서도 가장 심하여, 8월 초

36 『동아일보』 1935년 3월 25일 「나주 이재민 백여 명, 또 이주, 영산포역은 哭聲 낭자」

37 『동아일보』 1935년 7월 20일 「한발에 따르는 미신, 오백 부녀가 掘塚 소동, 금성산에 묘를 써서 비가 안온다고, 의연 不雨로 인심 흉흉」

38 『동아일보』 1935년 7월 30일 「6백 婦女, 10여墓基 발굴, 미신의 행위만 자꾸 생겨, 영산포의 祈雨 소동」

순까지 모내기를 하지 못한 논이 3천여 정보에 달하였으며, 모내기를 한 논도 물이 없어 모가 고사할 지경에 다다랐다. 면화도 가뭄으로 인한 병이 만연하여 전멸 상태에 이르렀다.[39] 8월 중순 나주군청에서 파악한 피해 정도를 보면, 나주군 총 이앙 예상면적 1만 8천 정보 가운데 7천여 정보를 전연 이앙을 하지 못하였다고 한다. 이와 관계된 농가 호수는 1만 5천여 호에 달하였고, 5만여 명이 시급한 구제를 요하는 형편이었다. 나주군 가운데에서도 문평면과 동강면 일대가 가장 피해가 심하여 우물과 샘의 식수가 고갈되었으며, 문평면에서는 설상가상으로 장질부사와 이질까지 유행하여 사망자가 다수 발생하였다.[40] 이런 상황이었기 때문에 유리도산하는 농민이 급증하지 않을 수 없었다. 나주 인근의 영암 시종면에서는 이해 여름 고향을 떠나 이산한 농가가 200여 호에 달하였다고 하는데, 나주의 각 면에서도 비슷한 상황이 벌어지고 있었다. 이들은 고향을 떠나 광부나 일용노동자가 되거나 유리 도산하는 경우도 많았다.[41]

한재는 1936, 37년, 그리고 39년에도 되풀이되었고, 농민의 이산은 계속되었다. 특히 1939년의 한해는 막대한 피해를 가져와 나주군에서는 지주간담회를 열어 지주들에게 소작료 감면을 지시하지 않을 수 없는 형편이었다.[42] 이에 따라 나주군에서는 이산하는 농민들

39 『매일신보』 1935년 8월 11일 「나주의 旱禍, 음료수도 고갈」

40 『동아일보』 1935년 8월 18일 「赤地의 湖南巡訪, 白畓된 나주평야에는 白鷺만 飛上下, 一郡의 要救濟者 五萬名, 식수 두절, 염병 만연」

41 『동아일보』 1935년 8월 14일 「赤地故土 떠나는 農民, 영암에만 2백호, 우심한 災地는 무안, 함평, 담양, 나주 / 광부, 노동자, 혹은 정처없이 離鄕」

42 『동아일보』 1939년 9월 19일 「旱害 對策 懇談會 開催, 소작료 감면율 결정/ 나주군 백여 지주 초치」

을 북만개척민이라는 이름으로 만주의 북안성 둔강 등으로 보내는 정책을 취하기도 하였다.[43]

이와 같이 1930년대 후반 나주지역의 농촌은 일제의 자작농창정 정책, 농지령 반포, 농촌진흥운동 등에도 불구하고 피폐화하고 있었다. 이에는 앞서 본 대홍수와 가뭄으로 인한 재해가 직접적인 계기가 되었지만, 근본적으로는 소작농 내지 자소작농이 9할이 넘는 생산관계 그리고 고율소작료 하에서 농가경제가 원천적으로 궁핍에 시달릴 수밖에 없는 사정이 있었다. 한마디로 나주지역의 농촌은 극소수 지주와 순자작농을 제외한 대다수의 소작빈농으로 채워져 있었다고 할 수 있다. 이러한 사정은 나주지역의 농민들을 보다 급진적인 성향을 띠게 만들었고, 이러한 성향은 해방 이후 폭발적으로 나타나게 된다고 여겨진다.

전시 지배체제과 나주지역

1931년 9월 만주침략전쟁을 개시한 일제는 조선 내에서도 전쟁 분위기를 형성하기 시작하였다. 나주군에서는 1933년 이러한 추세에 따라 나주국방의회라는 것이 조직되었다. 그 목적은 나주군 주민들에게 국방에 대한 인식을 환기한다는 것이었다. 이를 주도한 것은 나주읍과 나주재향군인분회였다.[44] 이후 영산포와 남평에서도 국방의회가 구성되었는데, 이 단체가 어떤 활동을 폈는지는 확인되지 않

43 『동아일보』 1939년 9월 30일 「拓民先遣隊, 나주서 7명 출발」
44 『매일신보』 1933년 10월 10일 「나주국방의회 조직키로 결정」

는다.

일제가 조선에서 본격적으로 전시체제를 만든 것은 1937년 7월 7일 중일전쟁을 도발한 이후부터였다. 전쟁이 발발한 직후인 이해 9월 나주에서는 중추원 참의 김사연(金思演)의 시국강연회가 있었는데, 이는 나주에서의 전시체제 형성의 신호탄이었다. 1938년 지원병 제도가 발표되면서 나주경찰서는 지원병을 모집하기 시작하였다. 신문 보도에 따르면 1938년 2월 15일 현재 나주경찰서에 지원병을 신청한 사람은 24명이었다고 한다.[45] 이어서 조선인에게도 신사참배가 강요되기 시작하였고, 여기서 기독교의 교회도 예외가 될 수 없었다. 나주지방의 기독교인들은 이에 굴복하고 말았다. 나주군 내 12개 장로파 교회는 1938년 4월 25일 서문정교회에 800여 명의 신자가 모여 신사참배 문제를 논의한 끝에 이에 따르기로 결정하였던 것이다.[46]

전쟁 발발 1주년을 맞이하여 나주읍과 영산포읍에서는 1938년 7월 4일 유지 청년 20여 명을 모아놓고 좌담회를 열었는데, 이 자리는 일본인 나주경찰서장의 시국에 대한 훈시를 듣는 자리였다.[47] 이어서 7월 7일에는 나주읍의 신사 앞에서 '지나사변 발발 1주년 기념식'을 성대히 열었다고 한다.[48]

일제는 중일전쟁에 조선인의 인적, 물적 역량을 총동원하기 위해

45 『동아일보』 1938년 2월 18일 「나주에도 지원병」

46 『동아일보』 1938년 5월 4일 「나주 8백 기독교도, 신사참배를 결의」

47 『동아일보』 1938년 7월 7일 「나주시국 좌담」

48 『동아일보』 1938년 7월 9일 「각지 事變 1주년 기념」

내선일체와 거국일치를 표방하고 국민정신총동원연맹 조선연맹을 1938년 7월에 결성하였다. 이에 따라 나주군에서도 7월 12일 '국민정신총동원 나주군연맹'을 결성하게 되었다. 나주군 연맹의 이사장에는 호소타니 사다루(細谷定), 이사에는 사사키 케이이치(佐佐木啓市) 등 일본인 6명과 정기철(丁基哲) 등 조선인 6명이 선임되었다. 그리고 평의원은 각읍의 면장, 나주·영산포·남평국방의회 지부장, 재향군인회 분회장, 나주·남평 문묘 직원(文廟(향교)直員), 각 학교조합비 이사장 등으로 구성되었다.[49] 호소타니는 금융조합 이사, 사사키는 나주군청의 내무과장이었다.[50] 정기철은 도회의원이었으며, 1938년 구성된 나주상공회의 회장을 맡기도 했다.[51] 나주군 연맹의 결성에 이어 나주읍연맹도 결성되었다.[52] 이어서 면 단위, 정(町) 단위, 동리 단위, 부락단위에까지 연맹이 차례로 구성되었다. 그리고 각 마을에는 애국반이 조직되었다. 1942년 4월 현재 전라남도에서는 252개의 읍면 연맹, 9,003개의 정(町), 동(洞), 리(里), 부락 연맹, 그리고 3만 9,497개의 애국반이 조직되었다. 그밖에도 1505개의 각종 연맹, 그에 소속된 7,009개의 애국반이 있었다.[53]

49 『동아일보』 1938년 7월 20일 「국민정신총동원, 각지 연맹 결성식」

50 『동아일보』 1939년 9월 24일 「나주군 의용단 연합훈련 성황」

51 『동아일보』 1938년 4월 5일 「羅州商工會 役員, 新 役員을 투표 선정」. 그는 다도면 방산리 출신으로, 경찰로 들어갔다가 뒤에 사법서사를 지냈으며, 당시 일본 헌병 馬場과 친분이 있어 그가 만주국으로 가자 그를 뒤따라 만주로 가서 목재상으로 거부가 되었다고 한다. 그는 태평양전쟁 시에는 일제에 비행기를 헌납하기도 하였다. 그의 아들은 만주에서 문관시험에 합격하여 관리 생활을 하였다고 한다. 정기철은 해방 후에 나주읍장을 지내기도 하였다(김용운(1906년생) 증언, 1998. 2. 17).

52 『동아일보』 1938년 8월 20일 「나주연맹 결성식」

53 국민총력조선연맹 『국민총력운동요람』, 31쪽

일제는 전시체제를 갖추어 나가면서 민족운동과 사회운동에 관계했던 이른바 '사상범'에 대한 강력한 통제체제를 마련하였다. 1939년 7월에 만들어진 사상보국연맹이 그것이었다. 나주에서도 1939년 7월 21일 '사상보국연맹 광주지부 나주분회' 발회식이 있었다. 나주 분회장은 나주경찰서장 오노 토라이치(小野虎市)였고, 간사는 가미사토 미(上里實)·김보섭(金普燮)·김종섭(金鍾燮)·나석현(羅碩鉉)·이보연(李福衍)·승흑룡(昇黑龍)·류찬옥(柳贊玉) 등이었고, 고문은 박용현(朴龍鉉)·안형식(安瀅植)·최영철(崔榮哲)·정안민(鄭安民)·허봉길(許奉佶)·무라카미 규헤이(村上九平)·구로즈미 이타로(黑住猪太郎) 등이었다.[54] 간사에 포함된 김보섭은 광주학생운동사건 시 광주고보생으로서 시위의 선두에 섰었다.[55] 김종섭은 영산포 사람으로 약국을 하였다고 한다.[56] 또 나석현은 1933년 세지면 농민야학사건으로 체포되어 대구복심법원에서 징역 2년 집행유예 5년을 선고받은 인물이었다. 그는 이날 발회식에서 참석자를 대표하여 결의문을 낭독하기도 하였다. 승흑룡은 한때 무정부주의자로서 활동하기도 한 인물이었고, 류찬옥은 1929년 광주학생독립운동 당시 나주에서 학생시위를 조직한 인물이었다.[57]

한편 사상보국연맹에 앞서서 1938년 9월에는 방공방첩(防共防諜)

54 『동아일보』 1939년 7월 26일 「사상보국연맹 나주분회 發會」

55 그는 나주군청의 서기였다가 훗날 해남군수를 지낸 김영섭의 동생이었다. 수필가로서 유명한 김진섭도 김영섭의 동생으로서, 이들 형제는 나주군수를 지낸 金冕秀의 아들들이다. 김면수는 안동 출신으로 본관은 豊山(김용운 증언, 1998. 2. 17).

56 이덕선 증언(1998. 2. 17).

57 이 책의 제5장을 참조할 것.

을 표방하는 방공협회(防共協會)와 의용단(義勇團)이 결성되었다.[58] 방공협회 나주지부장은 나주경찰서장 오노 토라이치(小野虎市)였으며, 의용단은 나주·영산포·노안·금천·남평 등지에 구성되어 있었다.[59] 1939년 10월 1일에는 나주경방단(羅州警防團)이 결성되었다. 단장은 무라카미 규헤이(村上九平)로서,[60] 그는 순사로 시작하여 경부가 되어 구례, 함평, 곡성, 나주경찰서장을 거쳐 경시가 된 뒤 퇴직한 인물이다. 퇴직 이후 그는 나주우편소장, 전남제사창고주식회사 사장 등의 지위에 있었다.[61]

일제 말기 전시체제 하에서 그동안 민족해방운동에 참여했던 이들 가운데 나석현·류찬옥 등이 사상보국연맹에 참여하였던 것이 확인된다. 아마도 이들은 반강제적으로 참여하게 되었을 것이다. 그런데, 나주의 민족해방운동을 주도해왔던 이항발·김창용·박준삼·박공근 등은 끝내 굴복하지 않고 사상보국연맹이나 전쟁협력 단체에 들어가지 않았다. 때문에 이들은 계속해서 감시대상이 되었고, 수시로 예비검속 대상이 되어야만 하였다. 해방의 날, 박공근이 나주경찰서 유치장에 있었다는 것은 이를 잘 보여준다.

58 『동아일보』 1939년 8월 17일 「防共協會 1주년, 각지 기념행사 성대」
59 『동아일보』 1939년 9월 24일 「나주군 의용단 연합훈련 성황」
60 『동아일보』 1939년 10월 3일 「경방단 탄생, 각지에서 성대히 조직」
61 『전남사정지』, 893쪽

3. 해방과 인민위원회

건준, 인민위원회의 결성

해방 직후 나주의 상황에 대해서 『나주군지』(1980)의 기록을 요약해보면 다음과 같다.

> 해방의 소식을 들은 나주군민들은 8월 16일 저녁, 거리로 쏟아져 나와 읍사무소 앞과 군청 앞길을 뒤덮었다. 해방이 되었다고 하지만, 완전무장하고 있던 일본 헌병과 경찰은 이들의 시위행렬이 일본인에게 해를 끼치지 않을까 우려하여 시위대와 대치했는데, 한때 서로 몸싸움을 하기도 했지만 점차 시위대는 해산하기 시작하였다. 그러나 일부는 남산공원으로 몰려가 신사(神社)를 불태우고 각 학교의 일장기 게양대와 봉안전을 부숴버렸다.[62]

해방 직전 나주에 살던 일본인의 수가 얼마인지는 정확히 알 수 없다. 다만 1922년 나주군에 거주하는 일본인의 수는 무려 3,320명으로서, 전남에서는 목포, 광주 다음으로 많은 수가 거주하고 있었다.[63] 1930년대 초까지만 해도 이 숫자는 크게 변하지 않았다.[64] 그러나 1930년대 이후 일본인의 지속적인 조선 이민으로 인하여 이 숫

62 『나주군지』(1980), 194~195쪽

63 조선총독부 서무부 조사과, 『朝鮮に於ける內地人』(1924), 10쪽

64 1930년경 나주 거주 일본인은 3425명이었다(『전남사정지』 하, 864쪽)

자는 다소 늘었을 것으로 여겨진다. 이들은 8월 15일 이후 다른 지역의 일본인들과 마찬가지로 세화회(世話會)라는 단체를 조직하여 일본으로의 철수를 서두르게 된다.

한편 8월 20일경 박준삼 등 나주의 민족운동세력은 나주경찰서장 고코로이시 쇼우에몬(心石庄右衛門)을 만나 치안권의 인계를 요구하였고, 고코로이시는 일본인의 생명과 재산을 보호한다는 조건 하에 치안권의 일부를 인계했다. 이에 따라 치안대가 박공근(朴恭根)을 중심으로 나주경찰서 무덕전에서 조직되었다. 치안대는 20대의 건장한 청년들을 중심으로 구성되었다. 이들의 임무는 거리질서 유지와 일본인들의 생명과 재산을 보호하는 것이었다. 치안대가 구성된 지 얼마 되지 않아 건준 나주지부가 발족하였다. 건준의 구성은 위원장에 김창용(金昌容), 부위원장에 박준삼(朴準三) 등이었다. 건준 발족 후에 치안대는 보안서로 이름을 바꾸고 실질적으로 경찰 업무를 수행하였다. 보안서장은 박형배(朴炯培)가 맡았다.[65]

건준 위원장을 맡은 김창용은 1927년 결성된 신간회 나주지회 지회장으로서 나주지방 민족운동의 원로 지도자였다. 부위원장 박준삼은 지주 박정업의 아들로 신간회 나주지회 상무간사를 지냈다. 김창용과 박준삼은 일제하에 조선공산당에 가입한 사실이 없었으며, 해방 이후에도 마찬가지였다. 치안대장 박공근은 한말 나주호장 박차은(朴次殷, 호 尙郁)의 손자로서 1920년대 나주지방의 청년운동, 노동운동을 지도하고, 1929년에는 나주학생시위사건과 관련되어 1년

65 안종철, 『광주·전남지방현대사연구 -건준 및 인민위원회를 중심으로-』, 한울, 1991, 115쪽.

동안 옥고를 치렀다. 박형배는 일제하에서 특별히 민족운동에 종사한 일은 없었으나, 신망이 있는 인물이었다고 한다. 치안대장 박공근이 보안서장 박형배로 교체된 이유는 자세히 알 수 없으나, 아마도 박공근이 일제하의 고문으로 인해 스스로 걷지 못할 정도로 몸이 불편했기 때문인 것으로 보인다.

중앙의 건준이 9월 6일 인민공화국으로 탈바꿈한 이후, 각 지방의 건준은 인민위원회로 역시 바뀌게 되는데, 이 경우 건준에 참여하고 있던 인사들 가운데 특히 우익인사들이 탈락하는 경우가 많았다. 하지만 나주의 경우는 이렇다 할 우익세력이 거의 없었기 때문에 건준의 멤버가 그대로 인민위원회 멤버로 넘어간 것으로 보인다.

미군정의 기록에 따르면 전남지역의 인민위원회는 대체로 다음과 같은 조직을 갖추고 있었다고 한다.

> 위원장, 부위원장, 비서, 재정담당, 군 자문위원회, 각 면과 읍의 자문위원회, 임대위원회, 사회구호위원회, 중학기성위원회, 교육위원회[66]

나주의 인민위원회가 이와 같은 조직을 다 갖추고 있었는지는 알 수 없으나 대체로 비슷한 조직체계를 갖추고 있었을 것으로 여겨진다. 인민위원회 위원장은 김창용이, 부위원장은 박준삼이 맡았다. 그밖에 나주군 인민위원회에 누가 참여했는지는 확실하지 않다. 다

66 "Provincial History: Cholla Namdo post 1945"(NARA 소장 미군정 문서, 이하 "Provincial History"로 줄임), p.88

만 1945년 11월 20일 서울에서 열린 전국인민위원회 대표자 대회에 나주 대표로서 김종섭(金鍾燮)·이태기(李太基)·류찬옥(柳贊玉)이 참석하였다고 하는 것으로 보아,[67] 이들도 나주군 인민위원회의 간부였을 가능성이 높다고 여겨진다.

한편 나주군 건준 외에 나주읍 건준이 따로 있었으며, 군 건준은 김창용이, 읍 건준은 박준삼이 주도했다는 증언이 있는데,[68] 인민위원회의 경우에는 군 인민위원회 아래에 읍·면 인민위원회가 있었던 것이 확실하다. 나주읍 인민위원장은 박준삼이 맡았으며, 부위원장은 정봉호(鄭鳳浩)가 맡았다.[69] 또 미군정 보고서에는 남평에 인민위원회가 있었으며, 그 위원장은 최대룡(최태영?)이었다고 한다.[70] 또 영산포에도 인민위원회가 있었으며, 위원장은 이송문이었다는 기록이 있다.[71] 금천에도 인민위원회가 있었다고 한다.[72] 치안대도 면마다 있었을 가능성이 있다. 예를 들어 남평에는 오동수가 이끄는 치안대가 있었다는 기록이 있다.[73]

67 전남일보 광주전남현대사기획위원회, 『광주전남현대사』1, 실천문학사, 1991, 70쪽.

68 『광주전남현대사』1, 94쪽에 실린 고 최남구옹의 증언

69 정봉호의 이명은 鄭性勉으로, 그는 1894년 동학농민봉기시 나주 수성군을 지휘하여 큰 공을 워 해남군수로 임명되었다가 1895년 단발령을 거부하는 나주 향리들의 의병봉기와 관련하여 체포 처형된 鄭錫珍의 손자였다. 정성면은 1920년대 나주청년회에서 간부로 활동하기도 하였다.

70 『지방미군정자료집』(G-2 Preriodic Report, HQ 6th Inf. Div., Chonju, Korea; 경남대 극동문제연구소편), 제2권, 354쪽, 1945년 11월 30일자 보고; G-2 Weekly Summary(이하 "G-2 Weekly"로 줄임, 한림대아시아문화연구소, 1990), 1945년 11월 27일자 보고

71 G-2, Weekly, 1945년 10월 28일자 보고

72 G-2, Weekly, 1945년 10월 30일자 보고

73 G-2 Periodic Report(이하 "G-2 Periodic"으로 줄임, 한림대아시아문화연구소,

이상에서 본 바를 정리해보면, 나주의 건준과 인민위원회, 치안대 등은 모두 나주의 토착 민족운동세력이 주도하고 있었고, 그들은 주민의 강력한 신임을 얻고 있었다고 볼 수 있다. 그리고 이들 주도 세력은 다소간 진보적 성향을 지니고는 있었지만, 결코 좌익적인 인물로는 볼 수 없는 인물들이었다.

미군이 진주하기 전까지 인민위원회는 지역의 모든 행정기능을 실제로 담당하였고, 또 행정을 위한 재정을 일본인들로부터 빼앗아 마련하고 있었다 한다. 그리고 철수하고 있던 일본인들의 재산은 일단 인민위원회에서 관리하게 되었다. 하지만 미군이 진주한 이후 영산포를 비롯하여 나주군의 일본인 재산은 모두 미군에 의해 접수되었다.[74]

한편 이 시기 나주의 유지들은 나주의 교육 진흥을 위해 교육협회를 조직하였다. 그 위원장은 김창용, 상무는 최남구, 위원은 김창호·김형호·박준삼·이창수·최일숙 등이 맡았다고 한다.[75]

미군정의 인민위원회 해체

미군이 인천에 처음 상륙한 것은 1945년 9월 8일이었다. 이날 미 24군단은 인천의 월미도에 상륙하여 9일 서울에 입성하였다. 미군은 9월 14일 아놀드를 군정장관으로 하는 군정청을 설치하고 군정

1989), 1945년 11월 28일 보고.

74 G-2 Weekly, 1945년 11월 5일자 보고

75 최정기, 「해방 직후 민족교육의 문제 - 나주민립중학교를 중심으로-」『전남사회운동사연구』, 한울, 1992, 205~206쪽

통치를 시작했다. 미군정이 최초로 취한 조치는 한반도 내에서 미군정에 의한 질서와 법을 확립하는 일이었다. 이에 따라 미군정은 아놀드 군정장관의 이름으로 10월 10일 인민공화국을 인정할 수 없다는 성명을 발표했다. 이에 대해 인민공화국의 중앙인민위원회측에서는 인민공화국은 인민의 총의에 의해 만들어진 것이며, 인민공화국은 미군정과 대립할 의사가 없다는 것으로 표명하였다. 하지만 미군정은 인민공화국이 정부로 행세하려 하고 있고, 진보적인 정부를 수립하려 한다고 보고 인민공화국을 부인한다는 성명을 계속 발표했다. 그리고 하지 중장은 12월 12일 마침내 인민공화국의 해산을 명령했다.[76]

전라남도에 미군정부대가 들어온 것은 10월 20일 이후였다. 맨 처음 이 지역에 도착한 미군정부대는 필리핀에서 군정을 담당했던 제33군정중대였다. 이 부대는 10월 22일 광주에 도착하였다. 이어서 다음 날인 23일에는 53군정중대가 광주에, 55군정중대가 목포에 들어왔고, 27일에는 61군정중대가 장흥에, 69군정중대가 순천에 배치되어 들어왔다. 또 약 한 달쯤 뒤인 11월 22일에는 45군정중대가 해남에 도착하였다. 전라남도의 군정 지휘부를 맡은 101군정대는 10월 23일 광주에 도착하였으며, 33군정중대는 이에 통합되었다.[77]

나주지역을 담당한 부대는 장흥에 주둔한 61군정중대였다. 이 부대는 8개 군, 즉 장흥 화순 고흥 완도 보성 나주 강진 광양 등을 맡았다가 광양은 3일 뒤 제외되었고, 11월 15일 45중대가 해남에 도착한

76 안종철, 앞의 책, 164~167쪽

77 Provincial History, pp. 1~3

뒤 강진과 완도군은 45중대의 관할로 옮겨졌다. 이로써 61군정중대 관할은 5개 군으로 줄어들었다.[78]

미군정이 전남에서 가장 먼저 취한 조치는 전남의 모든 시, 군, 면에서 행정을 장악하고 있는 인민위원회를 무력화시키는 것이었다. 미군정은 각 시, 군, 면의 인민위원회가 도 인민위원회의 통제 아래 있다고 보고, 먼저 도 인민위원회를 무력화하여 시 군 인민위원회를 해체시키려는 전략을 구사했다. 11월 3일 전남 군정지사인 린트너 대령은 도 인민위원회에 해산 명령을 내렸다. 그러나 시, 군, 면의 인민위원회는 대부분 개별적으로 만들어진 자생적인 조직이었지 하향식 조직이 아니었다. 따라서 미군정의 전략은 빗나가고 말았다.[79]

또 각 지역의 인민위원회는 각 면 단위까지 뿌리를 내리고 있는 강력한 조직이어서, 당시 미군정의 힘으로 하루아침에 붕괴시킬 수 있는 간단한 세력이 아니었다. 미군정은 일단 세력이 강하고 미군정에 걸림돌이 되는 인민위원회에 대해서 먼저 해산명령을 내렸다. 가장 먼저 해산 조치를 당한 것은 목포 인민위원회였다. 미군정은 11월 15일 목포 인민위원회에 해산 명령을 내렸다.[80] 그리고 11월 16일에는 목포인민위원회의 사무실을 습격하고 20여 명을 연행하는 등 목포인민위원회 탄압에 본격적으로 나섰다.[81] 그러나 목포 인민위원회 세력은 경찰서장직을 비롯하여 군청 관리와 경찰들 가운데 상당수

78 같은 글, p.70

79 안종철, 앞의 책, 172쪽

80 G-2 Periodic, 1945년 11월 15일자 보고

81 G-2 Periodic, 1945년 11월 18일자 보고

를 장악하고 있었고, 또 외곽 단체로서 청년단 등을 갖추고 있어서 결코 쉽게 해체시킬 수 있는 조직이 아니었다. 목포의 경우만 그러한 것이 아니었다. 인근의 영암, 나주, 해남, 그리고 보성, 화순의 경우도 그러한 곳으로 미군정은 지목하고 있었다.[82]

미군정은 목포 인민위원회 세력을 완전히 뿌리뽑기 위해 인민위원회와 그 지원 세력인 청년단, 소비자동맹, 청년동맹 등의 사무실을 1946년 1월 15일 일제히 습격하여 관계자 33명을 연행하였다. 이 가운데에는 전에 치안대장으로서 경찰서장에 임명되었던 임태호와 10명의 경찰,[83] 인민위원회 세력으로 간주되는 행정 관리들도 포함되었다. 이날의 습격을 위해 미군정은 20명의 광주 경찰을 목포에 파견하였으며, 며칠 뒤 70명의 광주경찰이 추가로 파견되어 목포경찰서를 완전히 장악하였다.[84]

나주의 경우도 목포와 비슷하였다. 나주군 인민위원장 김창용은 인민위원회의 투표에 의해 선출, 추천되어 미군정에 의해 초대 군수로 임명되었다. 또 보안서장 박형배는 광주에 주둔한 101군정대의 치안장교로서 도 경찰부장을 맡은 싸이들(B. M. Seidl) 소령에 의해 경찰서장으로 임명되었다.[85] 이러한 조치가 취해진 것은 아마도 나주 인민위원회가 미군정에 비교적 협조적인 태도를 보였고, 또 인민위

82 『지방미군정자료집』 제2권, 24쪽, 1946년 1월 14일자 보고

83 Provincial History, p.28. 치안대장이었던 임태호는 1945년 10월 20일 미군정에 의해 경찰서장으로 임명된 바 있다(Provincial History, p.9)

84 『지방미군정자료집』 제2권, 29쪽, 1946년 1월 16일자 보고; Provincial History, p.28

85 Provincial History, p.71

원회의 세력을 무시하기 어려웠기 때문일 것이다. 군수만이 아니라 읍면장도 읍면 인민위원회의 추천으로 임명되었다.[86]

그러나 이러한 협조적인 관계는 1946년 1월 들어 깨지기 시작했다. 사이들 소령은 광주경찰에 지시하여 나주경찰서의 형편을 염탐하게 하였으며, 광주경찰은 나주경찰이 민간인들에게 무고하게 폭행을 가하고 돈을 강탈하고 있다고 보고하였다. 또 만약 광주에서 경찰이 파견되어 온다면 즉각 인민위원회에 경보를 보내 이들을 동원하여 저항하려는 계획을 갖고 있다고 보고하였다. 경찰은 하지만 미군이 직접 출동한다면 저항은 없을 것이라고 보고하였다. 보고를 받은 미군정은 경찰서장 박형배에게 사직할 것을 명령하였다. 박형배는 이를 거절하였다. 마침내 미군정은 2월 1일 아침 미군헌병대와 광주경찰 60명을 동원하여 나주경찰서, 인민위원회 등을 기습하였다. 미군정은 나주경찰서장(나주에서는 '보안서장'이라고 칭함) 박형배와 나주군수 김창용 등 모두 7명을 체포하였다. 당시의 광경을 한 신문은 다음과 같이 전하고 있다.

> 1946년 2월 1일 오전 10시경 60명의 무장한 전남경찰부 특경대와 싸이들 미군정 경찰부장, 장흥 군정장관이 인솔한 20여 명의 미군 및 헌병들이 합세하여 자동차 2대와 탱크에 분승하여 나주경찰서를 습격한 다음, 다시 인민위원회, 보안서, 청년총동맹, 농민조합 등의 단체를 습격하고, 인민투표에 의해 선출되고 군정청

86 『광주민보』 1946년 4월 30일 「행정에 경험이 없는 읍면장은 자퇴하라. 나주군 주무자의 요망」

> 명령에 의해 임명된 군수 김창용(전 인민위원장), 보안서장 박형배(전 인민위원), 농민조합 책임자 오정근, 보안서원 백홍기·구학신·정종명, 농민조합원 심모, 나주국민학교장 박일섭(익일 석방), 양조장 관리인 박준채 등 8명을 검거하여, 그 자리에서 무수히 구타한 후 도 경찰부로 압송하였는데, 이와 동시에 전기 각 단체에 남아 있는 간부와 구 보안서원 등의 거취를 엄색 중에 있다 하며, 나주읍내는 흡사 계엄상태를 이루고 있다.[87]

김창용과 박형배는 조사를 위해 광주로 이송되었다. 나주의 다른 경찰도 모두 추방되었다. 그 대신 광주에서 간 47명의 경찰이 새로 나주에 배치되었다. 새 경찰서장에 광주에서 온 강인수가 임명되었다. 한편 미군정은 영산포의 경찰서도 습격하여 이를 접수하였다. 그러나 사전에 연락을 받은 지서장과 경찰 9명은 모든 기록을 갖고 도피한 뒤였다. 영산포지서장에는 광주에서 온 정준배가 임명되었다.[88] 남평에도 광주의 경찰 10명이 배치되었다.[89]

나주군수 김창용은 횡령 혐의로 조사를 받았고, 군수직에서 축출되었다. 대신 새 군수로 남계룡이 임명되었다.[90] 남계룡은 함평 출신으로 1915년 판임관 견습시험에 합격, 관직생활을 시작하여 1920년대 나주군청에서 근무하면서 나주청년수양회가 결성되었을 때 문

87 『해방일보』 1946년 2월 26일자

88 『지방미군정 자료집』 제2권, 78~79쪽, 1946년 2월 10일 보고; Provincial History, pp.71~72

89 『지방미군정자료집』 제2권, 95쪽, 1946년 2월 17일자 보고

90 『지방미군정자료집』 제2권, 101쪽, 1946년 2월 21일자 보고

예부장으로 이에 참여한 적이 있었고, 그 이후에는 1931년 함평군수, 1936년 곡성군수, 1939년 광산군수를 지낸 인물이다.[91]

목포와 나주에서 일어난 일은 이즈음 영암, 완도, 보성, 화순, 영광, 함평 등지에서도 거의 같은 양상으로 반복되었다. 미군정은 2월 10일경 전라남도 각 군의 군수들의 정치 성향을 분석하면서, 17명의 군수들이 한민당의 멤버이고, 단 3명만이 인민위원회 소속이며, 나머지 4명은 양다리를 걸치고 있는 기회주의자라고 분석하였다.[92]

미군정의 나주경찰과 군청의 재조직은 인민위원회의 영향력을 크게 약화시켰다. 또 인민위원회는 이제 더 이상 공개적인 활동이 불가능한 상황이 되었다. 여기서 주목할 것은 나주의 경우 인민위원회가 강제 해체되는 상황이 빚어졌음에도 불구하고 이렇다 할 저항이 없었다는 점이다. 목포의 경우에는 광주에서 온 경찰에 대해 약간의 저항이 있었다. 하지만 나주에서는 별다른 저항이 없었고, 또 남평에서는 인민위원회와 농민조합을 자진 해산하는 일까지 일어났다.[93] 이는 당시 좌익세력이 아직은 미군정과 정면 대립하는 상황을 피하고 있었던 것과 관련이 있는 것으로 보인다. 하지만 토착적인 민족운동세력이 밀려나고, 외부인들이 들어와 지배하는 상황이 되었을 때, 그들이 미군정에 대해 갖는 저항감은 대단하였을 것이다.

미군정의 탄압이 있었지만, 인민위원회가 완전히 해체된 것은 아니었다. 인민위원회는 지하에 잠복하여 활동을 계속하고 있었다.

91 안용식편, 『한국행정사연구(1920년~1954년 8월까지의 한인관료의 임면상황)』 2, 대영문화사, 1994, 88~89쪽.

92 『지방미군정자료집』 제2권, 85쪽, 1946년 2월 11일자 보고

93 『지방미군정자료집』 제2권, 95쪽, 1946년 2월 17일자 보고

3월 21일 나주 경찰은 미군정 당국 대신에 인민위원회와 농민조합에 세금을 내라고 촉구하는 포스터를 붙이고 있던 2명을 체포하였다고 보고하였다. 이로 미루어 인민위원회는 여전히 지하에 존속하고 있었다고 여겨진다.[94]

한편 인민위원회의 추천으로 임명되었던 군수 이하 읍면장이 미군정에 의해 교체된 이후, 이들 교체된 인물들이 행정 경험이 없고, 편당적 행동을 하는 경우가 있어 업무상 지장이 많다는 불만이 언론에 의해 제기되기도 했다.[95]

좌익의 강세와 우익의 약세

1946년 들어 좌익세력은 미군정의 탄압과 신탁통치 파동 이후 우익의 공세에 맞서기 위해 좌익세력을 하나로 묶어 활동하는 방향을 모색하고 있었다. 그 결과가 '민주주의민족전선'의 결성이었다. 1946년 2월 15일 서울에서는 민전이 결성되었다. 민전은 조선공산당을 비롯하여, 조선인민당, 독립동맹, 전평, 전농, 청년총동맹, 부녀총동맹, 조선문학가동맹, 재외동포단체, 협동조합, 중앙인민위원회, 반파쇼 공동투쟁위원회, 천도교청우당 등 좌익계 29개 정당·사회단체가 연합하여 좌익통일전선체로서 결성된 것이었다. 2월 15일의 민전 결성대회에 전남에서는 14명의 대표가 참석하였는데, 나주 대표

94 『지방미군정자료집』 제2권, 177쪽, 1946년 3월 25일자 보고

95 『광주민보』 1946년 4월 30일 「행정에 경험이 업는 읍면장은 자퇴하라, 나주군 주무자의 요망」

는 없었다.[96]

미군정의 보고에 따르면, 나주에서는 3월 초 인민위원회, 농민조합, 그리고 청년동맹이 하나로 통합되었다고 한다. 이는 아마도 민전 나주지부의 결성을 의미하는 것으로 보인다. 나주만이 아니라 함평에서도 같은 일이 있었다.[97] 또 목포에서는 3월 10일 목포극장에서 485명이 참석한 가운데 민전 결성식이 열렸다.[98]

나주 민전의 위원장은 박일섭이 맡았다. 그는 일제시기 금천면에서 국민학교 교사 생활을 하였으며, 해방 이후 나주국민학교 교장을 맡았고, 미군정에 의해 학교에서 축출된 뒤 조선인민당 나주군당 위원장을 맡고 있었다. 여운형 계열인 조선인민당의 부위원장은 최남구(崔南九)였다.[99] 최남구는 1925년 사상단체 효종단에 참여하였고, 같은 해 나주노농공영회 집행위원, 나주청년회 집행위원, 1926년에 나주노농연맹 집행위원 등을 지내는 등 청년운동과 노농운동에 종사한 인물이었다.[100]

나주 민전의 주요 인물로는 그밖에 최일숙, 류찬옥, 이순채 등이 있었다. 이들은 나주의 조선공산당 조직을 이끌고 있었던 것으로 보인다. 최일숙은 광주 출신으로 어려서 지주(500석 이상)인 부모를 따라 나주로 이사를 와서 성장했다. 그는 동경에서 게이오대학을 다니면서 노동운동에도 관계하였으며, 일본공산당에도 가입한 적이 있

96 『광주 전남현대사』 1, 328쪽

97 『지방미군정자료집』 제2권, 124쪽, 1946년 3월 4일자 보고

98 『지방미군정자료집』 제2권, 135쪽, 1946년 3월 10일자 보고

99 최남구 증언(1991년 8월 1일)

100 이 책의 제5장 참조

다고 한다.[101] 1945년 11월에 개교한 나주민립중학교 교장을 지냈으며, 민전과 조선공산당에서 활동한 것으로 알려졌다. 최일숙은 6월 10일경 나주 경찰에 체포되어 조사를 받았다. 경찰은 그가 나주경찰과 미군정에 의해 임명된 관리들에 대한 불복종운동을 조직하려 하였다는 혐의로 그를 체포하였다고 한다.[102] 이순채는 나주의 미곡상으로 유명했던 이기성의 아들이며, 광주학생운동의 도화선이 된 나주역사건의 주인공 이광춘의 이복 동생이었다. 최일숙과 이순채는 1947년 월북하였다고 한다.[103] 김창용·박준삼·박공근 등 인민위 상층부가 탄압을 받으면서 이들 중간 세대가 전면에 나섰고, 결과적으로 나주의 토착세력은 급진화한 셈이 되었다.

민전 결성 얼마 뒤인 4월 7일 나주청년동맹은 '나주민주청년동맹'으로 조직을 개편하였다. 이날 나주극장에서 열린 결성대회에는 남녀 청년 300여 명이 참석하였다.[104] 나주 민청은 이후 각 읍면 단위로 분회를 결성하여 기반을 강화하였다.[105] 나주읍 민청위원장은 박상현이었고,[106] 영산포 민청위원장은 박병래, 다시면 민청위원장은 임윤택(林潤澤)이었다.[107] 나주 민주청년동맹은 1946년 4월 20일 나주경찰서장이 주도하여 일제가 남긴 신사주(神社柱) 등 유물을 모두

101 최정기, 앞의 글, 207쪽

102 『지방미군정자료집』 제2권, 362쪽, 1946년 6월 19일자 보고

103 최정기, 앞의 글, 210쪽

104 『광주민보』 1946년 4월 12일, 「나주민주청년동맹 결성」

105 『광주민보』 1946년 6월(일자 미상), 「민주주의의 전위대, 광주 민청 분회 결성」

106 박상현은 민전 위원장인 박일섭의 아들이었다.

107 임윤택 증언(1991년 8월 1일)

모아 매장하는 행사에 참여하는 등, 관이나 경찰측과도 비교적 우호적인 관계를 유지해나갔다.[108] 그러나 이러한 우호적인 관계는 그리 오래 가지 않았다. 6월 10일 민주청년동맹 회원 20여 명은 경찰에 의해 체포되었다. 그것은 이들이 나주 경찰을 비난하고, 다른 청년들로 하여금 무력으로 청년동맹에 가입하도록 강요하였다는 이유에서였다.[109]

나주 민전의 또 하나의 기반은 나주부녀동맹이었다. 해방 직후 나주에는 나주부인회가 있었는데, 이를 부녀동맹으로 개편한 것이었다. 부녀동맹의 결성대회는 1946년 5월 28일 전 나주청년회관에서 있었다. 이날 대회에는 각 면 대표 외에 600여 명이 참석하였다고 한다. 이날 대회에서는 집행위원장에 임점○(任點○), 부위원장에 이경순(李敬順)·김정옥(金貞玉)이 선출되었고, 집행위원에는 나경순(羅敬順) 외에 30여 명이 선출되었다.[110]

이외에도 나주농민조합이 있었으며, 책임자는 자세히 알 수 없으나, 1945년 12월 8일 전국농민조합총연맹 결성대회에 나주군 대표자로 이홍득(李烘得)이 참석하였던 것으로 보아 그가 대표자였을 것으로 짐작된다.[111]

나주 민전은 미군정 당국이나 군청과 비교적 원만한 관계를 유지하였으나 1946년 8월 15일 민전주최 해방 1주년 기념식을 당국에서

108 『광주민보』 1946년 4월 20일 「나주경찰서장 주최로 왜적의 유물을 매장, 전남에서 처음 보는 행사」

109 『지방미군정자료집』 제2권, 362쪽, 1946년 6월 19일자 보고

110 『광주민보』 1946년 6월 일자 미상, 「나주청년회관에서 부녀동맹 결성」

111 「전국농민조합총연맹 결성대회 회의록」『한국현대사자료총서』 12, 559쪽

인정하지 않았고, 민전도 읍 주최 기념행사에 산하단체와 함께 일체 참석하지 않기로 결의함으로써 관계가 악화하기 시작하였다.[112]

한편 1946년 봄에 들어서면서 미군정의 지원을 받아 우익 세력도 서서히 기지개를 켜기 시작하였다. 우익단체로서 가장 먼저 조직된 것은 독립촉성국민회 나주읍지부였다. 독촉 나주읍지부의 구성 시점은 1946년 3월경이었던 것으로 보인다.[113] 독촉은 본래 이승만이 1945년 10월 16일 귀국하여 23일 '독립촉성중앙협의회'를 구성한 것이었는데, 1946년 2월 28일 김구의 '신탁통치반대 국민총동원 중앙위원회'와 통합하여 '대한독립촉성국민회'로 발전한 것이었다. 나주에서는 해방 직후 이렇다 할 우익세력이 없었고, 인민위원회가 대세를 장악하고 있는 가운데 한국민주당은 나주에 발을 붙이지 못하였다. 이제 인민위원회가 미군정의 탄압을 받고 세력이 약화되는 상황에서 독촉지부가 나주에 들어온 것이다. 독촉 나주지부의 초대 회장은 김영섭(金暎燮)이었으며, 총무·조직·선전·재정·감찰·청년·부녀 등의 부서를 두었다고 한다.[114] 김영섭은 1914~1922년 나주군수를 지낸 김면수(金冕秀)의 아들로서, 1920년 나주청년수양회 회계, 193년 나주청년회 총무를 맡기도 했다. 1924년부터 1934년까지는 나주군청에 속(屬)으로 근무했고, 1935년 이후 장성군 내무과장을 거쳐 1943년 해남군수가 되었다. 광주학생독립운동에 참여한 김보

112 『동광신문』 1946년 7월 19일 「나주 경축행사에 民戰에서 거부 성명」

113 『광주민보』 1946년 4월 4일자 기사를 보면 "나주읍 中協지부는 결성된 지 한 달 운운"하는 대목이 있다. 『나주군지』(1980)에서는 독촉 나주군지부가 결성된 것을 1946년 10월로 보고 있으나 이는 착오로 보인다.

114 『나주군지』, 197쪽

섭의 형이다.[115] 나주읍지부는 정(町)·동(洞)·리(里)에 분회를 두고 있었는데, 3월 30일 열린 정·동·리 분회장 회의에서는 지부장이 다른 위원들의 의견을 무시하고 자신의 의견만을 고집함으로써 '독재적'이라는 비판을 받았고, 위원장의 독단에 반발하여 선전부장이 사임하는 등 분란이 잇따랐다.[116] 나주 독촉지부 산하에는 대한독립촉성전국청년연맹 나주지부(위원장은 梁相廈, 2대는 김자명)가 있었다.[117] 또 영산포에서도 독촉청년연맹 영산포지부가 4월 30일 결성되었는데, 지부장에는 이영철(李永鐵)이 선출되었다.[118]

1946년 여름까지 나주에서 결성된 우익 단체는 독촉과 그 산하의 독촉청년회연맹이 전부였다. 독촉 외에 우익 정당세력이 본격적으로 나주에 들어온 것은 1947년 2월 조선민족청년단이 결성되고, 5월에 한민당 준비위원회가 결성되는 등 1947년 이후가 되어서였다. 이렇게 볼 때, 1946년 가을에 이르기까지 나주에서는 좌익이 여전히 우세하고 우익은 미약하여 아직은 좌우 대립이라고 할 만한 정세가 형성되어 있지 않았다고 할 수 있다. 따라서 당시 나주의 정세는 미군정과 토착적인 좌익세력 간의 대립이었다고 할 수 있다. 미군정은 1946년 6월경부터 민주청년동맹 등 민전 산하 좌익세력에 대한 탄압을 시작하였다. 하지만 나주의 좌익세력은 아직은 미군정과 정면 대결하는 것을 가능한 한 피하고 있었던 것으로 보인다. 그해 8월

115 『조선총독부직원록』 각년판; 고판봉 증언(1998. 2. 13)

116 『광주민보』 1946년 4월 4일 「팟쇼는 패전이다. 羅州 中協은 분열」; 「우리 지부장은 모든 것이 팟쇼다. 선전부장 金氏談」

117 『나주군지』, 197쪽

118 『광주민보』 1946년 4월 7일(음력) 「영산포 韓獨靑年 지부장에 이영철씨」

15일 화순의 탄광노동자들의 광주시위 강진 농민들의 강진경찰서 앞 시위, 보성 율어에서의 소요 등이 있었지만,[119] 나주 주민들은 침묵을 지켰다.

4. 1946년 11월 봉기

나주지역 11월 봉기의 경과

나주의 11월 봉기는 10월 하순경부터 그 조짐이 나타나기 시작하였다. 이 때는 대구에서 시작된 10월 봉기가 경상북도와 경상남도를 휩쓸고 이어서 전남지역으로 파급되리라는 것이 공공연히 예측되고 있던 시점이었다.

미군정은 우선 나주의 잔여 인민위원회 세력에 대한 탄압에 나섰다. 10월 24일경 경찰은 15명의 인민위원회 멤버들을 적산관리 위반 혐의로 체포하였다.[120] 이는 나주지역 좌익세력의 거센 저항을 불러오는 신호탄이 되었다. 이 사건이 있은 직후 나주에서는 '남조선반제동맹'의 이름으로 된 전단이 뿌려졌다. 그 내용은 남한의 열악한 사정, 폭동과 소요는 미군정과 경찰 때문에 일어났다고 주장하고, ①남조선에서 미군정을 철폐하고, 행정권을 인민위원회로 양도하라, ②강제적인 식량공출을 중지하라, ③경찰 내부의 친일파와 악질

119 『지방미군정자료집』 제2권, 503-510쪽, 1946년 8월 15일-19일 보고
120 『지방미군정자료집』 제2권, 748쪽, 1946년 10월 25일자 보고

분자들을 쓸어버리자고 주장하는 것이었다.[121] 같은 시기 광주에서 남조선노동당의 이름으로 나붙은 포스터도 ①우리에게 쌀을 달라, 우리에게서 쌀을 빼앗아가는 반동적인 경찰은 물러가라, ②미군정의 기아정책에 절대 반대한다는 주장을 담고 있었다.[122]

전남지역의 10월 봉기는 목포에서부터 시작되었다. 10월 31일 아침 목포의 군중은 시내 여러 곳의 파출소를 습격하였고, 목포전화국 교환수들은 파업에 들어가 모든 통신이 끊겼다. 오전 10시 반 약 2천여 명의 학생들이 목포경찰서 앞으로 시위행진을 하고, 목포경찰서장의 처형을 요구하였다. 이날 목포의 시위는 광주에서 경찰병력이 추가로 파견되어 군중을 해산시킴으로써 진정되었다. 같은 날, 목포 인근의 무안의 몇몇 경찰지서가 습격을 받았다.[123]

다음 날인 11월 1일 시위가 파급된 곳은 나주와 함평이었다. 그 가운데에서도 나주의 시위는 그 규모가 대단히 컸다.[124] 10월 31일 밤부터 이튿날 새벽까지 나주 인근의 산에서는 북소리가 울렸다. 이는 군중을 모으는 신호였다. 11월 1일 아침 각 마을에서 30명 혹은 40명씩 모인 군중들은 미리 약속된 집회장소로 이동하여 더 큰 군중을 형성하였다. 오전과 오후로 나뉘어 전개된 나주 봉기는 오전에는 각 면의 지서 습격으로 주로 진행되었고, 오후에는 영산포지서와

121 같은 책, 759쪽, 1946년 10월 28일자 보고

122 위와 같음

123 같은 책, 773~774쪽, 1946년 10월 31일자 보고.

124 이하 나주지방의 11월 1일 봉기에 대해서는 『한성일보』 『동아일보』 11월 3일자 기사와, 『지방미군정자료집』 제2권, 778~782쪽, 그리고 "Cholla - South Communist Uprising of November 1946"(「전라남도 공산주의자들의 11월 봉기」, 미국 NARA 소장)을 참조하여 정리하였다.

나주경찰서 습격으로 전개되었다.

오전의 각 지서 습격을 살펴보면 다음과 같다.

① 다시 지서 : 미군정의 보고서에 의하면 상황은 다음과 같다. 11월 1일 다시에서는 400 내지 500명의 군중이 아침 8시 30분(오전 6시라는 보고도 있다), 지서를 습격하여, 경찰서를 장악하고 경찰관 4명을 결박하였다. 그러나 그들에게 폭행은 없었다. 지서의 전화선은 절단되었다. 15명의 경찰이 나주서로부터 파견되어 도착하였으며, 군중은 이들을 공격하였다. 이에 경찰은 군중을 향해 발포하였으며, 여기서 군중 1명이 죽고 1명이 부상당하였다. 그리고 묶여 있던 경찰들은 풀려났다.
그러나 이 봉기에 참여한 임윤택의 증언에 의하면 이날 새벽 별동대 30명(대장은 임종현)이 지서를 습격하여 전화선을 끊고 총을 압수하여 무장 해제시킨 뒤에 당시 지서장 등 경찰을 영동리 팔현사 서원으로 납치해놓았다고 한다. 이는 경찰과 충돌을 막고 평화적인 시위를 하기 위한 것이었다고 그는 주장한다. 별동대를 선두로 다시면 농민 수백 명이 머리에 흰 수건을 두르고 민청가를 부르면서 흑암에서 집결하여 나주로 진출하려 하였을 때 나주경찰서에서 경찰 15명이 파견되어 팔현사 서원을 포위하고 총을 쏘아서 별동대장인 임종현이 사망하고 군중들은 흩어졌다고 한다.[125]

125 임윤택 증언(1991년 8월 1일). 임윤택은 화순 이양으로 도피하였다가 한 달 뒤 붙잡혀 나주로 이송되었다고 한다.

『동아일보』는 이날 아침 7시 30분 약 200명의 군중이 다시 지서를 습격하여 소총 1정, 탄환 5발, 전화기 등을 강탈해갔으나 약 5시간 뒤 일상이 복구되었다고 보도하였다.

② 고막원지서 : 『동아일보』에 의하면, 11월 1일 오전 8시 약 700명의 군중이 고막원지서를 습격하여 접전 후 겨우 해산시켰는데, 군중 2명이 사망하였다고 보도하였다.

③ 반남지서 : 미군정 보고서에 의하면 상황은 다음과 같다. 반남면에서는 오전 10시 숫자 미상의 군중이 경찰지서를 습격하여 3명의 경찰을 결박하고 3정의 소총을 탈취하였다. 경찰 3명 가운데 2명은 군중들에 의해 납치되었으며, 1명은 결박당한 채 지서에 남겨졌다. 군중들이 탈취한 3정의 소총과 탄약은 인근 마을에 묻혀 있다가 11월 4일 경찰에 의해 회수되었다.

『동아일보』는 1일 오전 8시 30분 다수한 군중이 지서를 습격하여 소총 3정, 탄환 15발을 탈취하였고, 경관 1명이 납치되고, 2명이 행방불명되었다고 보도하였다.

④ 세지지서 : 『동아일보』의 보도에 의하면, 1일 오전 10시 30분, 약 1천 명의 군중이 습격하여 지서원 전원이 감금되었으나, 응원대의 출동으로 구출되었다고 한다.

⑤ 동강지서 : 1일 오전 10시 10분, 약 1천 명의 군중이 습격하여 지서원은 모두 피신하였다고 한다.

⑥ 문평지서 : 미군정 보고서에 의하면, 문평면 운봉리에서는 숫자를 알 수 없는 군중이 오전 10시 지서를 습격하여 3명의 경찰을 납치하였으며, 1정의 소총과 10발의 탄약을 탈취했다고 한다. 납치된 경찰관은 곧 풀려났다.

> 이날 오전 각 지서 습격 시 군중은 목봉, 죽창 등으로 무장한 경우도 있었던 것으로 보인다. 또 일부 군중은 지서 습격 후에 면사무소도 습격하여 공문서 일부를 훼손한 경우도 있었다. 공산면의 경우가 그러하였다.[126]

이같이 오전에 각 면에서 봉기한 군중들은 점심때가 되면서 영산포와 나주읍 방면으로 몰려들기 시작했다. 우선 영산포 방면으로는 남쪽의 다시와 고막원 쪽 군중들이 영산포역을 지나 영산포 구 다리를 건너 북쪽에서 영산포 지서 쪽으로 밀려들어왔다. 한편 동강·공산·왕곡면의 농민들은 반남·세지면의 농민들과 왕곡면에서 만나 영산강의 지류인 지금의 새끼내 다리를 건너 남서쪽으로부터 영산포지서 방향으로 진출했다. 영산포지서 부근에 모인 군중은 약 1,500명이었다. 이들은 영산포지서 50미터 측방까지 접근하였다. 영생당약품 앞 도로에 바리케이드를 친 경찰이 공포를 쏘아댔지만 군중의 기세는 수그러들지 않았다. 다급해진 경찰은 시위 군중을 향해 발포하였고, 10여 명의 군중이 영생당약품 앞 도로에 쓰러졌고, 이에 놀란 군중들이 뿔뿔이 흩어졌다. 이때가 2시경이었다. 같은 시각, 충돌은 영산포 여중 맞은 편 논밭(현재는 상가가 들어섰다)에서도 일어났다. 이곳에는 동강·공산·왕곡·반남·세지면에서 온 군중이 영산포 주민들과 합세하여 약 3천 명이 기세를 올리고 있었다. 경찰은 이

126 『동광신문』 1948년 3월 6일 「나주 소요 주범, 李民浩 기소」 이민호는 공산면 화성리 사람으로 1946년 당시 나이 43세였다. 그는 소요 뒤 도피하였다가 1948년 3월 경찰에 검거되었다.

곳에서도 군중과 대치하다가 발포하여 사상자가 발생하였다.[127]

당시 미군정의 보고에 의하면, 영산포의 군중 3천여 명이 영산포 경찰서를 습격하자, 경찰은 발포하여 군중을 해산시켰으며, 이 과정에서 군중 5명이 죽었다고 한다. 『동아일보』의 보도에 의하면, 이날 하오 3시 약 4,500명의 군중과 충돌하여 접전 후 퇴산시켰으며, 피해는 군중 측에서 사망 9명, 중상 26명, 경상 9명이 있었다고 한다. 이로 미루어보면, 영산포지서 앞의 군중이 1,500명, 영산포여중 앞의 군중이 약 3천 명이 있었고, 지서 앞에서 5명, 영산포여중 앞에서 4명의 사망자가 발생한 것으로 여겨진다.

이날 정오경 나주읍 밖에 모여 있던 군중은 세 무리였다. 하나는 남쪽의 영산포에 모인 4,500여 명의 군중이었고, 또 하나는 북쪽의 문평면과 노안면에서 모여서 금안리를 거쳐 내려오던 1천여 명의 군중이었고, 또 다른 하나는 동쪽의 봉황면과 금천면 사람들이었다.

나주의 사태를 보고받은 광주의 미군정은 20연대 I&R소대의 병력 동원을 요청하여, 선발대로 장교 1명과 사병 8명이 12시 나주에 도착했다. 그리고 광주비행장에서 이륙한 두 대의 C-45기와 한 대의 L-4기가 나주 상공에 나타나 C-45기가 세 곳에 집결한 군중에게 전단을 뿌렸다. 이 전단의 내용은 "①중무장한 미군이 그들을 해산시키기 위해 오고 있는 중이다, ②폭도들은 무기를 내려놓고 즉각 해산하라, ③이 명령에 불복종하는 자는 사형을 언도할 수 있는 군사법정에서 재판을 받게 될 것이다"라는 것들이었다. 금천면 부근에서 비행기가 군중 위로 저공비행을 하며 위협을 가하자, 군중들은

127 『광주전남현대사』 1, 244~246쪽

언덕위로 올라가 비행기를 향해 돌을 던지기도 했다.

미군 비행기의 경고에도 불구하고 군중은 오후 2시 50분경 읍내 중심가로 몰려들었다. 2시 45분 L-4 정찰기는 북쪽의 군중과 영산포에서 온 군중이 나주경찰서 가까이 접근했다고 보고하였다. 미군은 사태의 급박성을 알고 2시 15분 추가병력으로 20연대 3대대의 1개 소총소대(22명으로 구성)와 중화기반(8명), 경화기반(4명), 그리고 60밀리 박격포분대를 광주에서 나주로 급파하였다. 이들 병력은 3시 15분경 나주로 들어가던 도중 나주 동쪽 0.5마일 지점, 원곡리 검은다리(현재는 다리는 없고, 나주-금천 경계표시판이 있음) 앞에서 동쪽 방면에서 나주읍으로 행진하던 군중과 마주쳤다. 미군정 보고서는 이들의 숫자를 300명, 혹은 1천 명으로 다르게 기록하고 있다. 소대장은 이들 군중의 행진을 저지시키고, 그곳에 하사관 1명과 사병 4명을 남겨놓고 나주읍으로 들어갔다. 미군 추가병력이 도착한 것은 3시 20분경이었을 것이다. 이미 군중은 읍내의 중심가를 뒤덮고 있었다. 미군은 나주 동쪽 지점에서 군중을 저지시키고 있던 미군 병력을 경찰병력으로 교체하였다. 이들 미군도 3시 30분경 나주경찰서에 도착하였다. 잠시 뒤 군중들이 경찰서로 몰려들기 시작했다. 이때 경찰은 군중들을 향하여 발포하였다. 이 발포로 군중 가운데 3명이 현장에서 사망하고 다수가 부상하였다. 미군 추가병력이 도착하기 전에 경찰의 발포로 10명이 더 사망했다는 보고도 있다.

오후 4시 30분경 나주경찰서 앞의 군중은 해산되었다. 그러나 이들 가운데 약 3천 명은 오후 5시경 다시 금천에 모여 금천지서를 공격하였다. 경찰은 이에 발포하여 시위군중 4명이 사망하고 다수의 부상자가 발생하였다. 미군 정찰기는 나주 동쪽 3마일 지점에서

10명의 시신을 발견했다고 보고했는데, 이것이 이날 오후 3시경 금천면 쪽에서 나주로 들어오던 군중들을 막고 있던 경찰이 발포하여 희생된 사망자인지, 아니면 오후 5시경 금천면 경찰서를 습격할 때 희생된 사망자인지는 확실치 않다.

『주한미군사』에 의하면, 이날 나주경찰서에 있던 진압병력은 250명의 경찰, 80명의 국방경비대원, 미군 1개 소대 등이었다.[128] 그러나 「전라남도 공산주의자들의 11월 봉기」라는 1946년 12월 31일에 작성된 보고서에는 경찰과 미군병력밖에 없었던 것으로 기록되어 있다 따라서 국방경비대가 있었다는 것은 착오인 듯하다.

한편 이날 오후 5시 15분경에는 목포에서 추가로 파견된 미군 1개 소대가 나주에 도착하였다. 나주경찰서는 11월 5일까지 11월 1일의 나주 봉기사건과 관련된 133명을 체포하였다. 이 가운데 12명은 소년들로서 11월 4일 석방되었다. 같은 날, 133명 가운데 106명이 군사법정에서 1년간 집행유예를 선고받고 석방되었다. 군사법정은 이들이 선동자들에 의해 설득당해 군중에 가담한 것으로 간주하였다. 나머지 15명은 주모자로 간주되었다. 이들은 유죄를 인정받아 4명은 4년 9개월, 1명은 4년 6개월, 1명은 3년, 1명은 2년 6개월, 그리고 나머지 3명은 각각 2년을 선고받았다.[129]

128 『주한미군사』 권3, 360쪽

129 『지방미군정자료집』 제2권, 794쪽, 1946년 11월 5일자 보고

나주지역 11월 봉기의 성격

나주의 11월 봉기는 어떤 성격의 것이었을까. 이를 봉기의 배경과, 조직, 그리고 봉기 양상 등을 통해 살펴보기로 한다.

나주를 비롯한 전남지역의 11월 봉기가 일어난 직접적인 계기가 된 것은 물론 조선공산당측이 그해 경상북도를 발화점으로 하여 경상남도로 확대되었던 10월 봉기를 전남지역으로 확대시키고자 한 의도였다. 조선공산당 중앙에서는 봉기를 경북, 경남, 전남 순으로 확대시켜 나감으로써, 조선공산당의 세력을 과시하고, 이로써 미군정의 조공에 대한 탄압에 맞서고자 하는 구상을 갖고 있었다. 하지만, 다수 군중의 봉기는 단순히 당의 지시가 있다고 해서 가능한 것은 아니었다. 전남 지역의 거의 대부분의 시·군에서 대규모 군중이 참여한 봉기가 일어난 것은 그만한 내재적인 조건이 있었기 때문에 가능한 것이었다고 보아야 한다. 그 조건은 무엇이었을까.

이와 관련하여 먼저 당시 군중들이 내건 요구 사항들을 살펴보자. 미군이 나주로 진입하면서 금천면 방면의 군중들로부터 압수하였다는 깃발과 삐라 등에 실린 요구사항은 다음과 같은 것들이었다. ①입법의원 구성 반대, ②정치범의 석방, ③적산가옥 집세 부과 반대, ④인민위원회에의 권력 이양, ⑤미소공위의 재개, ⑥친일경찰은 물러갈 것, ⑦북한과 같이 토지개혁을 실시할 것, ⑧식량공출을 중지할 것 등이었다.[130] 이들 요구사항에는 정치적인 내용이 많이 들어 있다. 하지만 이 가운데에는 나주와 같은 농촌지역의 주민들이 절감

130 『지방미군정자료집』 제2권, 782쪽, 1946년 11월 2일자 보고

하고 있는 내용들도 들어 있다. 그것은 경찰의 문제, 토지개혁의 문제, 식량공출의 문제였다. 여기서 토지개혁의 문제는 당장의 현안은 아니었다. 현안이 된 것은 나머지 두 가지 문제였다.

미군정 당국은 「전라남도 공산주의자들의 1946년 11월 봉기」라는 보고서에서 전남지역에서 11월 봉기가 가능했던 조건을 이렇게 분석하고 있다.

> 첫째는 농민들이 미군정의 식량공출정책에 대해 일반적으로 갖고 있는 반감이다. 한국의 일반적인 농민들은 무식하고 이기적인 생각에서 그러한 반감을 갖고 있으며, 식량공출을 담당하고 있는 관리들을 불신하고 있는데 이들 관료들은 모두 전직 일본 관리들이었다. 이러한 반대는 전라도가 경상도 지역 등 다른 지역에 비해 더욱 강했다. 왜냐하면 전라남도는 그들 자신이 필요로 하는 것보다 많은 양의 쌀을 생산하고 있고, 따라서 더 많은 양의 곡물이 개별 농민으로부터 공출되어 다른 지역으로 실려 나가기 때문이다. 둘째 조건은 농민이건 도시민이건 일반적인 한국인들이 거의 모두 갖고 있는 경찰에 대한 증오심이다. 이 증오심은 일본체제 하에서부터 전해내려오는 것으로서, 경찰들의 야만적인 행위와 강제적인 하곡수집과정에서 경찰력이 동원됨으로써 그대로 유지되고 있다. 이러한 증오심은 전라남도의 경우가 다른 지역보다 훨씬 강하다. 왜냐하면 좌익들의 인민위원회가 일본의 항복 이후 이곳에서는 다른 지역보다 훨씬 오랫동안 실제적인 권력을 행사하고 있었고, 이들 인민위원회는 미군이 들어와 자신들을 내쫓고 그 자리를 우익으로 채운 데 대해 깊은 반감을 품어왔기 때문이다.

이렇게 볼 때, 나주를 비롯한 전남지역의 11월 봉기의 가장 중요한 내재적 조건이 된 것은 ① 미군정의 식량공출정책 등에 대한 반감, ② 경찰에 대한 증오심이었다고 할 수 있다.

미군정의 식량공출은 1946년 1월 25일 식량난의 해결을 이유로 발표된 '미곡수집령'에 의해 실시되었다. '미곡수집령'의 주요 내용은 다음과 같았다. 첫째, 농가 매호당 1석의 100분의 45인 67.5kg을 상주 가족 인원수대로 백미 또는 현미로 가질 수 있다. 둘째, 그 이상 가지고 있는 경우에는 당국에 내야 한다. 셋째, 수확량과 가족 수, 저장위치, 종자의 수량을 보고해야 한다. 넷째, 보고 작성의 태만, 수집 태만, 명령 없는 반출, 명령 집행의 태만·거부·선동 행위나 협박 등의 법령 위반 시는 엄중 처벌한다. 이와 같은 내용의 법령의 시행은 처음부터 무리한 것으로서 많은 부작용을 낳았다. 우선 도시에서는 여전히 식량 부족사태가 계속되었고,[131] 농촌에서는 군정당국이 시가보다 훨씬 싼 가격으로 강제 공출을 함으로써 농민들의 원성을 야기했다. 심지어는 제대로 보상도 못 받고 강제 공출당하는 사례가 빈번하였다. 또 소작농의 경우, 지주와 반반씩 부담하게 되어 있는 공출을 지주가 소작인에게 전액 전가하는 일이 있어 그 부담이 더욱 컸다.

미곡수집에 대한 농민들의 불만은 비협조로 이어졌다. 따라서 미곡수집 상황은 극히 부진하였다. 1946년 2월 초 전남지역의 미곡 수집 실적은 할당액 가운데 겨우 5.9%에 지나지 않았다. 군정지사에 의해 소집된 군수 회의에서 군수들은 이 계획의 전망에 대해 모두

131 광주·목포·순천은 1946년 봄 극심한 식량부족 사태를 겪었다.

부정적인 견해를 보였다. 이들은 그 가장 중요한 이유로서 식량수집의 방법이 주민의 뜻에 맞지 않고, 조선식량영단의 직원들을 주민들이 신뢰하지 못하고 있다는 점 등을 들었다.[132] 미군정은 이후 강제공출의 강도를 높여 5월 초에는 할당액의 44% 정도, 6월에는 52%까지 끌어올렸다. 이는 다른 지역보다 높은 수치였다.[133] 미군정의 이와 같은 식량공출 과정에는 면사무소의 직원, 경찰관, 그리고 미군까지 동원되었다. 이 과정에서 이들과 농민들 간에 빚어진 마찰은 점차 적대감으로까지 발전하고 있었다. 11월 봉기 이후의 일이지만, 1947년 1월에는 식량공출을 기피한 농민을 체포하러 온 미군에 저항하던 농민이 미군의 총에 맞아 사망한 일이 일어나기도 했다.[134]

미군정에 대한 반감은 식량공출문제만이 아니라 더 근본적으로는 미군정의 토착세력에 대한 탄압으로부터 비롯된 것이라고 할 수 있다. 미군정은 1946년 초 이후 나주의 인민위원회 계통의 군수와 보안서장을 비롯하여 토착적인 자치 세력을 가차없이 제거하고, 그 자리에 외지인들을 앉혀 놓았다. 나주의 주민들은 이와 같은 외부세력에 의한 지배에 대해 강한 반감을 갖게 된 것이다. 1947년 초 미군정 보고서는 나주군에서는 미군정에 반대하는 감정이 매우 높다고 지적하고 있었다.[135]

다음 경찰에 대한 증오심은 그들 가운데 친일경찰 출신이 많았다

132 『지방미군정자료집』 제2권, 88쪽, 1946년 2월 13일 보고 「전남의 식량공출」

133 같은 책, 286쪽, 1946년 5월 13일자 보고; 326쪽, 1946년 6월 3일 보고

134 G-2 Weekly, 1947년 1월 25일자 보고

135 G-2 Weekly, 1947년 1월 29일자 보고

는 것 외에도 그들의 비민주적인 행태에 대한 불만이 많았던 데에서 말미암은 것이기도 했다. 11월 봉기가 있기 직전에 광주의 미군정당국이 정당인, 사업가, 노동자, 샐러리맨 등을 대상으로 여론 조사를 실시한 바에 따르면, 경찰의 자질 개선이 시급하다는 견해가 42%, 경찰은 파시스트적이며 비민주적이라는 견해가 10%, 직무상의 권력을 남용하고 있다는 견해가 10%, 일제하의 경찰 전력이 있는 자는 물러나야 한다는 견해가 10%, 경찰을 싫어한다는 견해가 6%로 모두 90%가 부정적 견해를 밝혔고, 10%만이 경찰을 좋아한다고 답했다.[136]

그런데 나주와 같은 지역사회에서의 경찰에 대한 증오심은 이와 같은 경찰의 행태만이 아니라, 주로 외지에서 온 이들 경찰이 미군정의 대리인이 되어 토착적인 세력이었던 인민위원회를 탄압하는 데 앞장섰던 데에서도 말미암은 것이었다. 또 경찰은 1946년 여름 이후 민전과 민청 등 좌익세력에 대한 탄압을 본격화함으로써 토착세력과의 갈등은 더욱 깊어졌다.

위와 같은 내재적인 원인 외에도 당시의 전국적인 정치 정세 또한 봉기의 객관적 조건으로 작용하였다. 그것은 미소공위의 중단과 남한 단독정부 수립론의 대두, 미군정의 조선공산당에 대한 탄압 개시, 입법의원 선거의 실시로 인한 정세변화 가능성 등이었다.

다음 나주의 봉기 양상과 관련하여 몇 가지 주목할 만한 것이 있다.

첫째, 다수의 군중들이 매우 조직적으로, 그리고 계획적으로 행동하였다는 점이다. 군중들은 각 마을에서 30 내지 40명 단위로 모여

136 『지방미군정자료집』 제2권, 762쪽, 1946년 10월 28일자 보고

다시 중간 집결지점에서 합류하는 형식으로 1천 명 이상의 군중을 형성하였다. 그리고 이 과정에서 각 면의 경찰지서를 장악하여 경찰을 무력화시켰다. 그런 다음 그들은 동쪽과 남쪽, 북쪽 방면으로 나누어 각 지역별로 군중을 형성하였다. 이후 남쪽의 군중 4,500여 명은 영산포 지서 인근지역에 집결하여 대규모 시위를 전개하면서 세를 과시하였다. 다음 그들은 3시가 넘어서자 일제히 나주읍내로 몰려들었다. 이는 사전에 치밀한 계획이 있었음을 보여주는 것이다.

이렇게 전체적으로 약 8천여 명의 대규모 군중을 조직적으로, 그리고 계획적으로 동원할 수 있었던 것은 이전의 읍, 면 단위 인민위원회, 혹은 민전의 산하 조직이 아직도 강한 영향력을 갖고 있음을 보여주는 것이었다. 당시 이 봉기에 참여한 이들의 증언에 따르면, 민주청년동맹이 중심세력이었다고 말한다. 당시 민청은 민전의 가장 강력한 산하단체였고, 또 조선공산당의 가장 강력한 외곽조직이기도 했다. 당시 이 봉기에 참여한 임윤택의 증언에 따르면, 조선공산당의 중앙으로부터 봉기에 대한 지시가 있었고, 이 지시가 도당과 군당을 거쳐 하달되었다고 한다. 다만 각 군의 봉기는 사정에 따라 날짜와 시간, 동원 인원 등을 정하도록 하였다는 것이다.[137]

둘째, 군중의 시위 목표가 주로 경찰서와 지서로 설정되어 있었다는 점이다. 공산면의 경우 면사무소가 습격을 받았지만, 다른 곳에서는 면사무소 습격은 확인되지 않는다. 이로 미루어보아 주도세력은 미군정의 하부 행정기관인 군청이나 면사무소 습격을 가능한 한 피하고 있었던 것이다. 이는 군중들의 불만이 경찰에 집중되고 있음

137 임윤택 증언(1991년 8월 1일)

을 반영한 것임과 동시에, 미군정과 직접적인 대결을 하는 것을 피하고자 한 것이기도 했다. 시위 군중도 미군에 대해서는 일절 공격하는 일이 없었다.

셋째, 군중은 비교적 평화적인 시위를 하고자 했다는 점이다. 군중들이 몽둥이 등을 들고 각 지서를 습격하여 지서원들을 결박하는 등의 일은 있었지만, 이는 타 지서와의 연락을 단절하기 위한 것이었다. 또 지서의 경찰들도 군중에 의해 결박당하고 납치당하기는 했지만 구타를 당한다든가 하는 일은 거의 없었다. 또 시위 군중 가운데 일부 깃발과 몽둥이 등을 든 이도 있었지만, 대부분은 맨손으로 시위에 참가하였고, 영산포 경찰서나 나주 경찰서 앞 시위 때에도 투석 등은 전혀 없었다. 미군정과 경찰은 평화적인 시위임에도 불구하고 다수 군중의 위력에 놀라 발포하여 사상자가 발생한 것이었다. 이는 마치 1919년 3·1운동 때의 모습과 비슷한 것이었다.

이상에서 살펴본 바를 종합해보면, 나주의 11월 봉기는 미군정의 토착세력 탄압과 식량공출 등 미군정의 지배정책에 대한 주민들의 저항, 그리고 미군정의 대리인격인 경찰에 대한 저항의 성격을 지닌 것이었다고 할 수 있다. 따라서 이는 '폭동'의 성격을 지닌 것이라기보다는 '저항운동'의 성격을 지닌 것이었다고 할 것이다.

나주 봉기 이후 11월 3일부터 광주·화순·무안·장성·영광·해남·강진·영암·장흥·고흥·함평·보성 등지에서 연이어 일어났다. 이들 지역에서의 봉기 양상도 대체로 나주의 경우와 비슷하였으며, 구호도 대체로 비슷하였다. 다만 해남·고흥 등 일부 지역에서는 봉기 양상이 훨씬 격렬하여 지서 방화나 경찰 살해 등이 잇따랐고, 이에 대한 경찰의 보복도 격렬하였다.

5. 1947년 이후 우익의 득세와 좌익의 저항

우익 중심의 세력 개편

1946년 11월 봉기 이후 1947년에 들어서도 미군정·경찰과 좌익 세력간의 충돌은 계속되었다. 전남의 좌익세력은 1947년 5월 1일 메이데이를 기해 총궐기를 계획하였다. 그러나 좌익 지도자들에 대해서는 이미 총검거령이 떨어져 있는 상황이었다. 해남·장흥·영암·나주의 좌익 지도자들은 장흥의 천관산에 모여 시위 계획을 세웠다고 한다.[138] 5월 1일, 전남지방에서는 13개 시군에서 시위가 발생하였다. 나주에서는 300명의 군중들이 왕곡면 지서를 공격하였다. 경찰은 발포하여 군중을 해산시켰으며, 이 과정에서 군중 1명이 부상을 입었고, 17명이 체포되었다.[139] 이날 시위는 1946년 11월 1일의 시위에 비해서는 규모가 작은 것이었다. 이날 광주에서 있었던 시위에서는 군중들이 반군정, 반경찰 깃발과 쌀 배급을 늘리라는 깃발을 들고 행진하였다고 한다.[140]

좌익의 시위는 7월 27일 '미소공위 경축 임시정부 수립 촉진 인민대회'로 이어졌다. 당시 남로당은 제2차 미소공위가 재개되는 때에 맞추어 전국에서 이를 경축하고 임시정부 수립을 촉진하는 시위를 벌이기로 한 것이다. 전남지방에서는 광주·순천·목포·나주 등

138 G-2 Weekly, 1947년 4월 25일자 보고

139 G-2 Weekly, 1947년 5월 1일자 보고

140 위와 같음

지에서 집회가 있었다. 나주에서는 나주 동쪽 3마일 지점의 평요리라는 마을에서 약 1천여 명의 군중이 모여 집회를 열었다고 한다. 경찰은 이들에게 공포탄을 쏘아 강제 해산시켰으며, 사상자는 없었다. 체포된 이도 없었다는 것으로 보아, 평화적인 시위에 그쳤던 것으로 보인다.[141] 이날 반남면 신촌리에서도 김용문(金用文)·박경립(朴敬立)·이건배(李建培)·강규석(姜圭碩)·정홍림(鄭洪林) 등 5명이 주동이 되어 농민 수백 명을 신촌면 뒷산에 모아 집회를 열었다. 이에 반남면 지서와 영암 신북면 지서의 경찰이 현장에 출동하여 공포를 쏘아 군중을 해산시켰다. 주모자들은 도피하였다가 훗날 모두 체포되었다. 경찰은 이들이 지서의 습격과 경찰 암살을 계획하였다고 주장하였다.[142]

이와 같은 과정을 거치면서 나주의 좌익세력은 크게 약화되었다. 주요 인물들이 체포되거나 도피하였고, 민전이나 민청 등 기간 조직도 공개적인 활동을 하기 어렵게 되었다. 미군정은 1947년 5월 19일 민주청년동맹의 해산령을 내렸다. 미군정은 이 단체가 미군정에 대해 모든 방면에서 격렬히 반대하는 급진적 좌익 집단이라고 파악하고 있었다.[143] 그러나 민주청년동맹은 5월 25일 이에 저항하여 광주에서 반군정 삐라를 뿌리면서 시위를 벌이기도 했다.[144] 민주청년동맹은 공개적인 활동이 어렵게 되자, 7월 들어 이름을 '민주애국청년

141 G-2 Weekly, 1947년 7월 27일자 보고

142 『동광신문』 1947년 10월 3일 「반남 폭동사건 주범 5명 就縛」

143 G-2 Weekly, 1947년 5월 19일자 보고

144 G-2 Weekly, 1947년 5월 25일자 보고

동맹', 즉 민애청으로 바꾸어 활동하기 시작했다.[145] 하지만 나주에서는 여전히 민주청년동맹의 이름으로 활동하고 있었던 것으로 보인다.

나주경찰은 민청의 활동을 적극적으로 저지하였다. 8월 12일 오후 금천면의 경찰은 월정리에서 민청의 비밀 집회가 열리고 있다는 정보를 받고 출동했다. 이 집회는 민청 금천면지부장인 김춘섭의 지도하에 임삼재의 집에서 열리고 있었다. 경찰은 공포를 쏘아 이들을 해산시키려 하였으며, 김춘섭이 이에 저항하자 총격을 가하여 김춘섭은 사망하였다.[146] 1947년 9월경 나주민청위원장 양창환(梁昌煥)도 나주경찰서 형사대에 체포되었다.[147]

민청은 또 전 민주청년동맹의 조직원들을 본래 우익단체로 만들어진 전국학생연맹 나주지부에 침투시키기도 하였다. 전국학생연맹 나주지부는 1947년 7월 21일 결성된 것으로 좌익 학생들에 대항하기 위해 만든 것이었다. 도지사는 나주지부의 상황을 파악하고 이 단체를 해산, 재조직하는 조치를 취하였다.[148]

한편 경찰은 학교 교원과 관공리 내부의 좌익세력에 대한 색출 작업을 시작하였다. 4월경 경찰은 각 국민학교 일부 교원들을 중심으로 한 비밀결사를 적발하였다. 검거된 이는 주모자 박상현(朴相鉉), 남

145 G-2 Weekly, 1947년 7월 21일자 보고

146 G-2 Weekly, 1947년 8월 16일자 보고; 『동광신문』 1947년 8월 17일 「불온밀령 계획나주 금천면 사건」

147 『동광신문』 1947년 9월 24일 「暴動 主謀로 指名, 民青 梁昌煥 체포」

148 G-2 Weekly, 1947년 10월 18일자 보고; 『동광신문』 1947년 7월 27일 「學聯支部 결성」

평남교 이교영(李敎永) 훈도 외 4명, 남평북교 최상주(崔相柱) 훈도 외 2명, 봉황북교 김일(金逸) 촉탁 등 모두 10명이었다.[149] 주모자 박상현은 민전 위원장 박일섭의 아들로서, 민주청년동맹 나주읍 위원장을 맡았었다.[150] 이들 가운데 이교영 등 몇 명은 석방된 듯하다. 하지만 이들은 그해 6월 다시 남평북교와 남교를 중심으로 교원들의 비밀결사를 조직한 혐의로 다시 체포되었다. 체포된 교사들은 위원장을 맡았다는 남평북교의 배홍운(裵興雲, 20세), 위원을 맡았다는 남평남교의 이교영(李敎永, 23세) · 곽정모(郭正模, 22세) · 최기남(崔基南, 21세) · 최윤옥(崔潤玉, 24세) 등이었다.[151]

1947년 위와 같은 과정을 거치면서 좌익세력은 점차 약화되어 갔다. 반면 우익세력은 미군정과 경찰의 지원을 받으면서 그 세력을 확장해 나갔다.

1947년 우익세력의 본격적인 활동은 2월 22일, 3·1절을 앞두고 '기미독립선언기념행사 나주준비위원회'를 구성하면서부터 시작되

149 『동광신문』 1947년 4월 4일 「國民敎員中心 비밀결사 조직」. 이들이 체포된 것은 한 정보원의 미군 CIC에 대한 정보보고에 의한 것이었다고 한다. 또 이들이 체포된 이후 나주에는 익명으로 "학교체계에 간섭하는 반동경찰을 박멸하자!" "예전에 일제시대 때 우리 애국지사들을 체포했던 그 경찰이 이제는 우리의 교사들을 체포하고 있다"고 주장하는 전단이 뿌려졌다고 한다(G-2 Weekly, 1947년 4월 14일자 보고).

150 박상현은 한국전쟁기 나주군당 선전부장을 맡았고, 9.28 이후에 입산하여 장흥의 유치내산에서 전사했다고 한다. 그의 아버지 박일섭도 9.28 이후 입산하여 지리산 도당간부학교 교장을 맡았으며, 결국 지리산에서 수색대에 포위되어 탈출하지 못하고 자결했다고 한다. 박일섭의 둘째 아들 박정현은 전쟁기 나주군당 위원장을 맡았으며, 9.28 이후 입산하여 불갑지구 사령관, 유치지구 사령관, 총사참모장 등으로 활약했다. 그는 1951년 11월 백아산 전투에서 전사했다고 한다. 정관호, 『전남유격투쟁사』, 선인, 2008, 350쪽, 353쪽, 354쪽 참조.

151 『동광신문』 1947년 7월 20일 「비밀결사 관계 南平敎員 검속」

었다. 이는 한시적인 조직이긴 하였으나, 나주지방의 우익세력의 결집을 보여주는 것이기도 했다. 위원장에는 김영섭(金暎燮), 부위원장에는 박석현(朴錫鉉)·이필연(李必衍), 총무부장에는 정용창(丁勇創), 재무부장에는 박금석(朴今石), 선전부장에는 김성재(金聖在)·김봉채·박종일(朴鍾一), 동원부장에는 허임·김동술(金東述)·반석근(潘石根)·고광업(高光業) 등이었다.[152] 위원장을 맡은 김영섭은 독촉나주지부 회장을 맡고 있었다. 동 준비위원회는 3월 1일 나주극장에서 우익세력만이 참가한 가운데 독립선언대회를 가졌다. 그리고 이날 대회에서는 반탁독립투쟁동맹을 결성하기로 결의하고 의장에 김영섭을 선출하였다고 한다.[153]

위 준비위가 구성된 같은 날인 1947년 2월 22일, 나주에서는 조선민족청년단 나주지단이 결성되었다. 민족청년단은 이범석이 이끌고 있던 우익청년단체로서, '국가지상·민족지상'과 '비정치·비군사·비종파'를 내걸고 1946년 10월 9일 결성되었다. 나주에서는 승명천(昇明天)과 양우승(梁佑承)이 중앙으로 가서 1개월간 교육 훈련을 받은 뒤에 승명천은 중앙단부 요원으로 남고, 양우승은 나주 조직책임자로 임명되어 나주군 지단 조직에 착수하였다고 한다.[154] 초대 단장에는 정용창(丁勇創)이 추대되었고, 부단장에는 최운희(崔雲熙)·양우승(梁佑承) 등이 임명되었다.[155] 민족청년단은 발족 이후 결성대회를 미

152 『동광신문』 1947년 2월 28일 「나주에서도 3·1행사 준비」

153 『동광신문』 1947년 3월 6일 「反託獨立鬪爭同盟, 3월 1일 나주서 결성」

154 고판봉 증언(1991년 9월 13일)

155 『동광신문』 1947년 2월 28일 「민족청년단 나주지단 결성」. 양우승은 화순출신으로 노안면장, 왕곡·금천지서장을 지냈다. 허임은 나주의 최대 지주였던 허영규의

루고 있다가 7월 1일 이범석단장이 전남 순회 도중 나주에 들르는 것을 계기로 결성대회를 가졌다.[156] 당시 족청의 활동비는 우익진영의 민간유지들의 지원에 의해 충당되었고, 군청 산업과에서도 식량을 배급해주었다고 한다. 또 족청 참여 인물들은 대체로 한독당계열의 인물들이었다고 한다. 족청은 각 면에 지부를 두었다. 산포면의 단장은 최문수(崔文洙), 부단장은 박길섭(朴吉燮)이었으며, 공산면의 단장은 손학신(孫學信)이었고, 남평면의 단장은 신재환(申載煥), 부단장은 정금동(鄭今同)이었다.[157]

나주족청의 초대 단장인 정용창은 일본에서 귀국한 뒤 농업에 종사하고 있었다. 2대 단장은 이필연(李必衍)이었으며, 그는 해방 이후 나주에서 제일인쇄소를 경영하고 있었다. 3대 단장 박기서(朴基緒)는 회진 출신으로 일제시기에 나주경찰서의 경제담당 형사였다. 그는 민족청년단에 몸을 의탁하여 일신의 안전을 도모하였으나, 1948년 5월 8일 새벽 나주읍 성북동 유용종의 집에서 좌익 청년들에 의해 피살되었다. 4대 단장은 승명천(昇明天)으로, 그는 해방 전 일본에 있다가 귀국한 인물이었다. 5대 단장은 고판봉(高判奉)으로, 그는 1939년경 중국으로 갔다가 1946년 봄에 최추서·기장섭 등 한독당계 인물들과 함께 귀국하였다.[158]

한편 1947년 독촉청년연맹 나주지부에는 김자명(金子洺)·손동

손자였으며, 뒤에 독청쪽으로 옮겼다.

156 『동광신문』 1947년 6월 26일 「조선민족청년 나주군단 결성」

157 『동광신문』 1947년 6월 11일 「民族青年團서 山浦面團 결성」; 1947년 6월 26일 「나주청년단서 公山面團 결성」; 1947년 9월 16일 「민단 구단부 결성」

158 고판봉 증언(1998년 2월 13일)

수·진윤홍·김성재(金聖在)·김동술(金東述)·김병호·박종일(朴鍾一) 등이 참여하고 있었다. 이들은 대부분 민족청년단 창단 시에는 민족청년단에 참여하였으나, 얼마 뒤 의견이 엇갈려 김자명을 중심으로 독촉청년연맹쪽으로 옮겨갔다고 한다. 주목할 것은 독촉청년연맹에 참여한 이들 가운데에는 김해 김씨들이 많았다는 것이다.

민족청년단이 결성됨으로써 나주지방의 우익청년단체는 대한독립촉성 전국청년연맹 나주군 지부와, 민족청년단 나주지단의 2대 세력으로 나뉘게 되었다. 하지만 세력면에서는 족청쪽이 훨씬 우세하였다. 족청은 봉황면과 다도면 외의 모든 면에 면단(面團)을 두고 있었다. 반면 독청은 몇 개 면에만 지단을 두고 있었다.

한편 우익 청년단들은 난립한 청년단체들을 통합하기 위한 운동을 벌여, 1947년 9월 대동청년단을 창설한다. 이청천이 이끄는 대동청년단에는 민족청년단을 제외한 독촉청년연맹, 서북청년회, 한청 등 10여개의 단체가 참여했다. 나주에는 이 가운데 독촉청년연맹밖에 없었기 때문에 독청 나주지부가 해체되고 대신 대동청년단 나주지부가 다시 결성되었다. 결성대회는 10월 28일 나주국민학교 교정에서 있었는데, 단장에는 정기섭(鄭基燮), 부단장에는 김상호(金尙浩)·김선근(金善根)이 선임되었다.[159] 대동청년단은 각 면에 면 단부(面團部)를 두었는데, 예를 들어 산포면은 단장에 최찬흥(崔燦興), 부단장에 이봉천(李奉千)·서상채(徐相彩)가 선임되었다. 세지면, 금천면, 문평면, 삼도면, 본량면에서도 면 단부가 조직되었다. 세지면의 단장은 이정호(李正鎬), 부단장은 이운용이었고, 금천면의 단장은 나길수

159 『동광신문』 1947년 10월 30일 「대동청년단 담양 등 각지 군단 결성」

(羅吉洙), 부단장은 박남주(朴南柱), 문평면의 단장은 나신운(羅新運), 부단장은 나화선(羅化先), 삼도면의 단장은 강명규, 부단장은 김희○·서천수, 본량면의 단장은 임월채(林月彩), 부단장은 조양길(曺良吉)·오태열(吳太烈), 남평면은 단장에 정준섭(丁俊燮), 부단장에 서옥동(徐玉東)·이동섭(李東燮) 등이었다.[160]

대동청년단의 초대 단장을 지낸 정기섭은 나주읍내에서 정미소를 경영하였다. 2대 단장은 김상호가 맡았는데, 그는 1946년 5월 이후 나주읍장을 맡고 있던 김창호(金昌浩)의 동생으로 중국 천진대학을 졸업했으며, 1931년 이후 나주에서 원예업에 종사했다고 한다. 초대 부단장이었던 김선근은 세브란스전문학교 출신으로 '나주병원' 원장이었다.[161]

대동청년단을 지원하는 후원회도 11월 22일 결성되었는데, 이는 나주군수 성동준(成東準)이 주도한 것이었다. 후원회의 임원은 회장에 성동준, 부회장에 김창호·이규봉(李圭逢), 이사에 김상효(金相孝) 외 63명, 감사에 김종언 외 4명, 총무부장에 ○수현(○守鉉) 등이 선임되었다.[162] 이규봉과 김종언은 일제하에 영산면장과 나주면장을 오랫동안 맡았던 인물들이다. 김상효는 11월 초 부임한 신임 나주경찰서장이었다.[163]

160 『동광신문』 1947년 11월 4일 「대동청년 산포단부 11월 2일 결성식」; 1947년 11월 21일 「대동청년단 각 면 단부 결성식」; 11월 26일 「대동청년단 본양면 결성 성황」; 12월 6일 「대동청년단 남평면 결성식」

161 고판봉 증언(1998년 2월 13일)

162 『동광신문』 1947년 11월 28일 「大靑後援會 결성식」

163 『동광신문』 1947년 11월 4일 「나주서장 과장 착임」

대동청년단은 이와 같이 군 당국과 경찰의 지원을 받는 가운데, 계몽강연과 미곡 공출 과정에 적극 협력하였다. 예를 들어 금천면은 12월 초 미곡 공출을 나주군 내에서 1위로 완료하였는데, 이는 대동청년단 부원 500명이 동원되어 협력한 결과였다고 한다.[164] 세지면도 12월 초 미곡 공출을 완료하였는데, 이는 면장 이하 전 직원과 지서 직원, 대동청년단원이 협력한 결과였다고 한다.[165]

대동청년단은 1948년에 들어서면서 더욱 그 세력을 확장하게 된다. 예를 들어 남평면 단부의 경우, 각 리마다 단부를 만들어 17개 부락에 모두 리단을 결성하고, 단장과 부단장, 단원을 두었던 것이다.[166]

나주에서는 위에서 살펴본 우익 청년단의 활동이 우익 정당의 활동보다 활발하였다. 하지만 나주에도 우익 정당조직이 없었던 것은 아니다. 나주의 우익 정당은 위에서 본 독촉 외에, 한독당과 한민당이 있었다.

한독당 나주군당부는 1947년 봄, 승명천 · 최문희(崔文熙) · 정치면(鄭致勉) · 나계백, 그리고 중국에서 귀국한 최추서(崔秋墅) · 최창희(崔昌熙) · 기장섭 등이 결성하였다. 위원장에는 최추서, 부위원장에서는 기장섭, 동원부장에는 고판봉이 선임되었으며, 그밖에 재정 · 선전 · 총무 등의 부서가 있었다. 한독당은 나계백의 집에 간판을 걸고 활동하였다. 그의 집은 식료품점을 하던 일본인 타쿠이(宅井)의 집이었다고 한다. 최추서의 본명은 최제희(崔弟熙)로서, 그는 1940년경 중국

164 『동광신문』 1947년 12월 6일 「대동 금천면 단원들 미곡수집 협력 활동」

165 「동광신문』 1947년 12월 9일 「세지면서도 완료」

166 『동광신문』 1947년 3월 17일 「大靑 各里團 연합」

으로 건너가 임정에 합류, 김구의 비서를 지냈다고 한다. 최창희·최운희(崔雲熙)·최문희는 모두 그의 동생들로서, 최창희도 역시 중국에 건너가 광복군에 합류했다고 한다.[167] 정치면은 나주보습학교 출신으로, 일제 시 나주군청 군서기로 일하였다고 한다.[168]

한독당 영산포지부에서는 1947년 9월 11일 제1회 정기대회를 열어 위원장에 이재순(李在淳), 부위원장에 최종륜(崔宗崙), 비서부장에 조경철, 그밖에 임원 11명을 선출하였다.[169] 이재순은 미군정기에 영산포읍장을 지낸 인물이다.

한국민주당은 1947년 4월 한민당 집행위원 임봉진(林鳳珍, 다시 출신)이 나주에 들른 것을 계기로 나주군당부 결성준비위원회를 결성하였으나, 미소공위 기간 동안 정당집회 금지 등으로 인하여 결성대회를 갖지 못하였다. 준비위원회는 김창호·정기섭·박규헌·박금석(朴今石)·김선호·김자명·정문채·임월채 등이었다. 준비위원회는 9월 10일 중앙당에서 온 조헌영(趙憲永)이 참석한 가운데 결성대회를 열어, 이승만에게 자주독립 전취를 위해 헌신하겠다는 메시지를 전달하였다고 한다. 한민당의 간부진은 위원장에 김창호, 부위원장에 박규헌·정기섭, 총무에 김자명이 선임되었다고 한다.[170] 김창호는 1910년대에 나주군서기로 있었고, 1946년 5월 이후 나주읍장을

167 최창희는 1943년 3월 화북지구 석가장에서 광복군 제2지대 공작원과 접선, 초모공작을 하였고, 1944년 12월 광복군에 입대하였음이 확인되어, 1990년 정부로부터 애족장을 수여받았다.(공훈전자사료관 참조)

168 고판봉 증언(1991년 9월 13일). 경주 최씨가와 나주 정씨가는 모두 한말 나주의 유력 吏族 성씨이다.

169 『동광신문』 1947년 9월 13일 「韓獨 榮山浦支黨」

170 고판봉 증언(1991. 9. 13)

맡은 인물이다. 김창호·김상호·김선호는 김해 김씨 형제들로서, 이들은 한민당과 대동청년단을 주도하였으며, 김상호는 1948년 한국민주당 소속으로 나주에서 출마하여 제헌국회의원이 되었다. 박규헌은 전북 익산 출신으로, 나주에서 부읍장, 읍장을 지낸 인물이다. 박금석은 대구 출신으로 나주에서 은행 지점장을 지낸 인물이다. 정문채는 반남면 출신으로 독촉청년단 반남면 단장을 지낸 인물이다. 그는 민주당 정권 때 국회의원에 당선되었다. 임월채는 삼도면 출신이다.[171]

좌익의 저항과 5·10선거

우익 청년단 조직이 점차 활성화됨에 따라 좌익의 민주청년동맹 조직과 충돌하지 않을 수 없었다. 1947년 7월 30일 새벽 나주읍 보산리 구장 백종명과 민족청년단원 김진옥 등 5명이 전 민주청년동맹 단원 양규현·김병수 등이 이끈 전 부락 주민 100명에 의해 납치, 구타당하는 사건이 빚어졌다. 그런데 이 사건은 전날 밤 민청단원들이 누군가에 의해 테러를 당하였고, 민청 쪽에서는 이는 민족청년단원들의 소행이라고 규정하고 족청단원들을 납치한 것이었다. 마을 주민들은 이튿날 아침, 마을의 출입을 완전히 통제하였는데, 경찰과 민족청년단원, 읍사무소 직원, 소방대원 등이 출동하여 사태를 진압하였고, 급히 도피한 양규현 등은 문평면에서 체포되었다.[172]

171 고판봉 증언(1998. 2. 13)

172 『동광신문』 1947년 8월 5일 「철창 곤봉가진 暴民, 深夜 作黨 테로, 民族青年 4명

미군정 정보보고에 의하면, 이에 앞서 1947년 5월 2일부터 5일 사이 나주와 영산포 지역에서는 23개 가호가 테러단에 의해 공격을 받았다고 한다. 이 테러단은 여자와 아이들까지 구타하고 가구를 파괴하였으며, 집을 완전히 아수라장으로 만들었다고 한다. 테러단은 약 30명으로 추정되었으며, 이들은 총과 창, 곤봉 등으로 무장하였다고 한다. 같은 기간 비슷한 양상의 테러가 목포에서도 일어났다. 이 테러단이 좌익 측인지 우익 측인지는 알 수 없었지만, 이러한 사건들은 좌우익의 대립이 테러의 양상으로 발전하고 있었음을 보여주는 것이다.[173]

1947년 5월 나주에서는 극우적인 폭력조직으로서 이른바 '나주애국청년동지회'라는 것이 반석근(潘石根)의 주도로 결성되었다. 이들은 각 마을을 돌아다니면서 이른바 시국계몽운동을 펴고 있었는데, 여러 마을에서 민청단원들과 충돌이 있었다. 대표적인 것은 1947년 8월 9일, 애국청년동지회 단원 7명이 나주읍 송촌리에서 계몽강연을 마치고 대호리 기동부락을 통과하던 중, 나주읍 남로당 책임자 이의태(李義泰,40세)를 비롯한 군중 500여 명이 이들을 가로막아 충돌이 빚어진 사건이다. 이 사건은 구장 나철수가 나주경찰서에 신고하여 기마경찰이 출동하여 진압되었으며, 이의태 등 주모자는 체포되었다고 한다.[174]

중상」

173 G-2 Weekly, 1947년 5월 19일자 보고

174 『동광신문』 1947년 8월 14일 「송촌리에 테로」; 반석근이 이끄는 애국청년동지회는 실제로는 살인·협박·공갈로 나주군민을 전율케 한 테러단체였다. 이들은 일본인들이 경영하던 나주읍 금계리의 鹽屋간장공장을 차지하고 이곳에 간판을 내걸었

좌우익의 대립은 1948년 들어서 남한 단독선거가 기정사실화되면서 더욱 거세졌다. 우익은 이 선거를 원만히 실시하기 위하여 시국계몽강연을 강화하였고, 좌익은 이 선거를 방해 저지하기 위하여 실력행사를 하는 일이 잦아졌다. 1948년 3월 14일, 숫자 미상의 군중이 삼도면의 경찰지서를 방화하였으며, 경찰관 2명을 구타하고 소총 3자루와 탄약 등을 탈취하였다.[175] 또 3월 24일 새벽 다도면에서는 70~80명의 군중이 죽창과 곤봉으로 무장하고 다도면 지서를 습격하려 하였는데, 다도 지서에서는 이 계획을 사전에 포착하여 주모자인 남로당원 오치남(吳治南)을 체포하였다.[176] 3월 25일 새벽에는 30명의 군중이 봉황면의 지서를 습격하였으나, 경찰이 이에 발포하여 그들을 격퇴시켰다.[177] 영산포에서도 4월 27일 새벽 무장 괴한

다. 단원은 15명 정도였으며, 당시 경찰에 근무하던 그의 동생이 제공한 카빈 1정과 실탄 3백발, 일본도, 사제 권총 등을 가지고 있었다. 이들은 나주일대의 농촌을 돌아다니면서 비교적 유족한 농민들을 좌익이라고 붙잡아다가 간장공장의 사설 유치장에 가두어놓고 온갖 고문을 자행하였다. 무고한 양민들은 결국 돈이나 쌀을 가져다주어야만 풀려날 수 있었다. 이러한 소문은 CIC의 귀에 들어가 9월 21일 CIC는 나주애청을 해산시켰다. 반석근은 체포되어 군정재판에서 징역 3년을 언도받았다. 그러나 그는 1년도 채 안되어 석방되었고, 곧 나주애청을 재건하였다. 그는 당시 대동청년단 나주군단부 감찰부장, 한민당 나주군지부 감찰부장 등의 직책을 지니고 있어 위세가 대단하였다. 그는 이후 무고한 사람들을 붙잡아다 가두고 고문하는 일을 본격적으로 하여, 석현리의 백정곤과 나종승 등 여러 명을 고문 치사케 만들었다. 이 만행은 결국 제헌 국회의원 김상호가 내무장관, 검찰총장, 육참총장에게 알려, 광주지검에서 1949년 5월 11일 나주애청 사무실을 급습하여 반석근 등 단원을 체포함으로써 비로소 끝이 났다. 그들의 죄상은 나주대교 밑에 암매장한 시신들이 발굴됨으로써 만천하에 드러났다. 반석근은 1950년 8월 6·25동란중에 대구고법에서 사형을 언도받아 처형되었다. 다른 단원들도 징역 7년등 중형을 언도받았다 (김석학 임종명 공저, 『광복30년』 1, 전남일보사, 1975, 143-154쪽 참조).

175 G-2 Weekly, 1948년 3월 15일자 보고

176 『동광신문』 1948년 3월 30일 「다도면 폭동사건 주모 오치남 체포」

177 G-2 Weekly, 1948년 3월 25일자 보고

3명이 철도경찰지서에 침입하여 당직중인 경찰을 포박하고, 소총과 탄약 등을 탈취하여 도주하였다.[178] 봉황면 지서는 5월 16일 약 20명의 군중에게 습격을 당하여, 6명이 사망하고 지서는 방화 소실되었다. 이후 경찰은 이들을 추적하여 다도면 산중에서 이들을 발견하고 21일 새벽 소탕전을 개시하여 군중 10명을 사살하였다고 한다.[179] 6월 6일에는 다시지서를 습격하려는 소규모 군중을 경찰이 사살했다.[180] 좌익측은 또 5·10선거를 전후하여 전주(電柱) 넘어뜨리기, 전선(電線) 절단을 통해 통신을 방해하려 하였다. 신문 보도에 의하면 나주-목포간의 전주 가운데 넘어진 것이 50여 개에 달하였다고 한다.[181]

5·10 선거를 전후하여 좌익측의 테러도 빈발하였다. 6월 7일 새벽, 무장대 5명이 우익 지도자 3명의 집을 급습하여 1명을 죽이고, 2명에게 중상을 입혔다.[182] 8월 24일 나주경찰서는 다시면 죽산리 죽전부락의 밭에 있는 아지트 및 무기은닉소를 급습하여 무기를 압수하고 기덕범(奇德範, 문평면 학동리 거주, 22세)을 체포하였다. 경찰은 그가 5월 8일 민족청년단 나주군단장 박기서를 살해하고, 삼도면 국민학교장 유재문을 살해하였으며, 5월 16일 봉황면 지서를 습격하여 경찰 4명, 민족청년단원 1명, 지서장 부인 등 6명을 살해한 자

178 G-2 Weekly, 1948년 4월 27일자 보고

179 『동아일보』 1948년 5월 27일 「나주사건 소탕, 경찰대 맹활동」; 당시 봉황지서에 근무하였던 김용태옹(1925년생)은 봉황지서 습격이 5월 16일 새벽 1시경에 있었다고 증언하였다(1998년 2월 13일).

180 G-2 Weekly, 1948년 6월 8일자 보고

181 『동광신문』 1948년 5월 14일 「나주 목포간에 電柱 다량 切倒」

182 G-2 Weekly, 1948년 6월 8일자 보고

라고 발표하였다.[183]

좌익의 방해에도 불구하고 5·10선거는 비교적 무난하게 치루어졌다. 나주에서는 우익 인사 여러 명이 출마의사를 보였다. 후보 난립을 막기 위한 사전 협의가 이루어져 갑구에서는 무소속의 이항발(李恒發, 58세), 을구에서는 대동청년단과 한민당계의 김상호(金尙浩, 47세)가 추대되었으나, 이후 타 후보들의 반발로 후보 단일화는 무산되었다.[184] 이항발은 일제하에서 서울청년회계의 사회주의자로서 주로 중앙에서 활동한 인물이며, 김상호는 해방 이후 한민당과 대동청년단에서 활동한 인물이었다. 주목할만한 것은 이항발은 이 때 무소속으로 출마하였지만, 이승만 지지를 표방하여 우익측의 단일후보로 추대를 받았다는 점이다.[185] 선거 결과 갑구에서 이항발은 2만 1,322표를 얻었고, 한민당의 임봉진(林鳳珍)은 6,661표를 얻었다. 을구에서 김상호는 1만 2,303표를 얻었고, 서상덕(徐相德)은 1만 127표를 얻었다.[186] 김상호는 대동청년단에서, 서상덕은 민족청년단에서 각각 후원을 받았는데, 선거 이틀을 앞두고 민족청년단 단장 박기서가 피살됨으로써 족청은 막판 선거운동을 제대로 하지 못하였고, 또 박기서가 아닌 후보자 서상덕이 피살되었다고 소문이 난 것이 감표요인이 되었을 것이라는 분석이 있다.[187]

183 『호남신문』 1948년 9월 3일 「나주민단장 등 살해범 체포」

184 『동광신문』 1948년 4월 30일 「一區 一立候補, 나주 입후보 6氏 引退, 亂立 방지에 솔선수범」

185 『동광신문』 1948년 5월 4일 「인퇴선언한 입후보, 다시 운동 계속, 나주선거운동 異聞」

186 『동광신문』 1948년 5월 14일 「본도 선출 국회의원 29氏 遂決定」

187 고판봉 증언(1998년 2월 13일)

선거 뒤인 1948년 하반기와 1949년에 들어서도 좌익측의 움직임은 멈춰지지 않았다. 9월 25일 나주읍 박정리 정(鄭)모의 집에서는 50여 명의 좌익세력이 모임을 갖던 중 경찰에 발각되어 모두 검거되었는데, 이 가운데에는 남로당 나주읍 선전부장 이형기(李亨基)도 포함되어 있었다고 한다. 경찰은 그를 문초하여 남로당의 나주읍 아지트가 영산포읍 영상리 김종석의 집에 있음을 밝혀내고, 이를 급습하여 권총 1정, 실탄 2발, 일본도 2자루, 등사판 1대, 등사기구 일체, 기타 불온문서 등을 압수하였다.[188]

1948년 12월에는 봉황면에 50명의 군중이 나타나 민족청년단 전남도단부 감찰과장 곽재옥(郭在玉)의 집에 침입하여 곽재옥의 부친 이하 8명의 가족을 살해하는 사건이 일어났다.[189] 1949년 7월에는 봉황면 옥산리에 무장한 군중 20명이 잠복 중이라는 정보가 경찰에 입수되어, 경찰 30명이 출동하여 1명을 체포하고, 아지트에서 의류와 불온문서 등을 압수하고, 아지트를 파괴하였다.[190] 같은 시기 산포면 등정리 2구 부락에서도 무장대 20여 명이 나타나 동 부락 청년 2명을 난타하고, 구장 집에서 의류 10여 점을 탈취한 후, 이들의 3개 가옥에 방화한 후 도주하였다고 한다.[191] 이들은 아마도 산간지역에 은신 중이던 유격대였을 것으로 여겨진다.

이후에도 1949년 8월에는 무장대 50명의 문평지서 습격사건과,

188 『호남신문』 1948년 9월 28일 「남로당 나주 책임자 被逮」; 10월 19일 「영산포서 총 압수, 권총·일본도·실탄 등」

189 『호남신문』 1948년 12월 14일 「나주 봉황면에 무장 폭도 출현」

190 『호남신문』 1949년 7월 24일 「봉황면서 폭도 소탕」

191 『호남신문』 1949년 7월 29일 「산포면 등정리에 폭도」

산포면 경비전주(警備電柱) 절단 사건이 있었다.[192] 또 1949년 9월에는 구진터널 철도 파괴사건이 있었고,[193] 9월 27일에는 무장대 150명의 나주경찰서 습격사건이 있었다. 이날 새벽 2시반, 무장대 150명은 나주경찰서를 습격하여, 경찰은 이에 응사하여 약 2시간 뒤에 격퇴시켰다고 한다. 무장대는 이날 읍내 민가 5개 동을 방화하였으며, 현금 5만 원 등을 약탈하여 도주하였다.[194]

1948년과 1949년을 거치면서 우익세력은 마을마다 조직을 갖추는 등 크게 강화되고, 좌익세력의 조직은 크게 약화되어 산간지역의 유격대만이 일부 남아 있는 처지가 되었다. 이로써 해방 이후 미군정에 의한 나주지방의 정치·사회세력의 재편은 거의 완결단계에 들어간 것처럼 보였다. 그러나 1년 뒤 발발한 6·25전쟁은 나주의 지역사회를 다시 한 번 소용돌이 속으로 몰아넣게 된다.

6. 소결

이상에서 일제 말기부터 해방 직후까지의 나주지역의 정치 사회적 동향에 대하여 살펴보았다. 이제 이를 정리하고 그 의미를 짚어보기로 한다.

1930년대 이후 나주지역의 민족운동, 사회운동은 혁명적 농민조

192 『호남신문』 1949년 8월 7일; 8월 12일

193 『호남신문』 1949년 9월 29일 「철도파괴 주범 체포」

194 『호남신문』 1949년 9월 29일 「폭도 경찰 본서 맹습」

합운동, 독서회, 야학, 청년회 활동 등을 중심으로 전개되었다. 이 운동을 통하여 농민들의 정치 사회적 의식이 더욱 고취되었고, 민족운동과 사회운동의 역량이 크게 확산되었다. 이들 운동은 1920년대의 민족운동, 사회운동과는 달리 주로 나주나 영산포 읍내가 아닌 외곽 면에서 이루어지고 있었다. 이러한 상황이 가능했던 것은 외곽 면에도 보통학교가 설립되어 신교육을 받은 계층이 늘어났던 것과 관련이 있었다. 또 하나 주목되는 것은 광주학생독립운동에 참여한 이들이 귀향하여 나주지역 민족운동, 사회운동의 주축을 형성하기 시작하였다는 점이다. 이들은 각기 출신지역으로 돌아와 농민운동, 야학 등을 전개하면서 민족운동의 세력기반을 확장시켜 나갔다. 이러한 과정을 통해 해방 이후 각 읍, 면 단위의 인민위원회와 농민조합, 청년동맹의 세력기반이 마련되어 갔다고 할 수 있다.

1930년대 이후 나주의 농민들이 처해 있었던 상황을 보면, 해방 이후 나주의 농민들이 왜 그렇게 급진적인 성향을 띠었는지, 그리고 좌익의 폭넓은 세력기반을 형성하였는지를 이해하게 된다. 나주의 경우 소작 내지 자소작농이 전체 농가의 9.3할을 차지하고 있었다. 이는 나주군 전체의 인구가 약 16만 명 가운데 세궁민이 전체의 40%를 넘게 차지하고 있었던 기본적 이유가 되었다. 소작 내지 자소작농이 그렇게 많았던 것은 이 지역에 일본인과 조선인 지주가 그만큼 많았던 것과도 연결되어 있었다. 1930년대 농가경제의 피폐화와 혁명적 농민조합의 고양이라는 상황에 대처하여 일제 지배당국은 자작농창정계획, 소작조정령과 조선농지령의 반포 등을 내놓았다. 그러나 지주-소작관계라는 지배적 생산관계와 고율소작료를 그대로 놓아둔 채 갈등만을 줄이고자 한 이러한 정책은 현상의 개선에 별다른 도움이 되지 못하였다.

1930년대 나주지역의 농촌경제는 거듭되는 자연재해로 더욱 피폐한 상황에 빠졌다. 1934년의 대홍수, 1935년 이후 3년간 계속된 큰 가뭄은 농촌경제를 파탄으로 몰아넣었다. 특히 1934년의 대홍수는 나주군 전체 논 1만 8천여 정보 가운데 3분의 1에 달하는 6,240정보를 침수시켰다. 또 나주군에서 수만 명에 달하는 이재민을 만들어 내어 이들 가운데 상당수가 유리방황하게 되었고, 마침내는 남북 만주와 북한 지방으로 이주하지 않을 수 없게 되었다. 1935년의 가뭄시에는 나주군 전체의 논 가운데 3분의 1이 넘는 7천여 정보에서 이앙을 하지 못하였다.

나주의 농가 경제가 이처럼 파탄 상황으로 몰리고 있는 가운데 일제의 전시지배체제는 나주에도 그대로 들어왔다. 1938년 7월 나주군에도 국민정신총동원 나주군연맹이 관변 일본인과 조선인들에 의해 결성되었다. 이어 읍, 면단위, 정(町)·동리(洞里)단위, 그리고 부락 단위까지 연맹이 결성되고, 그 산하에 애국반이 결성되어 군민들은 전시체제하에 철저히 예속되었다. 민족운동가들에 대한 탄압과 통제는 사상보국연맹 광부지부 나주분회의 결성에 의해 이루어졌다. 일부 민족운동가들이 이에 참여하였지만 나주의 민족해방운동을 주도해왔던 김창용·박준삼·박공근 등은 끝내 일제에 타협하지 않았다.

1945년 8월 15일 해방의 날이 오자 나주의 민족운동 세력은 즉각 활동을 개시하여 먼저 치안대를 조직하고, 이어서 건국준비위원회 나주지부를 결성하였다. 치안대장은 박공근이, 건준 위원장과 부위원장은 김창용과 박준삼이 각각 맡았다. 건준 발족 후 치안대는 보안서로 이름을 바꾸고 박형배가 서장을 맡았다. 주목할 것은 박준삼, 박공근, 박형배가 모두 밀양 박씨로서 같은 일족이었다는 점이다. 나주 건준은 곧 인민위원회로 탈바꿈하였지만, 지도부에는 변화가 없었다. 인민위원회는 읍·면 단위까지 모두 조직되었다. 나주군의 인민위원회는 자치조직으로서 일제하의 저항운동 세력, 그리고 토착적인 세력이 주도하는 성격을 띠고 있었다. 그리고 이를 주도한 이들은 결코 좌익적인 인물들이 아니었다. 인민위는 미군이 진주하기 전까지 행정기능을 담당하고, 철수한 일본인들의 재산을 관리하고 있었다.

이같은 상황은 10월 말 미군이 전라남도에 진주한 이후에도 얼마 동안 계속되었다. 나주군의 군정을 담당한 미군은 장흥에 주둔한 61군정중대였으며, 61군정중대는 광주에 주둔한 101군정대의 지휘를 받았다. 인민위원장 김창용은 인민위의 추천을 받아 101군정대의 승인을 받아 나주군수로 임명되었고, 박형배도 도 경찰부장 사이들에 의해 나주 경찰서장에 임명되었다. 읍면장도 읍면 인민위의 추천을 받은 이들이 그대로 승인되었다.

그러나 미군정의 이같은 조치는 잠정적인 것에 불과했다. 미군정은 11월 중순 전남의 모든 인민위원회에 해산령을 내렸다. 1946년 1월 들어 미군정은 각 부·군의 인민위원회를 강제 해산시키고 그 세력을 탄압하는 작업에 들어갔다. 1월 15일 목포 인민위원회가 미군과 경찰의 습격을 받았고, 인민위 계열인 경찰서장 임태호가 체포되었다. 같은 상황은 나주에서도 반복되었다. 2월 1일 미군과 광주 경찰은 나주경찰서를 습격하여 경찰서장 박형배와 군수 김창용, 그리고 농민조합장 오정근, 보안서원 8명 등을 검거하여 광주로 이송하였다. 미군정은 군수와 경찰서장을 외지인으로 새로 임명하였으며, 경찰도 모두 외지인으로 교체하였다. 이로써 그동안 군의 행정과 치안을 담당했던 나주의 인민위원회세력은 큰 타격을 받았고, 인민위원회는 더 이상 공개적인 활동을 계속할 수 없었다. 인민위는 이제 지하에 잠복하여 활동할 수밖에 없게 되었지만, 면 단위의 인민위 조직은 여전히 살아 있었다.

인민위원회가 미군정의 탄압을 받으면서 1946년 3월 새로운 공개 조직으로 등장한 것이 민주주의 민족전선이었다. 나주의 민전은 박일섭·최일숙·류찬옥·이순채 등이 주도하였다. 이들은 앞의 김창용·박준삼·박공근보다 한 세대 아래의 인물로서, 조선인민당과 조선공산당에 관계하고 있었다. 인민위원회의 상층 지도부가 탄압을 받으면서, 이들 세대가 전면에 나서게 되었는데, 결과적으로 나주의 토착세력은 급진화한 셈이 되었다.

미군정은 한편으로는 이같이 토착적인 인민위 세력을 좌익으로 몰아붙이면서 탄압하고, 다른 한편으로는 우익세력을 새로 부식하기 위하여 노력하였다. 1945년 말까지 전혀 세력화하지 못하였던 나주의 우익세력은 1946년 3월 들어 독립촉성국민회 나주읍지부를 조직함으로써 세력화되기 시작하였다. 독촉 나주지부의 초대 회장은 일제하에서 해남군수 등 관리 생활을 한 김영섭이었다. 하지만 1946년 말까지 독촉 나주지부의 힘은 미약하였고, 나주의 정치와 사회를 주도하고 있던 것은 여전히 민전과 민청 중심의 좌익세력이었다. 그리고 이들은 미군정에 대해 다시 한 번 자신들의 세력을 과시하였는데, 그것이 1946년 11월 1일의 이른바 '11월 1일 봉기'였다.

나주의 11월 1일 봉기는 10월 1일 대구봉기부터 시작된 이른바

'10월항쟁'의 연장선상에서 일어난 것이었다. 전남지방의 11월 봉기는 10월 31일 목포부터 시작되어 11월 하순까지 2부 12개 군에서 일어났는데, 나주의 봉기는 7천여 명에 달하는 가장 많은 군중이 참여하고, 또 가장 조직적이고 체계적으로 진행된 봉기로 유명하다. 11월 1일 아침 각 동리별로 집결한 주민들은 다시 면별로 집결하여 각 지서를 습격하여 경찰 병력을 감금하였다. 오전에 각 면에서 봉기한 군중들은 점심때가 되면서 영산포와 나주읍 방면으로 몰려들기 시작했다. 남쪽 방면의 다시와 고막원 방면의 군중, 그리고 동강·공산·왕곡·반남·세지면의 농민들은 영산포 지서 앞으로 집결하였다. 그 수는 5천 명에 가까웠다. 이같이 다수 군중이 몰려들자 영산포 지서의 경찰은 발포하여 9명의 사망자가 발생하였다. 이후 군중은 나주읍으로 접근하였다. 한편 북쪽 방면의 문평면과 노안면의 1천여 명의 군중들은 금안리를 거쳐 나주읍으로 접근하였다. 또 동쪽 방면의 봉황면과 금천면의 수백 명의 군중들도 나주읍으로 행진하고 있었다. 사태를 보고받은 미군정은 미군 병력을 나주로 급파하고, 정찰기를 띄워 군중의 해산을 종용하였다. 미군 병력이 나주경찰서에 도착한 시각은 오후 3시 30분경이었고, 군중이 나주경찰서 앞으로 몰려든 것도 거의 같은 시각이었다. 나주경찰서의 경찰은 군중이 몰려들자 즉각 발포하여 현장에서 3명이 사망하고 다수가 부상하였다. 오후 4시 30분경에 이르러 군중은 해산하였다. 군중 가운데 3천여 명은 오후 5시경 금천지서로 몰려가 공격하였으나 경찰의 발포로 4명이 사망하였다. 5시 이후 미군과 경찰 추가병력이 나주에 들어오면서 나주봉기는 막을 내렸다. 나주봉기에서는 적어도 16명이 사망하였으며, 다수가 부상하였다. 나주경찰서는 이 봉기와 관련하여

133명을 체포하였으며, 15명이 주모자로 인정되어 재판에서 유죄를 선고받고 복역하였다.

나주의 11월 1일 봉기는 물론 조선공산당 전남도당의 지시에 따른 것이었다. 하지만 그같이 다수의 주민들이 참여하였던 것은 미군정의 토착적인 인민위세력에 대한 탄압에 대한 저항감, 미군정의 강제적인 식량공출 정책에 대한 반감, 그리고 외지에서 들어와 반주민적인 태도를 보여온 경찰에 대한 증오심 등이 쌓여 있었기 때문에 가능한 일이었다. 이날 군중들이 뿌린 삐라에는 인민위에의 권력 이양, 친일경찰 퇴진, 식량공출 중지 등의 요구가 있었고, 그밖에도 미소공위 재개, 입법의원 구성 반대, 토지개혁 실시 등의 요구 사항이 들어 있었다.

11월 봉기 이후 좌익세력과 미군정·경찰간의 충돌은 계속되었다. 1947년 5월 1일의 메이데이에 나주 왕곡면에서는 군중이 지서를 습격하였다. 7월 27일 미소공위 재개에 맞추어 반남 등지에서 군중 집회가 있었는데, 경찰은 총을 쏘아 이를 강제 해산시켰다. 이러한 과정을 거치면서 나주의 좌익세력은 크게 약화되었다. 주요 인물들이 체포되거나 도피하였고, 민전이나 민청 등의 조직도 공개활동이 불가능하게 되었다. 민청은 미군정에 의해 해산령을 받았으며, 경찰은 나주의 민청 조직을 해산시키는 데 역량을 집중하였다. 또 교원들 내부의 좌익세력 색출작업도 계속되었다.

반면 미군정은 우익세력의 육성에 적극 노력하였다. 나주의 우익세력은 1947년 들어서 군청과 경찰의 지원 하에 세력 결집을 시작하였다. 1947년 2월에는 민족청년단 나주지단이 결성되었으며, 이에는 주로 한독당계열의 인물이 참여하였다. 한편 1946년에 이미 결성된 독촉청년연맹 나주지부는 그해 9월 대동청년단으로 탈바꿈하였다. 그런데 주목할 것은 대동청년단에는 김상호, 김자명 등 김해 김씨들이 많았다는 점이다. 족청과 대동청년단은 모두 군청과 경찰의 지원을 받고 있었고, 특히 후자는 더욱 강력한 지원을 받았다. 같은 시기 우익 정당도 만들어지기 시작하였다. 1947년 봄 중국에서 귀국한 최창희(최추서)의 형제, 승명천 등을 중심으로 한국독립당 나주군당부가 결성되었다. 같은 해 9월에는 한국민주당 나주군당부가 김창호, 김자명 등 김해 김씨들을 중심으로 결성되었다. 이는 앞서 건준과 인민위 주도세력이 밀양 박씨였던 것과 대비된다. 김해 김씨와 밀양 박씨는 나주의 이족 가문으로서 19세기 후반 이래 협조와 경쟁의 관계를 반복해왔는데, 해방 직후의 시점에서 양자는 대립의 관계에 서게 된 것이었다. 그리고 그같은 대립관계는 미군정이라는 외부세력의 개입에 의해 의도적으로 조장된 것이기도 했다.

지방 정치세력의 재편이 이루어지는 가운데, 1948년 5·10선거가 실시되었다. 좌익세력은 산속으로 도피한 무장대를 중심으로 이에 저항하며 선거를 방해하려 하였으나, 이미 대세는 기울어진 뒤였다. 이 선거에서는 일제시기 항일운동을 한 이항발이 갑구에서 무소속으로 출마하여 한민당 후보를 압도적으로 누르고 당선되었고, 을구에서는 한민당과 대동청년단의 김상호가 민족청년단의 서상덕을 가까스로 누르고 당선되었다. 선거 이후에도 1949년까지 산속으로 들어간 좌익 무장대는 간간이 경찰서를 습격하는 등 저항을 하였으나 전체적으로 좌익세력은 크게 약화되었고, 우익세력은 마을마다 조직을 갖추는 등 세력을 크게 확장하였다. 이로써 미군정이 기획하였던 토착적인 자치세력의 거세, 중앙권력에 의한 직접적인 지배, 보수

우익세력의 부식과 강화라는 지방 정치·사회세력의 재편 작업은 일단락되었다. 하지만 이것으로 상황이 끝난 것은 아니었다. 얼마 뒤 발발한 6·25전쟁은 또 한 번 나주 지역사회를 소용돌이 속으로 몰아넣었기 때문이다.

참고문헌

1. 자료

각종 신문 : 『황성신문』, 『매일신보』, 『동아일보』, 『조선일보』, 『시대일보』, 『중외일보』, 『조선중앙일보』, 『동광신문』, 『호남신문』, 『부산일보(일문)』, 『해방일보』

잡지 : 『호남평론』

『목포부 관계서류』 (국가기록원 소장)

각종 재판기록 (국가기록원 소장)

광주학생독립운동동지회편, 『광주학생독립운동사』, 1996

김준엽 · 김창순, 『한국공산주의운동사(자료2)』, 고려대아세아문제연구소, 1980

나주군지편찬위원회, 『나주군지』, 나주군, 1980

목포지편찬회(김정섭역), 『木浦誌』(1914), 향토문화사, 1991

김석학 · 임종명, 『광복30년』 1, 전남일보사, 1975

전남일보 광주전남현대사기획위원회, 『광주전남현대사』1, 전남일보사, 1991

진실화해를위한과거사정리위원회, 『2009년 하반기 조사보고서』, 2010
진실화해를위한과거사정리위원회, 『2010년 상반기 조사보고서』, 제4권, 2010
한국농촌경제연구원편, 『농지개혁시 피분배지주 및 일제하 대지주 명부』, 한국농촌경제연구원, 1985

吉倉凡農, 『(企業案內)實利之朝鮮』, 文星堂書店: 新橋堂書店, 1904
今井田清德, 『全鮮商工會議所發達史』, 부산일보사, 1935
笠原敏三, 『朝鮮及滿洲に活躍する岡山縣人』, 1936 (芳賀登 外, 『日本人物情報大系』77, 皓星社, 東京, 2001)
목포부청편, 『木浦府史』, 목포부, 1930
목포지편찬회, 『木浦誌』, 목포, 1911
森田芳夫, 『朝鮮終戰の記錄』 2권, 東京, 巖南堂書店, 1964
松原徹州, 『朝鮮在住 福井縣人名錄』, 橋本印刷所, 京城, 1928
阿部薰, 『朝鮮功勞者名鑑』, 民衆時論社, 1935
阿部薰, 『朝鮮都邑大觀』, 민중시론사, 1937
染川覺太郎, 『全羅南道事情誌』, 全羅南道事情誌刊行會, 1930
조선신문사조선인사흥신록편찬부, 『조선인사흥신록』, 조선신문사, 1935
조선총독부, 『조선국세조사보고』 1930년도판
조선총독부, 『朝鮮の姓』, 1934
조선총독부, 『조선총독부통계연보』 각년도판
조선총독부, 『朝鮮法令輯覽』, 1928
조선총독부, 『조선총독부시정25주년기념표창자명감』, 1935
조선총독부, 『市街地の商圈』, 1926
조선총독부 서무부 조사과, 『朝鮮に於ける內地人』(1924)
佐堀伸三, 『榮山浦における日本人町の形成』(프린트본), 2000
中田孝之介, 『在韓人士名鑑』, 목포신보사, 1905
中村資良편, 『朝鮮銀行會社組合要錄』(각년판), 동아경제신보사
秋原華山, 『榮山浦發展誌』, 木山印刷所, 목포, 1916

경남대 극동문제연구소편, 『지방미군정자료집』 제2권
국사편찬위원회편, 『미군정기 군정단 군정중대 문서』4 (한국현대사자료집성), 「제55 군정중대 역사보고서(1945년)」(1945.12.31.)
미군정청, "Provincial History: Cholla Namdo post 1945"(미국 NARA 소장)
미군정청, "Cholla - South Communist Uprising of November 1946" (「전라남도 공산주의자들의 11월 봉기」, 미국 NARA 소장)
HQ, USAFIK, 『G-2 Periodic Report』, 한림대아시아문화연구소, 1989
HQ, USAFIK, 『G-2 Weekly Summary』, 한림대아시아문화연구소, 1990

2. 저서

고석규, 『근대도시 목포의 역사·공간·문화』, 서울대출판부, 2004
김경일, 『일제하 노동운동사』, 창작과비평사, 1992
김기진, 『끝나지 않은 전쟁, 국민보도연맹』, 역사비평사, 2002
김득중, 『'빨갱이'의 탄생 - 여순사건과 반공국가의 형성』, 선인, 2009
김백영, 『지배와 공간 - 식민지도시 경성과 제국 일본』, 문학과지성사, 2009
김상숙, 『10월항쟁 - 1947년 10월 대구, 봉인된 시간 속으로』, 돌베개, 2016
김준엽·김창순, 『한국공산주의운동사』2, 청계연구소, 1986
동선희, 『식민권력과 조선인유력자』, 선인, 2011
박명림, 『한국 1950, 전쟁과 평화』, 나남출판, 2002
박이준, 『한국근현대시기 토지탈환운동 연구』, 선인, 2007
박찬승, 『한국근대정치사상사연구』, 역사비평사, 1992
배종무, 『목포개항사연구』, 느티나무, 1994
松本武祝, 『植民地權力と朝鮮農民』, 社會評論社, 1998
심지연, 『대구10월항쟁연구』, 청계연구소, 1991
안용식편, 『한국행정사연구(1920년~1954년 8월까지의 한인관료의 임면상황)』 2, 대영문화사, 1994
안종철, 『광주·전남지방현대사연구 - 건준 및 인민위원회를 중심으로-』,

한울, 1991
윤선자 외, 『나주독립운동사』, 나주시, 2015
윤해동, 『지배와 자치 - 일제시기 촌락의 三局面構造』, 역사비평사, 2006
이경란, 『일제하 금융조합 연구』, 혜안, 2002
李圭洙, 『近代朝鮮における植民地地主制と農民運動』, 信山社, 1996
이균영, 『신간회연구』, 역사비평사, 1993
이윤갑, 『한국 근대 지역사회 변동과 민족운동: 경상도 성주의 근대전환기 100년사』, 지식산업사, 2019
이해준, 『朝鮮後期 門中書院 硏究』, 景仁文化社, 2008
정연태, 『식민권력과 한국농업: 일제 식민농정의 동역학 -』, 서울대 출판문화원, 2014
정관호, 『전남유격투쟁사』, 선인, 2008
정해구, 『10월인민항쟁연구』, 열음사, 1988
板垣龍太, 『朝鮮近代の歷史民俗誌』, 明石書店, 2008
하원호 외, 『한말 일제하 나주지역의 사회변동 연구』, 성균관대학교 대동문화연구원, 2008
洪性讚, 『韓國近代農村社會의 變動과 地主層: 20세기 前半期 和順郡 同福面 일대의 事例』, 지식산업사, 1992
Bruce Cumings, *The Origins of the Korean War*, Vol.1, Princeton University Press, 1981

3. 논문

김건태, 「한말 일제하 나주 박씨가의 농업경영」 『대동문화연구』 44, 2003
김경수, 「영산강 유역의 경관 변화 연구 - 영산포 시가지 형성과 간사지 개간을 중심으로 -」, 전남대 박사학위 논문, 2001
김경일, 「일제하 목포지방의 노동운동」 『전남사회운동사연구』, 한국현대사료연구소, 1992

김동명, 「일본제국주의와 조선인의 지방정치 참여 : 부(협의)회, 도(평의)회의 선거결과를 중심으로」 『한일관계사연구』 50집, 2015
김민영, 「일제하 나주 · 영산포지역 일본인 자본가의 동향 - 1920 · 30년대를 중심으로 -」 『광주학생독립운동과 나주』, 경인문화사, 2001
김상숙, 「농민항쟁의 측면에서 본 1946년 10월 사건 : 경북 영천의 사례연구」 『기억과 전망』 25호, 2011
김상숙, 「1946년 10월항쟁의 지역적 전개양상」 『통일문제연구』 30집, 2011
김상숙, 「1948~1949년 지역 내전과 마을청년들의 경험 : 경북 영천의 사례를 중심으로」 『경제와 사회』 101호, 2014
김영근, 『일제하 일상생활의 변화와 그 성격에 관한 연구 - 경성의 도시공간을 중심으로-』, 연세대학교 사회학과 박사논문, 1999
김윤정, 「1930년대 함흥부회와 전주부회의 구성과 활동」 『사림』 60집, 2017
金翼漢, 「植民地朝鮮における地方支配體制の構築過程と農村社會變動」, 東京大學 博士論文, 1996
김창진, 「8 · 15직후 광주지방에서의 정치투쟁」 『역사비평』 1집, 1987
나선하, 「조선 중 · 후기 靈光 吏胥 집단의 契 운영과 그 의미」 『지방사와 지방문화』 6-1, 2003
나선하, 「조선후기 나주 향리 연구」 (전남대학교 박사학위 논문), 2006
나선하, 「19세기 초 羅州 鄕吏層의 契 組織과 邑權의 동향」 『한국사연구』 130호, 2006
박진철, 「한말 일제하 나주지역 향리가문의 동향」 『대동문화연구』 44, 2003
박진철, 「조선시대 나주군 이서의 조직과 담당가계」 『담론201』 7권 2호, 2005
박진철, 「일제하 나주군 사회주도층의 실태와 동향 - '나주이로회'를 중심으로」 『사학연구』 86, 2007
박진철, 「한말 나주읍 향리사회의 지속성과 변화」『한말 일제하 나주지역의 사회변동 연구』, 성균관대 대동문화연구원, 2008
박찬승, 「일제하 지방자치제도의 실상」 『역사비평』13, 1991

박찬승, 「일제하 나주지역의 민족운동과 사회운동」 『한국근현대지역운동사』 II, 여강출판사, 1993
박찬승, 「일제하 소안도의 항일민족운동」 『도서문화』 11, 목포대 도서문화연구소, 1993
박찬승, 「일제하 조약도의 항일민족운동」 『도서문화』 12, 목포대학교 도서문화연구소, 1994
박찬승, 「일제하 고금도의 항일민족운동」 『도서문화』 13, 목포대 도서문화연구소, 1995
박찬승, 「일제하 능주지방의 민족운동과 사회운동」 『능주지방의 역사와 문화』, 목포대학교 박물관, 1998
박찬승, 「해방전후 羅州지방의 정치사회적 동향」 『지방사와 지방문화』 1, 역사문화학회, 1999
박찬승, 「일제하 莞島(體島)의 항일민족운동」 『지방사와 지방문화』 4권1호, 역사문화학회, 2001
박찬승, 「일제 하 靈光지방의 민족운동과 사회운동」 『한국민족운동사연구』 제30집, 한국민족운동사학회, 2002
박찬승, 「근현대 唐津지방의 정치사회적 동향과 지역엘리트」 『지방사와 지방문화』 7권2호, 2004
박찬승, 「해방 이후 洪城지방의 정치사회적 동향과 지역엘리트」 『東方學誌』 130집, 2005
박찬승, 「內浦지역의 근대화과정과 지역엘리트의 재편」 『근대이행기 지역엘리트 연구 -忠南 內浦지역의 사례』, 경인문화사, 2006
박찬승, 「일제하 식민기지 榮山浦의 日本人 商人과 地主」 『항일민족운동과 나주』, 나주학생운동기념관, 2009
박찬승, 「1920·30년대 康津의 민족운동과 사회운동」 『지방사와 지방문화』 14권 1호, 2011
박천우, 「일제 식민지시기 지주제 경영의 일 사례연구 -나주 박씨가의 사례-」 『한국근대사연구회회보』 제4호, 1988
박철규, 「미군정기 부산지역의 대중운동」; 「해방직후 경북지역 인민위원회

의 조직과 활동」『한국근현대지역운동사』I · II권, 여강출판사, 1993
변화영, 「박화성 소설을 통해본 목포의 식민지 근대성」, 『한국문학이론과 비평』 30집, 2006
손형부, 「해방직후 전남지역의 농민운동」『전남사회운동사연구』, 한울, 1992
안소영, 「8.15 직후 경북지방 인민위원회의 조직과 활동」(영남대 정치학과 박사논문), 1995
안종철, 미군정기 지역사회의 정치지형과 갈등구조」『전남사회운동사연구』, 한울, 1992
안종철, 「해방직후 전남지방의 세력구도와 남로당」『한국근현대지역운동사』II, 여강, 1993
윤정애, 「한말 지방제도 개혁의 연구」『역사학보』105집, 1985
윤해동, 「일제시기 면제 실시와 근대적 관료·행정제도의 도입」『한국사학보』 24, 2006
이용기, 「일제시기 면 단위 유력자의 구성과 지역정치 -全南 長興 蓉山面 사례를 중심으로-」『대동문화연구』 67집, 2009
이윤갑, 「해방 후 경상도 성주지역의 건국운동과 국민보도연맹」『한국학논집』 42, 2011
이재근, 「목포지역 3·1운동과 개신교: 목포양동교회·정명여학교·영흥학교의 만세시위 참여를 중심으로」『한국기독교와 역사』 50, 한국기독교역사학회, 2019
이재룡, 「나주의 역사변천」『羅州牧의 再照明』, 목포대 박물관, 1990
이해준, 「조선전기 나주군의 土姓基盤과 그 성격」『나주목의 재조명』 1990
장석흥, 「일제하 영산포 식민기지의 형성」『한국학보』58, 1990
정근식, 「해방직후 전남지역의 노동운동」『한국근현대의 민족문제』(한국사회사연구회논문집 23집), 문학과지성사, 1990
정승모, 「書院·祠宇 및 鄕校 조직과 지역사회체계(下)」『태동고전연구』 5, 1989
정연태, 「1930년대 '조선농지령'과 일제의 농촌통제」『역사와 현실』 제4호, 1991

정연태, 「1930년대 '자작농지설정사업'에 대한 연구」 『한국사론』 26, 1990
정태헌, 「1910년대 식민농정과 금융수탈기구의 확립과정」 『3·1민족해방운동연구』, 청년사, 1989
지수걸, 「구한말·일제초기 유지집단의 형성과 향리-충남공주지역의 사례를 중심으로」 『한국근대이행기 중인연구』, 신서원 , 1999
지수걸, 「일제하 충남 서산군의 '관료-유지지배체제'」 『역사문제연구』 3호, 역사문제연구소, 1998
지수걸, 「일제하의 지방통치 시스템과 군 단위 '관료-유지지배체제'」 『역사와현실』 63호, 한국역사연구회, 2007
지수걸, 「지방유지의 '식민지적' 삶」 『역사비평』90호, 2010.
지수걸, 「일제시기 충남 부여·논산군의 유지집단과 혁신청년집단」 『한국문화』 36, 서울대 한국문화연구소, 2005
정해구, 「해방 직후 대구지방의 정치과정」 『역사비평』 1집, 1987
최성환, 「1919년 목포 4·8독립만세운동의 전개과정과 주요인물」 『한국학연구』 69, 고려대학교 한국학연구소, 2019
최성환, 「1920년대 목포청년운동과 지역엘리트의 성격에 대한 연구」 『순천향 인문과학논총』 35-1, 순천향대학교 인문과학연구소, 2016
최은진, 「1930년대 조선농지령의 제정과정과 시행결과」, 한양대사학과 박사논문, 2020
최정기, 「해방 직후 민족교육의 문제 - 나주민립중학교를 중심으로-」 『전남사회운동사연구』, 한울, 1992
하원호, 「한말 영산강 유역과 목포의 상품유통」 『한말 일제하 나주지역의 사회변동 연구』, 성균관대학교 대동문화연구원, 2008
한상구, 「일제시기 지역주민운동 연구 - 지역 주민대회를 중심으로 -」 (서울대 국사학과 박사논문), 2013
함한희, 「해방이후 농지개혁과 궁삼면 농민의 사회경제적 지위 및 변화」 『한국문화인류학』 23집 1991
함한희, 「조선말, 일제시대 궁삼면 농민의 사회경제적 지위와 그 변화」 『한국학보』 66집, 1992

허영란, 「일제시기 읍·면협의회와 지역정치」 『역사문제연구』 31집, 2014.
허은, 「경상북도 지역 지방인민위원회의 역사적 배경과 활동」 『역사연구』 3호, 1994
허종, 「1945~1946년 대구지역 좌파세력의 국가건설운동과 '10월인민항쟁'」 『대구사학』 75집, 2004
허종, 「미군정기 후반 대구지역 좌파세력의 조직과 국가건설운동」 『대구사학』 79집, 2005
홍성찬, 「韓末·日帝下의 社會變動과 鄕吏層 - 全南 谷城의 사례를 중심으로」 『한국근대이행기 中人 연구』, 신서원, 1999
홍순권, 「일제시기의 지방통치와 조선인 관리에 관한 일고찰」 『국사관논총』 64집, 1995
홍순권, 「일제초기의 면 운영과 '조선면제'의 성립」 『역사와 현실』 23, 1997
홍순권, 「1910~1920년대 '부산부협의회'의 구성과 지방정치 - 협의원의 임명과 선거실태 분석을 중심으로 -」 『역사와 경계』 60집, 2006

인명 색인

【ㅅ】

【ㅈ】

박찬승 한양대학교 사학과 명예교수. 서울대학교 국사학과를 졸업하고, 동 대학원에서 박사 학위를 받았으며, 목포대학교와 충남대학교를 거쳐 한양대학교 사학과 교수로 재직했다. 한양대학교 동아시아문화연구소·비교역사문화연구소 소장, 한국사회사학회 회장, 한국사연구회 회장 등을 역임한 바 있다. 저서로 『한국근대정치사상사연구』, 『근대이행기 민중운동의 사회사』, 『민족주의의 시대』, 『민족, 민족주의』, 『마을로 간 한국전쟁』, 『언론운동』(「한국독립운동의 역사」 시리즈), 『대한민국은 민주공화국이다』, 『21세기 한국사학의 진로』, 『1919 : 대한민국의 첫 번째 봄』 등이 있다. 한국출판문화상, 단재상, 임종국상 등을 수상하였다.

HANYANG UNIVERSITY PRESS

혼돈의 지역사회 [상]

: 식민·분단·전쟁기 전남 지역의 사회사

펴낸날 2023년 8월 31일 초판 1쇄 ● 2024년 10월 31일 초판 3쇄

지은이 박찬승 ● **펴낸이** 이기정

펴낸곳 한양대학교출판부 ● **출판등록** 제4-7호(1972.2.29)

주소 서울 성동구 왕십리로 222 ● **전화** 02.2220.1432-4 ● **팩스** 02.2220.1435

홈페이지 press.hanyang.ac.kr ● **이메일** presshy@hanyang.ac.kr

본문디자인·편집 김민지 ● **표지** 안광일 ● **인쇄** 네오프린텍

ISBN 978.89.7218.778.3 (93910)